城市轨道交通建设期与运营期监测、健康检测技术手册

王玉亮　杨东仁　徐仕超　吴　军
张修亭　宋继庭　李　耀　王学哲　◆ 主编

中国海洋大学出版社
·青岛·

图书在版编目（CIP）数据

城市轨道交通建设期与运营期监测、健康检测技术手册 / 王玉亮等主编. -- 青岛：中国海洋大学出版社，2025. 7. --ISBN 978-7-5670-4116-5

Ⅰ. U239.5-62

中国国家版本馆 CIP 数据核字第 2025T6E104 号

CHENGSHI GUIDAO JIAOTONG JIANSHEQI YU YUNYINGQI JIANCE、JIANKANG JIANCE JISHU SHOUCE

城市轨道交通建设期与运营期监测、健康检测技术手册

出版发行	中国海洋大学出版社			
社　　址	青岛市香港东路 23 号		邮政编码	266071
网　　址	http://pub.ouc.edu.cn			
出 版 人	刘文菁			
责任编辑	刘　琳		电　　话	0532-85902349
电子信箱	1193406329@qq.com			
印　　制	青岛中苑金融安全印刷有限公司			
版　　次	2025 年 7 月第 1 版			
印　　次	2025 年 7 月第 1 次印刷			
成品尺寸	185 mm × 260 mm			
印　　张	20.5			
字　　数	434 千			
印　　数	1—1000			
定　　价	98.00 元			
订购电话	0532-82032573（传真）			

发现印装质量问题，请致电 0532-85662115，由印刷厂负责调换。

前　言

　　城市轨道交通线路是地铁城市的重要客运载体，与人们的交通出行息息相关。城市轨道交通建设是大型市政工程建设活动，建设期间工程自身安全及其对周边环境的影响主要通过监测把控，监测的重要性不言而喻。城市轨道交通线路投入运营后，伴随着服役年限的增加，其结构不可避免会发生一定程度的劣化，同时临近地铁线路的外部施工作业也会对运营地铁线路的安全带来一定的影响，此时对地铁结构的监测和检测是管控运营期地铁结构健康安全的重要技术手段。

　　本书涵盖了城市轨道交通工程在建设期和运营期所采用的监测技术和隧道结构健康检测技术，从监测技术原理、实施组织、资料管理、成果反馈等全作业流程进行了整体梳理与汇总。同时，增加了运营隧道结构健康检测评定技术，为后续工程技术人员开展隧道健康状态鉴定评估提供技术支撑。

　　本书主要包括概述篇、建设期监测篇、运营期监测篇，共13个章节。王玉亮负责第1章、第2章、第4章、第5章编写，共8万字；杨东仁、张修亭、王学哲负责第3章的编写，共11万字，其中，杨东仁编写5万字、张修亭编写5万字、王学哲编写1万字；徐仕超负责第6章、第8章、第9章的编写，共6万字；吴军负责第7章、第10章、附录A、附录B、附录C的编写，共6万字；宋继庭、李耀负责第12章的编写，共7.3万字，其中，宋继庭编写5万字、李耀编写2.3万字；李耀负责第13章、附录D、附录E的编写，共2.7万字；王学哲负责第11章、附录F、附录G、参考文献的编写，共2.4万字。

目 录

附　录

概述篇 Chapter 1

第 1 章
绪 论

1.1 城市轨道交通发展概况

当前，随着城市轨道交通工程的迅猛发展，我国已成为世界上城市轨道交通运营里程最长、客流量最高的国家。截至 2023 年 12 月 31 日，我国拥有轨道交通的城市有 61 个，运营总里程约 11 034 km。

目前，城市发展面临着越来越多的新变化和挑战。在宏观层面，国内城市群、都市圈等集群化发展趋势不断凸显，韧性城市、低碳城市、智慧城市等新理念和新趋势对城市建设提出了新的要求。而在微观层面，每个城市都需要具备随时应对极端天气灾害、突发疫情、城市瘫痪甚至恐怖袭击等非常规城市运行状况的能力。作为城市建设的重要组成部分，城市轨道交通除了具备常规的交通运输功能外，还需要转变角色，抓住机遇，在更多维度上发挥作用，并承担更加复杂的城市功能。

首先，城市轨道交通对城市发展产生了深远影响。城市轨道交通是指采用轮轨运转方式、运量较大的城市公共客运交通系统。目前，城市轨道交通包括轻轨、地铁、有轨电车等多种制式类型。作为城市公共交通的主干线和客流运输的大动脉，城市轨道交通能够极大程度地缓解城市交通拥堵问题，提高市民出行效率，同时具备运能大、用地省的特点。城市轨道交通通常采用电力牵引，其单位运输量能耗低，对环境影响也较小，具有节能、节地、降噪等多种优点。

其次，城市轨道交通成为缓解城市问题的有效途径。随着我国城市不断发展，正处于向"都市圈"和"城市群"转变的新阶段。作为发展的纽带，城市轨道交通的作用日益突显。随着城市规模的迅速增大，城市也面临着"城市综合征"的挑战，包括人口超饱和、交通拥堵、建筑空间拥挤、绿化面积减少、环境污染、城市韧性降低等一系列问题。发展城市轨道交通被视为解决土地资源紧张、拓展城市空间、减少交通拥堵和缓解环境恶化的有效途径之一。

最后，城市轨道交通对城市经济发展起到了推动作用。轨道交通的建设将极大促进城市经济的发展，增加城市就业机会，优化区域产业结构，促进沿线地块价值上升，推动城市 GDP 的增长。根据城市轨道交通建设经验，站前土建工程费用占总投资的 23%～30%，站后机电工程费用约占总投资的 23%，车辆设备费用约占总投资的 13%，车辆段及综合基地费用约占总投资的 9%，其他费用约占总投资的 15%。

1.2 城市轨道交通工程监测必要性

1.2.1 建设期监测的必要性

城市轨道交通作为现代城市公共交通的核心骨干，对缓解交通拥堵、推动城市可持续发展具有不可替代的重要意义。然而，轨道交通工程建设常面临复杂地质条件、密集城市环境与严苛安全质量要求的多重挑战，一旦管控不当引发工程事故，将造成重大经济损失与恶劣社会影响。因此，在建设全流程中实施科学、系统的工程监测，已成为保障施工安全、优化工程管理、降低周边环境风险的关键举措，其必要性主要体现在以下几个方面。

第一，及时识别施工风险。城市轨道交通施工中，基坑坍塌、隧道涌水等风险易由不确定因素引发，严重威胁工程进度、人员安全及周边环境。工程监测通过监控结构变形、地下水位、土体应力等参数，可及时察觉潜在风险，为后续应对提供依据。

第二，预防安全事故发生。依据监测数据调整施工参数是预防事故的关键。施工单位通过分析数据，能精准掌握工程实际状况，判断施工是否安全，及时发现隐患并采取针对性措施优化，保障人员安全与工程推进。

第三，保障施工质量与验证设计。工程设计方案基于特定地质、要求及理论计算制定，但在实际施工中地质条件存在不确定性且易受干扰。通过监测变形数据并与设计预期对比，可验证方案合理性，发现问题并为设计优化提供支撑。

第四，减少对周边建筑影响。工程多建于城市繁华区，周边建筑密集，基坑开挖、盾构推进等作业易扰动土体，导致建筑出现裂缝、倾斜甚至倒塌。监测建筑变形、沉降，可掌握影响程度，采取控制措施降低损坏。

第五，降低地下管线破坏风险。地下管线是城市基础设施的重要部分，施工中若对管线位置、状况不清或保护不足，易导致管线损坏，引发停水、停电等事故。监测管线位移、变形，可及时发现影响并采取保护措施，保障设施运转。

综上所述，城市轨道交通工程建设期监测的必要性在于及时识别施工风险、保障施工质量、保护周边环境安全、预防安全事故发生。只有通过科学严谨的监测手段，才能有效地推动城市轨道交通工程的安全平稳建设。

1.2.2 运营期监测的必要性

城市轨道交通是城市交通命脉，其安全运营与适配城市发展，离不开精准的工程监测。监测如同轨道交通的"眼睛"，可捕捉结构变化、规避外部风险、支撑规划调整，是保障列车安全、维护运营秩序、助力城市发展的关键。

第一，监测结构变形，筑牢行车安全防线。轨道交通运营中，轨道、桥梁及隧道的变形状态直接决定列车安全等级。微小变形若未及时处置，经列车循环荷载长期作用，会累积引发轨道平顺性下降、轨距偏差超标等问题，不仅增大列车运行阻力与振动、破坏稳定性，而且可能触发脱轨事故，威胁运营与乘客安全。因此，及时获取结构变形数据是运营安全的关键。

第二，监测周边工程影响，规避地铁运营隐患。城市化进程中，轨道交通周边新建工程（如高层建筑、地下管廊、市政道路）增多，其基坑开挖、桩基施工、土方清运等环节，易打破土体应力平衡、引发地下水位波动，导致地铁隧道、轨道基础变形位移，若未管控将严重威胁运营安全。建立专项监测体系，实时追踪变形量与位移速率，可动态掌握趋势、评估影响，制定保护措施以规避隐患。

第三，监测既有结构现状，适配城市规划调整需求。城市规划随功能完善动态调整，人口增长与区域升级使轨道交通线路延伸、站点改造需求凸显，工程监测不可或缺。全面监测既有设施（轨道、车站、隧道）现状，精准获取结构变形数据，可为线路设计、方案优化、风险管控提供依据。依托监测数据，设计与施工单位能制定贴合实际的方案，避免数据偏差问题，确保改造高效安全，实现轨道交通与城市发展的精准适配。

1.3 城市轨道交通工程监测现状及发展趋势

1.3.1 城市轨道交通工程监测现状

1. 监测管理的法规体系基本形成

在城市轨道交通工程监测质量安全管理工作中，监测管理的法规体系已初步确立。主要法规包括《建筑法》《安全生产法》《建设工程安全生产管理条例》，以及《城市轨道交通工程安全质量管理暂行办法》等一系列部门规章制度、地方法规和规范性文件。国家发展和改革委员会、工业和信息化部、住房和城乡建设部等七部委联合下发了《关于加强重大工程安全质量保障措施的通知》，明确要求对施工风险点、监测方案编制、监测点布置及远程监控网络系统等进行管理。住房和城乡建设部发布了《城市轨道交通工程安全质量管理暂行办法》，详细规定了建设、施工、监理及第三方监测单位在监测方案编制、监测点埋设、监测过程质量控制等方面的职责，为监测工作提供依据。各地城市轨道交通建设主管部门均根据相关法规制定了适用于当地情况的监测安全质量管理制度。

2. 监测管理的体制机制基本建立

住房和城乡建设部负责指导城市轨道交通建设，并主导全国城市轨道交通工程安全质量监督管理工作。该部门制定全国城市轨道交通工程安全质量监督管理制度，并定期组织安全质量检查等工作。各城市人民政府建设主管部门负责监督管理本行政区域内城市轨道交通工程安全质量。城市轨道交通建设工程安全质量管理体制已经确立，实现了"政府统一领导、部门依法监管、企业全面负责"的管理模式。建设、设计、施工、监理及第三方监测等单位各自承担相应责任，形成了城市轨道交通建设安全质量监督管理的基本责任体系。此外，各地已初步建立了"建设单位组织、施工单位和第三方监测单位自查、监理单位检查、政府程序监督"的城市轨道交通工程安全生产监督管理机制。

3. 监测的组织模式已基本形成

住房和城乡建设部发布的《城市轨道交通工程安全质量管理暂行办法》规定，建设单位应委托工程监测单位进行第三方监测。工程监测单位必须具备相应的工程勘察资质，并在工程所在地向建设主管部门进行备案。监测单位不得将监测业务转包他人，也不得与被监测工程的施工单位存在隶属关系或其他利害关系。根据这一要求，目前我国的城市轨道交通工程监测分为施工监测和第三方监测两种形式。施工监测是指施工单位根据施工图设计文件、施工组织设计及标准规范等要求，对工程支护结构、主体结构、岩土体、地下水和周边环境等进行的监测工作。第三方监测则是指监测单位按照合同及标准规范要求，受建设单位委托对工程支护结构、主体结构关键部位及重要周边环境等进行的监测工作。这两种监测形式在监测目的、监测内容、实施主体和程序方面均存在差异。

4. 监测工作已初见成效

根据各地现场实际情况观察，城市轨道交通工程监测工作得到了充分重视。监测单位能够按照建设单位的技术要求、合同要求以及相关规范标准进行监测工作。此外，住房和城乡建设部发布的《城市轨道交通工程安全质量管理暂行办法》等相关政府文件的相关要求也得到了贯彻执行。第三方监测单位能够基本满足工程要求，从项目机构的建立、人员及设备的配置，到技术方案的编制、审查以及监测工作的执行，再到监测信息的反馈、预警和应急响应等方面，充分发挥了第三方监测的作用，大大减少了工程安全事故的发生。

大多数轨道交通在建城市都已经建立了工程监测管理信息化平台。通过信息平台，监测数据和巡视信息能够及时、准确、快速地上报，同时也能进行预警预报。这有利于相关各方及时查询和了解信息，掌握工程的安全状态。信息化平台便于异常情况的及时处理，并强化了对施工监测、第三方监测和安全咨询等工作的统一规范和管理，使安全风险管理工作更加及时、高效、有序。

1.3.2 城市轨道交通工程监测发展趋势

地铁作为城市中不可或缺的公共交通系统，其安全、稳定和高效的运行对于城市的发展以及居民出行具有至关重要的意义。地铁监测在这一过程中扮演着关键的角色，其发展趋势直接影响着地铁运营的安全性和可靠性，因此该领域的研究和发展显得尤为重要。

首先，随着科技的不断进步，地铁监测技术不断取得创新突破。新一代的监测设备具备更高的精确度和实时性，如高精度传感器、远程监测系统等技术的广泛应用，使得地铁运行中的各项参数得以实时监测和分析。同时，无人机技术的运用为地铁线路的安全巡检开辟了新的途径，显著提升了监测效率和准确性。

其次，智能化监测系统的应用成为未来地铁监测的重要发展方向。通过大数据、人工智能等技术手段，监测数据能够被智能化地分析，实现地铁线路、车辆、设备状态的实时把握和故障预测，进一步提升了监测的自动化和智能化水平。这将使地铁运营管理更加科学和精细，大幅度提高了地铁运营的安全性和效率。

此外，地铁监测的未来发展也面临着一系列挑战。例如，对于监测数据的大规模处理和分析能力，监测设备的长期稳定性和可靠性等。因此，监测设备的可靠性、数据分析技术、网络安全等方面的持续研究和创新至关重要。地铁监测人员的培训和技能提升也是当前急需关注的问题，人才的培养和引进将为地铁监测的未来发展提供更广阔的前景。

综上所述，随着科技的飞速发展和城市轨道交通的日益进步，地铁监测将会更加智能和科学。新一代的监测技术将为地铁运营提供更为有力的支持，使得地铁成为更加安全、高效且便捷的城市交通利器。在未来的道路上，我们需要更多地关注技术的应用与推广，以确保地铁监测技术的稳健发展，并为城市轨道交通的未来发展提供更加完善的支持和保障。

Chapter 2 建设期监测篇

第 2 章
建设期监测基本要求

2.1 建设期监测基本规定

城市轨道交通工程应在施工期间对支护结构、周围岩土体及周边环境开展工程监测工作。

地下工程施工期间的工程监测应为验证设计、施工及环境保护等方案的安全性和合理性，优化设计和施工参数，分析和预测工程结构和周边环境的安全状态及其发展趋势，实施信息化施工等提供资料。

工程监测应遵循下列工作流程。

1）收集、分析相关资料，现场踏勘。

2）编制和审查监测方案。

3）埋设、验收与保护监测基准点和监测点。

4）校验仪器设备，标定元器件，测定监测点初始值。

5）采集监测信息。

6）处理和分析监测信息。

7）提交监测日报、警情快报、阶段性监测报告等。

8）监测工作结束后，提交监测工作总结报告及相应的成果资料。

工程监测方案编制前应收集并分析水文气象资料、岩土工程勘察报告、周边环境调查报告、安全风险评估报告、设计文件及施工方案等相关资料，并进行现场踏勘。

工程监测方案应根据工程的施工特点，在分析研究工程风险及影响工程安全的关键部位和关键工序的基础上，有针对性地进行编制。工程监测方案应包括下列内容。

1）工程概况。

2）场地水文地质条件、周边环境条件及工程风险特点。

3）监测目的和依据。

4）监测范围和监测等级。

5）监测项目和相关内容。

6）基准点、监测点的布设与保护要求，监测点布置图。

7）监测方法和精度、监测频率和周期、监测控制值、预警等级、预警标准及异常情况下的监测措施。

8）监测信息的采集、分析和处理要求、监测信息反馈制度。

9）监测仪器设备、元器件及人员的配备。

10）质量管理、安全管理及其他管理制度。

监测点的布设位置和数量应满足反映工程结构与周边环境安全状态的要求。监测点的埋设位置应便于观测，不应影响和妨碍监测对象的正常受力和使用。监测点应埋设稳固，标识清晰，并应采取有效的保护措施。

监测应采用仪器量测、现场巡查、远程视频等多种手段相结合的综合方法进行。对穿越既有轨道交通、重要建（构）筑物等安全风险较大的周边环境，宜采用远程自动化实时监测。

监测信息采集的频率和监测期应根据设计要求、施工方法、施工进度、监测对象特点、地质条件和周边环境条件综合确定，并应满足反映监测对象变化过程的要求。

监测信息应及时进行处理、分析和反馈，发现影响工程及周边环境安全的异常情况时，必须立即报告。

当遇到下列情况时，应编制专项监测方案以确保施工及周边环境安全。

1）穿越风险等级为一级且产权单位有特殊要求的重要建（构）筑物。

2）穿越或邻近既有轨道交通设施。

3）穿越高速公路、桥梁、机场跑道等重要设施。

4）穿越河流、湖泊等地表水体。

5）穿越断裂带、岩溶强发育区等不良地质条件及可能造成地面塌陷的特殊性岩土。

6）采用新工艺、新工法或有其他特殊要求。

突发风险事件时的应急抢险监测应在原有监测工作的基础上有针对性地加密监测点、提高监测频率或增加监测项目，并宜进行远程自动化实时监测。

城市轨道交通应在运营期间对线路中的隧道、高架桥梁和路基结构及重要附属结构等的变形进行监测。

2.2 工程影响分区及监测范围

2.2.1 工程影响分区

基坑、隧道工程施工对周围岩土体的扰动范围、扰动程度是不同的。一般来说，邻近基坑、隧道地段的岩土体受扰动程度最大，由近到远的影响程度越来越小，这一受施工扰动的范围称为工程影响区。根据受施工影响程度的不同，工程影响区从基坑、隧道外侧由近到远依次划分为主要影响区、次要影响区和可能影响区。

根据工程实践，周边环境对象所处的影响区域不同，受工程施工影响程度不同，工程影响分区主要目的是区分工程施工对周边地层、环境的影响程度，以便把握工程关键部位，针对受工程影响较大的周边环境对象进行重点监测，做到经济、合理地开展工程周边环境监测工作。

1. 基坑影响分区确定

基坑工程影响分区（主要影响区、次要影响区和可能影响区）按照与基坑边缘距离的不同进行划分，划分标准依据基坑设计深度。主要影响区、次要影响区和可能影响区以 $0.7H$ 或 $H \cdot \tan(45° - \varphi/2)$ 和 $(2.0 \sim 3.0)H$ 作为分界点（图2-1），主要影响区、次要影响区和可能影响区分别用符号 Ⅰ、Ⅱ 和 Ⅲ 表示，具体划分按照表2-1执行。

表2-1　基坑工程影响分区

基坑工程影响区	等级划分标准
主要影响区（Ⅰ）	基坑周边 $0.7H$ 或 $H \cdot \tan(45° - \varphi/2)$ 范围内
次要影响区（Ⅱ）	基坑周边 $0.7H \sim (2.0 \sim 3.0)H$ 或 $H \cdot \tan(45° - \varphi/2) \sim (2.0-3.0)H$ 范围内
可能影响区（Ⅲ）	基坑周边 $(2.0 \sim 3.0)H$ 范围外

注：①H为基坑设计深度（m），φ 为岩土体内摩擦角（°）；
　②基坑开挖范围内存在基岩时，H可为覆盖土层和基岩全风化、强风化层厚度之和；
　③工程影响分区的划分界线取表中 $0.7H$ 或 $H \cdot \tan(45° - \varphi/2)$ 的较大值。

青岛、济南多为坚硬、稳定地层，根据 $H \cdot \tan(45° - \varphi/2)$ 计算结果（接近 $0.7H$），主要影响区为基坑周边 $0.7H$ 范围内，次要影响区为基坑周边 $0.7H \sim 2.0H$ 范围内，可能影响区为基坑周边 $2.0H$ 范围外。济南部分地区地层较为软弱，土质的工程性质较差，主要影响区可根据 $H \cdot \tan(45° - \varphi/2)$ 计算确定，次要影响区范围适当扩大，为基坑周边 $H \cdot \tan(45° - \varphi/2) \sim 3.0H$ 范围内，可能影响区为基坑周边 $3.0H$ 范围外。部分存在基岩的地区，基岩微风化、中等风化岩层较为稳定，工程影响分区主要考虑覆盖土层和基岩全风化、强风化层的影响，H可按土层和基岩全风化、强风化层厚度之和进行取值计算，综合确定工程影响分区。

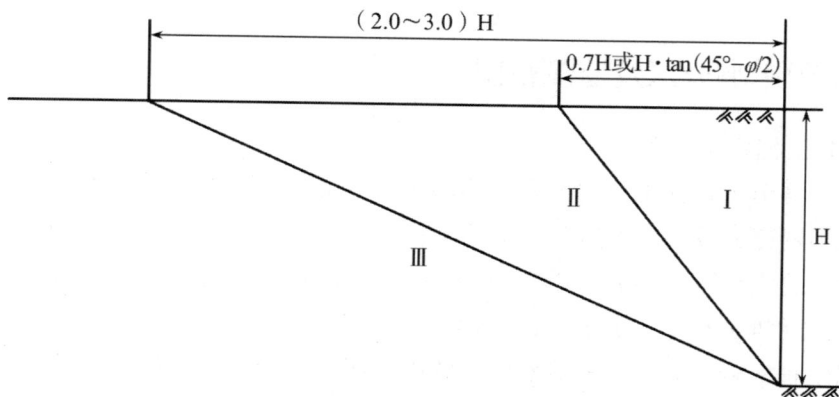

图2-1　基坑工程影响分区

2.隧道影响分区

结合城市轨道交通隧道工程的特点，采用应用范围较广的隧道地表沉降曲线 Peck 公式预测的方式，划分隧道工程的不同影响区域。

隧道地表沉降曲线 Peck 公式：

$$S_x = S_{max} \times \exp\left(-\frac{x^2}{2 \times i^2}\right) \tag{2-1}$$

$$S_{max} = \frac{V_S}{\sqrt{2\pi} \times i} \approx \frac{V_S}{2.5 \times i} \tag{2-2}$$

$$i = \frac{z_0}{\sqrt{2\pi} \times \tan\left(45° - \dfrac{\varphi}{2}\right)} \tag{2-3}$$

式中，S_x——距离隧道中线 x 米处的地表沉降量（mm）；

$\quad S_{max}$——隧道中线上方的地表沉降量（mm）；

$\quad x$——与隧道中线的距离（m）；

$\quad i$——沉降槽的宽度（m）；

$\quad V_S$——沉降槽面积（m²）；

$\quad z_0$——隧道埋深（m）。

确定沉降曲线参数时，要考虑本地区的工程经验。具体划分可参考图 2-2。

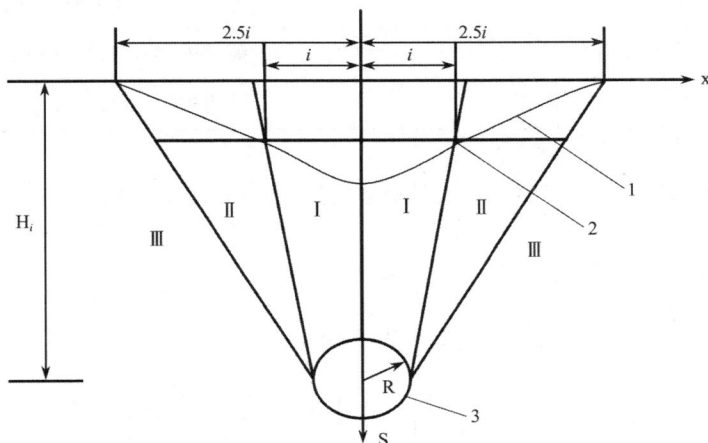

图 2-2　浅埋隧道工程影响分区

图 2-2 中，1 代表沉降曲线；2 代表反弯点；3 代表隧道；H_i 代表隧道中心埋深。

通过对大量的实测结果（涉及水工隧道、地下采矿巷道工程）的分析表明，沉降槽的宽度与隧道断面形状和尺寸有关。

现行国家标准《城市轨道交通地下工程建设风险管理规范》GB 50652-2011 中考虑轨道交通地下工程与工程影响范围环境设施的相互邻近程度，分为非常接近、接近、较接近和不接近四类，见表 2-2。

表 2-2　不同施工方法的轨道交通地下工程与周围环境设施的邻近程度

施工方法	非常接近	接近	较接近	不接近	说明
明挖法 盖挖法	<0.7H	0.7H～1.0H	1.0H～2.0H	>2.0H	H 为地下工程开挖深度或埋深
矿山法（包括钻爆法、浅埋暗挖法等）	<0.5B	0.5B～1.5B	1.5B～2.5B	>2.5B	B 为矿山法隧道毛洞宽度，当隧道采用爆破法施工时，需研究爆破振动的影响
盾构法 顶管法	<0.3D	0.3D～0.7D	0.7D～1.0D	>1.0D	D 为隧道的外径
沉井法	<0.5H	0.5H～1.5H	1.5H～2.5H	>2.5H	H 为地下结构埋深

隧道穿越基岩时，应根据覆盖土层特征、岩石坚硬程度、风化程度及岩体结构与构造等地质条件，综合确定工程影响分区界线。矿山法隧道工程影响分区按表 2-3 的规定进行划分。

表 2-3　矿山法隧道工程影响分区

受隧道影响程度分区	区域范围
强烈影响区（Ⅰ）	隧道正上方及外侧 0.7H_i 范围内
显著影响区（Ⅱ）	隧道外侧 0.7H～1.0H_i 范围内
一般影响区（Ⅲ）	隧道外侧 1.0H～1.5H_i 范围内

注：① H_i 为矿山法施工隧道底板埋深（m）；
② 本表适用于埋深小于 3B（B 为矿山法隧道毛洞宽度）的浅埋隧道；大于 3B 的深埋隧道可参照接近度概念；
③ 表中的数值指标为参考值。

矿山法隧道工程影响分区划分如图 2-3 所示。

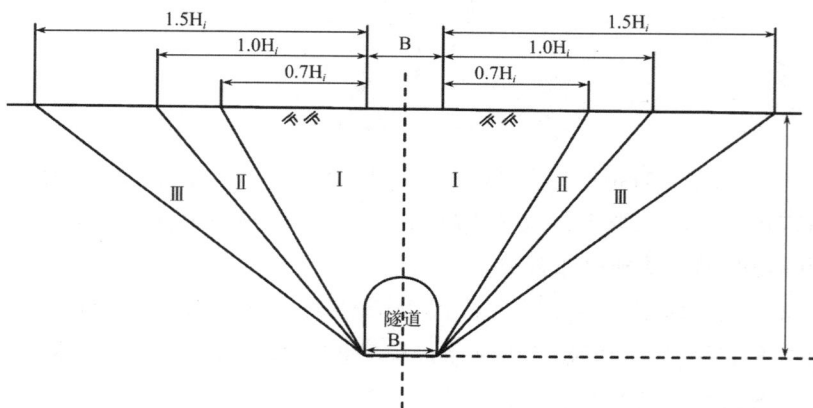

图 2-3　矿山法隧道工程影响分区划分

盾构法隧道工程影响分区按表 2-4 的规定进行划分。

表 2-4　盾构法隧道工程影响分区

受隧道影响程度分区	区域范围
强烈影响区（Ⅰ）	隧道正上方及外侧 $0.7H_i$ 范围内
显著影响区（Ⅱ）	隧道外侧 $0.7H_i \sim 1.0H_i$ 范围内
一般影响区（Ⅲ）	隧道外侧 $1.0H_i \sim 1.5H_i$ 范围内

注：① H_i 为盾构法施工隧道底板埋深（m）；

② 本表适用于埋深小于 3D（D 为盾构隧道洞径）的隧道；大于 3D 时可参照接近度概念；

③ 表中的数值指标为参考值。

盾构法隧道工程影响分区划分如图 2-4 所示。

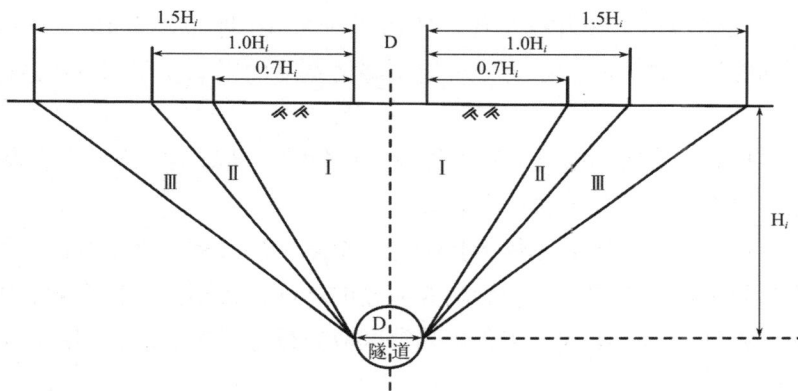

图 2-4　盾构法隧道工程影响分区划分

部分存在基岩的地区将隧道工程划分为强烈影响区（Ⅰ）和一般影响区（Ⅲ）两个区域，隧道工程影响分区按表 2-5 的规定进行划分。

表 2-5　基岩地区隧道工程影响分区

隧道工程影响分区	区域范围
强烈影响区（Ⅰ）	隧道正上方及外侧 $H_i \cdot \tan(45° - \varphi/2)$ 范围内
一般影响区（Ⅲ）	隧道外侧 $H_i \cdot \tan(45° - \varphi/2) \sim 2.0H_i$ 范围内

注：① H_i 为隧道底板埋深（m）；

② 本表适用于埋深小于 3D（D 为隧道洞径）的隧道，大于 3D 时也可参照本分区；

③ 隧道周围主要为淤泥、淤泥质土或其他高压缩性土时应相应适当调整分区的范围，影响分区应相应扩大；

④ 隧道穿越基岩时，应按照覆盖土层厚度和岩层的构造及产状等穿越的实际情况综合确定影响区范围；

⑤ 采用盾构法或顶管法施工，对周围影响较小时，可适当减小分区范围。

基岩地区隧道工程影响分区划分如图 2-5 所示。

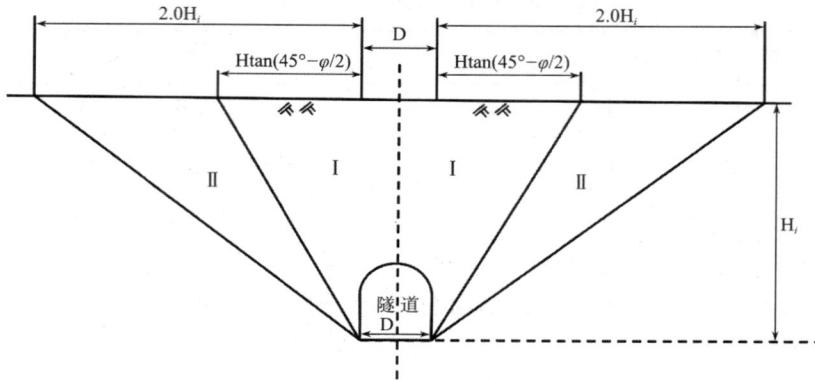

图 2-5　基岩地区隧道工程影响分区划分

城市轨道交通隧道工程开挖半径一般为 4 ～ 8 m，埋深多为 10 ～ 30 m。除超浅埋、超大断面隧道以外，一般隧道半径对沉降槽宽度的影响作用都可以忽略，可取值 $i = Kz_0$。

各地区可根据工程实例结合地质条件进一步归纳总结隧道沉降槽宽度参数的取值，以合理确定隧道工程影响分区的具体范围。

基坑、隧道工程对周围岩土体的扰动是一个复杂的过程，施工方法不同、地质条件不同，工程施工对周围岩土体的影响有明显的不同，特别是工程影响范围和影响程度受工程地质条件的影响更大。工程影响分区应充分分析区域的工程地质和水文地质条件。

工程影响分区的划分界线应根据地质条件、施工方法及工程措施特点，结合当地的工程经验进行调整。当遇到下列情况时应调整工程影响分区界线。

1）隧道、基坑周边土体以淤泥、淤泥质土或其他高压缩性土为主时，应增大工程主要影响区和次要影响区。

2）隧道穿越或基坑处于断裂破碎带、岩溶、土洞、强风化岩、全风化岩或残积土等不良地质体或特殊性岩土发育区域，应根据其分布和对工程的危害程度调整工程影响分区界线。

3）采用锚杆支护、注浆加固、高压旋喷等工程措施时，应根据其对岩土体的扰动程度和影响范围调整工程影响分区界线。

4）采用施工降水措施时，应根据降水影响范围和预计的地面沉降大小调整工程影响分区界线。

5）施工期间出现严重的涌砂、涌土或管涌以及较严重渗漏水、支护结构过大变形、周边建（构）筑物或地下管线严重变形等异常情况时，宜根据工程实际情况增大工程主要影响区和次要影响区。

2.2.2 监测范围

监测范围应根据基坑设计深度、隧道埋深和断面尺寸、施工工法、支护结构形式、地质条件、周边环境条件等综合确定，并应包括主要影响区和次要影响区。

工程自身与周围岩土体及周边环境具有相互影响的关系。基坑设计深度、隧道埋深和断面尺寸的大小、支护结构形式的强弱以及地质条件复杂程度不同，对周边环境的影响程度和影响范围是不同的。同时，周边环境受工程施工的影响程度与其和工程之间的空间位置关系密切相关，越邻近工程的周边环境受影响程度越大。复杂的周边环境对工程安全性也会产生较大影响，对工程支护结构设计及施工措施的要求更加严格。监测范围应结合工程自身的特点和周边环境条件进行确定，监测范围应覆盖工程周边受施工影响的主要影响区和次要影响区两个区域。

采用爆破开挖岩土体的地下工程，爆破振动的监测范围应根据工程实际情况通过爆破试验确定。

2.3 工程监测等级划分

工程监测等级的划分有利于在监测设计工作量时更具针对性，突出重点，合理开展监测工作。根据现行相关规范、工程经验及相关研究成果，工程监测等级的确定需要考虑工程自身特点、周边环境条件和工程地质条件三大影响因素。

工程监测等级宜根据基坑、隧道工程的自身风险等级、周边环境风险等级和地质条件复杂程度等因素进行划分。

1. 自身风险等级划分

工程自身风险是指工程自身设计、施工的复杂程度带来的风险。应根据城市轨道交通工程特点，结合相关规范中关于工程安全等级的划分标准，对城市轨道交通基坑、隧道工程自身风险等级进行划分。

（1）基坑自身风险等级划分。

基坑工程自身风险等级划分的方法较多。国家现行标准《建筑地基基础工程施工质量验收标准》GB 50202—2018、《建筑地基基础设计规范》GB 50007—2011、《建筑基坑支护技术规程》JGJ 120—2012 等划分了基坑工程安全等级，各规范、规程划分的依据或指标主要包括基坑设计深度，周边环境对象特点、分布和保护要求，工程地质条件，重要工程或支护结构与主体结构相互关系，支护结构破坏、土体失稳或过大变形的后果（工程自身和周边环境），等等。

应结合城市轨道交通基坑工程特点，采用支护结构发生变形或破坏、岩土体失稳等的可能性及其严重程度，或基坑设计深度对基坑工程自身风险等级进行划分。

城市轨道交通基坑工程设计深度一般较大，选用 10 m、20 m 为等级划分标准，以合理确定城市轨道交通基坑工程的自身风险等级。

（2）隧道自身风险等级划分。

应采用隧道埋深和断面尺寸对隧道工程自身风险等级进行划分。

隧道断面尺寸划分标准，依据的是现行行业标准《铁路隧道施工规范》TB 10204—2002中的规定：超大断面隧道断面尺寸为大于100 m²，大断面隧道断面尺寸为50～100 m²，一般断面隧道断面尺寸为10～50 m²。

隧道埋深分类及划分应参照铁路、公路规范和相关专著中的划分方法。

1）现行行业标准《铁路隧道设计规范》TB 10003—2016规定，当地面水平或接近水平，且隧道覆盖厚度值小于表2-6所列数值（大致按2.5倍塌方高度确定）时，应按浅埋隧道设计；当有不利于山体稳定的地质条件时，浅埋隧道覆盖厚度值应适当加大。

表2-6　浅埋隧道覆盖厚度值

单位：m

围岩级别	Ⅲ	Ⅳ	Ⅴ
单线隧道	5～7	10～14	18～25
双线隧道	8～10	15～20	30～35

2）《公路隧道设计规范》JTG D70—2004中规定浅埋和深埋隧道的分界，按荷载等效高度值，并结合地质条件、施工方法等因素综合判定。按荷载等效高度的判定公式为

$$H_p = (2 \sim 2.5) h_q \qquad (2-4)$$

式中，H_p——浅埋隧道分界深度（m）；

h_q——等效荷载高度（m），$h_q = q/\gamma$，q为计算所得深埋隧道垂直均布压力（kN/m²），γ为围岩重度（kN/m³）。

矿山法施工条件下，Ⅳ～Ⅵ级围岩，取$H_p = 2.5 h_q$；Ⅰ～Ⅲ级围岩，取$H_p = 2 h_q$。

3）王梦恕院士编著的《地下工程浅埋暗挖技术通论》（2004）中指出，超浅埋隧道是指拱顶覆土厚度（H_s）与结构跨度（D）之比（覆跨比）$H_s/D \leq 0.6$的隧道；浅埋隧道是指$0.6 < H_s/D \leq 1.5$的隧道；深埋隧道是指$H_s/D > 1.5$的隧道。

分界深度的建议值参照表2-7确定，建议值与塌方统计高度及现行行业标准《铁路隧道设计规范》TB 10003—2016的规定值接近，双线隧道的建议值与计算值相差较大。所以，深埋与浅埋隧道分界深度建议采用下列数值：Ⅵ级围岩为4D～6D，Ⅴ级围岩为2.5D～3.5D，Ⅳ级围岩为1.5D～2.5D，Ⅲ级围岩为0.5D～1.0D，Ⅱ级围岩为0.30D～0.5D，Ⅰ级围岩为0.15D～0.30D。同时，分界深度与施工方法及施工技术水平密切相关，若采用新奥法施工，光面爆破，且施工技术水平高，则可取较小值；否则，取较大值。

表2-7　分界深度建议值及相关计算值

单位：m

线别	围岩级别		I	II	III	IV	V	VI
单线	2倍塌方高度		1.3	2.58	4.8	8.8	19.2	38.4
	隧道分界深度		0.96	2.24	4.22	11.15	23.25	47.25
	一般分界深度		—	—	—	16.9～20.3	17.5～24.5	35～42
	建议分界深度	按洞径	0.15D～0.3D	0.3D～0.5D	0.5D～1.0D	1.5D～2.5D	2.5D～3.5D	4D～6D
		按埋深	0.9～1.8	—	10.5～17.5	10.5～17.5	17.5～24.5	28～42
双线	隧道分界深度		0.88	3.46	6.8	18.3	36.3	72
	一般分界深度		—	—	—	33.8～40.6	51～61.8	76～102.7
	建议分界深度	按洞径	0.15D～0.3D	0.3D～0.5D	0.5D～1.0D	1.5D～2.5D	2.5D～3.5D	4D～6D
		按埋深	1.8～3.0	3.0～5.7	5.9～11.7	16.1～26.8	32～44.8	52～78

综上所述，根据城市轨道交通隧道工程特点，将隧道埋深分为超浅埋、浅埋和深埋三类。由于城市轨道交通隧道工程的施工工法较多，地质条件、环境条件较为复杂，隧道深埋、浅埋和超浅埋的划分界限可以借鉴上述规范，结合当地工程经验综合确定。

（3）自身风险等级划分标准。

基坑、隧道工程的自身风险等级宜根据支护结构发生变形或破坏、岩土体失稳等的可能性及其严重程度，采用工程风险评估的方法确定，也可根据基坑设计深度、隧道埋深和断面尺寸等按照表2-8划分。

表2-8　基坑、隧道工程的自身风险等级

工程自身风险等级		划分等级标准
基坑工程	一级	设计深度≥20 m的基坑
	二级	设计深度≥10 m且<20 m的基坑
	三级	设计深度<10 m的基坑

（续表）

工程自身风险等级		划分等级标准
隧道工程	一级	超浅埋隧道，超大断面隧道
	二级	浅埋隧道，近距离平行或交叠的隧道，盾构始发与接收区段，大断面隧道
	三级	深埋隧道，一般断面隧道

注：① 超大断面隧道是指断面尺寸大于 $100 \ m^2$ 的隧道，大断面隧道是指断面尺寸为 $50 \sim 100 \ m^2$ 的隧道，一般断面隧道是指断面尺寸为 $10 \sim 50 \ m^2$ 的隧道；
② 近距离隧道是指两隧道间距在一倍开挖宽度（或直径）范围以内；
③ 隧道深埋、浅埋和超浅埋的划分根据施工工法、围岩等级、隧道覆土厚度与开挖宽度（或直径），结合当地工程经验综合确定。

2. 周边环境风险等级划分

工程周边环境风险等级根据周边环境发生变形或破坏的可能性大小及后果的严重程度，划分为一级、二级、三级和四级，如表 2-9 所示。环境风险评估中判断风险发生的可能性应考虑环境与工程的空间关系、地质条件和施工方法，以及环境自身的易损性等因素；环境风险破坏的后果需要考虑环境的重要性、经济价值、社会影响等因素，可见环境风险评估过程是十分复杂和困难的。

表 2-9 周边环境风险等级划分标准

周边环境风险等级	等级划分标准
一级	主要影响区内存在既有轨道交通和铁路设施、重要建（构）筑物、重要市政桥梁与隧道、河流或湖泊； 主、次要影响区内存在文物建筑
二级	主要影响区内存在一般建（构）筑物、一般市政桥梁与隧道、高速公路、重要地下管线； 次要影响区内存在既有轨道交通和铁路设施、重要建（构）筑物、重要市政桥梁与隧道、河流或湖泊； 隧道工程上穿既有轨道交通设施
三级	主要影响区内存在城市重要道路、一般地下管线、一般市政设施； 次要影响区内存在一般建（构）筑物、一般市政桥梁与隧道、高速公路、重要管线
四级	次要影响区内存在城市重要道路、一般地下管线、一般市政设施

周边环境对象的重要性程度可根据环境对象的重要性、相关规范、破坏后果或风险评估进行确定，也可参考如下分类。

重要建（构）筑物一般是指文物古迹、近代优秀建筑物，10 层以上高层、超高层民用建筑物，重要的烟囱、水塔等；重要桥梁是指城市高架桥、立交桥等；重要隧道是指城市过江隧道、公路隧道、铁路隧道等；重要地下管线是指雨污水干管、中压以上煤气管、直径较大的自来水管、中水管等对工程有较大危害的地下管线等；城市重要道路是指城市快速路、主干路等；市政设施是指由市政府出资建造的公共设施，一般指市政规划区内的各种建筑物、构筑物、设备等，主要包括城市道路（含桥梁）、供水、排水、燃气、热力、道路照明、垃圾处理等设施及附属设施。

3. 地质条件复杂程度划分

地质条件复杂程度主要由建设场地地形地貌、工程地质、水文地质条件等决定。地质条件复杂程度划分标准主要根据现行国家标准《城市轨道交通岩土工程勘察规范》GB 50307-2012 的有关内容制定。

地质条件复杂程度可根据场地地形地貌、岩土条件和水文地质条件划分为一级（复杂）、二级（中等）和三级（简单）三个等级，如表 2-10 所示。

表 2-10　地质条件复杂程度

地质条件复杂程度	等级划分标准
一级（复杂）	地形地貌复杂，不良地质作用强烈发育，特殊性岩土需要专门处理，地基、围岩和边坡的岩土性质较差，地下水对工程的影响较大需要进行专门研究和治理
二级（中等）	地形地貌较复杂，不良地质作用一般发育，特殊性岩土不需要处理，地基、围岩和边坡的岩土性质一般，地下水对工程的影响较小
三级（简单）	地形地貌简单，不良地质作用不发育，地基、围岩和边坡的岩土性质较好，地下水对工程无影响

注：符合条件之一即为对应的地质条件复杂程度，从复杂开始，向中等、简单推定，以最先满足的为准。

工程支护结构和周边环境是工程风险的主要承险体，工程支护结构的稳定性和周边环境的安全状态是工程施工过程中关注的重点，也是监测工作的主要内容。因此，工程监测等级主要根据工程自身风险等级和周边环境风险等级确定。

工程周边岩土体是工程支护结构和周边环境对象的载体，也是两者之间相互作用的介质。两者的安全状态及稳定性都受工程地质条件的影响。因此，工程监测等级与工程地质条件的复杂性密切相关。在已有分级的基础上，还需要根据工程地质条件复杂程度对监测等级进行调整。工程地质条件复杂程度为中等或简单时监测等级可不进行调整，工程地质条件为复杂时监测等级上调一级，上调后最高为一级。

工程监测等级划分为一级、二级和三级，如表 2-11 所示。

表 2-11　工程监测等级

监测等级	划分依据
一级	工程自身风险等级、周边环境风险等级或地质条件复杂程度有一项或多项为一级
二级	监测等级为一级和三级之外的
三级	工程自身风险等级、周边环境风险等级和地质条件复杂等级为三级或四级

2.4　监测控制网

控制网是变形监测的起算依据，是日常监测工作的基础，其稳定性和精度非常重要。由于轨道交通工程具有施工周期长、规模大、精度高和结构复杂等特点，在监测工程中监测基准的建立、控制网的布设、观测以及成果处理等各环节应符合相应的技术标准和要求，以满足轨道交通工程监测工作需要。

水平位移监测控制网是水平位移变形测量的依据，水平位移监测一般布设专用控制网，布设时要考虑在变形观测时间内稳固可靠，且便于使用。

水平位移监测的平面坐标系一般应采用城市轨道交通工程坐标系，也可采用所在城市地方坐标系。变形测量主要以测定变形体的变形量为目的，当观测条件困难，难以与城市轨道交通工程坐标系或所在城市地方坐标系联测时，可采用独立坐标系。

竖向位移监测高程基准是竖向位移变形测量的依据。竖向位移变形监测一般布设专用控制网，布设时要考虑在变形观测时间内稳固可靠，而且应便于使用。竖向位移监测控制网一般由基准点和工作基点组成。

竖向位移变形监测的高程基准一般应采用城市轨道交通工程高程控制网点，也可采用所在城市地方高程基准网点，当观测条件困难，难以与城市轨道交通工程高程控制网点或所在城市地方高程控制网联测时，也可采用独立高程基准，即假定高程。

2.4.1 控制网布设

1. 控制网布设形式

监测控制网（点）由基准点和工作基点组成，可分为高程控制网与平面控制网。高程控制网一般以该工程施工高程系统为基准建立，起始并附合于工程施工控制网二等精密水准点上，平面控制网一般建立独立的监测坐标系，但与施工坐标系建立联测关系。控制点及控制网根据工程特点及监测工作规划分段布设成局部的独立网，同观测点一起布设成闭合环、附合网或附合线路等形式。

2. 控制点布置原则

基准点应设置在施工影响范围外，基坑监测的基准点一般在最大开挖深度的 3 倍以外的稳定区域单独均匀布置，且基准点数不少于 3 个；对建（构）筑物的竖向位移监测，基准点距建（构）筑物的距离要大于建筑物基础最大深度的 2 倍。

基准点宜设在有深基础且已稳定的建（构）筑物上或者另行埋设稳固的基准点，水平位移基准点宜设置具有强制对中的观测墩或利用已有稳定的控制点。水准基准点埋深不小于 1 m，标石基底宜用 20 cm 厚素混凝土浇实。标石的形式可参照有关规范、标准、规程设置。根据监测项目的具体情况，可多布置 1 ～ 2 个基准点，以便个别基准点损坏时能及时进行监测。基点及工作基点要避开交通干道、地下管线、仓库堆栈、水源井、河岸、松软填土、滑坡斜面及标志易遭破坏的地点。

当基准点距离所监测工程较远或由于通视条件不良，致使监测作业不方便时，可设置工作基点。在施工前埋设的基准点及工作基点稳定后才可投入使用，每个月进行一次联测，以修正工作基点的数据并检验基准点的稳定性，发现不稳定的基准点或工作基点应及时补设。

竖向位移监测网采用水准测量方法布设成闭合或附合的水准网形式。水平位移监测网宜采用独立坐系，应一次性布设完成。

在施工前埋设的基准点稳定后才可投入使用，建网初期每月进行一次复测，而后每季度进行一次监测，发现不稳定的控制点应及时补设。基准点可采用固定角或固定边测量来检查稳定性。

监测网水准测量技术指标和观测技术要求应按照相关规范、标准、规程执行。

3. 控制点埋设方法

高程控制网基准点具体埋设方法视工程及地质情况和周边环境情况而定，具体如下。

（1）工程周边或沿线存在岩石覆土较浅或岩石裸露的区域，而且岩石完整性好、强度较高。该情况下可将基准点直接埋设于岩层，如图 2-6 所示。

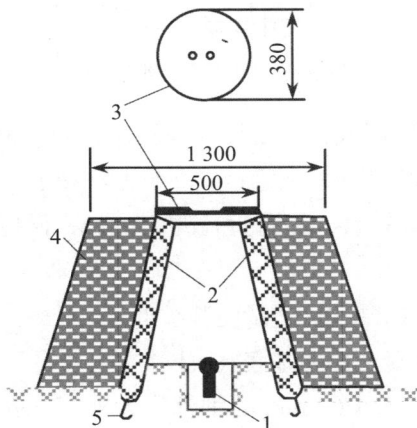

1——抗腐蚀的金属标志；2——钢筋混凝土井圈；3——井盖；4——砌石土丘；5——井圈保护层

图 2-6　岩层水准基点标石（单位：mm）

（2）工程周边或沿线岩层或稳定土层埋深较浅时，可视现场情况采用混凝土水准点标石或者浅埋钢管水准标石，详细布设如图 2-7、图 2-8 所示。

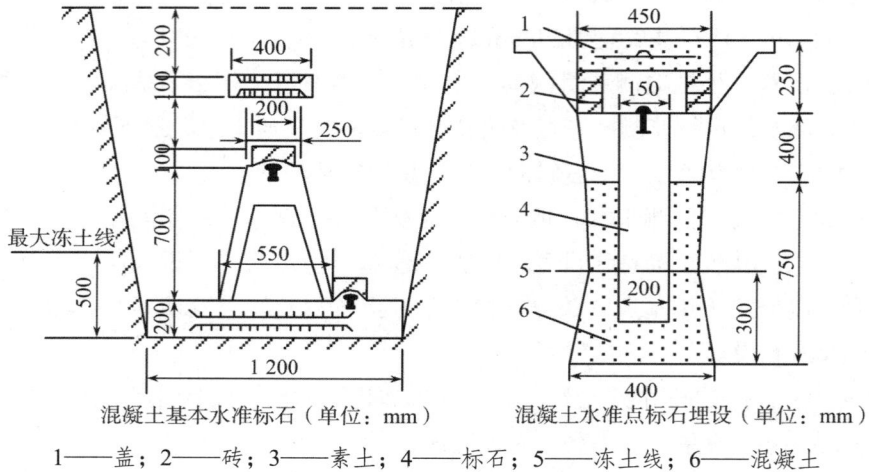

混凝土基本水准标石（单位：mm）　　　混凝土水准点标石埋设（单位：mm）

1——盖；2——砖；3——素土；4——标石；5——冻土线；6——混凝土

图 2-7　混凝土水准点标石

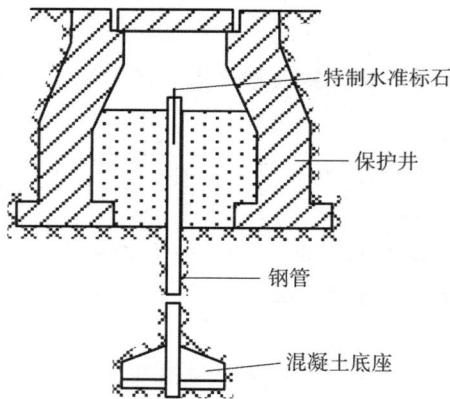

图 2-8　浅埋钢管水准标石

（3）工程周边或沿线岩层或稳定土层埋深较深，切上覆土体为软土时，可采用深埋钢管水准标石，详细布设如图 2-9 所示，埋设方法如下。

1）使用 Φ80 mm 工程钻具，钻孔直径约 80 mm，深度达到砂卵石层、岩层或者压缩变形小的硬土。

2）清除渣土，向孔洞内部注入适量泥浆护壁。

3）在孔底灌入适量混凝土作为基底底靴。

4）在孔中心位置先放入 Φ60 mm 的钢管作为外管，固定外管后，再在外管内放入标号 Φ24～Φ40 mm 的钢管（≥Φ18 mm 的钢筋），顶部采用帮条焊，焊接观测标，并露出混凝土面 1～2 cm。

5）灌入砂浆，并震动密实，砂浆顶面距离地表 5 cm 左右。

6）上部加装钢制保护盖，养护 15 天以上。

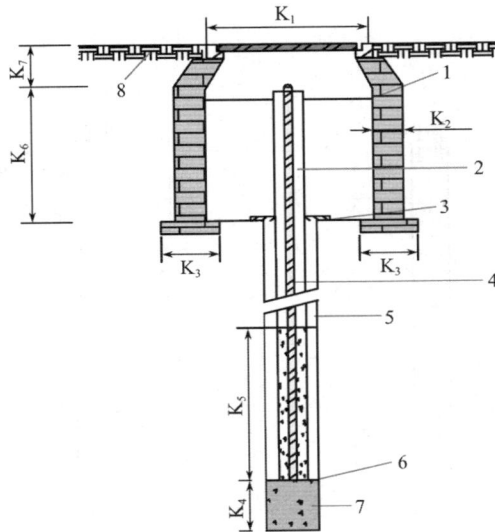

1——保护井；2——外管；3——外管悬空卡子；4——内管；5——钻孔（内填）；6——基点底靴；7——钻孔底；8——地面；K_1——井盖直径；K_2——井壁厚度；K_3——井底垫圈宽度；K_4——钻孔底封堵厚度；K_5——基点底靴厚度；K_6——井底垫圈面距基准点顶部高度；K_7——基准点顶部距地面高度

图 2-9　深埋钢管水准标石（单位：mm）

（4）工程影响范围以外存在基础埋深比较深且地基沉降已经稳定的建筑时，可在该建筑物上设置墙角水准点。详细埋设步骤为：采用钻具成孔方式进行埋设，使用电动钻具在选定建筑物部位钻直径 65 mm、深度约 125 mm 的孔洞；清除孔洞内渣质，注入适量清水养护；向孔洞内注入适量搅拌均匀的锚固剂；放入观测点标志；使用锚固剂回填标志与孔洞之间的空隙；养护 15 天以上。详细埋设如图 2-10 所示。

（5）在隧道内进行沉降观测时，控制水准点可埋设于隧道墙角，该控制点需定期与地面基准点进行联测，详细布设如图 2-11 所示。

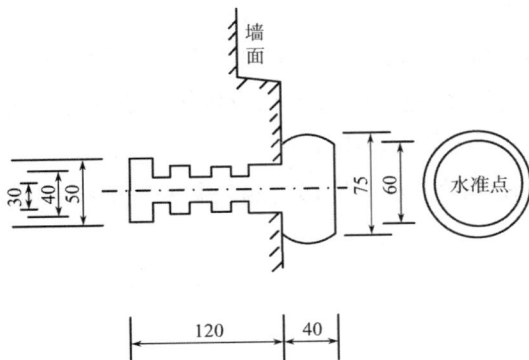

图 2-10　墙角水准点（单位：mm）

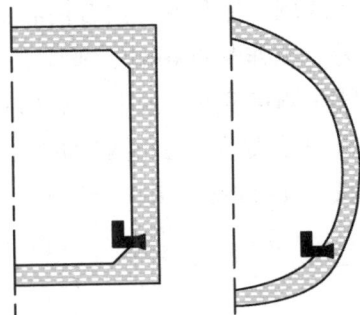

图 2-11　隧道内控制水准点

平面控制网的基准点在一般情况下可与高程基准点共用，如有需要可埋设强制对中观测墩，如图 2-12 所示。

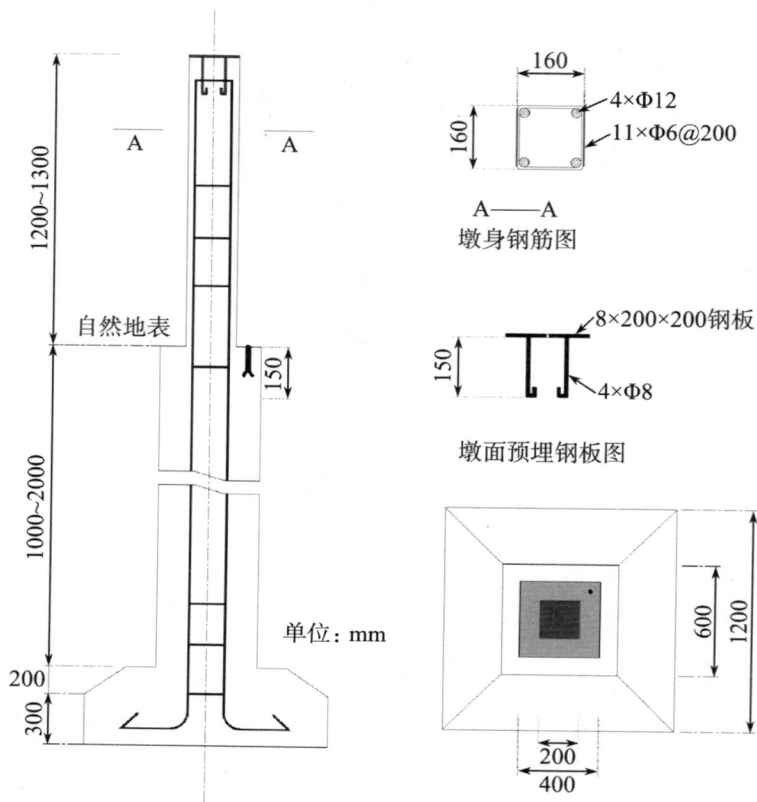

图 2-12　强制对中观测墩设计图

2.4.2 控制网测量

1. 水平位移监测基准网测量

（1）技术要求。

导线网、边角网、混合网和 GNSS 网的最弱点的中误差不应大于相应等级的点位中误差。工作基点相对于邻近基准点的点位中误差不应大于相应等级的点位中误差。用基线法测定偏差值的中误差不应大于所选等级的点位中误差。

采用导线网、边角网、混合网和 GNSS 网时，水平位移监测控制网主要技术要求符合表 2-12、表 2-13 的规定。

表 2-12　角度、边长观测技术要求

等级	全站仪标称精度	水平角观测测回数	测回较差	距离观测 /mm		
				往测	返测	往返测量较差
一级	$\pm 1''$，$\pm（1\,mm+1\times10-6\times D）$	9	$5''$	4	4	$2\times（a+bD）$
二级	$\pm 2''$，$\pm（2\,mm+2\times10-6\times D）$	9	$5''$	3	3	
三级	$\pm 2''$，$\pm（2\,mm+2\times10-6\times D）$	6	$8''$	2	2	

注：① $（a+bD）$——仪器标称精度，a——固定误差，b——比例误差，D——距离测量值（以千米计）；

② 测距——测回指照准目标一次读数 4 次；

③ 测距时应读取温度和气压，测前、测后各读取一次，取平均值作为测站的气象数据，温度读至 0.2 ℃，气压读至 50 Pa；

④ 全站仪标称精度优于对应等级所列仪器标称精度的，可适当减少测回数，但应进行精度估算，保证测量精度满足对应等级要求。

表 2-13　水平位移监测控制网主要技术要求

等级	相邻基准点的点位中误差 /mm	平均边长 /m	测角中误差 $/''$	最弱边相对中误差
一级	± 1.5	200	± 1.0	$\leqslant 1/120\,000$
二级	± 3.0	150	± 1.8	$\leqslant 1/70\,000$
三级	± 6.0	100	± 2.5	$\leqslant 1/40\,000$

当水平位移监测控制网设计为 GNSS 网时，须满足表 2-14 中相应等级的相邻基准点点位中误差的精度要求，控制网边长的设计须和观测精度相匹配；三级以上的 GNSS 网监测控制网，宜采用精密星历进行数据处理，其各项精度应满足相应的要求。

表 2-14　水平位移监测控制网精度指标

等级	相邻基准点的点位中误差 /mm	平均边长 /m	测边相对中误差
一级	± 1.5	$\leqslant 300$	$\leqslant 1/300\,000$
		$\leqslant 200$	$\leqslant 1/200\,000$
二级	± 3.0	$\leqslant 400$	$\leqslant 1/200\,000$
		$\leqslant 200$	$\leqslant 1/100\,000$
三级	± 6.0	$\leqslant 450$	$\leqslant 1/100\,000$
		$\leqslant 350$	$\leqslant 1/80\,000$

（2）观测实施。

导线测量前应对仪器进行常规检查与校正，同时记录检校结果。仪器或反光镜的中误差不应大于 1 mm。水平角观测过程中，气泡中心的位置偏离整置中心的不宜超过一格。当观测方向的垂直角超过 3° 时，宜在测回间调整气泡位置。有垂直轴补偿器的仪器，不受此限制。导线观测宜在上午 11：30 以前或下午 2：30 以后进行，最好在阴天、微风时进行，上午 9：00 以后至下午 4：30 以前应给仪器设备打伞，保证仪器设备受热均匀。

如受外界因素（如震动）的影响，仪器的补偿器无法正常工作或超出补偿器的补偿范围时，应停止观测。当测站或照准目标偏心时，应在水平角观测前或观测后测定归心元素。测定时投影示误三角形的最长边，对于标石、仪器中心的投影不应大于 5 mm，对于照准标志中心的投影不应大于 10 mm。投影完毕后，除标石中心外，其他各投影中心均应描绘两个观测方向。角度元素应量至 15′，长度元素应量至 1 mm。

导线点上只有 2 个方向时，其水平角观测应采用左、右角观测，左、右角平均值之和与 360° 的较差应小于 4″。前后视边长相差较大，观测需要调焦时，应采用同一方向正、倒镜同时观测法，此时一个测回中不同方向可不考虑 2C 较差的限差。

在导线网结点或卫星定位控制点上观测水平角时，应在附合导线两端的卫星定位控制点上观测，宜联测 2 个卫星定位控制点方向，夹角的平均观测值与卫星定位控制点坐标反算夹角之差应小于 6″。当方向数超过 3 个时，宜采用方向观测法，方向数不多于 3 个时可不归零。

方向观测法水平角观测技术要求见表 2-15。

表 2-15　方向观测法水平角观测技术要求

全站仪标称精度	半测回归零差	一测回内 2C 较差	同一方向值各测回较差
±0.5″	3.0	5.0	3.0
±1.0″	6.0	9.0	6.0
±2.0″	8.0	13.0	9.0

水平角观测误差超限时，应在原来度盘位置上重测，当一测回内 2C 互差或同一方向值各测回较差超限时，应重测超限方向，并联测零方向。下半测回归零差或零方向的 2C 互差超限时，应重测该测回。若一测回中重测方向数超过总方向数的 1/3 时，应重测该测回。当重测的测回数超过总测回数的 1/3 时，应重测。

边长测量应在成像清晰和气象条件稳定时进行，3 级以上风力和下雨天气不宜作业，也不宜顺光和逆光作业，严禁将仪器物镜对准太阳。当棱镜背景方向有反射物时，应在棱镜后方遮上黑布。测距过程中，当视线被遮挡无法观测时，应在清除遮挡物后进行观测。当边长观测数据超限时，应重测整个测回。当观测数据出现分群时，应分析原因，采取相应措施重新观测。边长观测时，应考虑气压温度、仪器加乘常数、高程改化及投影归化改正。气象数据应量取两端点测边始末的气象数据，取均值。气压表应置平，指针不宜阻滞。

2. 竖向位移监测基准网测量

（1）技术要求。

采用水准测量方法布设竖向位移监测控制网时，水准观测主要技术要求应符合表 2-16 的规定，竖向位移监测控制网主要技术要求应符合表 2-17 的规定；采用其他方法布设竖向位移监测控制网时，在满足相邻基准点精度要求下，其主要技术要求也应符合表 2-16 和表 2-17 的相关技术要求，因当前城市轨道交通工程监测主要使用电子水准仪，只对电子水准仪进行主要技术要求。

表 2-16　水准观测主要技术要求

等级	仪器型号	视线长度 /m	前后视距差 /m	前后视距累计差 /m	视线离地面最低高度 /m	基、辅分划读数较差 /mm	基、辅分划高差较差 /mm	数字水准仪重复测量次数
一级	DSZ05 DS05	≥4 且 ≤30	≤0.5	≤2.0	≤2.80 且 ≥0.65	≤0.3	≤0.4	≥3 次
二级	DSZ05 DS05	≥4 且 ≤30	≤1.0	≤3.0	≤2.80 且 ≥0.65	≤0.3	≤0.4	≥3 次
三级	DSZ1 DS1	≥3 且 ≤50	≤1.5	≤6.0	≤2.80 且 ≥0.55	≤0.5	≤0.7	≥2 次

表 2-17　竖向位移监测控制网主要技术要求

等级	相邻基准点高差中误差 /mm	测站高差中误差 /mm	往返较差、附合或环线闭合差 /mm	检测已测高差之较差 /mm
一级	±0.3	±0.07	$\pm 0.15\sqrt{n}$	$\pm 0.2\sqrt{n}$
二级	±0.5	±0.15	$\pm 0.30\sqrt{n}$	$\pm 0.4\sqrt{n}$
三级	±1.0	±0.30	$\pm 0.60\sqrt{n}$	$\pm 0.8\sqrt{n}$

注：① n 为测站数；

② 检测已测测段高差之差的限差，对单程检测或往返检测均适用，检测测段长度小于 1 km 时，按 1 km 计算；

③ 水准环线由不同等级路线构成时，环线闭合差的限差应按各等级路线长度及其限差分别计算，然后取平方和的平方根为限差；

④ 当连续若干测段的往返测高差不符值保持同一符号，且大于不符值限差的 20% 时，则在以后各测段的测中，除酌量缩短视线外，还应采取仪器隔热和防止尺桩（台）位移等措施。

（2）观测实施。

采用精密水准作业前，应对所使用的水准测量仪器和标尺按《水准仪检定装置》JJG 960—2012 进行各项检查与校正。

水准测量采用单路线往返观测，同一区段的往返测，应使用同一类型的仪器和转点尺承沿同一道路进行。在每一区段内，先连续进行所有测段的往测（或返测），随后在连续进行各测段的返测（或返测）。若区段较长，也可将区段分成几个较短的分段，在分段内连续进行所有测段的往返观测。同一测段的往测（或返测）与返测（或往测）应分别在上午和下午进行。在日间气温变化不大的阴天和观测条件较好时，若干里程的往返测可同在上午或下午进行，也可在夜间观测。

水准观测应根据路线土质选用尺桩或尺承（尺承不轻于 5 kg）作转点尺承，所用尺桩数应不少于 4 个。特殊地段可采用大帽钉作为转点尺承。

水准观测应在标尺分划线成像清晰而稳定时进行，下列情况下不应进行观测：日出后与日落前 30 min 内，太阳中天前后各约 2 h 内（可根据地区、季节和气象情况，适当增减，最短间歇时间不少于 2 h），标尺分划线的影像跳动剧烈时，气温突变时，风力过大而使标尺与仪器不能稳定时。

往、返测奇数站照准标尺顺序为"后前前后"。往、返测偶数站照准标尺顺序为"前后后前"。一测站操作步骤如下（以奇数站为例）。

1）开机预热 3 ～ 5 min（一般不少于 20 个单次测量），在设站点将仪器整平。

2）将望远镜对准后视标尺，用竖丝照准条码中央，精确调焦至条码影像清晰，按测量键，每次测量两次读数。

3）显示读数后，旋转望远镜照准前视标尺条码中央，精确调焦至条码影像清晰，按测量键，每次测量两次读数。

4）显示读数后，重新照准前视标尺，按测量键，每次测量两次读数。

5）显示读数后，旋转望远镜照准后视标尺条码中央，精确调焦至条码影像清晰，按测量键，每次测量两次读数，显示测站成果。测站检验合格后迁站。

（3）观测记录

水准测量的外业成果，按记录载体分为电子记录和手簿记录两种方式，应优先采用电子记录，在不适宜电子记录的特殊地区亦可采用手簿记录，记录项目如下。

1）每测段的始、末，工作间歇的前后及观测中气候变化时，应记录观测日期、时间（北京时间）、大气温度（仪器高度处温度）、标尺温度、天气、成像、太阳方向、道路土质、风向及风力。

2）使用光学水准仪时，每测站应记录上、下丝在前后标尺的读数，楔形平分丝在前后标尺基、辅分划面的读数。使用数字水准仪时，每测站应记录前后标尺距离和视线高读数。

采用手簿记录时，一切外业观测值和记事项目，应在现场直接记录。手簿一律用铅笔或钢笔填写，记录的文字与数字力求清晰、整洁，不得潦草、模糊。手簿中原始记录不得涂改或擦改，对原始记录有错误的数字与文字，应仔细核对后以单线划去，并在其上方填写更正的数字与文字，并在备考栏内注明原因。对作废的记录，应用单线划去，并注明原因及重测结果记于何处。重测记录应加注"重测"二字。

3）水准测量记录的小数取位按照表 2-18 的规定执行。

表 2-18 水准测量外业中数字取位要求

往（返）测距离总和 /km	测段距离中数 /km	各测站高差 /mm	往（返）测高差总和 /mm	测段高差中数 /mm	水准点高程 /mm
0.01	0.1	0.01	0.01	0.1	1

观测工作结束后应及时整理和检查外业观测手簿。检查手簿中所有计算是否正确、观测成果是否满足各项限差要求。确认观测成果全部符合规定之后方可进行外业计算。

（4）重测和成果取舍。

测段往返测高差不符值超限，应先就可靠程度较小的往测或返测进行整测段重测，并按下列原则取舍。

1）若重测的高差与同方向原测高差的不符值超过往返测高差不符值的限差，但与另一单程高差的不符值不超出限差，则取用重测结果。

2）若同方向两高差不符值未超出限差，且其中数与另单程高差的不符值亦不超出限差，则取同方向中数作为该单程的高差。

3）若 1）中的重测高差或 2）中两同方向高差中数与另一单程的高差不符值超出限差，应重测另单程。

4）若超限测段经过两次或多次重测后，出现同向观测结果靠近而异向观测结果间不符值超限的分群现象时，如果同方向高差不符值小于限差之半，则取原测的往返高差中数作往测结果，取重测的往返高差中数作为返测结果。

区段、路线往返测高差不符值超限时，应就往返测高差不符值与区段（路线）不符值同符号中较大的测段进行重测，若重测后仍超出限差，则应重测其他测段。符合路线和环线闭合差超限时，应就路线上可靠程度较小（往返测高差不符值较大或观测条件较差）的某些测段进行重测，如果重测后仍超出限差，则应重测其他测段。

每千米水准测量的偶然中误差超出限差时，应分析原因，重测有关测段或路线。测段重测与原测时间超过了 3 个月，且重测高差与原测高差之差超过检测限差时，应进行该测段两端点可靠性的检测。

（5）观测注意事项。

观测前 30 min，应将仪器置于露天阴影下，使仪器与外界气温区域一致；设站时，应用伞遮蔽阳光；迁站时，应用遮光罩遮挡仪器。使用水准仪前，还应进行预热，预热不少于 20 次单次测量。

气泡式水准仪，观测前应测出置平零点，并作出标记，根据气温变化，应随时调整仪器零点位置。对于自动安平水准仪的圆水准器，应严格置平。

在连续各测站上安置水准仪的三脚架时，应使其中两脚与水准路线的方向平行，而第三脚轮换置于线路方向的左侧和右侧。除路线转弯处外，每一测站上仪器与前后标尺的位置，应接近一条直线。不应为了增加标尺读数而把尺桩（台）安置在壕坑中。转动仪器的倾斜螺旋和测微鼓时，其最后旋转方向均应为旋进。

每一测段的往测与返测，其测站数均应为偶数。由往测转向返测时，两支标尺应互换位置，并应重新调试仪器。在高差很大的地区，应选用长度稳定、标尺名义米长偏差和分划偶然误差较小的水准标尺作业。

对于数字水准仪，应避免望远镜直接对着太阳；尽量避免视线被遮挡，遮挡时不要超过标尺在望远镜中截长的 20%；仪器只能在厂方规定的温度范围内工作；确信震动源造成的震动消失后，才能启动测量键。测量前，应将有关参数、限差预先输入并选择自动观测模式，水准路线应避开强电磁的干扰。

2.4.3 测量成果计算

1.水平位移监测基准网成果计算

（1）数据整理。

每日观测结束后，应对外业记录手簿进行检查，当使用电子记录时，应保存原始观测数据，打印输出相关数据和预先设置的各项限差。当观测数据中含有偏心测量成果时，应首先进行归心改正计算。方向值和边长观测值都应归算到相应的基准面上。

（2）基准点稳定性分析。

水平位移监测控制网测量数据处理前，应对基准点的稳定性进行检验和分析。基准网联测后，若发现其中控制点异常，应及时分析原因，如确认点位变动后及时对该控制点成果进行修正。同时，所有由此控制点引测的监测点成果，也必须进行修正，确保监测点观测成果的正确性。

当基准点单独构网或监测点共同构网时，每次基准网复测后，应根据本次复测数据与上次测量数据的较差值，通过组合比较的方式对基准点的稳定性进行分析和判断。当上述方法不能判定基准点是否稳定时，可通过统计检验的方法对其稳定性进行检验，并找出变动的基准点。在监测过程中，当某期变形量出现异常变化时，应分析原因，在剔除监测成果中粗差和系统差后，再对基准点的稳定性进行检验分析。

（3）平差计算。

控制网计算应采用严密平差法，其精度应符合表 2-13 和表 2-14 的规定。

导线网边长应进行气象改正和仪器加、乘常数改正，根据仪器提供的公式进行改正，也可以在观测前程将气象数据和加、乘常数输入全站仪内自动改正。

若采用 GNSS 控制网，则使用商业软件进行平差计算。

（4）资料提交。

经外业观测、内业数据处理，各项技术指标符合要求后，应提交以下文档资料：测量站点工程概况、外业观测手簿、内业概算成果和平差计算报告，控制点成果表、控制网略图及点之记，单位质量管理部门的最终检查报告，技术总结及其他应提交的资料。

2. 竖向位移监测基准网成果计算

（1）数据整理。

竖向位移监测基准网每日观测结束后，应对外业记录手簿进行 100% 检查，当使用电子记录时，应备份保存原始观测数据文件，打印输出相关数据和预先设置的各项限差。

（2）基准点稳定性分析。

竖向位移监测控制网测量数据处理前应对基准点的稳定性进行检验和分析。基准网联测后，若发现其中控制点异常，应及时分析原因，如确认点位变动后及时对该控制点成果进行修正。同时，所有由此控制点联测的监测点成果，也必须进行修正，确保监测点观测成果的正确性。

基准点一般布设在稳定的地点，其稳定性可使用以下方法进行分析判断。

当基准点单独构网或监测点共同构网时，每次基准网复测后，应根据本次复测数据与上次测量数据的较差值，通过组合比较的方式对基准点的稳定性进行分析和判断。当采用上述方法不能判定基准点是否稳定时，可通过统计检验的方法对其稳定性进行检验，找出变动的基准点。

在监测过程中，当某期变形量出现异常变化时，应分析原因，在剔除监测成果中粗差和系统差后，再对基准点的稳定性进行检验分析。

（3）平差计算及精度评定。

内业平差计算前，应进行水准测量外业概算，概算项目包括外业手簿的计算、外业高差和概略高程表的编算、每千米水准测量偶然中误差的计算。其中外业高差和概略高程表的编算，应由两人各自独立编算一份，并核对无误。计算水准点高程时，按照《国家一、二等水准测量规范》GB/T 12897−2006 进行以下高差改正计算：水准标尺每米真长改正，水准标尺温度改正，正常水准面不平行的改正，重力异常改正，固体潮改正（最后计算时，近海水准路线需加入海潮负荷改正），环线闭合差的改正。

水准测量的数据处理应进行严密平差，完成闭合差计算、平差及精度评定，精度评定内容主要包括每千米高差中数偶然中误差、高差全中误差（当水准路线和水准环多于 20 个时）、最弱点高程中误差和相邻点的相对高差中误差。其中，每千米高差中数偶然中误差、高差全中误差按照《国家一、二等水准测量规范》GB/T 12897−2006 相关公式计算。计算取位时，高差中数及最后成果宜取至 0.01 mm。

（4）资料提交。

提交的竖向位移监测基准网测量及复核报告中应包含测量站点工程概况，水准网观测路线略图，外业观测手簿（或电子手簿）内业概算及平差计算报告，高程点成果表、点之记等资料，单位质量管理部门的最终检查报告，技术总结报告及其他应提交的资料。

第 3 章
明（盖）挖法监测

明挖法是由地面开挖岩土修筑基坑的施工方法。盖挖法是由地面开挖至一定深度后，修筑结构顶板及竖向支撑结构，然后在封闭的盖板下面开挖岩土修筑结构的施工方法。

明（盖）挖法监测就是针对地铁车站或区间采用该工法施工时，对明（盖）挖法工程本体、周围岩土体及周边环境实施的监测工作。

3.1 明（盖）挖法监测目的及基本要求

明挖法基坑与隧道开挖施工造成的土层损失、岩层破坏及周围地层受到扰动或剪切破坏的再固结，容易引起地面沉降，周边地层施加给围护结构荷载，容易引起围护结构变形。因此，明（盖）挖法监测目的是通过第三方及施工监测单位实施监测，提供监测数据成果，判断变形发展趋势，确保基坑工程本体及周边环境的安全，实现信息化施工；并将监测数据反馈给设计单位优化设计模型，节约建设成本，为类似工程积累工程经验；同时，通过第三方对周边环境或周边建（构）筑物在施工影响期间的变形监测提供公证可靠的数据，为各方界定责任提供参考。

明（盖）挖区段的监测点宜布置在基坑围护结构各测边中间、阳角、地质条件复杂、结构受力较大、受力复杂、基坑深度变化、邻近建（构）筑物、设施及地下管线等重要部位及其他代表性部位，且各个测项的监测断面及监测点的布设位置应综合考虑，宜共同组成监测断面，其监测成果便于对照分析，监测点布设应能反映明（盖）挖法施工和其他工法施工引起的综合变形效应。

明（盖）挖区段工程周边环境监测前，宜根据初期的环境调查报告或零状态普查报告以及风险评估报告进行现场校对、核准，详细了解现场周边环境的特征、状态。周边环境监测宜根据周边环境的风险等级、周边环境所处工程影响分区，结合周边环境自身的类型、特点等综合确定。周边环境监测点应结合与工程的空间位置关系，布设在反映监测对象变形特征的关键部位和受施工影响敏感的部位。

3.2 明（盖）挖法监测项目

明（盖）挖法施工过程中，应对基坑工程结构本体、周围岩土体及周边环境进行监测。监测项目主要反映的是监测对象的物理力学性能：受力和变形。对于同一个监测对象，这两个指标有着内在的必然联系，相辅相成，配套监测可以帮助判断数据的真伪，做到去伪存真。

监测项目分为应测项目和选测项目。应测项目是指施工过程中为保证工程支护结构、周边环境和周围岩土体的稳定以及施工安全应进行日常监测的项目。选测项目是指为设计、施工和研究的特殊需要在局部地段或部位开展的监测项目。

3.2.1 明（盖）挖法围护结构及周边岩土体监测项目

明（盖）挖法施工过程中，围护结构及周边岩土体的监测是基坑安全施工的重要保障。根据工程监测等级的不同，基坑工程结构本体与周围岩土体的监测项目宜参照表 3-1 选择。

表 3-1　明（盖）挖法基坑施工监测项目

序号	监测项目	工程监测等级		
		一级	二级	三级
1	围护结构、边坡顶部水平位移	√	√	√
2	围护结构、边坡顶部竖向位移	√	√	√
3	围护结构深层水平位移	√	√	○
4	土体深层水平位移	○	○	○
5	围护结构应力	○	○	○
6	立柱结构竖向位移	√	√	√
7	立柱结构应力	○	○	○
8	支撑轴力	√	√	√
9	锚杆、锚索拉力	√	√	√
10	顶板应力（盖挖）	○	○	○
11	土钉拉力	○	○	○
12	地表竖向位移	√	√	√
13	地下水位	√	√	√
14	竖井初期支护期间井壁净空收敛	√	√	√
15	围护结构侧向土压力	○	○	○
16	孔隙水压力	○	○	○
17	土体分层竖向位移	○	○	○
18	坑底隆起	○	○	○

注：①√表示应测项目，○表示选测项目；
②明（盖）挖法开挖岩体基坑时，围护结构深层水平位移为选测项。

1. 围护结构监测项目选取

围护结构（桩、墙）体水平位移监测可以描述围护结构沿深度方向上不同点的水平位移曲线，并且可以及时地确定最大水平位移值及其位置，对于分析围护结构的稳定和变形发挥了重要的作用。因此，在一、二级基坑工程中均应监测。由于围护结构（桩、墙）体水平位移的观测工作量较大，需要埋设测斜管，而且实际工程中三级基坑深层水平位移的观测也较少，所以在三级基坑工程中为选测项目。

基坑围护结构、边坡位移主要由顶部水平位移控制，顶部的竖向位移可以与水平位移相互印证，也是反映基坑安全的重要指标之一。对于顶部水平位移及竖向位移，在一、二、三级基坑工程中均为应测项目。

基坑开挖引起的卸荷回弹不可避免，开挖较深时基坑回弹量也较大。一方面，基坑坑底隆起会导致坑内立柱回弹，虽然立柱回弹值小于坑底土体隆起，但仍会影响水平支撑的稳定性，同时造成地下主体结构的应力重分布，从而影响地下建筑使用寿命。另一方面，过大的坑底隆起变形反映了较大的围护结构变形，对周围环境被保护对象产生不利影响。立柱竖向位移是引发支撑系统破坏的主要因素之一。对于混凝土支撑杆，表现为与墙体连接的杆端开裂、支撑杆与立柱联结节点附近开裂或断裂；对于钢支撑，则会引发墙体、支撑杆、立柱之间联结节点失效，引起支撑系统失稳，导致墙体水平位移过大或基坑坍塌。因此，一、二级基坑工程立柱竖向位移均为应测项目，三级基坑为选测项目。立柱结构应力监测不作为应测项目。

支撑内力监测以轴力为主。内支撑作为支护结构的主要承载构件，对保障基坑安全至关重要；当基坑采用锚杆、锚索进行侧壁加固，其拉力变化是反映基坑稳定性的重要指标。因此，一、二、三级基坑支撑内力、锚杆（索）内力均为应测项目。

围护结构应力、顶板应力、土钉拉力监测是防止支护结构发生强度破坏的一种较为可靠的监控措施，可以了解和掌握围护结构实际受力情况和支护结构的安全状态，对设计和施工具有较好的指导意义，因此可适当降低监测要求，当设计、施工需要或受力条件复杂时可以选测。

竖井井壁的净空收敛是直接反映井壁支护结构的受力特征及围岩和支护结构稳定的重要指标，进行竖井开挖时应进行井壁收敛测量。

2. 周边环境监测项目选取

周边地表竖向位移及地下水位的监测对于综合分析基坑的稳定以及地层位移对周边环境的影响至关重要，各监测等级的基坑工程均规定为应测项目，当基坑开挖范围内有承压水的影响时，应进行承压水位的监测。

对围护结构界面上的土压力和孔隙水压力监测可了解实际情况与设计值的差异，有利于进行反分析和施工控制，孔隙水压力、土压力可根据需要进行监测。

土体深层水平位移与土体分层竖向位移的监测可以掌握土层中不同深度处土体的变形情况，同时可对坑外土体通过围护墙底部涌入坑内的不利情况提供预警信息，因此可进行该项目的监测。

基坑开挖是一个卸荷的过程，随着坑内土的开挖，坑内外形成一个水土压力差，引起坑底土体隆起，进行底部隆起观测可以及时了解基坑整体的变形状况，在必要时可进行该项目的监测。

3.2.2 装配式结构监测项目

地铁装配式车站是装配式建筑的一种新形式，它将传统工法施工的钢筋、混凝土集中在工厂内流水化生产成预制构件，然后运送到施工现场，像"搭积木"一样一块一块拼接成型，可使建筑结构的施工生产实现工厂化。与传统现浇地铁车站结构相比，装配式车站具有工效高、质量可控、节能环保等优点。装配式车站通过标准化设计、工厂化生产、装配化施工、信息化管理、智能化应用，成为现代工业化生产方式的代表。

为保证装配式车站的顺利施工，在施工过程中对装配式结构进行变形监测，保证车站拼装过程中的变形控制及标准化装配至关重要。对装配式车站施工监测主要为对装配式结构的稳定性监测，根据装配式车站构件拼装特点，装配式车站施工监测可类比矿山法隧道对初期支护结构的监测。装配式车站监测项目包括装配式结构顶拱跨中竖向位移、装配式结构中板中部竖向位移、装配式结构侧墙顶部单侧水平位移、装配式结构侧墙顶部净空收敛（表 3-2）。

表 3-2　装配式结构施工监测项目

序号	监测项目
1	装配式结构顶拱跨中竖向位移
2	装配式结构中板中部竖向位移
3	装配式结构侧墙顶部单侧水平位移
4	装配式结构侧墙顶部净空收敛

注：装配式结构各监测项目均为应测项目。

3.2.3 明（盖）挖法周边环境监测项目

城市轨道交通建设一般都处在城市的闹市区，无论采取何种施工方法，均会对施工区域的周边环境或多或少产生影响。

周边环境的监测项目主要根据国家现行标准《地铁设计规范》GB 50157-2013、《建筑基坑工程监测技术规范》GB 50497—2009、《城市轨道交通工程监测技术规范》GB 50911-2013、《建筑变形测量规范》JGJ 8-2016、《城市桥梁养护技术标准》CJJ 99-2017 等制定，确定了建（构）筑物、管线、高速公路与城市道路、桥梁（涵洞）、既有城市轨道交通、既有铁路、既有公路隧道等环境对象的监测项目。

在对周边环境监测项目进行选择时需注意以下几点。

（1）当监测数据或巡视内容达到预警标准时，除进行上表列出的监测项目外还需适时增加测项。

（2）当支护结构发生较大变形或土体出现坍塌、地面出现裂缝迹象，并对地下管线可能造成危害时，需对地下管线进行水平位移监测。

（3）当工程周边有铁路、隧道或存在有特殊要求的建筑及设施时，监测项目应与有关权属单位、管理部门或单位协商确定。既有城市轨道交通高架线和地面线的监测项目按照桥梁与既有铁路的监测项目进行选择，既有高速铁路隧道及桥梁的监测由专属部门进行。

周边环境监测项目可参照表3-3进行选择。采用钻爆法施工时，应对爆破振动影响范围内的建（构）筑物、桥梁等高风险环境进行振动速度监测。

表3-3 周边环境监测项目

监测对象	监测项目	工程影响分区	
		主要影响区	次要影响区
建（构）筑物	竖向位移	√	√
	倾斜	○	○
	裂缝	√	○
桥梁	桥梁墩台竖向位移	√	√
	桥梁墩台差异沉降	√	√
	裂缝	√	○
	梁板应力	○	○
	墩柱倾斜	√	√
地下管线	竖向位移	√	○
	水平位移	○	○
	差异沉降	○	○
高速公路与城市道路	路面路基竖向位移	√	√
	挡墙竖向位移	√	○
	挡墙倾斜	○	○
既有地下轨道交通及隧道	道床竖向位移	√	√
	隧道结构竖向位移	√	√
	隧道结构水平位移	√	√
	隧道结构净空收敛	√	√
	隧道结构变形缝差异变形	√	√
	轨道几何形位（轨距、轨面高差）	√	√
	隧道、轨道结构裂缝	√	√

（续表）

监测对象	监测项目	工程影响分区	
		主要影响区	次要影响区
既有铁路	轨道竖向位移、轨道水平位移	√	√
	路基竖向位移	√	√
	接触网支柱竖向位移、接触网支柱倾斜	√	√

注：√ 表示应测项目，〇表示选测项目。

3.2.4 现场巡视

为掌握基坑周边环境、围护结构体系和周围岩土体的动态，较全面地掌握基坑的施工安全控制程度，为施工单位对工程建设风险管理提供支持，应对明（盖）挖基坑进行日常巡视，作为监测的有益补充。

明（盖）挖法施工现场安全巡视主要内容为明（盖）挖施工情况巡视、支护结构巡视、周边环境安全巡视及监测设施巡视，具体包括以下内容。

（1）施工情况巡视应包含但不限于土质情况，基坑开挖分段长度及分层厚度，地表水、地下水状况；基坑降水、回灌设施运转情况，墙后土体沉陷、裂缝及滑移，基坑周边地面堆载情况，锚索、锚杆、支撑及冠梁、围檩、腰梁是否及时施工等。

（2）支护结构巡视应包含但不限于支护结构成型质量，冠梁、支撑、围檩裂缝，冠梁、围檩、腰梁的连续性，支撑、立柱变形，止水帷幕开裂、渗漏，墙后土体沉陷、裂缝及滑移，基坑涌土、流沙、管涌等。

（3）监测设施巡视应包含但不限于基准点、测点完好状况，监测元件完好状况，观测工作条件的变化等。同时，结合当地经验，根据施工与设计要求适当增加其他巡视检查内容。

（4）周边环境的巡视应包含但不限于以下内容：建（构）筑物、桥梁墩台或梁体、既有轨道交通结构等的裂缝位置、数量和宽度，混凝土剥落位置、大小和数量，设施的使用状况；地下构筑物积水及渗水情况，地下管线的漏水、漏气情况；周边路面或地表的裂缝、沉陷、隆起、冒浆的位置、范围等情况；河流湖泊的水位变化情况，水面出现漩涡、气泡及其位置、范围，堤坡裂缝宽度、深度、数量及发展趋势等；工程周边开挖、堆载、打桩等可能影响工程安全的生产活动。

3.3 明（盖）挖法监测点布设

在测点布设过程中，监测点的位置应尽可能地反映监测对象的实际受力、变形状态，以保证对监测对象的状况做出准确的判断。在监测对象内力和变形变化大的代表性部位及周边环境重点监测部位，监测点应适当加密，以便更加准确地反映监测对象的受力和变形特征。一般基坑每边的中部、阳角处变形较大，所以中部、阳角处宜设测点。

基坑支护结构、周围岩土体以及周边环境被保护对象是一个系统，相互之间有着内在的必然联系，把同一监控区域的不同监测项目尽可能地布置在同一监测断面上，有利于监测数据的相互印证以及对变化趋势的准确分析、判断。

3.3.1 明（盖）挖法围护结构监测点布设

1. 围护结构顶部水平与竖向位移监测点布设

（1）监测点布设原则。

明挖法和盖挖法基坑工程的围护结构、边坡顶部水平位移和竖向位移监测操作简便，且可以直接地反映整个基坑的安全状态。其中，基坑各边中间部位、阳角部位、深度变化部位、邻近建（构）筑物及地下管线等重要环境部位、地质条件复杂部位，在基坑开挖过程中容易出现较大位移变形，对其监测能够较好地保障基坑工程的稳定性。

明（盖）挖法施工围护结构（桩、墙）、边坡顶部水平与竖向位移监测点应沿基坑周边布设（图 3-1），监测等级为一、二级时，布设间距宜为 10 ～ 20 m；监测等级为三级时，布设间距宜为 20 ～ 30 m；监测点应布设在基坑各边中部、阳角部位、深浅基坑交界部位、基坑周边荷载较大部位、临近建（构）筑物及地下管线等重要环境部位、地质条件复杂部位。对于水平位移变化剧烈的区域，宜适当加密测点，水平和竖向位移监测点宜为共用点，监测点宜布设在围护结构（桩、墙）顶或基坑坡顶上。出风口、风井等附属工程的基坑，每侧的监测点不应少于 1 个。

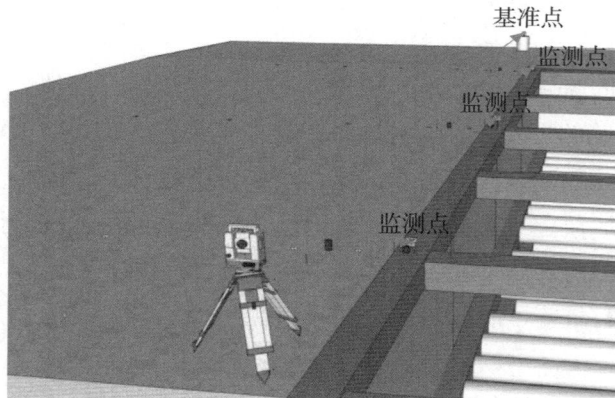

图 3-1 围护结构顶部水平与竖向位移监测点布设三维图

（2）监测点埋设与保护。

围护结构顶部水平与竖向位移监测点应在基坑冠梁浇筑混凝土时将测量观测标埋

入混凝土中（图 3-2）。冠梁混凝土凝固完成后，用喷漆做相应标记，进行简易保护；或者在冠梁施作完成后，用电钻取孔，用铁锤将测量观测标打入孔中，直至观测标帽底部与地面齐平为止，用喷漆做相应标记，进行简易保护。

测点布设时应避开基坑护栏、防水墙，并在防水墙或者地面上设立明显标记，必要时加盖子保护。测点损坏后应按原埋设方法在原位置处重新埋设监测点。

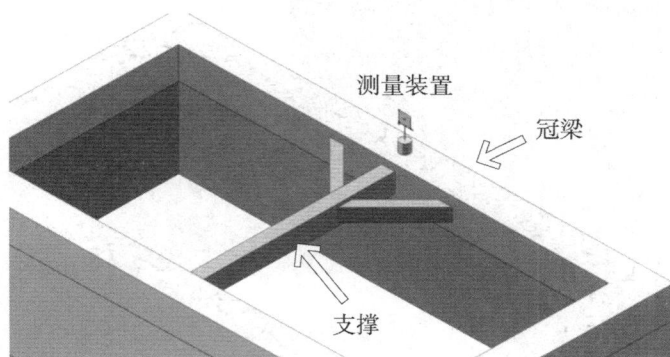

图 3-2 围护结构顶部水平位移监测点布设示意图

2. 围护结构深层水平位移监测点布设

（1）监测点布设原则。

围护结构深层水平位移变形是基坑支护结构体系稳定状态的直接反映，该监测项目对判断围护结构的安全性至关重要。其监测点宜与围护结构顶部水平位移和竖向位移监测点处于同一监测断面，以便监测数据间的对比分析。在基坑各边中间部位及阳角部位等的围护结构易发生较大的水平位移，应作为重要部位监测。

明（盖）挖法施工围护结构（桩、墙）体深层水平位移监测点应沿基坑周边（桩、墙）布设，监测等级为一、二级时，布设间距 20～40 m；监测等级为三级时，布设间距 40～50 m。基坑各边中部、阳角处及其他代表性部位应布设围护结构深层水平位移监测点。

（2）监测点埋设与保护。

测斜管埋设采用绑扎埋设的方式。绑扎埋设通过直接绑扎或设置抱箍等将测斜管固定在桩（墙）钢筋笼上，入槽孔后，浇注混凝土。为了抵抗地下水的浮力和液态混凝土的冲力作用，测斜管的绑扎和固定必须十分牢固，否则很容易与钢筋笼相脱离。

测斜管在埋设阶段，做好管节的固定、孔底和孔口的密封。孔口加盖子塞住管口，防止异物掉入管内。测孔底部有泥沙沉淀时，应使用高压水枪清洗。

在破桩头时要加强保护，采用人工破桩，及时引接出冠梁。在破除墙顶时应有专人旁站，防止测斜管被凿断；为防止异物掉入测斜管内，可在管口处砌筑窨井并加盖子保护。后期每次测量完成后要及时盖上保护盖，防止其他物体掉入堵塞。

要保证测斜数据的真实可靠，就必须保证测斜孔的稳定。在埋设测斜管时可保留部分 PVC 管高出围护墙体或是地表 1 ~ 2 cm，测斜管埋设详见图 3-3。测斜孔保护示意图及实景图见图 3-4。

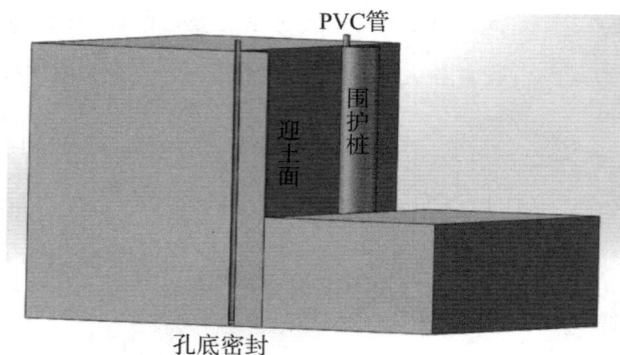

图 3-3　测斜管埋设示意图

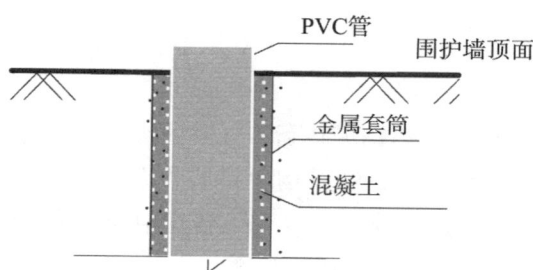

图 3-4　测斜孔保护示意图及实景图

3. 围护结构（桩、墙）应力监测点布设

（1）监测点布设原则。

基坑各边中部、深浅基坑交界、围护结构（桩、墙）体背后水土压力较大、地面荷载较大或其他变形较大、受力条件复杂等部位应布设围护结构（桩、墙）应力竖向监测断面；监测断面的布设位置与围护结构（桩、墙）水平位移监测点宜共同组成监测断面。

竖向监测点间距应根据围护结构（桩、墙）体的弯矩大小及土层分布情况确定，竖向间距不宜大于 5 m，在弯矩最大处应布设监测点，每一监测点沿垂直于围护墙方向对称放置的应力计不少于 1 对。

（2）监测点埋设与保护。

围护结构（桩、墙）应力传感器安装步骤如下。

1）围护结构内力测试传感器采用钢筋计，安装方法同钢筋混凝土支撑。当钢筋笼绑扎完毕后，将钢筋计串联焊接到受力主筋的预留位置上，并将导线编号后绑扎在钢筋笼上导出地表，从传感器引出的测量导线应留有足够的长度，中间不宜有接头，在特殊情况下采用接头时，应采取有效的防水措施。

2）钢筋笼下沉前应测定核查钢筋计焊接位置及编号，无误后方可施工。

3）对干桩内的环形钢筋笼，要保证焊有钢筋计的主筋位于开挖时的最大受力位置，即一对钢筋计的水平连线与基坑边线垂直，并保持下沉过程中不发生扭曲。

4）钢筋笼焊接时，要对测量电缆遮盖湿麻袋进行保护。浇捣混凝土的导管与钢筋计位置应错开以免导管上下时损伤监测传感器和电缆。电缆露出围护结构，应套上钢管，避免日后凿除浮渣时造成损坏。

5）混凝土浇筑完毕后，应立即复测钢筋计，核对编号，并将同立面上的钢筋计导线接在同一块接线板不同编号的接线柱，以便日后监测。

4. 立柱结构竖向位移和结构应力监测点布设

（1）监测点布设原则。

立柱结构竖向位移和结构应力监测点布设在具有代表性的支撑立柱上，竖向位移监测点不应少于立柱总根数的 5%，逆作法施工的基坑不应少于 10%，且均不应少于 3根。如场地内存在承压水，在承压水作用下，立柱竖向位移变化复杂，可能出现持续隆起，应适当增加立柱监测根数。

竖向位移监测点宜布设在基坑中部、多根支撑交汇处、地质条件复杂处、受力较大且便于监测和保护的立柱上，位置宜设在坑底以上各层支撑之间的中间部位或立柱下部的 1/3 部位，可沿立柱外周边均匀布设 4 个监测点。

（2）监测点埋设与保护。

当立柱上方为混凝土支撑，且监测人员可以直接到达监测点处时，监测点埋设方法同围护结构顶部水平与竖向位移监测点埋设。

当立柱上方为钢管支撑或监测人员不能直接到达监测点时，宜将钢筋或钢板焊接或固定在立柱顶端，然后将长度 1 m 左右的测量专用刻度尺绑扎或粘贴在钢筋或钢板上作为测量标志。

5. 支撑轴力监测点布设

（1）监测点布设原则。

支撑轴力监测点布设在支撑轴力较大、在整个支撑系统中起控制作用的杆件上（图 3-5）。每层支撑监测数量不宜少于该层支撑总根数的 10%，且不少于 3 根，处于同一监测断面的各层支撑均应布设监测点。

支撑轴力监测断面应与围护结构（桩、墙）水平位移监测断面对应布设。采用轴力计监测时，监测点应布设在支撑的端部。当采用钢筋计或应变计监测时，可设在支撑中部或两支点间的 1/3 部位，当支撑长度较大时也可布设在 1/4 点处，并应避开节点位置。

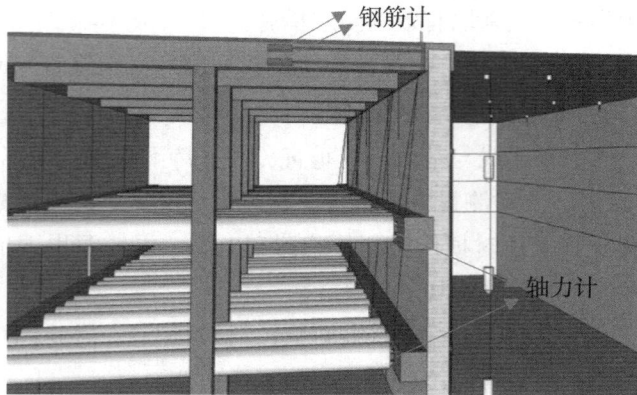

图 3-5　支撑轴力布设示意图

（2）监测点埋设与保护。

采用钢支撑支护结构时，轴力计一般设置在支撑端部的固定端头侧，X 型外壳钢托架与活络头贴角全部围焊，防止轴力计偏移支撑中心，维持支撑的稳定性；而轴力计与钢围檩贴角围焊，并保持其中心线与钢支撑中心线的方向一致性。轴力计安装好后，在施加预应力时，应与支撑施工单位所采用的油压千斤顶进行支撑轴力换算比较，偏差较小时方可采用。

混凝土支撑轴力测点埋设在混凝土支撑浇筑前完成，钢筋计与受力主筋通过连杆电焊的方式连接。因电焊容易产生高温，会对传感器产生不利影响，所以在实际操作时有两种处理方法。其一，有条件时应先将连杆与受力钢筋碰焊对接，然后再旋上钢筋计。其二，在安装钢筋计的位置上先截下一段不小于传感器长度的主筋，然后将连上连杆的钢筋计焊接在被测主筋上焊上。

测点的安装步骤如下。

1）采用专用的轴力安装架固定轴力计，安装架圆形钢筒上没有开槽的一端面与支撑的牛腿（活络头）上的钢板电焊焊接牢固，电焊时必须与钢支撑中心轴线与安装中心点对齐。

2）待焊接冷却后，将轴力计推入安装架圆形钢筒内，并用螺丝（M10）把轴力计固定在安装架上。

3）钢支撑吊装到位后，即安装架的另一端（空缺的那一端）与围护墙体上的钢板对上，中间加一块 250 mm × 250 mm × 25 mm 的加强钢垫板，以扩大轴力计受力面积，防止轴力计受力后陷入钢板影响测试结果。

4）将读数电缆接到基坑顶上的观测站。电缆统一编号，用白色胶布绑在电缆线上作出标识，电缆每隔 2 m 进行固定，外露部分做好保护措施。

钢筋计线缆在与混凝土支撑搭接处极易破坏且不能恢复，应采用塑料保护管套护，沿混凝土支撑主筋蛇形盘至基坑冠梁处（图 3-6）；钢支撑轴力线缆应沿围护桩（墙）

整理引至基坑冠梁处，并做线缆集结箱保护，且安装测点标识牌进行示意保护。

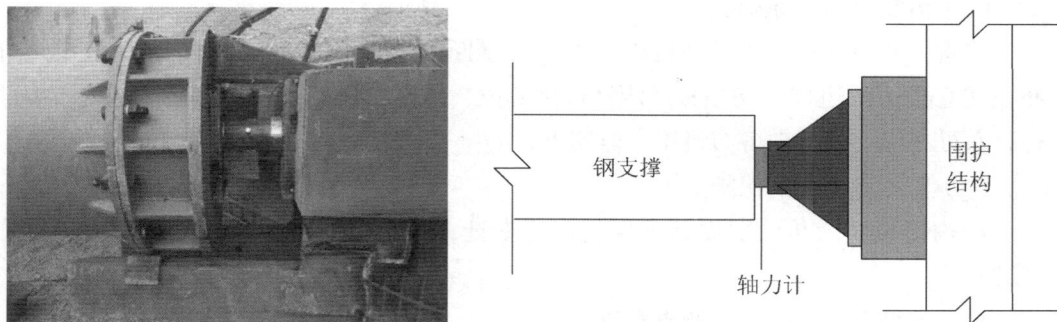

图 3-6 轴力计实物及安装示意图

6. 锚杆、锚索、土钉内力监测点布设

（1）监测点布设原则。

锚杆、锚索、土钉内力监测点应选择在受力较大且有代表性的位置，基坑每边中部、阳角处、地质条件复杂、周边存在高大建（构）筑物的区段应增加内力测点，各层监测点位置在竖向上宜保持一致，每根杆体上的测试点宜设置在锚头附近和受力有代表性的位置。

锚杆、锚索的内力监测点数量应不小于锚杆、锚索总数的 5%，土钉的内力监测点数量应不小于土钉总数的 1%，且每层不应少于 3 根，监测点与围护桩（墙）水平位移监测点宜共同组成监测断面。

（2）监测点埋设与保护。

监测传感器的埋设方法及技术要求如下。

1）埋设方法。

① 施工锚杆（索）钻孔并注浆，等待水泥浆凝固。

② 在墙体受力面之间增设钢塑板，保证测力计与墙体受力面之间有足够的支撑，使锚杆（索）受力后，受力面位置不致下陷。

③ 将测力计套在锚杆外，放在钢垫板和工程锚具之间。

④ 将读数电缆接到基坑顶上的观测站。电缆统一编号，用白色胶布绑在电缆线上并标识，电缆每隔 2 m 进行固定，外露部分做好保护措施。

2）技术要求。

① 安装前测试一下锚杆测力计的初频是否与出厂时的初频相符合，如果不符合应重新标定或者另选用符合要求的锚杆测力计。

② 安装过程中，随时进行测力计监测，观测是否有异常情况出现，如有异常应立即采取措施处理。锚索安装时必须从中间开始向周围锚索逐步对称加载，以免锚索测力计偏心受力。

7.盖挖法施工结构顶板应力监测点布设

（1）监测点布设原则。

应选择含有立柱、围护结构桩（墙）的横断面进行顶板应力监测，内力监测点宜布设在立柱（或边桩）与顶板的刚性连接部位、两根立柱（或边桩与立柱）的跨中部位，每处在纵、横方向各布设 1 个监测点。

（2）监测点埋设与保护。

结构顶板应力传感器安装采用表面应变计，传感器安装方法同支撑内力传感器安装。

8.竖井井壁净空收敛监测点布设

（1）监测点布设原则。

竖井井壁收敛监测点布设在竖井结构的长、短边中部，沿竖向按 3 ～ 5 m 布设一个监测断面，每个监测断面不应少于 2 条测线。当竖井断面较小时，可在竖井长、短边中部各布设 1 条测线。

（2）监测点埋设与保护。

净空收敛点采用反射片作为测点靶标，反射片正面由均匀分布的微型棱镜和透明塑料薄膜构成，反面涂有压缩不干胶。擦净浮土后，贴设在管片上，并在周围贴设标示图。

3.3.2 明（盖）挖法周边岩土体监测点布设

1.周边地表竖向位移监测点布设

（1）监测点布设原则。

地表竖向位移监测断面设置在基坑周边，每断面监测点不少于 2 个，断面内测点间距 3 ～ 8 m，每断面间距宜为 10 ～ 20 m，断面第一排监测点距基坑边缘不宜大于 2 m（图 3-7）；在有代表性的部位应设置垂直于基坑边线的横向监测断面，每个横向监测断面上的监测点数量不宜少于 5 个。监测点及监测断面的布设位置宜与周边环境监测点布设相结合。

（2）监测点埋设与保护。

地表沉降监测点埋设时，对于水泥地面，先用冲击钻在地表钻孔，孔径 150 mm，保护盖直径 140 mm，然后放入沉降测点，测点采用 Φ20 ～ Φ30 mm、长 800 ～ 1 000 mm 的半圆头钢筋制成。

为减小路面结构对观测效果的影响，上述所有沉降点均埋设在土层内，由套管保护至地面（图 3-8），套管四周用水泥砂浆填实固牢。

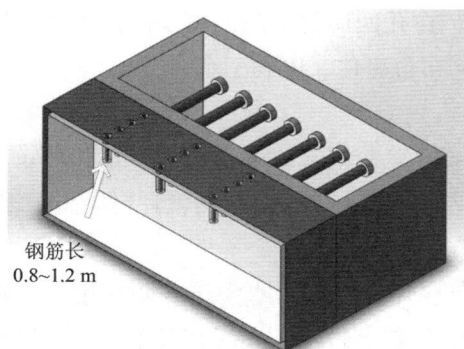

图 3-7　地表沉降布设剖面示意图

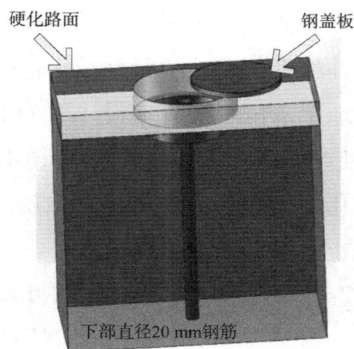

图 3-8　地表沉降布设位置剖面图

地表沉降监测点应埋设平整，防止由于高低不平影响人员及车辆通行，同时，测点埋设稳固，做好清晰标记，方便保存。

2. 地下水位监测点布设

（1）监测点布设原则。

地下水位观测孔应根据水文地质条件的复杂程度、降水深度、降水的影响范围和周边环境保护要求，在降水区域及影响范围内分别布设地下水位观测孔。观测孔数量应满足监测降水区域和影响范围内地下水动态的要求。在降水深度内存在 2 个以上含水层时，应分层布设地下水位观测孔；降水区靠近地表水体时，应增加地下水位观测孔。

对于明挖基坑内地下水位，当采用深井降水时，检验降水井降水效果的水位观测孔应布置在降水井点（群）降水区降水能力弱的部位，如布置在基坑中央和两相邻降水井的中间部位；当采用轻型井点、喷射井点降水时，水位监测点宜布置在基坑中央和周边拐角处。

观测降水对周边环境影响时，地下水位观测孔应沿被保护对象的周边布置。相邻建筑、重要的管线或管线密集处应布置水位监测点。如有止水帷幕，水位观测孔宜布置在帷幕的施工搭接处、转角处等有代表性的部位，位置在止水帷幕的外侧约 2 m 处，以便于观测止水帷幕的止水效果。回灌井点观测孔应设置在回灌井点与被保护对象之间，以便及时了解回灌效果。此外，降水区靠近地表水体时，应在其附近增设地下水位观测孔，观测和分析地表水对地下水的影响。当存在地下泉水等需重点保护的地下水系时，应进行水位、水量、水质、水温监测。

（2）监测点埋设。

基坑工程降水分为坑内降水和坑外降水两种形式。采用坑内降水时，水位观测孔通常布设在基坑中部和四角；采用坑外降水时，水位观测孔通常布设在降水区域中央、长短边中点、周边四角。降水区域长短边中点、周边四角的观测孔一般距结构外 1.5 ～ 2 m。水位观测孔的管底埋置深度一般在降水后地下水水位以下 3 ～ 5 m。

水位管通常采用外径 50 mm 的无缝管，钻孔埋设。钻孔完成后，清除泥浆，将水位管吊放入钻好的孔内（管顶应高出地面），在孔四周的空隙回填中砂，上部回填黏土，并将管顶用盖子封好，水位管下部用滤网布包裹住，以利于水渗透。

地下水位观测管埋设步骤如下。

1）水位观测管宜采用内径不小于 50 mm 的镀锌钢管或硬塑料管，钻孔埋设。钻机成孔后，清除泥浆，将水位观测管吊放入钻好的孔内，水位观测管管口应高于地面，以防止雨水、地表水进入。

2）水位观测管透水段的外部用滤网布包裹住，以利于水渗透并防止周围土颗粒进入。水位观测管与孔壁之间回填中砂，上部用黏土封闭；孔底宜设置一定长度的沉淀管（图 3-9）。

3）水位观测管的导管段内壁光滑无阻、顺直，接头应采用外箍接头。

4）观测孔完成后应进行清洗，保证观测孔内水位与地层水位一致，连通良好。

5）孔口用盖子封好，做好防护。

水位孔一般用小型钻机成孔，孔径略大于水位观测管的直径，孔径过小会导致下管困难，孔径过大会使观测产生一定的滞后效应。成孔至设计标高后，放入裹有滤网的水位管，管壁与孔壁之间用净砂回填过滤头，再用黏土进行封填，以防地表水流入。

承压水水位管安装前须摸清承压水层的深度，水位管放入钻孔后，水位管滤头必须在承压水层内。承压水面层以上一定范围内，管壁与孔壁之间采取特别措施隔断承压水与上层潜水的联通。

埋设完毕后，管口要高出地表并做好防护墩台，加盖保护，以防雨水、地表水和杂物进入管内。水位管处应有醒目标志，避免施工损坏，并注明编号。

在监测一段时间后，应对水位孔逐个进行抽水或灌水试验，看其恢复至原来水位所需的时间，以判断其工作的可靠性。基坑内地下水水位采用降水单位布置的观测井进行观测或复核。

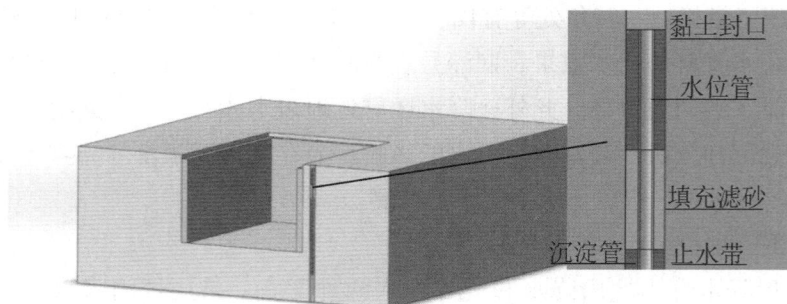

图 3-9　水位埋设示意图

地下水位监测点可参考围护结构深层水平位移测点制作保护措施，并采用油漆或测点标牌等明显标志进行示意保护，当遭到破坏后在原位置附近重新布设监测点。

3. 围护结构（桩、墙）侧向土压力监测点布设

（1）监测点布设原则。

围护结构（桩、墙）侧向土压力监测点应布设在围护结构受力、土质条件变化较大等部位，平面基坑不宜少于 3 个监测点。竖向布置上监测点间距宜为 2 ～ 5 m，中下部加密。当按土层分布情况布设时，每层宜布设 1 个监测点，且布设在各层土的中部。

（2）监测点埋设与保护。

侧向土压力计（盒）埋设采用钻孔法或挂布法埋设。

1）钻孔法埋设。

钻孔法是通过钻孔和特制的安装架将土压力计压入土体内，具体步骤如下。

① 将土压力盒固定在安装架内。

② 钻孔至设计深度以上 0.5 ～ 1.0 m，而后放入带土压力盒的安装架，逐段连接安装架压杆，土压力盒导线通过压杆引到地面。通过压杆将土压力盒压到设计标高。埋设过程如图 3-10 所示。

③ 土压力盒压入时应保证传感器受力面平行于墙体或与受力方向垂直。

④ 吊装完毕后，应及时测读初始数据，以检查有无坏点，否则应重新吊装。

⑤ 传感器在孔中放好并确认无误后，用膨润土将孔填平，并将传感器线头做好标签及防水保护包扎，放在保护装置内。

2）挂布法埋设。

挂布法用于量测土体与围护结构间接触压力，具体步骤如下。

① 用帆布制作一幅挂布，在挂布上缝有安放土压力盒的布袋，布袋位置按设计深度确定。

② 将包住整幅钢笼的挂布绑在钢筋笼外侧，并将带有压力囊的土压力盒放入布袋内，压力囊朝外，导线固定在挂布上通到布顶。

③ 挂布随钢筋笼一起吊入槽（孔）内。

④ 混凝土浇筑时，挂布将受到侧向压力而与土体紧密接触。

⑤ 传感器放置之前，应将各传感器的导线尾部做好标记，注明传感器的编号、埋设位置、埋设日期等，同时做好现场记录。

3）土压力计埋设应注意以下几点。

① 压力盒固定在安装架时，压力盒侧向的固定螺丝不能拧得太紧，以免造成压力盒内钢弦松弛。

② 压力盒沉放过程中，要跟踪监测土压力盒的频率，看是否正常，如果频率有异常变化，要及

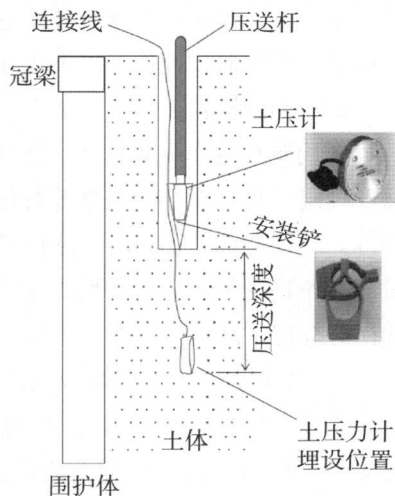

图 3-10　土压力计埋设示意图

时收回，检查导线是否受损。

③ 压力盒沉放过程应确保压力盒与被测土压力的方向垂直。

④ 采用挂布法安装时，由于土压力盒挂在钢筋笼外侧，在钢笼下槽过程中要格外小心压力囊经过导墙时受挤压、摩擦而损坏。挂布一定要兜住钢笼外侧，防止混凝土浇筑时水泥浆液流到挂布外侧裹住土压力盒。

4. 孔隙水压力监测点布设

（1）监测点布设原则。

孔隙水压力监测断面宜布置在基坑受力、变形较大或有代表性的部位。竖向布置上监测点宜在水压力变化影响深度范围内按土层分布情况布设，竖向间距宜为 2～5 m，数量不宜少于 3 个。

（2）监测点埋设与保护。

1）钻孔法埋设。

孔隙水压力计应在基坑降水、施工影响前（1～2周）埋设。埋设前将孔隙水压力计前端的透水石和开孔钢管卸下，放入盛水容器中浸泡，以快速排除透水石中的气泡（安装前透水石应始终浸泡在水中，浸泡至饱和状态，严禁与空气接触）。

为保证传感器的透水性，每只传感器要放在装满砂的砂袋中，砂袋直径比传感器直径大 2～3 cm，长度比传感器长 20 cm 以上；在设计孔位时，孔径宜为110～130 mm，钻孔深度比最深处的传感器埋设位置深 1～2 m；钻孔应保持圆直、干净。

将孔隙水压力计放置或压到设计深度，在观测段内回填透水填料，透水填料宜选用干净的中粗砂、砾砂或粒径小于 10 mm 的碎石；其上部用膨润土球、黏土泥球或注浆封孔；当一孔内埋设多个孔隙水压力计时，其间隔不应小于 2 m，并采取隔水填料有效隔离，填料宜选用直径 2 cm 左右的风干膨润土球。在放置第一个传感器后，向钻孔中填放透水填料，其厚度为覆盖在传感器上部 1 m 左右，然后填放膨润土球隔断，其厚度为在第二个传感器放置位置以下 1 m 左右，以此类推，直到全部传感器埋设完毕。

2）挂布法埋设。

先用帆布制作一幅挂布，在挂布上缝有安放孔隙水压力盒的布袋，布袋位置按设计深度确定；将挂布绑在钢筋笼外侧，并将浸透饱和的孔隙水压力盒放入布袋内，压力囊朝外，导线固定在挂布上通到布顶；挂布随钢筋笼一起吊入槽（孔）内；混凝土浇筑时，挂布将受到侧向压力而与土体紧密接触；传感器放置之前，应将各传感器的导线尾部做好标记，注明传感器的编号、埋设位置、埋设日期等，同时做好现场记录。

3）孔隙水压力计埋设应注意以下几点。

① 采用钻孔法施工时，原则上不得采用泥浆护壁工艺成孔。如因地质条件差而采用泥浆护壁时，在钻孔完成之后，需要清孔至泥浆全部洗净为止。然后在孔底填入净砂，将孔隙水压力计送至设计标高后，再在周围回填约 0.5 m 高的净砂作为滤层。

② 在地层的分界处附近埋设孔隙水压力计时应十分谨慎，滤层不得穿过隔水层，避免上下层水压力的贯通。

③ 在安装孔隙水压力计过程中，始终要跟踪监测孔隙水压力计频率，看是否正常，如果频率有异常变化，要及时收回孔隙水压力计，检查导线是否受损。

5. 土体分层竖向位移、分层水平位移监测点布设

（1）监测点布设原则。

土体分层位移监测孔应布设在有代表性或靠近被保护对象的部位，监测点沿竖向的分布宜设置在各层土的界面上，监测点深度、数量应根据工程需要确定。

（2）监测点埋设与保护。

方法一：用钻机在预定孔位上钻孔，孔深由沉降管长度而定，孔径以能恰好放入磁环为佳。然后放入沉降管，沉降管连接时要用内接头或套接式螺纹，使外壳光滑，不影响磁环的上、下移动。在沉降管和孔壁间用膨润土球充填并捣实，至底部第一个磁环的标高再用专用工具将磁环套在沉降管外送至填充的黏土面上，施加一定压力，使磁环上的三个铁爪插入土中，再用膨润土球充填并捣实至第二个磁环的标高，按上述方法安装第二个磁环，直至完成整个钻孔中的磁环埋设。

方法二：在沉降管下孔前将磁环按设计距离安装在沉降管上，磁环之间可利用沉降管外接头进行隔离，成孔后将带磁环的沉降管插入孔内。如磁环在接头处遇阻后被迫随沉降管移至设计标高；则将沉降管向上拔起 0.5 m，这样可使磁环上、下各 0.5 m 范围内移动时不受阻，然后用膨润土球在沉降管和孔壁之间进行填充（至管口标高）。

管口要做好防护墩台或井盖，盖好盖子，防止沉降管损坏和杂物掉入管内。深层土体竖向位移的初始值应在分层标埋设稳定后进行，一般不少于一周。

6. 坑底隆起监测点布设

（1）监测点布设原则。

坑底隆起监测点宜按纵向或横向断面布置，断面宜选择在基坑的中央、距坑底边缘的 1/4 坑底宽度处以及其他能反映变形特征的位置。矩形基坑可按纵、横向布点，复合矩形基坑可多向布点，方形、圆形基坑可按单向对称布点。

同一监测断面上，监测等级为一级时，监测点间距宜为 10 ～ 15 m，监测等级为二级、三级时，监测点间距宜为 15 ～ 30 m，监测点数量不应少于 3 个。当基底土质软弱、基底以下存在承压水时，宜适当增加监测点，回弹标志应埋入基坑底面以下 200 ～ 300 mm。

（2）监测点埋设与保护。

坑底隆起（回弹）监测点可采用钻孔法或探井法埋设辅助杆压入式、钻杆送入式或直埋式标志。

钻孔法埋设磁环监测点的方法同土体分层竖向位移监测点（磁环）的埋设方法，辅助杆压入式、钻杆送入式或直埋式标志详见《建筑变形测量规范》JGJ 8－2016。

3.3.3 装配式结构监测点布设

（1）监测点布设原则。

装配式结构拼装成环后，在中板、顶板受力最大（跨中）的位置布设装配式结构顶拱跨中竖向位移、装配式结构中板中部竖向位移监测点；装配式结构侧墙水平位移监测点宜布设在侧墙顶部，较为固定，且能真实反映侧墙顶部的侧向变形的位置；侧墙顶部净空收敛与顶拱跨中、中板中部竖向位移监测点位应设置于同一断面。

（2）监测点埋设与保护。

装配式结构监测点埋设测点时，在被测结构面挖孔径为 40～80 mm、深 20 cm 的孔，在孔中填塞水泥砂浆后插入收敛预埋件，尽量使两预埋件轴线在基线方向上并使销孔轴线处于垂直位置，安装好保护帽，待砂浆凝固后即可进行监测。

监测点布设在结构内壁，标志采用特制的挂钩，使用冲击钻在结构内壁钻孔，用锚固剂将挂钩埋入。埋设完成后用喷漆做相应的标记，进行简易保护，悬挂标识牌。

3.3.4 明（盖）挖法周边环境监测点布设

1. 周边建（构）筑物监测点布设

（1）监测点布设原则。

建（构）筑物竖向位移监测点的布设按《建筑变形测量规范》JGJ 8-2016 规定执行，每栋建（构）筑物倾斜监测点不宜少于2组，每组不应少于2个监测点（图3-11）。

高层建（构）筑物的倾斜监测，常采用基础两点间的差异沉降推算倾斜变形，其监测点应符合竖向位移监测点的布设要求。

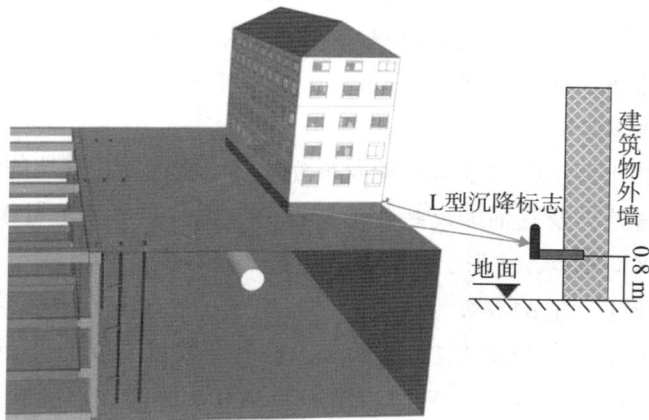

图 3-11　建筑物变形监测点布置

（2）监测点埋设。

对地面以上的建（构）筑物，选择在其角点、侧面的承重结构柱以及沉降缝、伸缩缝的两侧，用冲击钻打孔，将水准钉牢固地埋设至指定位置处。

对于浅埋地下构筑物，开挖样洞将监测点直接埋设于构筑物上，如用冲击钻打孔将加长的水准钉直接埋设或浇注混凝土墩台至地面以上埋设监测点。

2. 桥梁监测点布设

（1）监测点布设原则。

桥梁墩台竖向位移监测点的布设应布设在墩柱或承台，每个墩柱或承台的监测点数量不应少于1个，大于14 m的墩柱或承台应在墩台两端布设至少1个监测点位。

桥梁墩柱倾斜监测点应布设在墩柱上，沿墩柱顶部、底部上下对应布设，每个墩柱监测点不宜少于1组，每组不宜少于2个监测点。

梁板应力监测点宜布设在桥梁梁板结构、中部或应力变化较大部位。

（2）监测点埋设与保护。

桥梁墩台竖向位移监测点考虑嵌岩柱和摩擦柱监测要求的不同，监测点拟选在与施工位置垂直方向且不影响观测的位置；埋设方法与围护结构顶部监测点埋设方法相同，标志的立尺部位应唯一、突出、清晰，并涂上防腐剂，标志的埋设位置应视立尺需要留出足够的尺高空间。监测点埋设完成后应用红色油漆标记点号，并统一悬挂监测点标识牌。

梁板应力监测点宜布设在连续梁支座、1/4跨、跨中及其他控制性截面的上、下缘位置。应力传感器安装采用表面应变计，传感器安装方法同支撑内力传感器安装。

3. 地下管线监测点布设

（1）监测点布设原则。

地下管线变形监测方式和监测点布置应根据管线的埋设方式、类型、材质、尺寸、接口形式、管线运行状况等综合确定。位于主要影响区时，竖向位移监测点布设间距宜为5～15 m；位于次要影响区时，竖向位移监测点布设间距可为15～30 m。

地下管线位于主要影响区时，若地下管线管节较短，可适当加密布设监测点，确保可计算得到管线差异沉降。

（2）监测点埋设。

地下管线变形监测点的埋设主要有4种方法，具体应根据管线年份、类型、材料、尺寸、埋深及现状等情况来确定，埋设方法简要概述如下。

1）抱箍式：由扁铁做成的稍大于管线直径的圆环，将测杆与管线连接成为整体，测杆伸直至地面，适用于可进行开挖且开挖至管线底部的情况（图3-12）。

2）直接式：用敞开式开挖或者打开井盖的方式挖使管线露出，在管线上直接设置测点测量（图3-13）。

3）套筒式：通过人工开挖至管线深度，然后采用硬塑料管或金属管打设或埋设于所测管线顶面和地表之间，然后回填；量测时，将测杆放入埋管，再将标尺搁置在测杆顶端，进行沉降量测（图3-14）。

4）模拟式：分为两种，一种是选取管线底土层进行模拟，在其邻近打孔，孔深至管底标高，底部放入钢板，然后放入钢筋作为测杆；一种是以管线顶地表沉降进行模拟（图 3-15）。该方法适用于地下管线排列密集且管底标高相差不大，或因种种原因无法开挖的情况，精度较低。

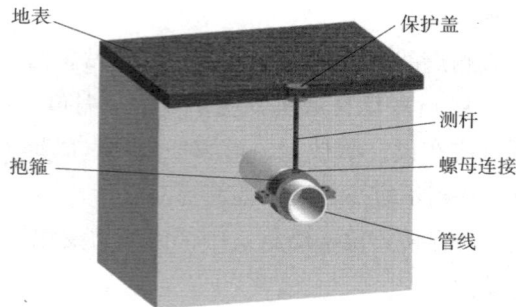

图 3-12　抱箍式管线沉降埋设示意图

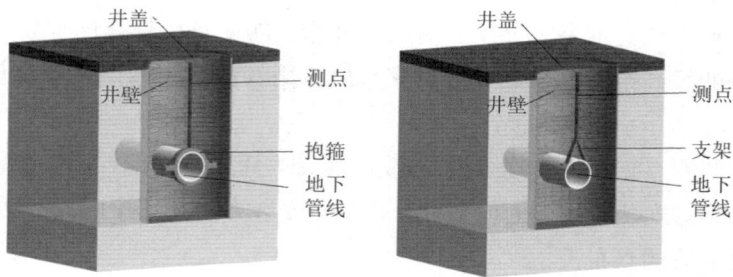

图 3-13　直接式管线沉降测点标志形式

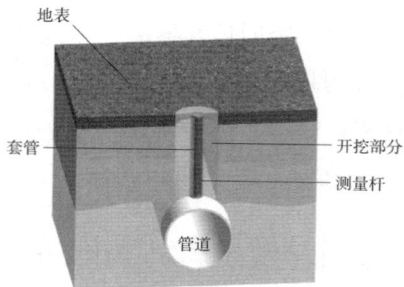

图 3-14　套筒式管线沉降测点标志形式

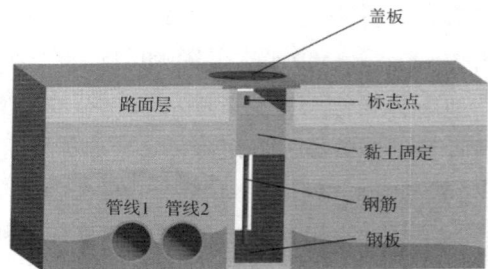

图 3-15　模拟式管线沉降埋设示意图

4. 高速公路与城市道路监测点布设

（1）监测点布设原则。

路面竖向位移监测点布设按《城市轨道交通工程监测技术规范》GB 50911-2013 规定执行，道路挡墙竖向位移监测点宜沿道路方向布设，主要影响区宜每 5 ～ 10 m 布设一个竖向位移监测点，次要影响区宜每 10 ～ 15 m 布设一个监测点。

道路挡墙倾斜监测点应根据挡墙的结构形式选择监测断面布设，每段挡墙监测断面不应少于 1 个，每个监测断面上、下监测点应布设在同一竖直面上。

（2）监测点埋设与保护。

监测点埋设与保护方法详见地表沉降、建筑物沉降与倾斜监测点。

5. 既有轨道交通监测点布设

（1）监测点布设原则。

既有轨道交通隧道结构位移、收敛、几何形位等监测项目，主要影响区域每 5 m 布设一组，次要影响区域每 10 m 布设一组，宜同断面布设。

既有高架桥轨道交通结构的竖向位移和水平位移监测点的布设应按 6.3 节相关规定执行。

（2）监测点埋设与保护。

监测点埋设与保护方法详见 12.3.3 节自动化监测设施样式及要求。

6. 既有铁路营业线监测点布设

（1）监测点布设原则。

无砟轨道监测点宜布设在轨道支承层（底座）上，有砟轨道监测点宜布设于轨枕适宜部位，高速铁路轨道监测断面间距宜为 1 ～ 10 m，高速铁路轨道监测断面间距宜为 1 ～ 15 m，路基监测点宜布设于路肩和路基坡脚附近，路基监测点与轨道监测点宜布置在同一断面。

（2）监测点埋设与保护。

监测点埋设与保护方法参照 11.3 节运营期结构变形监测点布设。

3.3.5 监测点检查与修复

1. 监测点的检查、验收措施

监测点是一切监测工作的基础，因此要完善检查、验收措施，并加强监测点的保护。

监测点埋设完成后，立即检查埋设质量，发现问题应及时整改。埋设人员应及时填写埋设记录，存档初始测量数据，由监理单位项目负责人进行实地验收，并在埋设记录上签字确认。所有预埋监测点的实地位置应做精确记录，露出地坪的应做出醒目标志，并设保护装置。监测单位和施工单位要做好测点保护，测点损坏的应及时进行修复。

每天加强对监测点（孔）的巡视，有破损或毁坏的情况应及时对监测点（孔）进行修复，并做好前后断点记录，保证监测点（孔）成活有效，能够确切反映周边环境和隧道自身的安全状态。

对于被破坏的监测点，创造条件按原监测点布置要求进行补设，并及时测定初值，做好原变形值的移植工作。

加强与施工单位的沟通配合，做好对现场作业人员的宣传教育，同时请建设单位督促施工单位积极配合、协助监测单位共同做好监测点（孔）的保护工作。

2. 监测点修复

由于基坑监测范围大，布设的监测点数量多，监测点保护难度大，在施工过程中难免发生监测点被破坏的事件，而监测点设置的目的是用于施工过程中工程本体和环境安全的监控，每个监测点的设置是根据工程施工安全监控的要求在不同部位布设，当工程本体或环境出现异常时，可根据监测点的历时监测成果或相对变化等数据进行分析，为及时提出解决方案提供有关信息。为此在施工过程中发现监测点被破坏时，必须进行重新布设。重新布设监测点不可能恢复到原监测点被破坏时的三维位置，为此监测点高程值与原监测点初始值会出现数量级的差异，出现本次变化量和累计变化量的断层。

具体方法为监测点破坏后在当天必须重新布设，并上报监理复核，根据原监测点测量的原则和要求进行高程初始值测量。在原监测点破坏到重新布设期间该部位可能已发生变化，但变化量无法测量，根据多个紧邻和设置类似部位的监测点变化量用内插法计算该点本次变化量，在成果表中将新点高程减去内插法计算的本次变化量作为初始值，新点高程作为本次观测的成果。本期累计量为内插法计算的本次变化量加原监测点破坏时的累计量。

3.4 明（盖）挖法监测方法

3.4.1 竖向位移监测

1. 适用范围

竖向位移监测又称垂直位移监测、竖向变形监测，俗称沉降监测；是指用观测仪器和设备对被监测对象有代表性的点位进行竖直方向位移变化量的量测；适用于各类建（构）筑物、桥梁、地下管线、道路、路基、地表、围护墙（边坡）顶部、立柱等对象在竖直方向上的形变监测。

2. 基本要求

土体地表、支护体系、隧道结构及建（构）筑物等竖向位移监测点使用通用水准钉或专门加工的水准钉作为观测标志点，加工的水准钉立尺部位宜为半球形。

监测点埋设的位置应避开有碍设标与观测的障碍物，并应离开墙面、地面一定距离以便立尺。

3. 监测方法技术

监测一般采用几何水准测量方法，以稳定的基准点为起始点，通过水准测量且经过平差计算得出每次监测的高程，本次高程减前次高程的差值为本次变形量，本次高程减初始高程的差值为累计变形量。

根据监测点的埋设位置及场地的实际情况，将主要监测控制点纳入水准线路，采用闭合或附合水准路线进行测量；必要时可对部分散点进行中视测量，测量顺序为线路测点后视—散点中视读数—线路测点前视—搬站。

当次监测数据出现明显异常，应立即进行复测，查找原因。

监测项目测试过程中，要保持水准仪 i 角稳定，光学水准仪一般每半个月检验一次，电子水准仪应在每天观测开始前检验一次，当仪器长距离运输或有碰撞时应立即检查。i 角检验步骤如下。

在平坦场地上用钢卷尺依次量取一直线 I_1ABI_2 或 AI_1I_2B，其中 I_1、I_2 为安置仪器处，A、B 为立标尺处。在线段 I_1ABI_2 上使 $I_1A=BI_2$，在线段 AI_1I_2B 上使 $AI_1=I_2B$。设 $D_1=BI_2$，$D_2=AI_2$，使 D_1 为 5～7 m，D_2 为 40～50 m。分别在 A、B 处各打一尺桩。

在 I_1、I_2 处先后安置仪器，仔细整平仪器后，分别在 A、B 标尺上各照准读数基本分化 4 次。对于数字水准仪，设置重复测量次数为 5 次，待仪器温度与环境温度充分平衡，并开机预温后方可进行检测，检测按说明书要求操作。

i 角按下式计算：

$$i=\frac{\Delta\rho}{D_1+D_2}-1.61\times10^{-5}\cdot(D_1+D_2) \tag{3-1}$$

$$\Delta=\frac{1}{2}\left[(a_2-b_2)-(a_1-b_1)\right] \tag{3-2}$$

其中，i——i 角值（″）；

ρ——常数，其值为 206 265″；

a_2——在 I_2 处观测 A 标尺的读数平均值（mm）；

b_2——在 I_2 处观测 B 标尺的读数平均值（mm）；

a_1——在 I_1 处观测 A 标尺的读数平均值（mm）；

b_1——在 I_1 处观测 B 标尺的读数平均值（mm）；

D_1——仪器距近标尺距离（mm）；

D_2——仪器距远标尺距离（mm）；

竖向位移监测采用水准仪 i 角应不大于 15″。

竖向位移监测水准测量技术指标和观测技术要求按照有关规范、标准、规程执行。

3.4.2 水平位移监测

1. 适用范围

水平位移监测是指用观测仪器和设备对被监测对象有代表性的点位进行水平方向位移变化量的量测，适用于各类建（构）筑物、桥梁、地下管线、围护墙（边坡）顶部等对象在水平方向上的形变监测。

2. 基本要求

测点采用水准钉或特殊定制标志，标志中点刻画十字丝，十字丝宽度不大于 0.5 mm。

监测点埋设的位置应避开有碍设标与观测的障碍物，并应离开墙面、地面一定距离以便立尺。

3. 监测方法技术

水平位移监测根据工程监测等级、现场作业条件、地区经验和测试方法的适应性等因素选用视准线法、小角度法、极坐标法、投点法、激光准直法、方向线偏移法等，下面描述几类常用的水平位移监测方法，具体可根据现场实际情况选用。

（1）视准线法。

视准线法适用于基坑直线边或直线型管线的水平位移监测。以两固定点间的连线作为视准线，在视准线一固定端安置全站仪、经纬仪或视准仪，瞄准安置在另一固定端的觇牌进行定向，每条基准线必须设置检核点。测量监测点到视准线间的水平距离，从而确定测点水平偏移量。采用活动觇牌法进行视准线测量时，观测点偏离视准线的距离不应超过活动觇牌读数尺的读数范围，每个观测点应按确定的测回读数进行往测和返测，取均值作为该测点的观测值。

（2）小角度法。

小角度法适用于监测点零乱、不在同一直线上的情况。在测站上架设仪器，测量测站（仪器）到监测点的距离及固定方向与监测点方向间的夹角，以确定位移矢量（图3-16）。偏离值 d 可按下式计算：

$$d=\frac{\alpha}{\rho} \cdot D \qquad (3-3)$$

式中，α——偏角（″）；

D——从测站点到观测点的距离（m）；

ρ——常数，其值为 206 265″。

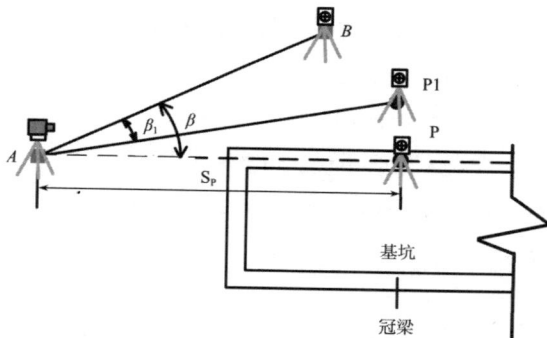

图3-16 小角度法监测示意图

采用小角法进行测量时，视准线应按平行于待测对象边线布置，观测点偏离视准线的偏角不应超过30″。

（3）极坐标法。

极坐标法是根据一个已知点和一条已知方位的边对监测点测量一个角度和一段距离，以坐标正算求得该点坐标的测量方法。为了方便计算，一般假设一个已知坐标点并将坐标系设置为近似平行于基坑边或待测点连线，测量计算各监测点坐标，用垂直于测点连线的坐标分量计算水平位移变化量（图 3-17）。

进行观测时，每次测站位置保持同一位置；测量结果与上次结果的变化量大于 2 mm 时，要进行复核测量，检核是否为测量误差造成。

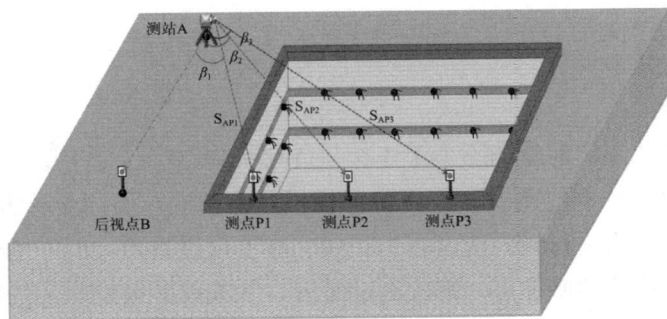

图 3-17 极坐标法监测示意图

3.4.3 倾斜监测

1. 适用范围

倾斜监测是指对建（构）筑物中心线或各类墙、柱、墩等在不同高度的点相对于底部基准点的偏离量进行的测量；适用于各类建（构）筑物、桥梁、挡墙等相对于竖直方向偏移量的形变监测。

2. 监测方法技术

根据监测对象的现场条件，倾斜监测可采用垂准法、投点法、差异沉降法等方法。

垂准法：在下部测点上安置光学垂准仪或激光垂准仪，在顶部监测点上安置接收靶，在靶上直接读取或量取水平位移量与位移方向。本方法主要运用在建（构）筑物内部上下通透的监测条件。

投点法：采用经纬仪或全站仪瞄准建（构）筑物上部观测点，在下部观测点上安置水平读数尺直接读取倾斜量，测站点设置在倾斜方向的垂直方向线上，与观测点的距离为上、下部观测点高差的 1.5 ~ 2.0 倍；倾斜偏移量应为正、倒镜各观测一次取的平均值。当上、下点的连线与结构的竖向轴线平行时，倾斜偏移量与高差的比例即为结构的倾斜率。本方法主要运用在建（构）筑物外部有明显外棱角的监测条件。

差异沉降法：按竖向位移监测中水准测量的要求，对已埋设在基础上的监测点，采用水准测量的方法测定沉降差，换算求得倾斜度及倾斜方向。

倾斜测量成果应描述测量位置、倾斜方向，并计算倾斜变化速率及倾斜累计变化量。

3.4.4 深层水平位移监测

1. 适用范围

深层水平位移监测又称深层侧向变形监测、深层侧向位移监测，俗称测斜，是指使用测斜仪对围护桩（墙）、土体等内部不同深度的水平位移变化量进行监测，适用于基坑围护墙（桩）、搅拌桩、土体、边坡等监测对象在不同深度水平方向上的形变监测。

2. 监测方法技术

（1）测试方法。

开始正式测试工作前复测不少于 3 次，待判明测斜管已处于稳定状态后，取其平均值作为初始值。每次监测时，将探头导轮正方向对准与所测位移方向一致的槽口，缓缓放至管底，待探头与管内温度基本一致、显示仪读数稳定后开始监测。一般以管口作为确定测点位置的基准点，每次测试时管口基准点必须是同一位置，按探头电缆上的刻度分划，均速提升。每隔 500 mm 读数一次，并做好记录。待探头提升至管口处（正方向测试完毕），旋转 180° 后再按上述方法测试负方向，以消除测斜仪自身的误差。采用孔口控制进行数据处理时，应同步测量孔口位移值。

（2）测试数据处理。

1）计算原理。

通常使用的活动式测斜仪采用带导轮的测斜探头，探头两对导轮间距 500 mm，以两对导轮之间的间距为一个测段。每一测段上、下导轮间相对水平偏差量 δ 可通过下式计算得到：

$$\delta = l \times \sin \theta \tag{3-4}$$

式中，l——上、下导轮间距（mm）；

θ——探头敏感轴与重力轴夹角（°）。

测段 n 相对于起始点的水平偏差量 Δ_n，由从起始点起连续测试得到的 δ_i 累计得到，即

$$\Delta_n = \sum_{i=0}^{n} \delta_i = \sum_{i=0}^{n} \times \sin \theta \tag{3-5}$$

式中，δ_i——起始测段的水平偏差量（mm）。

2）测斜管形状曲线。

测斜仪单次测试得到的是测斜仪上、下导轮间的相对水平偏差量，按式（3-5）计算得到的是测点 n 相对于起始点的水平偏差量，如果将起始点设在测斜管的一端，以上、下导轮间距（0.5 m）为测段长度，将每个测段 Δ_n 沿深度连成线就构成了测斜管形状曲线。

3）测斜管水平位移曲线（侧向位移曲线）。

若将测段 n 第 j 次与第 $j-1$ 次的水平偏差量之差表示为 VX_{nj}（$VX_{nj} = \Delta_n^j - \Delta_n^{j-1}$），

则 VX_{nj} 即为测段 n 本次水平位移量，VX_{nj} 沿深度的连线就构成了测斜管本次水平位移曲线。

若将测段 n 第 j 次与初次的水平偏移量之差表示为 ΔX_n（$\Delta X_n = \Delta_n^j - \Delta_n^0$），则 ΔX_n 即为测段 n 累计水平位移量，ΔX_n 沿深度的连线就构成了测斜管累计水平位移曲线。用公式可表示为

$$\Delta X_n = \Delta_n^j - \Delta_n^0 = l \sum_{i=0}^{n} (\sin \theta_{ji} - \sin \theta_{0i}) \qquad (3-6)$$

式（3-6）即为以测斜管底部测斜仪下导轮为固定起算点（假设不动）深层侧向变形计算公式。如果以测斜管顶部为固定起算点，由于测斜仪测出的是以测斜管顶部上导轮为起算点，因此深层水平位移计算还要叠加导轮（管口）水平位移量 X_0。计算公式为

$$\Delta X_n = X_0 + l \sum_{i=0}^{n} (\sin \theta_{ji} - \sin \theta_{0i}) \qquad (3-7)$$

（2）实际计算。

在实际计算时，不同厂商生产的测斜仪计算公式可能不相同，应根据仪器使用说明书中的计算公式及系数进行计算。注意一般取 $l = 500$ mm 作为计算长度。

3.4.5 结构应力监测

1. 适用范围

结构应力监测是指在基坑等施工过程中采用监测元件和仪器对受力结构的应力变化进行监测的技术手段，在监测值接近控制值时发出报警，用来保证施工的安全性，也可用于检查施工过程是否合理。其适用于建（构）筑物梁板、基坑支撑、地墙、圈梁、立柱等结构内钢筋、混凝土的应力监测。在基坑工程中，结构应力监测又称围护体系内力监测、支护结构内力监测。

2. 监测方法技术

（1）钢弦式传感器测试方法。

接通频率仪电源，将频率仪两根测试导线分别接在传感器的导线上，按频率仪测试按钮，频率仪数显窗口会出现数据（传感器频率），反复测试几次，观测数据是否稳定，如果几次测试的数据变化量在 1 Hz 以内，可以认为测试数据稳定，取平均值作为测试值。由于频率仪在测试时会发出很高的脉冲电流，所以操作者必须使测试接头保持干燥，并使接头处的两根导线相互分开，不要有任何接触，不然会影响测试结果。

（2）测试数据处理。

根据材料力学基本原理轴向受力可表述为

$$N = \sigma A = E\varepsilon A \qquad (3-8)$$

对于钢筋混凝土结构支撑，轴向压力是根据钢筋与混凝土的应变一致的原理进行计算的。在主筋上安装弦式钢筋计或混凝土内安装应变计监测支撑轴力时，按式（3-9）计算支撑轴力：

$$N=(E_cA_c+E_sA_s)\times\bar{\varepsilon} \quad\quad (3-9)$$

其中，$\bar{\varepsilon}$ 为支撑轴力监测点（断面）处每个传感器应变测值的平均值。各传感器应变测值计算方法见式（3-10）或（3-11）。

$$应变计：\varepsilon=k'(f_i^2-f_0^2)+T_b[T_i-T_0] \quad\quad (3-10)$$

$$钢筋计：\varepsilon=\frac{k\times(f_i^2-f_0^2)+T_b(T_i-T_0)}{E_sA_{si}} \qu\quad (3-11)$$

式中，N——支撑轴力（kN）；

A_c、A_s、A_{si}——支撑截面混凝土面积、钢筋（钢结构）面积和被测主筋截面积（m^2）；

E_c、E_s——支撑混凝土弹性模量、钢筋（钢结构）弹性模量（kPa）；

f_i——传感器本次频率（Hz）；

f_0——传感器初始频率（Hz）；

k'——应变计的标定系数（$1/Hz^2$）；

k——钢筋应力计的标定系数（kN/Hz^2）；

T——钢筋应力计、混凝土应变计的温度修正系数（$10^{-6}/℃$）；

T_i——本次测试温度值（℃）；

T_0——初始测试温度值（℃）。

对于钢结构支撑，使用振弦式表面应力计监测轴力时，按式（3-12）计算支撑轴力：

$$N=E_cA_c\times\bar{\varepsilon} \quad\quad (3-12)$$

式中，$\bar{\varepsilon}$ 为支撑轴力监测点（断面）处每个应变计测值的平均值，各应变计测值计算方法参考式（3-10）。

对于钢结构支撑，使用振弦式轴力计监测轴力时，按式（3-13）计算支撑轴力：

$$N=k_b(f_i^2-f_0^2)+T_b+(T_i+T_0) \quad\quad (3-13)$$

式中，k_b——轴力计的标定系数（kN/Hz^2）。

围护墙体应力、立柱内力、围檩应力等项目的测定计算，采用振弦式混凝土应变计时，按式（3-14）计算测点处混凝土应力；采用振弦式钢筋计时，按式（3-15）计算主筋应力。根据不同位置的应力测值按结构力学的相关公式计算构件的弯矩、轴力和剪力等内力值。

$$\sigma=kE_c(f_i^2-f_0^2)+T_bE_s(T_i-T_0) \quad\quad (3-14)$$

$$\sigma=\frac{k'}{A_{si}}(f_i^2-f_0^2)+T_bE_s(T_i-T_0) \quad\quad (3-15)$$

式中，σ——应力（kPa）。

3.4.6 锚杆、锚索拉力监测

1.适用范围

锚杆拉力监测是指在施工过程中，采用监测元件和仪器对安设于地层中的受拉杆件（锚杆或锚索）的应力变化进行监测的技术手段，在监测值接近控制值时发出报警，用来保证施工的安全性，也可用于检查施工过程是否合理。锚杆拉力监测又称锚杆内力监测，适用于锚杆、锚索支护体系的应力应变监测。

2. 监测方法技术

在锚杆测力计安装完成后，进行锚杆预应力张拉，这时要记录锚杆轴力计上的初始荷载，同时要根据张拉千斤顶的读数对轴力计的结果进行校核。量测时，同一批锚杆尽量在相同的时间或温度下进行，每次读数均宜记录温度测量结果。

锚杆内力可按以下公式进行计算：

$$p = K \times (f_n - f_0) + b \times (T_n - T_0) + B \qquad (3-16)$$

式中，p——锚杆轴力（kN）；

K——锚杆轴力计的标定系数（kN/F）；

f_n——锚杆轴力计输出频率模数实测值（F）；

f_0——锚杆轴力计输出频率模数基准值（F）；

b——锚杆轴力计的温度修正系数（kN/℃）；

T_n——温度实测值（℃）；

T_0——温度基准值（℃）；

B——锚杆轴力计的计算修正值（kN）。

3.4.7 地下水位监测

1. 适用范围

地下水位监测是指利用水位计对施工影响区域内的潜水、承压水水头高程进行测量，以便及时掌握水位的动态变化情况；适用于各类明（暗）挖基坑、矿山法隧道的施工或降水对地下各层水位的影响监测。

2. 监测方法技术

（1）测试方法。

首次量测前应采用水准测量的方法测出水位管管口绝对高程，以便将量测的孔口到水位面的距离换算为高程。长期观测过程中应经常测量校核孔口高程，以减小水位管隆沉带来的误差。

水位管埋设稳定后，采用水位计逐日连续观测水位管内水面距管口的距离。量测时应在管口做一标记，每次均在此标记处进行量测，以便消除误差。

（2）测试数据处理。

水位管内水面应以绝对高程表示，计算式如下：

$$D_s = H_s - h_s \qquad (3-17)$$

式中，D_s——水位管内水面绝对高程（m）；

H_s——水位管管口绝对高程（m）；

h_s——水位管内水面距管口的距离（m）。

由式（3-18）和式（3-19）可以分别算出前后两次水位变化，即本次变化和累计水位变化：

$$\Delta h_s^1 = D_s^i - D_s^{i-1} \quad\quad (3-18)$$

$$\Delta h_s = D_s^i - D_s^0 \quad\quad (3-19)$$

式中，Δh_s^1——本次水位差（m）；

$\quad\quad\Delta h_s$——累计水位差（m）；

$\quad\quad D_s^i$——第 i 次水位绝对高程（m）；

$\quad\quad D_s^{i-1}$——第 $i-1$ 次水位绝对高程（m）；

$\quad\quad D_s^0$——水位初始绝对高程（m）。

3.4.8 裂缝监测

1. 适用范围

裂缝监测是指利用仪器、仪表对建（构）筑物、地表等的裂缝走向、长度、宽度等进行量测，以便及时掌握裂缝的动态变化情况；适用于基坑、桩基等施工导致周边环境产生各类裂缝的影响监测。

2. 仪器设备

根据监测工程的精度要求，选择千分尺、游标卡尺、读数显微镜或裂缝传感器、专业相机等。裂缝宽度测量值精度不宜低于 ±0.1 mm，裂缝长度测量值精度不宜低于 ±1 mm。

3.4.9 土压力监测

1. 适用范围

土压力监测是指利用土压力传感器及专用读数仪表对地下不同深度各土层的压力进行量测，以便及时掌握各土层压力的动态变化；适用于基坑、隧道、地基处理等施工对周边地下土层的影响监测。

2. 监测方法技术

（1）监测方法。

用数显频率仪测读、记录土压力计频率即可。

（2）测试数据处理。

土压力计算式如下：

$$P = k(f_i^2 - f_0^2) \quad\quad (3-20)$$

式中，P——土压力（kPa）；

$\quad\quad k$——标定系数（kPa/Hz²）；

$\quad\quad f_i$——测试频率（Hz）；

$\quad\quad f_0$——初始频率（Hz）。

3.4.10 孔隙水压力监测

1.适用范围

孔隙水压力监测是指利用孔隙水压力传感器及专用读数仪表对地下不同深度各土层中的孔隙水压力进行量测，以便及时掌握各土层中孔隙水压力的变化；适用于基坑、隧道、地基处理等施工对周边地下土层孔隙水压力的影响监测。

2.监测方法技术

（1）监测方法。

用数显频率仪测读、记录孔隙水压力计频率即可。

（2）测试数据处理。

孔隙水压力计算式如下：

$$u = k(f_i^2 - f_0^2) \tag{3-21}$$

式中，u——孔隙水压力（kPa）；

k——标定系数（kPa/Hz^2）；

f_i——测试频率（Hz）；

f_0——初始频率（Hz）。

3.4.11 土体分层竖向位移监测

1.适用范围

土体分层竖向位移监测是指通过在不同土层中埋设分层沉降磁环、深层沉降标或多点位移计等，采用分层沉降仪或读数仪结合水准测量的方法，量测各土层在竖直方向上的动态变化。土体分层竖向位移监测又称土体分层垂直位移监测、深层竖向变形；适用于基坑、地基处理等施工对周边地下不同土层土体在竖直方向上的影响监测。

2.监测方法技术

（1）监测方法。

监测时应先用水准仪测出沉降管的管口高程，然后将分层沉降仪的探头缓缓放入沉降管中。当接收仪发生蜂鸣或指针偏转最大时，就是磁环的位置。捕捉响第一声时测量电缆在管口处的深度尺寸，这样由上向下地测量到孔底，称为进程测读。当探头从该沉降管内收回测量电缆时，测头再次通过土层中的磁环，接收系统的蜂鸣器会再次发出蜂鸣声。此时读出测量电缆在管口处的深度尺寸，如此测量到孔口，称为回程测读。磁环距管口深度取进、回程测读数平均数。

（2）监测数据处理。

土体分层沉降标（磁环）位置应以绝对高程表示，计算式如下：

$$D_c = H_c - h_c \tag{3-22}$$

式中，D_c——分层沉降标（磁环）绝对高程（m）；

H_c——沉降管管口绝对高程（m）；

h_c——分层沉降标（磁环）距管口的距离（m）。

由式（3-23）和式（3-24）可以分别算出磁环前后两次位置变化，即本次竖向位移量和累计竖向位移量：

$$\Delta h_c^i = D_c^i - D_c^{i-1} \quad\quad\quad\quad （3-23）$$

$$\Delta h_c = D_c^i - D_c^0 \quad\quad\quad\quad （3-24）$$

式中，Δh_c^i——本次垂直位移（mm）；

$\quad\quad \Delta h_c$——累计垂直位移（mm）；

$\quad\quad D_c^i$——第 i 次磁环绝对高程（m）；

$\quad\quad D_c^{i-1}$——第 $i-1$ 次磁环绝对高程（m）；

$\quad\quad D_c^0$——磁环初始绝对高程（m）。

3.4.12 坑底隆起监测

1. 适用范围

坑底隆起（回弹）监测是指在基坑底部埋设分层沉降磁环、深层沉降标或单点位移计等，采用分层沉降仪或读数仪结合水准测量的方法，测量由于基坑开挖土体卸载后基坑底部向上隆起的动态变化；适用于基坑开挖施工对基坑底部土体在竖直方向上的影响监测。

2. 监测方法技术

采用基坑内开挖面以下的磁环和分层沉降仪或深层沉降标的高程变化测定坑底隆起（回弹）。

采用分层沉降仪监测时，随基坑开挖进程，一般每开挖一层土观测一次，截去上部沉降管时应保护好下节沉降管，直至基坑挖土结束。每次监测均应用水准仪测定管口标高，以便换算到磁环的标高。当量测数据变化较大或变化速率较大时应加密量测。

采用深层沉降标观测时，基坑开挖前观测宜采用数字水准仪配以铅垂钢尺读数的钢尺法。较浅基坑观测时，可采用数字水准仪配辅助杆垫高水准尺读数的辅助杆法。

基坑开挖后的回弹观测，应利用传递到坑底的临时工作点，按工程所需观测精度，用水准测量及时测出每一个监测点的高程。

3.4.13 爆破振动速度监测

1. 适用范围

爆破振动速度监测是指利用爆破测振仪针对爆破影响范围内的建（构）筑物基础、自身结构以及其他保护对象由于爆破引发的振动进行监测，适用于岩石地区的明、暗挖基坑和矿山法隧道等爆破开挖过程中对周边保护对象振动速度的动态监测。

2. 监测方法技术

根据监测任务和目的，现场踩点布设传感器。合理分配采集仪的接收通道，并将仪器安放在安全可靠的位置，必要时采取适当的措施防止爆破损坏仪器；爆破前将传感器与采集仪依次连接完毕，并对仪器进行触发试验，确认仪器工作正常；爆破结束后检查确认数据保存在采集仪中，依次关闭工作电源，拆除传感器。

1）将相同地形地质条件和爆破条件下测得的爆破振动速度峰值或合速度峰值、测点距离、振动速度峰值时刻对应的同段爆破药量按以下公式进行最小二乘法回归计算，求得 K、a 值。

$$V=k\left(\sqrt[3]{Q}/R\right)^{a} \tag{3-25}$$

式中，V——点振动速度（cm/s）；

K、a——与爆区至测点间的地形地质条件有关的系数和衰减指数，通过统计分析获得或者实测数据回归计算获得；

Q——炸药量，齐发爆破时为总装药量，延时爆破时为对应于 V 值时刻起爆的单段药量（kg）；

R——测点至爆心的距离（m）。

2）对回归计算结果进行相关性检验，相关度不应小于90%。

波形分析：爆破振动波形特征是短间隔、多次振动，一次爆破通常是分段起爆，每段爆破将根据药量和爆破条件的变化而产生不同的振动峰值，因此在波形分析中根据不同时刻的峰值变化，查找不同起爆段对应的峰值振速，这样一次爆破测振可获得更多的峰值振速信息，增加了振动数据统计分析的可靠性、准确性，也提高了振动测试的效率。

主振频率：选取所关心的振动波形段进行频谱分析。

振动持续时间：爆破振动持续时间分为一段振波持续时间和全部爆破振动持续时间。一段振波可分成主振段和尾振段，从初至波到幅值衰减到 A=Amax/e 为主振波，主振波历时为主振段振动持续时间。根据主振段振动持续时间可确定合理微差起爆间隔时间，分析介质的阻尼特征等。全部爆破振动持续时间指振动波初始到结束的持续时间。

3.4.14 现场巡视

现场巡视以人工目测为主，可辅以钢尺、吊锤等工具，宜建立定期巡视制度并规范巡视记录，以拍照或摄像方式将观测到的有关信息和现象及时进行详细记录与反馈，指导施工。现场巡视记录表可按附表 B-1 执行。

施工前应对周边环境进行全面巡视核查并做好记录。施工过程中定期做好现场巡视，对施工进展记录进行整理，结合监测数据综合分析。

3.5 明（盖）挖法监测频率

3.5.1 常规监测频率

明（盖）挖法基坑工程施工中支护结构、周围岩土体和周边环境的监测频率可按表 3-4 确定。

表 3-4　明（盖）挖法基坑工程监测频率

施工工况		基坑设计深度 /m				
		≤5	5～10	10～15	15～20	＞20
基坑开挖深度 /m	≤5	1次/1天	1次/2天	1次/3天	1次/3天	1次/3天
	5～10	—	1次/1天	1次/2天	1次/2天	1次/2天
	10～15	—	—	1次/1天	1次/1天	1次/2天
	15～20	—	—	—	（1～2次）/1天	（1～2次）/1天
	＞20	—	—	—	—	2次/1天

注：① 基坑工程开挖前的监测频率根据工程实际需要确定；
　　② 底板浇筑后 7 天内监测频率为 1 次 / 天，8～14 天的频率为 1 次 /3 天，15～28 天的频率为 1 次 /5 天，浇筑 28 天后的监测频率为 1 次 /7 天；
　　③ 支撑结构从开始拆除到拆除完成后 3 天内，监测频率需要适当增加；
　　④ 采用钻爆法施工时，每次爆破的振速必测。

装配式结构的监测频率可按表 3-5 确定。

表 3-5　装配式结构监测频率

序号	监测项目	施工阶段	监测频率
1	顶拱跨中竖向位移、中板中部竖向位移、侧墙顶部单侧水平位移、侧墙顶部净空收敛	构件拼装完成至顶板覆土完成	1～2次 / 天
2		顶板覆土完成至构件变形稳定	1次 / 周（基本稳定后1次 /2周）

注：监测数据存在异常时，应增加监测频率。

对竖井井壁支护结构净空收敛监测，在竖井开挖及井壁支护结构施工期间应 1 次 / 1 天，竖井井壁支护结构整体完成 7 天后宜 1 次 /2 天，30 天后宜 1 次 /7 天，经数据分析确认井壁净空收敛达到稳定后可 1 次 /（15～30 天）。

坑底隆起监测不应少于 3 次，其中在基坑开挖之前、基坑开挖完成后、浇筑基础混凝土之前应各进行 1 次监测。当基坑开挖完成至基础施工的间隔时间较长时，应适当增加监测次数。

明（盖）挖工程施工期间，现场巡视每天不应少于一次，并做好巡视记录，在关键工况、特殊天气等情况下应增加巡视次数。

3.5.2 特殊情况下监测频率

明（盖）挖工程施工期间，当出现以下监测数据异常或出现其他影响工程和周边环境安全的异常情况时，应提高监测频率。

1）监测值达到预警值。

2）监测值变化较大或者速率加快。

3）存在勘察未发现的不良地质状况。

4）超深、超长开挖或未及时加撑等违反设计工况施工。

5）基坑及周边大量积水、长时间连续降雨、市政管道出现泄漏。

6）基坑附近地面荷载突然增大或超过设计限值。

7）支护结构出现开裂。

8）周边地面突发较大沉降或出现严重开裂。

9）邻近建筑突发较大沉降、不均匀沉降或出现严重开裂。

10）基坑底部、侧壁出现管涌、渗漏或流砂等现象。

11）膨润土、湿陷性黄土等水敏性特殊土基坑出现防水、排水等防护设施损坏，开挖暴露面有被水浸湿的现象。

12）多年冻土、季节性冻土等温度敏感性土基坑经历冻、融季节。

13）高灵敏性软土基坑受施工扰动严重、支撑施作不及时、有软土侧壁挤出、开挖暴露面未及时封闭等异常情况。

14）出现其他影响基坑及周边环境安全的异常情况。

3.5.3 监测周期

监测工作应贯穿于基坑工程和地下工程施工全过程，监测工作应从基坑工程施工前开始，直至地下工程完成为止。对有特殊要求的基坑周边环境监测应根据需要延续至变形趋于稳定后结束。

明（盖）挖法基坑回填完成且满足设计要求结束监测工作的条件后，可结束支护结构的监测工作；支护结构监测结束后，周围岩土体和周边环境变形趋于稳定且满足设计及相关建（构）筑物产权单位的要求时，可结束监测工作。

3.6 明（盖）挖法监测控制值

1.围护结构及周边岩土体监测控制值

明（盖）挖施工，基坑围护结构、周围岩土体的监测项目控制值应根据工程监测等级、结构特点及设计计算结果等进行综合确定。周边环境监测项目控制值应根据环境对象的类型与特点、结构形式、变形特征、已有变形、正常使用条件及国家现行有关标准的规定，结合环境对象的重要性、易损性及相关单位的要求等进行确定。

　　监测项目控制值应广泛汲取类似工程经验值，与设计、建设单位等研究后共同确定。

　　城市轨道交通工程施工设计文件、工程监测施工方案中均应明确各监测项目控制值，并经过专家评审后作为现场实施依据。对于重要的、特殊的或风险等级较高的周边环境的监测项目控制值，可在现状调查与检测的基础上，通过分析计算或专项评估进行确定。

　　岩土体的沉积条件和风化环境不同，地质埋藏条件、岩土工程性质和水文地质环境千差万别，城市轨道交通基坑工程存在极大差异性。在实际工程中，监测项目控制值应首先结合工程特点，经工程类比和分析计算后确定，针对不同地层、不同围护结构制定不同控制值。

　　工程设计方应根据土质特性和周边环境保护要求对支护结构的内力、变形进行必要的计算与分析，并结合当地的工程经验确定合适的监测预警值。建立定量化的预警指标体系对于基坑工程的安全监控意义重大。在确定监测预警值时需要综合考虑各种影响因素，实际工作中主要依据以下三方面的数据和资料。

　　（1）设计结果。

　　基坑工程设计人员对于围护墙、支撑或锚杆的受力和变形、坑内外土层位移、抗渗等均已进行详尽的设计计算或分析。其计算结果可以作为确定监测预警值的依据。

　　（2）相关标准的规定值以及有关部门的规定。

　　确定基坑工程相邻的民用建筑监测预警值时，可以参照《民用建筑可靠性鉴定标准》GB 50292−2015。随着基坑工程经验的积累，各地区可以结合地方标准提出符合当地实际需求的基坑监控定量化指标。

　　（3）工程经验类比。

　　工程经验在基坑工程的设计与施工中起到十分重要的作用，参考已建类似工程项目的受力和变形规律并确定本工程的基坑预警值，往往能取得较好的效果。

　　明（盖）挖法基坑工程施工中的监测控制值可根据岩土体特征、设计成果等按表3−6确定。

表 3-6　明（盖）挖法基坑监测控制值

监测项目	工程监测等级								
	一级			二级			三级		
	累计值 /mm		变化速率 / $mm \cdot d^{-1}$	累计值 /mm		变化速率 / $mm \cdot d^{-1}$	累计值 /mm		变化速率 / $mm \cdot d^{-1}$
	绝对值	相对基坑深度（H）值		绝对值	相对基坑深度（H）值		绝对值	相对基坑深度（H）值	
围护桩（墙）顶水平位移	30	0.15%	3	30	0.20%	4	40	0.30%	4
围护桩（墙）顶竖向位移	30	0.15%	3	30	0.20%	4	40	0.30%	4
围护桩（墙）体水平位移	30	0.15%	2	30	0.20%	3	40	0.30%	4
立柱结构竖向位移	$10 \sim 20$	—	2	$10 \sim 20$	—	2	$10 \sim 20$	—	3
基坑隆起	20	0.30%	2	25	0.50%	3	30	0.60%	4
地表沉降	30	0.15%	3	30	0.30%	3	$30 \sim 40$	0.40%	3
竖井井壁收敛	30	—	2	30	—	2	30	—	2
围护结构应力 立柱结构应力	（60% ~ 70%）f_1			（70% ~ 80%）f_1			（70% ~ 80%）f_1		
侧向土压力 孔隙水压力	（60% ~ 70%）f_2			（70% ~ 80%）f_2			（70% ~ 80%）f_2		
支撑轴力 锚杆、锚索拉力	最大值：（60% ~ 70%）f_1 最小值：（80% ~ 100%）fy			最大值：（60% ~ 70%）f_1 最小值：（80% ~ 100%）fy			最大值：（60% ~ 70%）f_1 最小值：（80% ~ 100%）fy		

注：① H——基坑开挖深度，f_1——构件承载能力设计值，f_2——荷载设计值，fy——支撑、锚杆预应力设计值；

②累计值取绝对值和相对基坑深度（H）值两者中的较小值；

③支撑、锚杆和锚索拉力小于预加应力时，综合判断支撑和锚杆工作状态，必要时报警；

④混凝土支撑无预加轴力值，不设置控制值下限。

2. 装配式结构监测控制值

装配式车站施工过程中，顶板覆土完成后装配式车站构件在上覆土作用下会发生缓慢变形并逐渐趋于稳定，此阶段中板和侧墙的水平及竖向位移、顶拱跨中竖向位移发生微小增大，但位移量不影响车站结构稳定性。因此，顶板覆土完成后设立第二阶段监测控制指标，顶拱跨中竖向位移控制值增加 5 mm，中板及侧墙位移控制值增加 2 mm。

装配式结构施工中的监测控制值可根据岩土体特征、设计成果等按表 3-7 确定。

表 3-7　装配式结构监测控制值

监测项目	施工阶段			
	构件拼装完成至顶板覆土完成		顶板覆土完成至构件变形稳定	
	累计值 /mm	变化速率/mm·d⁻¹	累计值 /mm	变化速率 /mm·d⁻¹
顶拱跨中竖向位移	20	3	25	3
中板中部竖向位移	8	2	10	2
侧墙顶部单侧水平位移	4	2	5	2
侧墙顶部净空收敛	8	2	10	2

3. 周边环境监测控制值

建（构）筑物、桥梁、管线、既有轨道交通等周边环境控制值的确定，主要是在保证其正常使用状态和安全的前提下，分析研究其还能承受的变形量。因此，需要收集周边环境对象的既有变形数据，结合现场调查情况，经评估确定合理的周边环境控制值。结合以往工程经验，参考《城市轨道交通工程监测技术规范》GB 50911-2013、《建筑基坑工程监测技术标准》GB 50497-2019、《建筑变形测量规范》JGJ 8-2016 相关规定，给出了建（构）筑物、桥梁、管线、既有轨道交通等周边环境的建议控制值。

（1）建（构）筑物监测控制值。

建（构）筑物监测控制值应先根据产权单位意见综合判定，同时在使用功能、建筑规模、修建年代、结构形式、基础类型、地质条件等影响因素调查分析的基础上，结合其与工程的空间位置关系、已有沉降、差异沉降和倾斜以及工程经验综合确定；对无特殊要求的一般建（构）筑物允许沉降控制值可为 10 ～ 30 mm，变化速率可为 1 ～ 3 mm/d，差异沉降及倾斜控制值宜为 0.001 1 ～ 0.002 1（1 为相邻基础的中心距离）。当既有周边建筑物为第一次监测时，应结合既有建筑物总体寿命综合判定建筑物控制值。

（2）城市桥梁监测控制值。

对无特殊要求的一般连续梁桥梁基础墩台均匀沉降累计值可为 5 ～ 10 mm，纵向相邻墩台差异沉降累计值可为 5 ～ 10 mm；简支梁桥梁基础墩台均匀沉降累计值可为 10 ～ 30 mm，纵向相邻墩台差异沉降累计值可为 10 ～ 20 mm。

（3）地下管线监测控制值。

地下管线监测控制值应在工作压力、功能、材质、铺设方法、埋置深度、土层压力、管径、接口形式、铺设年代等影响因素调查分析的基础上，结合其与工程的空间位置关系综合确定；对风险等级较高的地下管线，宜通过专项调查、计算分析和安全性评估确定其沉降和差异沉降控制值。

地下管线监测控制值应符合产权单位及相关部门的要求，对无特殊要求的地下管线监测控制值应按《城市轨道交通工程监测技术规范》GB 50911-2013 执行。

（4）高速公路与城市道路监测控制值。

高速公路与城市道路监测控制值应包括路基沉降最大控制值、速率控制值、路面允许位移控制值和平整度控制值。

对无特殊要求的高速公路与城市道路监测控制值应按《城市轨道交通工程监测技术规范》GB 50911-2013 执行。

（5）城市轨道交通既有线监测控制值。

城市轨道交通既有线监测控制值应在地层情况、隧道结构、轨道结构、线路部位、修建年限等影响因素调查分析的基础上，结合其与工程的空间位置关系和工程经验综合确定。

对无特殊要求的城市轨道交通既有线隧道结构监测控制值应按《城市轨道交通工程监测技术规范》GB 50911-2013 执行。

（6）既有铁路监测控制值。

既有铁路监测项目控制值应在专项评估后确定，对风险等级较低且无特殊要求的既有铁路路基沉降控制值应按《城市轨道交通工程监测技术规范》GB 50911-2013 执行。

无砟轨道桥梁：跨度小于 50 m 的简支梁，徐变值不应大于 10 mm；当跨度大于 50 m 时，其徐变值不应大于跨度的 1/5 000，且不得大于 20 mm。有砟轨道：桥梁徐变值不宜大于 20 mm，特殊桥跨结构的徐变限值按设计文件规定执行。

3.7 区域典型明（盖）挖法监测数据分析

以山东省为例，山东省在济南市与青岛市开设轨道交通，青岛市上层覆土较浅，地铁基坑多为上层第四系浅覆土，下层岩体以花岗岩为主。济南市上覆第四系土体厚度不均匀，下层岩体以灰岩与辉长岩为主。石灰岩为沉积岩，硬度较小；辉长岩、花岗岩为火成岩，硬度较大。根据覆土厚度与下层岩土体硬度的不同，初步划分浅覆土区域基坑、土岩组合区域基坑与土质区域基坑。其中，根据下层岩体硬度不同，土岩组合区域划分为土岩组合区域（硬岩）、土岩组合区域（软岩）、土岩组合区域（复合岩层）。通过对不同地质条件下深基坑变形分析，得到山东省深基坑变化规律。

3.7.1 浅覆土区域基坑监测数据分析

山东省浅覆土区域主要以灰岩、花岗岩、辉长岩与第四系组合为主，城市轨道交通深基坑开挖至灰岩、花岗岩、辉长岩等岩层中（图3-18）。

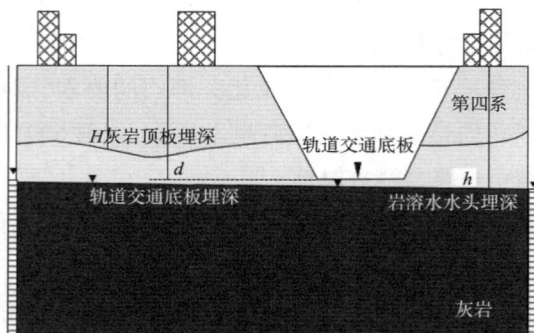

图3-18 浅覆土区域轨道交通明挖基坑剖面

1.地表变形特性分析

（1）地表最终沉降。

本次分析的所有案例中，采取地表沉降观测点共67组，297个有效测点。有效测点的最终变形值分布概率见图3-19（图中负值表示沉降，正值表示隆起）。

从图3-19可以看出，基坑开挖主要引起地表测点产生沉降，沉降测点占所有测点总数的71.73%，沉降值为0～4 mm的测点所占比率为53.20%，4～8 mm测点所占比率14.14%。其中，-4～-2 mm、-2～0 mm和0～2 mm为比率最高的区段，分别占比19.53%、33.67%和22.22%。

开挖也会引起部分测点隆起，浅覆土区域地表隆起的测点较多，占测点总数的28.27%，主要分布在0～4 mm之间。通过统计分析地表测点变形全程可以看出，当开挖深度较浅时会有一部分的测点隆起，但随着开挖加深，这些隆起的测点很快表现为沉降，且沉降值随开挖深度的增加而增加。

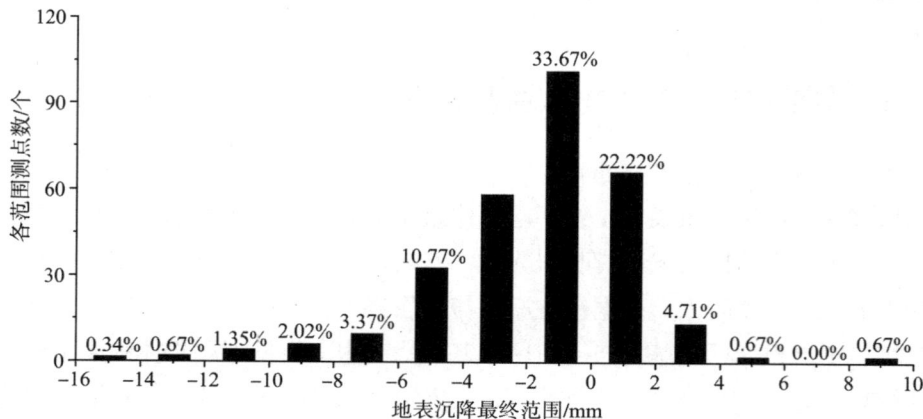

图3-19 浅覆土区域地铁深基坑地表最终变形值分布概率

（2）地表最大沉降与开挖深度的关系。

地表沉降和开挖深度之间存在一定关系，以基坑开挖深度 H 为横轴、围护结构外侧地表最大沉降值 δ_{vm} 为纵轴作图。图 3-20 为浅覆土区域基坑围护结构外侧地表最大沉降与开挖深度的关系。可以看出，总体上地表最大沉降随着开挖深度的增加而增加，最大沉降量均小于 0.10%H，地表最大沉降的平均值为 0.053%H。

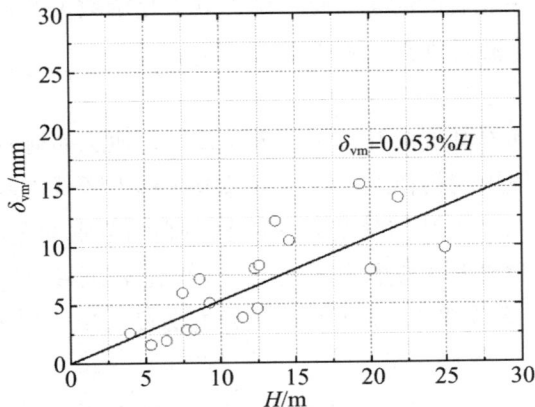

图 3-20　浅覆土区域基坑围护结构外侧地表最大沉降与开挖深度的关系

（3）地表最大沉降位置。

基坑的开挖是动态的过程，且基坑开挖的深度等参数也不尽相同，因此有必要考虑中间工况，并设法将相关参数无量纲化，进一步分析浅覆土区域深基坑地表沉降的空间分布情况，将研究成果动态化。为了分析浅覆土区域基坑地表最大沉降位置，以开挖深度 H 为横轴、最大沉降点距围护结构的距离 $d_{\delta vm}$ 与开挖深度 H 的比值为纵轴作图。从图 3-21 中可以看出，围护结构外侧地表最大沉降位置与开挖深度的比值（$d_{\delta vm}/H$）与开挖深度 H 之间呈指数式衰减，其函数关系表达式如下：

$$d_{\delta vm}/H = 0.202 + 1.565 \times e^{(-0.120H)} \tag{3-26}$$

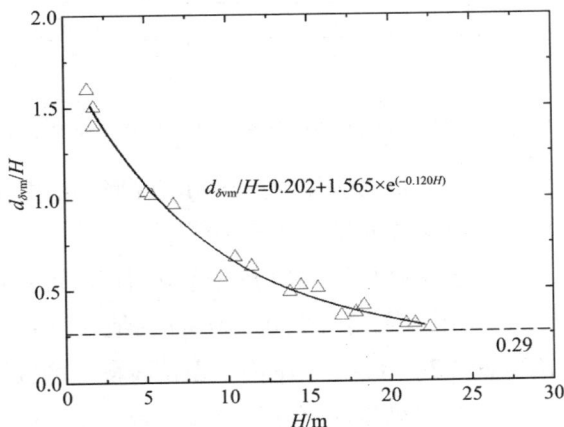

图 3-21　浅覆土区域最大沉降位置与开挖深度的关系

当开挖深度较浅时，$d_{\delta vm}/H$ 比较大，在开挖浅层覆土时，最大地表沉降位置通常发生在距离基坑 $1.5 \sim 2.0H$ 附近。此时要密切注意基坑开挖深度 $2H$ 以内的地表沉降数据。随着 H 的增大（即基坑向下开挖），$d_{\delta vm}/H$ 逐渐减小，且速率越来越缓慢，基坑开挖完成时最大地表沉降点位置 $d_{\delta vm}/H$ 逐渐趋近一个水平边界。浅覆土区域地表沉降最大位置大致位于 $0.29H$。这说明随着开挖的不断加深，浅覆土区域深基坑地表最大沉降位置的分布存在显著的动态变化特性，其变化函数关系式可以用来预测济南市浅覆土区域深基坑开挖最大地表沉降位置。

（4）地表沉降影响范围。

在实际施工中，随着基坑的开挖（不同工况），地层卸荷效应所引起的地表沉降影响区域是重要的环境影响指标之一。为了探求浅覆土区域深基坑开挖深度与地表沉降影响区域之间的关系，以开挖深度 H 为横轴、影响范围的宽度 d_v 与开挖深度 H 的比值为纵轴，结合实测数据并考虑中间工况，绘制地表沉降范围与开挖深度图。从图 3-22 中可知，地表沉降范围（d_v/H）与基坑开挖深度（H）之间呈指数式衰减，其表达式为

$$d_v/H = 1.168 + 5.445 \times e^{(-0.116H)} \tag{3-27}$$

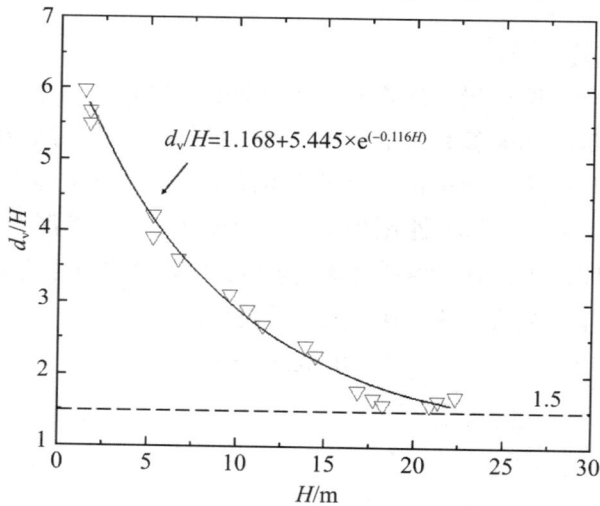

图 3-22　浅覆土区域地表沉降影响范围与开挖深度的关系

在基坑开挖支护完成时，浅覆土区域围护结构沉降影响范围约为 $1.5H$，其函数关系式可以用来估算浅覆土区域深基坑开挖沉降影响范围。

结合浅覆土区域最大地表沉降位置和地表沉降范围可以得到：浅覆土区域坑外地表变形表现为"凹槽形"模式。距离坑壁 $0 \sim 0.3H$ 内地表沉降逐渐增大，地表沉降最大值主要分布在距离坑壁 $0.2 \sim 0.4H$ 范围内。根据浅覆土区域地表沉降监测数据可知，在距离基坑边缘 $0.4 \sim 0.8H$ 处地表沉降呈指数式减小，且减小速率逐渐衰减，而在距基坑边缘 $0.8H$ 以上时，地表变形非常小，最大值均不超过 3 mm。结合多地深基

坑"凹槽形"地表变形特点和实际监测数据，将 $0.4 \sim 0.8H$ 定为基坑外地表沉降影响衰减区域。

2. 围护结构变形特性分析

（1）围护结构最大侧移。

图 3-23 为车站深基坑围护结构最大侧移与开挖深度之间的关系。可以看出，最大测斜上限约为 $0.10\%H$，最大测斜值为 17.6 mm，所有数据点的平均最大测斜为 $0.050\%H$。围护结构的最大侧移随着开挖深度的增大而增大。

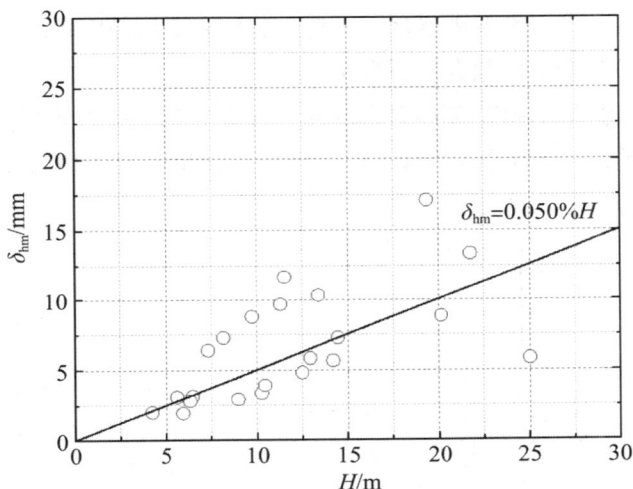

图 3-23　围护结构最大侧移与开挖深度的关系

（2）围护结构最大侧移位置。

浅覆土区域车站虽然为下伏岩层，但大部分车站土层太厚，车站并没有下挖到岩层。浅覆土区域基坑最大侧移位置随着开挖深度的增大而增大，二者关系式为 $H_{\delta hm}=0.69H$。车站深基坑最大侧移发生在距离地表约 $0.7H$ 的位置。

（3）围护结构侧移与分层开挖深度的关系。

围护结构侧移与分层开挖深度之间存在一定关系。随着车站深基坑开挖深度的加深，围护结构侧移不断增加，围护结构最大侧移位置也不断下降，直至开挖到最大深度，变形位置和变形情况逐渐趋于稳定。但在开挖过程中，基坑围护结构侧移变化具有明显的延时性。

（4）围护结构侧移与地表沉降的关系。

围护结构的水平位移会改变坑外土体的原始应力状态，从而引起地层移动。基坑开始开挖后，围护桩便开始受力变形，由于坑内卸荷的作用，在围护结构外侧受到主动土压力，而在坑底的围护结构内侧则受到全部或部分的被动土压力。由于"开挖在前、支撑在后"，围护结构在开挖过程中以及安装每道支撑以前已发生一定的先期变形。围护结构的位移带动主动区和被动区的土体发生位移：坑外侧主动区的土体向坑内水平位移，使得土体水平向应力减小，以致剪力大，出现塑性区；而在基坑开挖面以下的内侧被动区的土体则向坑内水平位移，加大了坑底土体的水平向应力，以致坑底土体剪应力增大而发生水平向挤压和向上隆起，在坑底处形成局部塑性区。

围护结构的变形不仅使坑内外地层应力发生变化，而且还会使坑外土体发生地层损失而引起地面沉降，基坑周围地层变形范围及幅度因围护结构的变形不同而有很大差别。地表变形还与地下水条件、地面荷载、空间的几何关系等有关，但围护结构变形依然是引起地表变形的主要因素之一。建立起地表变形与围护结构变形之间的关系，对工程的环境保护和变形预测有重要意义。

图 3-24 为浅覆土区域基坑围护结构最大侧移（δ_{hm}）与地表最大沉降（δ_{vm}）的关系。可以看出，地表最大沉降介于 $0.5\delta_{hm}$ 至 $1.5\delta_{hm}$ 之间，平均值为 $0.984\delta_{hm}$。

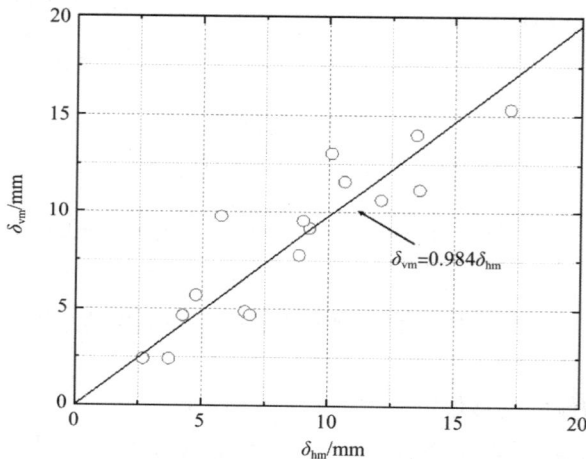

图 3-24　围护结构最大侧移与地表最大沉降的关系

（5）立柱竖向位移。

浅覆土区域地层结构主要以灰岩为主，是泉水的直接补给和径流区。岩溶水一般不承压，水位埋深低于灰岩顶板埋深。该区域内开挖引起的地下水损失会对地下水水头造成影响。据统计分析，位于浅覆土区域的基坑，立柱竖向位移较小，且存在沉降。浅覆土区域基坑围护立柱竖向位移日变化速率为 0 ～ 3 mm/d。

（6）桩顶竖向位移。

对浅覆土区域所有车站深基坑桩顶最大竖向位移进行统计，浅覆土区域基坑桩顶最大竖向位移值是基坑开挖深度的 0.038%，浅覆土区域基坑围护桩顶竖向位移日变化速率为 0 ～ 3 mm/d。

3. 浅覆土区域基坑变形情况总结

结合浅覆土区域基坑实例，对浅覆土区域基坑的变形监测数据进行统计分析，研究浅覆土区域基坑的变形特征，系统地诠释了浅覆土区域深基坑的变形规律和特征，得到以下主要结论。

1）浅覆土区域基坑开挖主要引起地表测点产生沉降，沉降测点占所有测点总数的71.73%，沉降值为0～4 mm的测点所占比率为53.20%，4～8 mm的测点所占比率14.14%。其中 −4～−2 mm、−2～0 mm 和 0～2 mm 为比率最高的区段，分别占比19.53%、33.67% 和 22.22%。开挖也会引起部分测点隆起，浅覆土区域地表隆起的测点较多，占测点总数的28.27%，主要分布在0～4 mm之间。

2）浅覆土区域基坑地表最大沉降随着开挖深度的增加而增大，最大沉降量均小于0.10%H，地表最大沉降的平均值为0.053%H。

3）浅覆土区域基坑围护结构外侧最大地表沉降位置和开挖深度的比值（$d_{\delta vm}/H$）与开挖深度 H 之间存在指数式衰减关系，其函数关系表达式为 $d_{\delta vm}/H=0.202+1.565\times e^{(-0.120H)}$。地表沉降范围 d_v/H 与基坑开挖深度 H 呈指数式衰减关系，表达式为 $d_v/H=1.168+5.445\times e^{(-0.116H)}$。

4）浅覆土区域坑外地表变形表现为"凹槽形"模式。距离坑壁0～0.3H内地表沉降逐渐增大，地表沉降最大值主要分布在距离坑壁0.2～0.4H范围内。在距离基坑边缘0.4～0.8H处地表沉降呈指数式减小，且减小速率逐渐衰减，而在距基坑边缘0.8H以上时，地表变形非常小，最大值均不超过3 mm。

5）浅覆土区域最大测斜上限约为0.10%H，最大测斜值为17.6 mm，所有数据点的平均最大测斜为0.05%H。围护结构的最大侧移随着开挖深度的增加而增大。

6）浅覆土区域基坑围护结构最大侧移位置随着开挖深度的增加而增大，基本表达式为$H_{\delta hm}=0.69H$。济南地铁车站深基坑围护结构最大侧移发生在距离地表约0.7H的位置。随着车站深基坑开挖深度的加深，围护结构侧移不断增加，围护结构最大侧移位置也不断下降，直至开挖到最大深度，变形位置和变形情况逐渐趋于稳定。但在开挖过程中，基坑围护结构侧移变化具有明显的延时性。

7）浅覆土区域基坑最大沉降介于0.5δ_{hm}到1.5δ_{hm}之间，平均值表达式为$\delta_{vm}=0.984\delta_{hm}$。

8）位于浅覆土区域的基坑其立柱竖向位移较小，且存在沉降。浅覆土区域立柱竖向位移日变化速率为0～3 mm/d。浅覆土区域基坑桩顶最大竖向位移值是基坑开挖深度的0.038%。浅覆土区域桩顶竖向位移日变化速率为0～3 mm/d。

3.7.2 土岩组合区域（硬岩）基坑监测数据分析

山东省浅土岩组合区域（硬岩）主要以花岗岩、辉长岩等火成岩与第四系组合为主，城市轨道交通深基坑开挖至花岗岩、辉长岩等岩层深度附近（图3-25）。

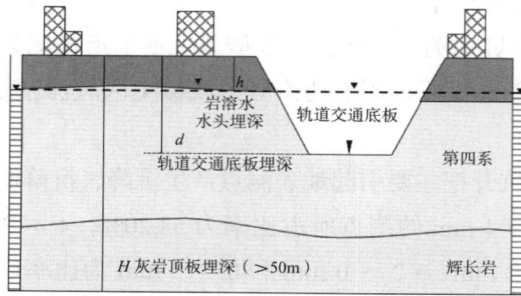

图 3-25　土岩组合区域（硬岩）轨道交通明挖基坑剖面

1. 地表变形特性分析

以山东省城市轨道交通为例，土岩组合区域（硬岩）主要为第四系＋辉长岩或第四系＋花岗岩土岩组合基坑，根据桩端是否嵌入岩层将土岩组合区域（硬岩）分为桩端嵌岩和桩端未入岩两种形式。

（1）地表最终沉降。

本次分析的所有案例中，采取地表沉降观测点共 124 组，569 个有效测点。有效测点的最终变形值分布概率见图 3-26（图中负值表示沉降，正值表示隆起）。从图 3-26 可以看出，基坑开挖主要引起地表测点产生沉降，沉降测点占所有测点总数的 80.14%，沉降值为 0～4 mm 的测点所占比率为 56.59%，4～8 mm 的测点所占比率为 15.46%。其中，-4～-2 mm 和 -2～0 mm 为比率最高的区段，分别占比 19.68% 和 36.91%。

开挖也会引起部分测点隆起，但地表隆起的测点并不多，占测点总数的 19.86% 左右，主要分布在 0～4 mm。通过统计分析地表测点变形全程可以看出，当开挖深度较浅时会有一部分的测点隆起，但随着开挖加深，这些隆起的测点很快表现为沉降，且沉降值随开挖深度的增加而增大。

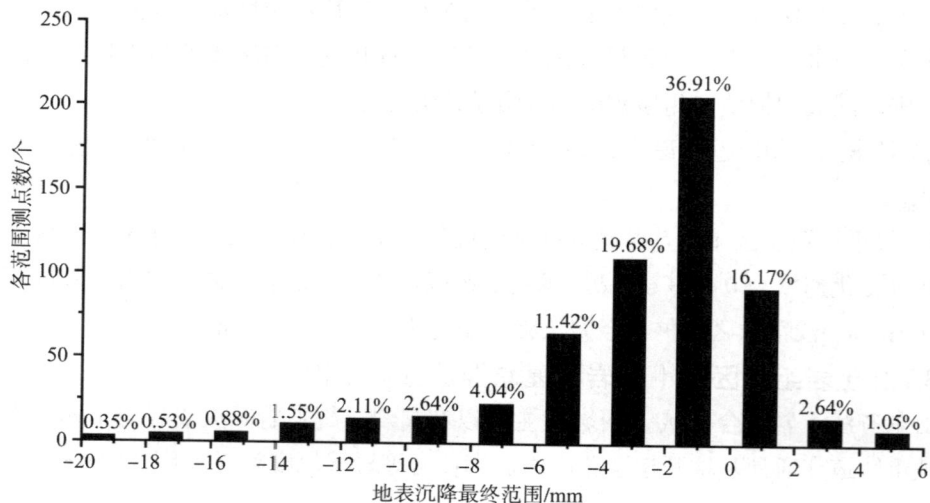

图 3-26　土岩组合区域（硬岩）地铁深基坑地表最终变形值分布概率

为了区分桩端嵌岩和桩端未入岩两种形式的地表最终沉降，下面对桩端未入岩和桩端嵌岩两种形式的最终沉降进行分析。

对于桩端未入岩的形式，本次分析的所有案例中，采取地表沉降观测点共 37 组，176 个有效测点。有效测点的最终变形值分布概率见图 3-27（图中负值表示沉降，正值表示隆起）。从图 3-27 可以看出，基坑开挖主要引起地表测点产生沉降，沉降测点占所有测点总数的 84.66%，沉降值为 0～4 mm 的测点所占比率为 60.8%，4～8 mm 的测点所占比率为 17.01%。其中，-4～-2 mm 和 -2～0 mm 为比率最高的区段，分别占比 22.2% 和 38.6%。

开挖也会引起部分测点隆起，但地表隆起的测点并不多，占测点总数的 15.34% 左右，主要分布在 0～4 mm。通过统计分析地表测点变形全程可以看出，当开挖深度较浅时会有一部分的测点隆起，但随着开挖加深，这些隆起的测点很快表现为沉降，且沉降值随开挖深度的增加而增大。

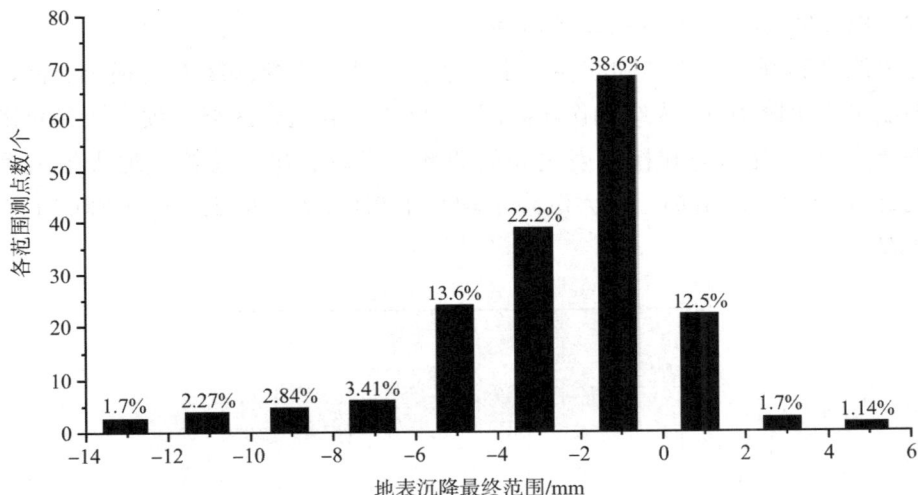

图 3-27　土岩组合区域（硬岩）桩端未入岩地铁深基坑地表最终变形值分布概率

对于桩端嵌岩的形式，本次分析的所有案例中，采取地表沉降观测点共 87 组，393 个有效测点。有效测点的最终变形值分布概率见图 3-28（图中负值表示沉降，正值表示隆起）。从图 3-28 可以看出，基坑开挖主要引起地表测点产生沉降，沉降测点占所有测点总数的 78.12%，沉降值为 0～4 mm 的测点所占比率为 54.71%，4～8 mm 的测点所占比率为 14.76%。其中，-4～-2 mm 和 -2～0 mm 为比率最高的区段，分别占比 18.58% 和 36.13%。

开挖也会引起部分测点隆起，但地表隆起的测点并不多，占测点总数的 21.88% 左右，主要分布在 0～4 mm。通过统计分析地表测点变形全程可以看出，当开挖深度较浅时会有一部分的测点隆起，但随着开挖加深，这些隆起的测点很快表现为沉降，且沉降值随开挖深度的增加而增大。

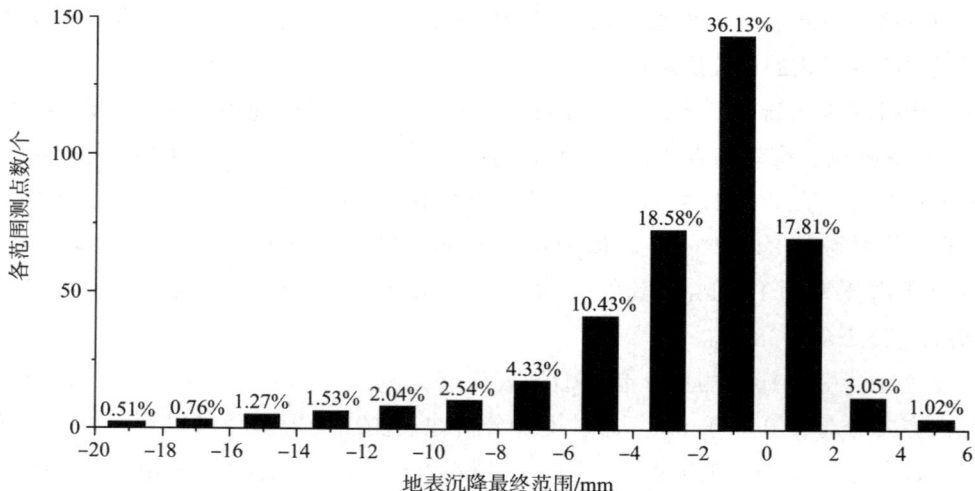

图 3-28　土岩组合区域（硬岩）桩端嵌岩地铁深基坑地表最终变形值分布概率

（2）地表最大沉降与开挖深度的关系。

地表沉降和开挖深度之间存在一定关系，以基坑开挖深度 H 为横轴、围护结构外侧地表最大沉降值 δ_{vm} 为纵轴作图。图 3-29 为土岩组合区域（硬岩）基坑围护结构外侧地表最大沉降与开挖深度之间的关系。可以看出，总体上地表最大沉降随着开挖深度的增大而增加，最大沉降量均小于 $0.15\%H$，地表最大沉降的平均值为 $0.081\%H$。

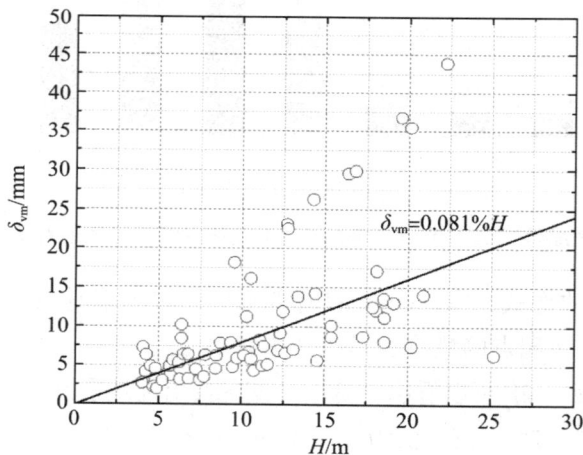

图 3-29　土岩组合区域（硬岩）基坑围护结构外侧地表最大沉降与开挖深度的关系

对于桩端未入岩的形式，地表沉降和开挖深度之间存在一定关系，以基坑开挖深度 H 为横轴、围护结构外侧地表最大沉降值 δ_{vm} 为纵轴作图。图 3-30 为土岩组合区域（硬岩）桩端未入岩基坑围护结构外侧地表最大沉降与开挖深度之间的关系。可以看出，总体上地表最大沉降随着开挖深度的增加而增加，最大沉降量均小于 $0.15\%H$，地表最大沉降的平均值为 0.080%H。

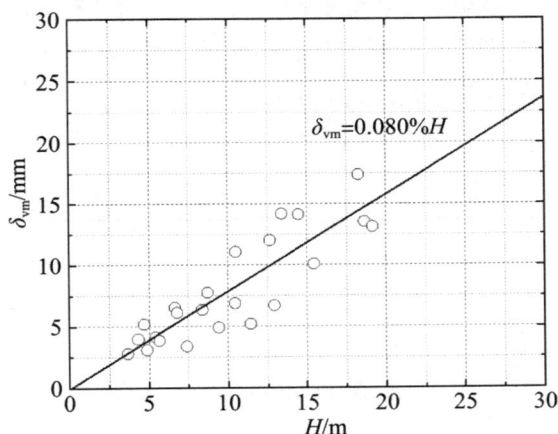

图 3-30 土岩组合区域（硬岩）桩端未入岩基坑围护结构外侧地表最大沉降与开挖深度的关系

对于桩端嵌岩的形式，地表沉降和开挖深度之间存在一定关系，以基坑开挖深度 H 为横轴、围护结构外侧地表最大沉降值 δ_{vm} 为纵轴作图。图 3-31 为土岩组合区域（硬岩）桩端嵌岩基坑围护结构外侧地表最大沉降与开挖深度之间的关系。可以看出，总体上地表最大沉降随着开挖深度的增加而增加，最大沉降量均小于 0.15%H，地表最大沉降的平均值为 0.082%H。

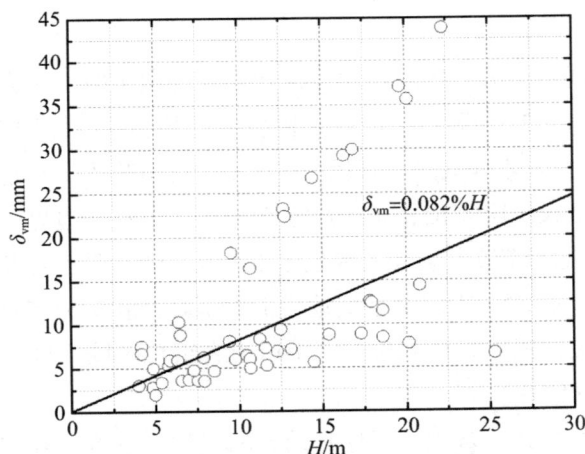

图 3-31 土岩组合区域（硬岩）桩端嵌岩基坑围护结构外侧地表最大沉降与开挖深度的关系

（3）地表最大沉降位置。

对于桩端未入岩的形式，基坑的开挖是动态的过程，且基坑开挖的深度等参数也不尽相同，因此有必要考虑中间工况，并设法将相关参数无量纲化，进一步分析土岩组合区域（硬岩）桩端未入岩深基坑地表沉降的空间分布情况，将研究成果动态化。为了分析土岩组合区域（硬岩）桩端未入岩基坑地表最大沉降位置，以开挖深度 H 为横轴、最大沉降点距围护结构的距离 $d_{\delta vm}$ 与开挖深度 H 的比值为纵轴作图。图 3-32 为土岩组合区域（硬岩）桩端未入岩地表最大沉降位置与开挖深度的关系。可以看出，围护结构外侧地表最大沉降位置与开挖深度的比值（$d_{\delta vm}/H$）与开挖深度（H）之间存在指数式衰减关系，其函数关系表达式如下：

$$d_{\delta vm}/H = 0.436 + 1.865 \times e^{(-0.168H)} \tag{3-28}$$

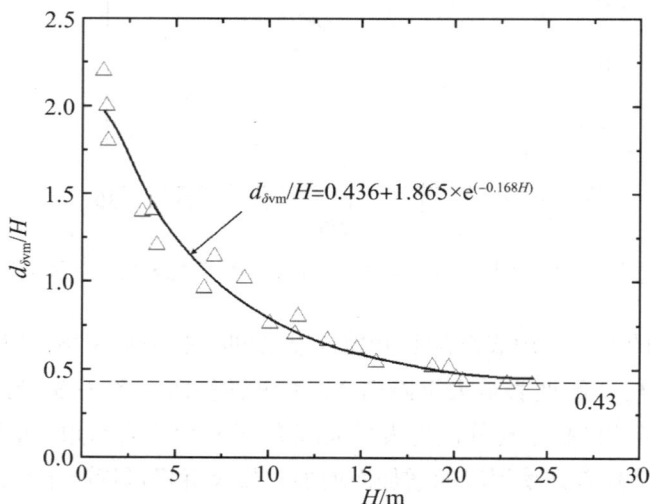

图 3-32　土岩组合区域（硬岩）桩端未入岩地表最大沉降位置与开挖深度的关系

当开挖深度较浅时，$d_{\delta vm}/H$ 比较大，在开挖浅层覆土时，最大地表沉降位置通常发生在距离基坑 $1.5 \sim 2.5H$ 附近。此时要密切注意基坑开挖深度 $3H$ 以内的地表沉降数据。随着 H 的增大（即基坑向下开挖），$d_{\delta vm}/H$ 逐渐减小，且速率越来越缓慢，基坑开挖完成时地表最大沉降点位置 $d_{\delta vm}/H$ 逐渐趋近一个水平边界。土岩组合区域（硬岩）桩端未入岩地表沉降最大位置大致位于 $0.43H$。这说明随着开挖的不断加深，土岩组合区域（硬岩）桩端未入岩深基坑地表最大沉降位置的分布存在显著的动态变化特性，其变化函数关系式可以用来预测济南市土岩组合区域（硬岩）桩端未入岩深基坑开挖地表最大沉降位置。

对于桩端嵌岩的形式，基坑的开挖是动态的过程，且基坑开挖的深度等参数也不尽相同，因此有必要考虑中间工况，并设法将相关参数无量纲化，进一步分析土岩组合区域（硬岩）桩端嵌岩深基坑地表沉降的空间分布情况，将研究成果动态化。为了分析土岩组合区域（硬岩）桩端嵌岩基坑地表最大沉降位置，以开挖深度 H 为横轴、最大沉降点距围护结构的距离 $d_{\delta vm}$ 与开挖深度 H 的比值为纵轴作图。图 3-33 为土岩组合区域（硬岩）桩端嵌岩地表最大沉降位置与开挖深度的关系。可以看出，围护结构外侧地表最大沉降位置与开挖深度的比值（$d_{\delta vm}/H$）和开挖深度（H）之间存在指数式衰减关系，其函数关系表达式如下：

$$d_{\delta vm}/H = 0.284 + 1.741 \times e^{(-0.132H)} \quad\quad (3-29)$$

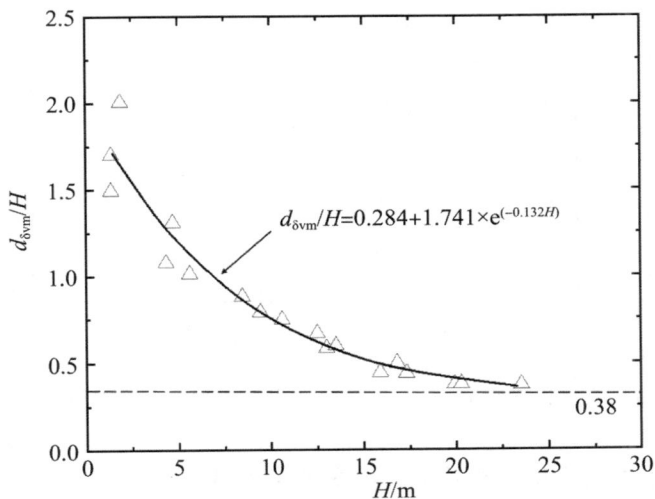

图 3-33 土岩组合区域（硬岩）桩端嵌岩地表最大沉降位置与开挖深度的关系

当开挖深度较浅时，$d_{\delta vm}/H$ 比较大，在开挖浅层覆土时，最大地表沉降位置通常发生在距离基坑 1.5～2.5H 附近。此时要密切注意基坑开挖深度 3H 以内的地表沉降数据。随着 H 的增大（即基坑向下开挖），$d_{\delta vm}/H$ 逐渐减小，且速率越来越缓慢，基坑开挖完成时最大地表沉降点位置 $d_{\delta vm}/H$ 逐渐趋近一个水平边界。土岩组合区域（硬岩）桩端嵌岩地表沉降最大位置大致位于 0.4H。这说明随着开挖的不断加深，土岩组合区域（硬岩）桩端嵌岩深基坑最大地表沉降位置的分布存在显著的动态变化特性，其变化函数关系式可以用来预测济南市土岩组合区域（硬岩）桩端嵌岩深基坑开挖最大地表沉降位置。

（4）地表沉降影响范围。

对于桩端未入岩的形式，在实际施工中，随着基坑的开挖（不同工况），地层卸荷效应所引起的地表沉降影响区域是重要的环境影响指标之一。为了探求土岩组合区域（硬岩）桩端未入岩深基坑开挖深度与地表沉降影响区域之间的关系，以开挖深度 H 为横轴、影响范围的宽度 d_v 与开挖深度 H 的比值为纵轴，绘制地表沉降影响范围与开挖深度的关系图。从图 3-34 中可知，地表沉降影响范围（d_v/H）与基坑开挖深度（H）呈指数式衰减关系，其表达式为

$$d_v/H = 2.435 + 6.512 \times e^{(-0.357H)} \quad\quad (3-30)$$

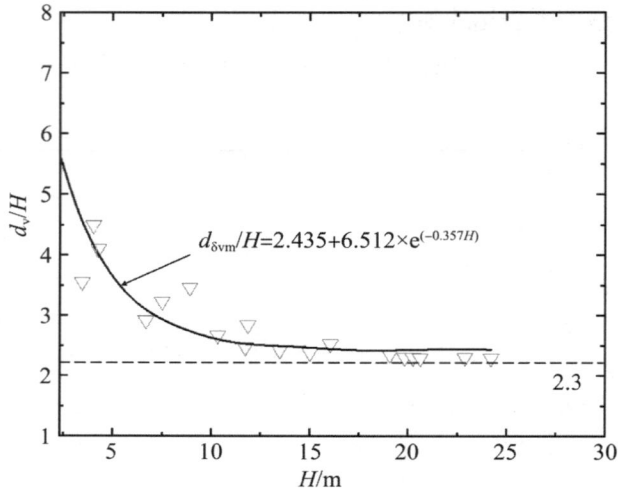

图 3-34　土岩组合区域（硬岩）桩端未入岩地表沉降影响范围与开挖深度的关系

从图 3-34 中可以看出，在基坑开挖支护完成时，土岩组合区域（硬岩）桩端未入岩围护结构沉降影响范围约为 $2.3H$，其函数关系式可以用来估算土岩组合区域（硬岩）桩端未入岩深基坑开挖沉降影响范围。

结合土岩组合区域（硬岩）桩端未入岩最大地表沉降位置和地表沉降范围可以得到：土岩组合区域（硬岩）桩端未入岩坑外地表变形表现为"凹槽形"模式。距离坑壁 $0 \sim 0.5H$ 内地表沉降逐渐增大，地表沉降最大值主要分布在距离坑壁 $0.35 \sim 0.55H$ 范围内。根据土岩组合区域（硬岩）桩端未入岩地表沉降监测数据，在距离基坑边缘 $0.55 \sim 1.1H$ 处地表沉降呈指数式减小，且减小速率逐渐衰减，而在距基坑边缘 $1.1H$ 以上时，地表变形非常小，最大值均不超过 3 mm。结合多地深基坑"凹槽形"地表变形特点和实际监测数据，将 $0.55 \sim 1.1H$ 定为基坑外地表沉降影响衰减区域。

对于桩端嵌岩的形式，在实际施工中，随着基坑的开挖（不同工况），地层卸荷效应所引起地表沉降的影响区域是重要的环境影响指标之一。为了探求土岩组合区域（硬岩）桩端嵌岩深基坑开挖深度与地表沉降影响区域之间的关系，以开挖深度 H 为横轴、影响范围的宽度 d_v 与开挖深度 H 的比值为纵轴，绘制地表沉降影响范围与开挖深度的关系图。从图 3-35 中可知，地表沉降影响范围（d_v/H）与基坑开挖深度（H）呈指数式衰减关系，其表达式为

$$d_v/H = 2.006 + 3.923 \times e^{(-0.185H)} \tag{3-31}$$

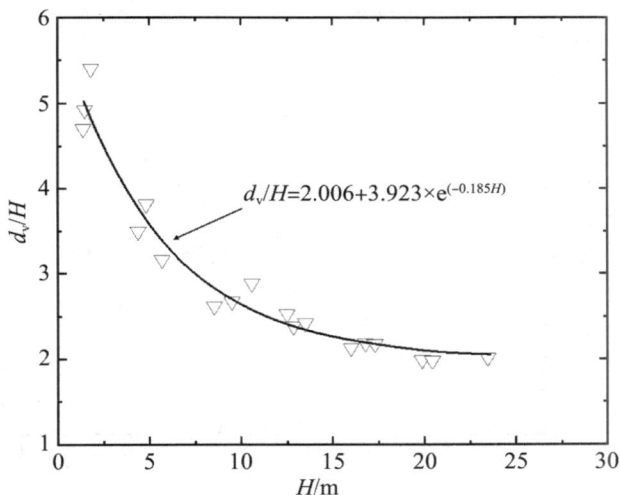

$$d_v/H=2.006+3.923×e^{(-0.185H)}$$

图 3-35　土岩组合区域（硬岩）桩端嵌岩地表沉降影响范围与开挖深度的关系

从图 3-35 中可以看出，在基坑开挖支护完成时，土岩组合区域（硬岩）桩端嵌岩围护结构沉降影响范围约为 2H，其函数关系式可以用来估算土岩组合区域（硬岩）桩端嵌岩深基坑开挖沉降影响范围。

结合土岩组合区域（硬岩）桩端嵌岩地表最大沉降位置和地表沉降范围可以得到：土岩组合区域（硬岩）桩端嵌岩坑外地表变形表现为"凹槽形"模式。距离坑壁 0 ~ 0.4H 内地表沉降逐渐增大，地表沉降最大值主要分布在距离坑壁 0.3 ~ 0.5H 范围内。根据土岩组合区域（硬岩）桩端嵌岩地表沉降监测数据，在距离基坑边缘 0.5 ~ 1.0H 处地表沉降呈指数式减小，且减小速率逐渐衰减，而在距基坑边缘 1.0H 以上时，地表变形非常小，最大值均不超过 3 mm。结合多地深基坑"凹槽形"地表变形特点和实际监测数据，将 0.5 ~ 1.0H 定为基坑外地表沉降影响衰减区域。

（5）地表沉降与土层厚度的关系。

基坑开挖深度内土层的厚度是坑围护结构方式选取的主要依据，因此有必要分析地表沉降与土层厚度之间的关系。将参数无量纲化，以基坑开挖深度内土层厚度与基坑深度的比值（h_s/H）作为横坐标，最大沉降值与开挖深度的比值（δ_{vm}/H）为纵坐标，绘制坑底以上土层厚度与地表最大沉降值的关系。从图 3-36 中可见数据有一定的离散，但是大致可以看出，随着坑底以上土层厚度的增大，最大地表沉降值亦有增大的趋势。此外，图中给出了土层厚度与地表最大沉降之间的关系表达式，可以据此通过土层厚度 h_s 预估基坑开挖的地表最大沉降。

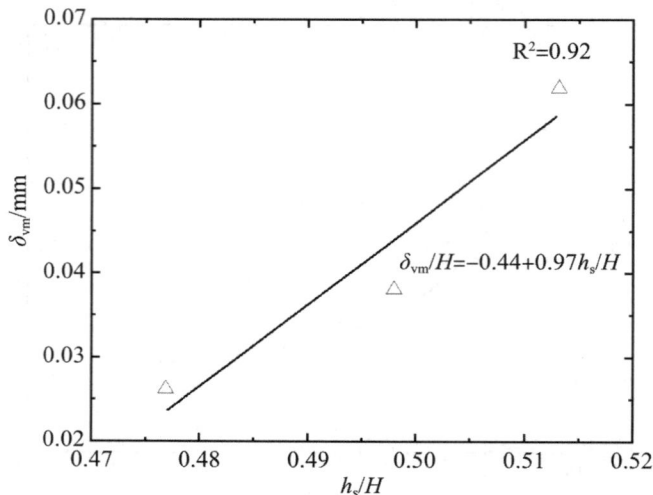

图 3-36　坑底以上土层厚度与地表最大沉降值的关系

2.围护结构变形特性分析

（1）围护结构最大侧移。

对于桩端未入岩的形式，车站深基坑围护结构的最大侧移与开挖深度之间的关系见图 3-37。可以看出，最大测斜上限约为 0.3%H，最大测斜值为 61 mm，所有数据点的平均最大测斜为 0.243%H。围护结构的最大侧移随着开挖深度的增大而增大。

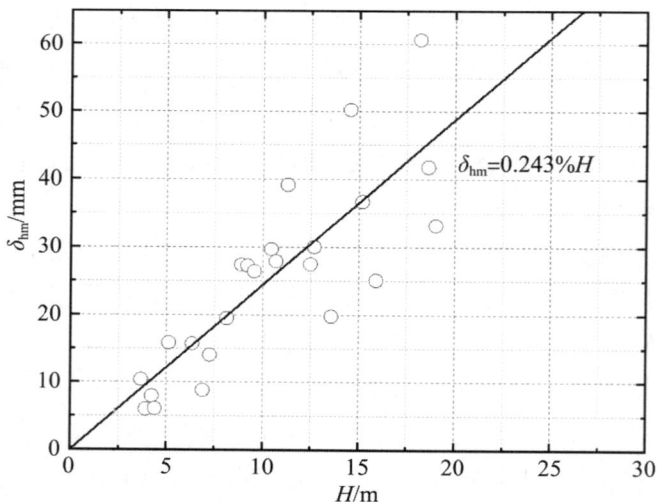

图 3-37　桩端未入岩基坑围护结构最大侧移与开挖深度之间的关系

对于桩端嵌岩的形式，车站深基坑围护结构的最大侧移与开挖深度之间的关系见图 3-38。可以看出，最大测斜上限约为 0.15%H，最大测斜值为 25 mm，所有数据点的平均最大测斜为 0.075%H。围护结构的最大侧移随着开挖深度的增大而增大。

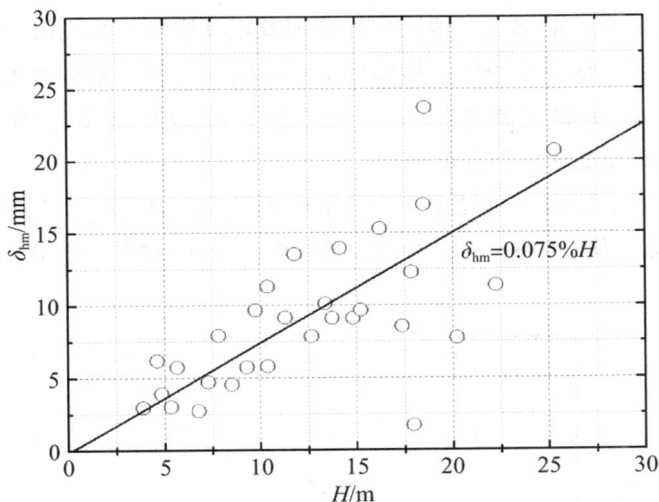

图 3-38　桩端嵌岩基坑围护结构最大侧移与开挖深度之间的关系

（2）围护结构最大侧移位置。

土岩组合区域（硬岩）桩端未入岩车站和嵌岩车站虽然为下伏岩层，但大部分车站土层太厚，车站并没有下挖到岩层。土岩组合区域（硬岩）桩端未入岩基坑最大侧移位置随着开挖深度的增大而增大，二者关系式为 $H_{\delta hm}=0.69H$。车站深基坑最大侧移发生在距离地表约 $0.7H$ 的位置。

（3）围护结构侧移与分层开挖深度的关系。

对于桩端未入岩的形式和桩端嵌岩的形式，围护结构侧移与分层深度之间存在一定关系。根据车站深基坑围护结构侧移与分层开挖深度的分析可知，随着车站深基坑开挖深度的加深，围护结构侧移不断增加，围护结构最大侧移位置也不断下降，直至开挖到最大深度，变形位置和变形情况逐渐趋于稳定。但在开挖过程中，基坑围护结构侧移变化具有明显的延时性。

（4）围护结构侧移与地表沉降的关系。

对于桩端未入岩的形式和桩端嵌岩的形式，围护结构的水平位移会改变坑外土体的原始应力状态，从而引起地层移动。基坑开始开挖后，围护桩便开始受力变形，由于坑内卸荷的作用，在围护结构外侧受到主动土压力，而在坑底的围护结构内侧则受到全部或部分的被动土压力。由于"开挖在前、支撑在后"，围护结构在开挖过程中以及安装每道支撑以前已发生一定的先期变形。围护结构的位移带动主动区和被动区的土体发生位移：坑外侧主动区的土体向坑内水平位移，使得土体水平向应力减小，剪力增大，出现塑性区；而在基坑开挖面以下的内侧被动区的土体则向坑内水平位移，加大了坑底土体的水平向应力，以致坑底土体剪应力增大而发生水平向挤压和向上隆起，在坑底处形成局部塑性区。

    围护结构的变形不仅使坑内外地层应力发生变化，而且还会使坑外土体产生地层损失而引起地面沉降，基坑周围地层变形范围及幅度因围护结构的变形不同而有很大差别。地表变形还与地下水条件、地面荷载、空间的几何关系等有关，但围护结构变形依然是引起地表变形的主要因素之一。建立起地表变形与围护结构变形之间的关系，对工程的环境保护和变形预测有重要意义。

    土岩组合区域（硬岩）桩端未入岩基坑地表最大沉降（δ_{vm}）与围护结构最大侧移（δ_{hm}）之间的关系见图 3-39。可以看出，最大沉降介于 $0.25\delta_{hm}$ 至 $0.5\delta_{hm}$ 之间，平均值为 $0.315\delta_{hm}$。

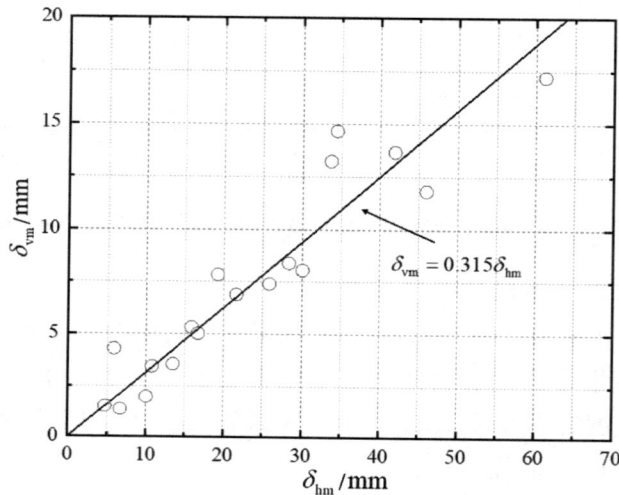

图 3-39　土岩组合区域（硬岩）桩端未入岩基坑围护结构侧移与地表沉降关系图

    土岩组合区域（硬岩）桩端嵌岩基坑地表最大沉降（δ_{vm}）与围护结构最大侧移（δ_{hm}）之间的关系见图 3-40。可以看出，地表最大沉降大部分介于 $0.5\delta_{hm}$ 至 $1.0\delta_{hm}$ 之间，平均值为 $0.732\delta_{hm}$。

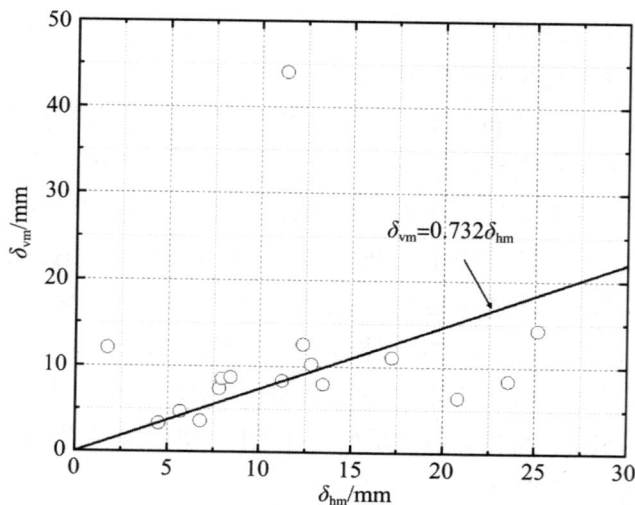

图 3-40　土岩组合区域（硬岩）桩端嵌岩基坑围护结构侧移与地表沉降关系图

（5）围护结构侧移与土层厚度的关系。

地表沉降与基坑内土层厚度存在着联系，围护结构侧移大小与地表沉降密切相关，因此最大侧移位置与土层厚度相关。图 3-41 为案例基坑开挖深度以上土层厚度与最大侧移的关系，其中横轴为土层厚度与围护结构深度（桩端未嵌入基底时为基坑深度）的比值（h_s/H），纵轴为最大侧移无量纲化（δ_{hm}/H），可以看出数据有一定的离散，但是总体上土层越厚、侧移越大。此外，图中给出了土层厚度与最大侧移之间的关系表达式，可以据此通过土层厚度 h_s 预估基坑开挖的基坑最大侧移。

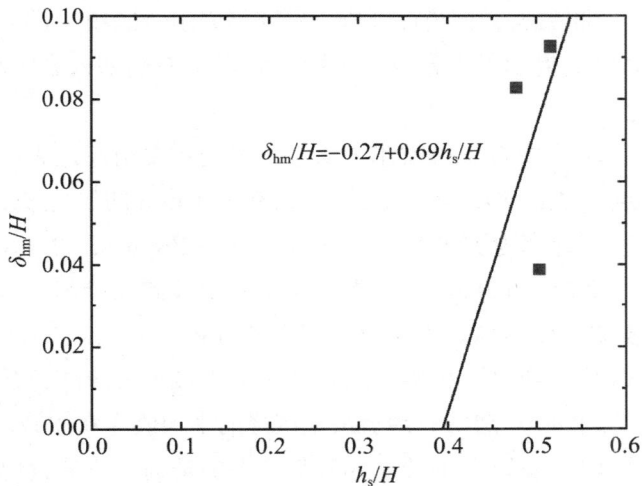

图 3-41　围护结构最大侧移与土层厚度的关系

（6）立柱竖向位移。

土岩组合区域（硬岩）地层结构以第四系土层与第四系火成岩组合为主，灰岩顶板埋深大于 50 m。工程穿过的地层为第四系下部辉长岩风化层或完整辉长岩体，岩溶水水头较高，埋深小于 0.8 ～ 10 m。根据统计分析，位于土岩组合区域（硬岩）桩端未入岩的基坑立柱竖向位移较小，且均为回弹。土岩组合区域（硬岩）桩端未入岩基坑立柱隆起的上限值为 0.061%H，平均值为 0.061%H。土岩组合区域（硬岩）桩端未入岩的基坑围护立柱竖向位移日变化速率为 0 ～ 3 mm/d。位于土岩组合区域（硬岩）桩端嵌岩的基坑立柱竖向位移较小，大部分为回弹。三区桩端嵌岩立柱竖向位移上限值为 0.042%H，平均值为 0.018%H。土岩组合区域（硬岩）桩端嵌岩的基坑围护立柱竖向位移日变化速率为 0 ～ 3 mm/d。

（7）桩顶竖向位移。

对土岩组合区域（硬岩）桩端未入岩所有车站深基坑最大桩顶竖向位移进行统计，土岩组合区域（硬岩）桩端未入岩基坑最大桩顶竖向位移值是基坑开挖深度的 0.058%，相对深度最大变形值为工业北路站（0.064%H）。土岩组合区域（硬岩）

桩端未入岩基坑围护桩顶竖向位移日变化速率为 0 ～ 3 mm/d。对土岩组合区域（硬岩）桩端嵌岩所有车站深基坑最大桩顶竖向位移进行统计，土岩组合区域（硬岩）桩端嵌岩基坑最大桩顶竖向位移值是基坑开挖深度的 0.034%，相对深度最大变形值为 0.056%H（闫千户站）。土岩组合区域（硬岩）桩端嵌岩基坑围护桩顶竖向位移日变化速率为 0 ～ 3 mm/d。

3. 土岩组合区域（硬岩）基坑变形情况总结

（1）土岩组合区域（硬岩）桩端未入岩基坑变形情况。

结合土岩组合区域（硬岩）桩端未入岩基坑实例，对土岩组合区域（硬岩）桩端未入岩基坑的变形监测数据进行统计分析，研究土岩组合区域（硬岩）桩端未入岩基坑的变形特征，系统地揭示了土岩组合区域（硬岩）桩端未入岩深基坑的变形规律，得到以下主要结论。

1）土岩组合区域（硬岩）桩端未入岩基坑开挖主要引起地表测点产生沉降，沉降测点占所有测点总数的 84.66%，沉降值为 0 ～ 4 mm 的测点所占比率为 60.8%，4 ～ 8 mm 的测点所占比率为 17.01%。其中，−4 ～ −2 mm 和 −2 ～ 0 mm 为比率最高的区段，分别占比 22.2% 和 38.6%。开挖也会引起部分测点隆起，但地表隆起的测点并不多，占测点总数的 15.34% 左右，沉降值主要为 0 ～ 4 mm。

2）土岩组合区域（硬岩）桩端未入岩基坑地表最大沉降随着开挖深度的增加而增加，最大沉降量均小于 0.15%H，地表最大沉降的平均值为 0.080%H。

3）土岩组合区域（硬岩）桩端未入岩基坑围护结构外侧最大地表沉降位置与开挖深度的比值（$d_{\delta vm}/H$）与开挖深度（H）之间存在指数式衰减关系，其函数关系表达式为 $d_{\delta vm}/H=0.436+1.865\times e^{(-0.168H)}$。地表沉降范围（$d_v/H$）与基坑开挖深度（$H$）呈指数式衰减关系，表达式为 $d_v/H=2.435+6.512\times e^{(-0.357H)}$。

4）土岩组合区域（硬岩）桩端未入岩坑外地表变形表现为"凹槽形"模式。距离坑壁 0 ～ 0.55H 内地表沉降逐渐增大，地表沉降最大值主要分布在距离坑壁 0.35 ～ 0.55H 范围内。在距离基坑边缘 0.55 ～ 1.1H 处地表沉降呈指数式减小，且减小速率逐渐衰减，而在距基坑边缘 1.1H 以上时，地表变形非常小，最大值均不超过 3 mm。

5）随着坑底以上土层厚度的增大，最大地表沉降值亦有增大的趋势。土层厚度与最大地表沉降之间的关系表达式为 $\delta_{vm}/H=-0.44+0.97h_s/H$。

6）土岩组合区域（硬岩）桩端未入岩最大测斜上限约为 0.3%H，最大测斜值为 61 mm，所有数据点的平均最大测斜为 0.243%H。围护结构的最大侧移随着开挖深度的增大而增大。

7）土岩组合区域（硬岩）桩端未入岩基坑最大侧移位置随着开挖深度的增大而增大，表达式为 $H_{\delta hm}=0.69H$。济南地铁车站深基坑最大侧移发生在距离地表约 0.7H 的位置。随着车站深基坑开挖深度的加深，围护结构侧移不断增加，围护结构最大侧移位置也不断下降，直至开挖到最大深度，变形位置和变形情况逐渐趋于稳定。但在开挖过程中，基坑围护结构侧移变化具有明显的延时性。

8）土岩组合区域（硬岩）桩端未入岩基坑最大沉降介于 $0.25\delta_{hm}$ 至 $0.5\delta_{hm}$ 之间，平均值为 $0.315\delta_{hm}$。

9）土层越厚，侧移越大。土层厚度与最大侧移之间的关系表达式为 $\delta_{hm}/H=-0.27+0.69h_s/H$。

10）土岩组合区域（硬岩）桩端未入岩的基坑其立柱竖向位移较大，且均为回弹。立柱隆起的上限值为 $0.061\%H$，平均值为 $0.061\%H$。土岩组合区域（硬岩）桩端未入岩基坑围护立柱竖向位移日变化速率为 $0 \sim 3$ mm/d。基坑最大桩顶竖向位移值是基坑开挖深度的 0.058%。相对深度最大变形值为 $0.064\%H$（工业北路站）。桩顶竖向位移日变化速率均为 $0 \sim 3$ mm/d。

（2）土岩组合区域（硬岩）桩端嵌岩基坑变形情况。

结合土岩组合区域（硬岩）桩端嵌岩基坑实例，对土岩组合区域（硬岩）桩端嵌岩基坑的变形监测数据进行统计分析，研究土岩组合区域（硬岩）桩端嵌岩基坑的变形特征，系统地揭示了土岩组合区域（硬岩）桩端嵌岩深基坑的变形规律，得到以下主要结论。

1）土岩组合区域（硬岩）桩端嵌岩基坑开挖主要引起地表测点产生沉降，沉降测点占所有测点总数的 78.12%，沉降值为 $0 \sim 4$ mm 的测点所占比率为 54.71%，$4 \sim 8$ mm 的测点所占比率为 14.76%。其中，$-4 \sim -2$ mm 和 $-2 \sim 0$ mm 为比率最高的区段，分别占比 18.58% 和 36.13%。开挖也会引起部分测点隆起，但地表隆起的测点并不多，占测点总数的 21.88% 左右，沉降值主要为 $0 \sim 4$ mm。

2）土岩组合区域（硬岩）桩端嵌岩基坑地表最大沉降随着开挖深度的增大而增加，最大沉降量均小于 $0.15\%H$，地表最大沉降的平均值为 $0.082\%H$。

3）土岩组合区域（硬岩）桩端嵌岩基坑围护结构外侧最大地表沉降位置与开挖深度的比值（$d_{\delta vm}/H$）与开挖深度（H）之间存在指数式衰减关系，其函数关系表达式为 $d_{\delta vm}/H=0.284+1.741 \times e^{(-0.132H)}$。地表沉降范围（$d_v/H$）与基坑开挖深度（$H$）呈指数式衰减关系，表达式为 $d_v/H=2.006+3.923 \times e^{(-0.185H)}$。

4）土岩组合区域（硬岩）桩端嵌岩坑外地表变形表现为"凹槽形"模式。距离坑壁 $0 \sim 0.4H$ 内地表沉降逐渐增大，地表沉降最大值主要分布在距离坑壁 $0.3 \sim 0.5H$ 范围内。在距离基坑边缘 $0.5 \sim 1.0H$ 处地表沉降呈指数式减小，且减小速率逐渐衰减，而在距基坑边缘 $1.0H$ 以上时，地表变形非常小，最大值均不超过 3 mm。

5）随着坑底以上土层厚度的增大，最大地表沉降值亦有增大的趋势。土层厚度与最大地表沉降之间的关系表达式为 $\delta_{vm}/H=-0.44+0.97h_s/H$。

6）土岩组合区域（硬岩）桩端嵌岩最大测斜上限约为 $0.15\%H$，最大测斜值为 25 mm，所有数据点的平均最大测斜为 $0.075\%H$。围护结构的最大侧移随着开挖深度的增大而增大。

7）土岩组合区域（硬岩）桩端嵌岩基坑最大侧移位置随着开挖深度的增大而增大，表达式为 $H_{\delta hm}=0.69H$。济南地铁车站深基坑最大侧移发生在距离地表约 $0.7H$ 的位置。随着车站深基坑开挖深度的加深，围护结构侧移不断增加，围护结构最大侧移位置也不断下降，直至开挖到最大深度，变形位置和变形情况逐渐趋于稳定。但在开挖过程中，基坑围护结构侧移变化具有明显的延时性。

8）土岩组合区域（硬岩）桩端嵌岩基坑最大沉降介于 $0.5\delta_{hm}$ 至 $1.0\delta_{hm}$ 之间，平均值为 $0.732\delta_{hm}$。

9）土层越厚其侧移越大，土层厚度与最大侧移之间的关系表达式为 $\delta_{hm}/H=-0.27+0.69h_s/H$。

10）土岩组合区域（硬岩）桩端嵌岩的基坑其立柱竖向位移较大，且均为回弹。立柱隆起的上限值为 $0.042\%H$，平均值为 $0.018\%H$。土岩组合区域（硬岩）桩端嵌岩基坑围护立柱竖向位移日变化速率为 $0\sim3$ mm/d。土岩组合区域（硬岩）桩端嵌岩基坑最大桩顶竖向位移值是基坑开挖深度的 0.034%，相对深度最大变形值为 $0.056\%H$（闫千户站）。土岩组合区域（硬岩）桩端嵌岩桩顶竖向位移日变化速率均为 $0\sim3$ mm/d。

3.7.3 土岩组合区域（软岩）基坑监测数据分析

山东省浅土岩组合区域（软岩）主要以灰岩等沉积岩与第四系组合为主，城市轨道交通深基坑开挖至灰岩等岩层深度附近（图3-42）。

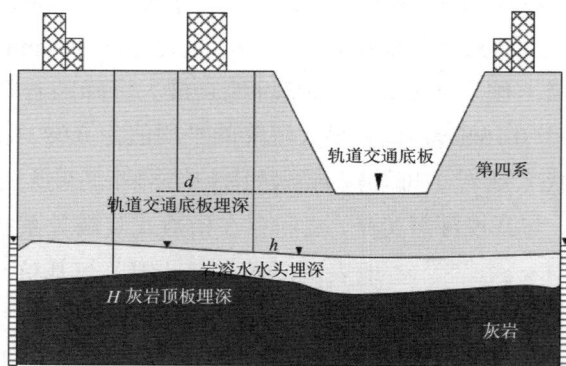

图3-42　土岩组合区域（软岩）轨道交通明挖基坑剖面

1. 地表变形特性分析

（1）地表最终沉降。

本次分析的所有案例中，采取地表沉降观测点共41组，186个有效测点。有效测点的最终变形值分布概率见图3-43（图中负值表示沉降，正值表示隆起）。可以看出，基坑开挖主要引起地表测点产生沉降，沉降测点占所有测点总数的91.94%，沉降值为 $0\sim4$ mm 的测点所占比率为63.44%，$4\sim8$ mm 的测点所占比率为24.73%。其中，$-4\sim-2$ mm 和 $-2\sim0$ mm 为比率最高的区段，分别占比18.28% 和45.16%。

开挖也会引起部分测点隆起，但地表隆起的测点并不多，占测点总数的 8.06% 左右，沉降值主要为 0 ～ 4 mm。通过统计分析地表测点变形全程可以看出，当开挖深度较浅时会有一部分的测点隆起，但随着开挖加深，这些隆起的测点很快表现为沉降，且沉降值随开挖深度的增加而增加。

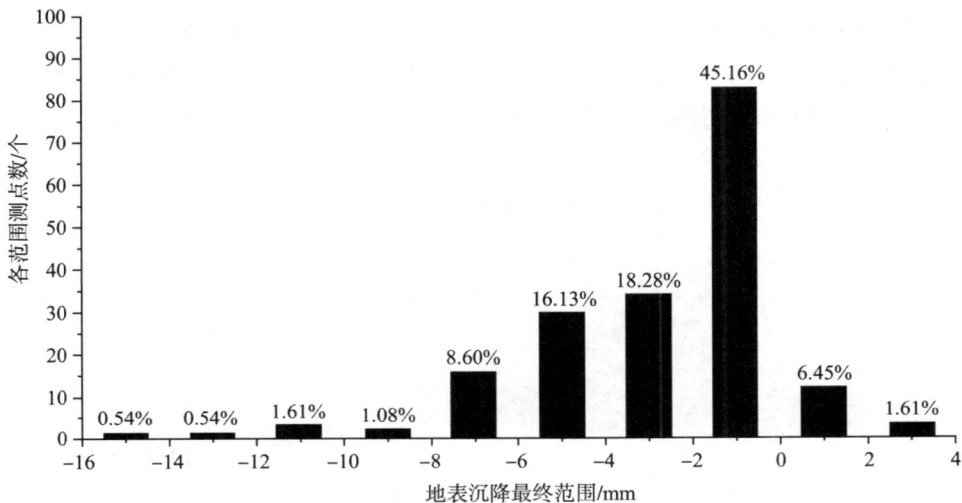

图 3-43　土岩组合区域（软岩）地铁深基坑地表最终变形值分布概率

（2）地表最大沉降与开挖深度的关系。

地表沉降和开挖深度之间存在一定关系，以基坑开挖深度 H 为横轴、围护结构外侧地表最大沉降值 δ_{vm} 为纵轴作图。图 3-44 为土岩组合区域（软岩）基坑围护结构外侧地表最大沉降与开挖深度的关系。可以看出，总体上地表最大沉降随着开挖深度的增加而增加，最大沉降量均小于 $0.15\%H$，地表最大沉降的平均值为 $0.078\%H$。

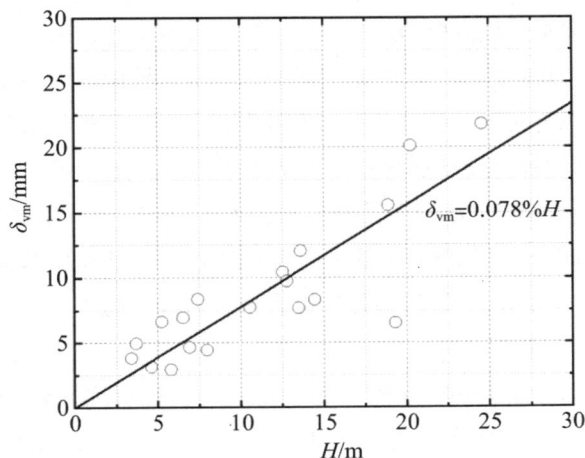

图 3-44　土岩组合区域（软岩）基坑围护结构外侧地表最大沉降与开挖深度的关系

（3）地表最大沉降位置。

基坑的开挖是动态的过程，且基坑开挖的深度等参数也不尽相同，因此有必要考虑中间工况，并设法将相关参数无量纲化，进一步分析土岩组合区域（软岩）深基坑地表沉降的空间分布情况，将研究成果动态化。为了分析土岩组合区域（软岩）基坑地表最大沉降位置，以开挖深度 H 为横轴、最大沉降点距围护结构的距离 $d_{\delta vm}$ 与开挖深度 H 的比值为纵轴作图。图 3-45 为土岩组合区域（软岩）地表最大沉降位置与开挖深度的关系。可以看出，围护结构外侧地表最大沉降位置与开挖深度的比值（$d_{\delta vm}/H$）与开挖深度（H）之间存在指数式衰减关系，其函数关系表达式如下：

$$d_{\delta vm}/H=0.324+1.856\times e^{(-0.155H)} \tag{3-32}$$

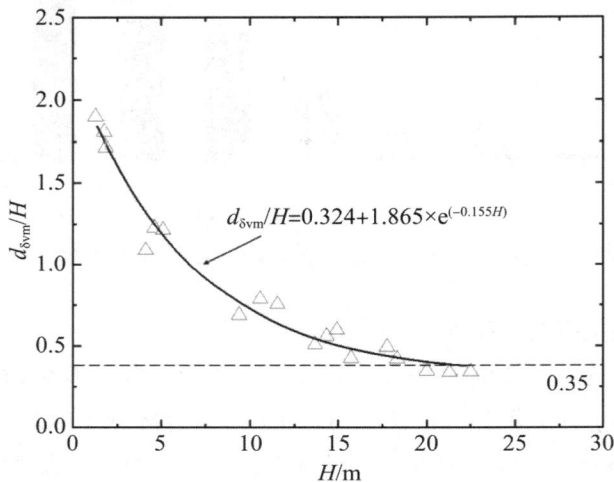

图 3-45　土岩组合区域（软岩）地表最大沉降位置与开挖深度的关系

当开挖深度较浅时，$d_{\delta vm}/H$ 比较大，在开挖浅层覆土时，最大地表沉降位置通常发生在距离基坑 1.5～2.0H 附近。此时要密切注意基坑开挖深度 2H 以内的地表沉降数据。随着 H 的增大（即基坑向下开挖），$d_{\delta vm}/H$ 逐渐减小，且速率越来越缓慢，基坑开挖完成时最大地表沉降点位置 $d_{\delta vm}/H$ 逐渐趋近一个水平边界。土岩组合区域（软岩）地表沉降最大位置大致位于 0.35H。这说明随着开挖的不断加深，土岩组合区域（软岩）深基坑地表最大沉降位置的分布存在显著的动态变化特性，其变化函数关系式可以用来预测济南市土岩组合区域（软岩）深基坑开挖地表最大沉降位置。

（4）地表沉降影响范围。

在实际施工中，随着基坑的开挖（不同工况），地层卸荷效应所引起地表沉降的影响区域是重要的环境影响指标之一。为了探求土岩组合区域（软岩）深基坑开挖深度与地表沉降影响区域之间的关系，以开挖深度 H 为横坐标、影响范围的宽度 d_v

与开挖深度 H 的比值为纵坐标，绘制地表沉降范围与开挖深度的关系图。从图 3-46 中可知，地表沉降范围（d_v/H）与基坑开挖深度（H）呈指数式衰减关系，其表达式为

$$d_v/H = 2.007 + 3.222 \times e^{(-0.215H)} \qquad (3-33)$$

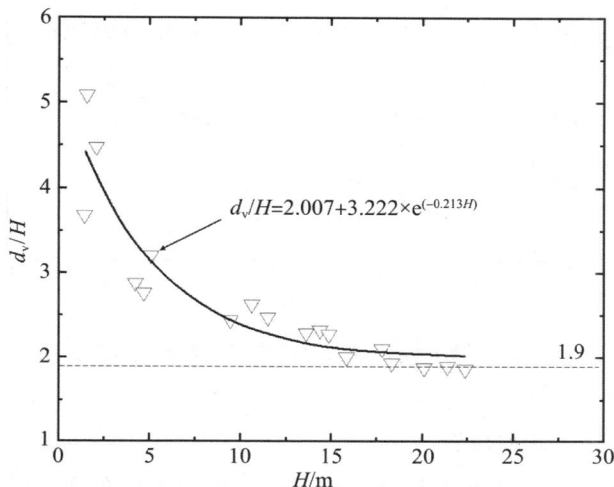

图 3-46 土岩组合区域（软岩）地表沉降范围与开挖深度的关系

从图 3-46 中可以看出，在基坑开挖支护完成时，土岩组合区域（软岩）围护结构沉降影响范围约为 $2H$，其函数关系式可以用来估算土岩组合区域（软岩）深基坑开挖沉降影响范围。

结合土岩组合区域（软岩）地表最大沉降位置和地表沉降范围可以得到：土岩组合区域（软岩）坑外地表变形表现为"凹槽形"模式。距离坑壁 $0 \sim 0.35H$ 内地表沉降逐渐增大，地表沉降最大值主要分布在距离坑壁 $0.3 \sim 0.45H$ 范围内。根据土岩组合区域（软岩）几个车站地表沉降监测数据，在距离基坑边缘 $0.45 \sim 0.9H$ 处地表沉降呈指数式减小，且减小速率逐渐衰减，而在距基坑边缘 $0.9H$ 以上时，地表变形非常小，最大值均不超过 3 mm。结合多地深基坑"凹槽形"地表变形特点和实际监测数据，将 $0.45 \sim 0.9H$ 定为基坑外地表沉降影响衰减区域。

2. 围护结构变形特性分析

（1）围护结构最大侧移。

车站深基坑围护结构的最大侧移与开挖深度之间的关系见图 3-47。可以看出，最大测斜上限约为 $0.1\%H$，最大测斜值为 15.5 mm，所有数据点的平均最大测斜为 $0.055\%H$。围护结构的最大侧移随着开挖深度的增大而增大。

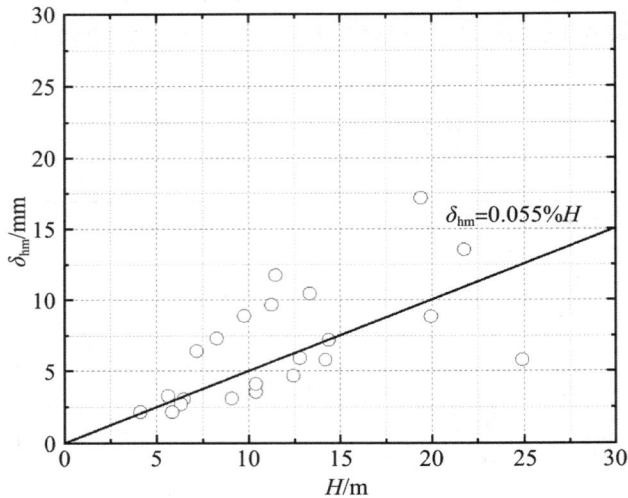

图 3-47　围护结构最大侧移与开挖深度之间的关系

（2）围护结构最大侧移位置。

土岩组合区域（软岩）车站虽然下伏岩层，但大部分车站土层太厚，车站并没有下挖到岩层。因此根据得到的最大侧移位置与开挖深度的关系。土岩组合区域（软岩）基坑围护结构最大侧移位置随着开挖深度的增大而增大，表达式为 $H_{\delta hm}=0.69H$。车站深基坑围护结构最大侧移发生在距离地表约 $0.7H$ 的位置。

（3）围护结构侧移与分层开挖深度的关系。

围护结构侧移与分层开挖深度之间存在一定关系。随着车站深基坑开挖深度的加深，围护结构侧移不断增加，围护结构最大侧移位置也不断下降，直至开挖到最大深度，变形位置和变形情况逐渐趋于稳定。但在开挖过程中，基坑围护结构侧移变化具有明显的延时性。

（4）围护结构侧移与地表沉降的关系。

围护结构的水平向位移会改变坑外土体的原始应力状态，从而引起地层移动，基坑开挖后，围护桩便开始受力变形，由于坑内卸荷的作用，在围护结构外侧受到主动土压力，而在坑底的围护结构内侧则受到全部或部分的被动土压力。由于"开挖在前、支撑在后"，所以围护结构在开挖过程中以及安装每道支撑以前已发生一定的先期变形。围护结构的位移带动主动区和被动区的土体发生位移：坑外侧主动区的土体向坑内水平位移，使得土体水平向应力减小，剪应力增大，出现塑性区；而在基坑开挖面以下的内侧被动区的土体则向坑外水平位移，加大了坑底土体的水平向应力，以致坑底围护结构外侧土体剪应力增大而发生水平向挤压，在坑底处形成局部塑性区。

围护结构的变形不仅使坑内外地层应力发生变化，而且还会使坑外土体产生地层损失而引起地面沉降。基坑周围地层变形范围及幅度因围护结构的变形不同而有很大差别。地表变形还与地下水条件、地面荷载、空间的几何关系等有关，但围护结构变形依然是引起地表变形的主要因素之一。建立起地表变形与围护结构变形之间的关系，对工程的环境保护和变形预测有重要意义。

土岩组合区域（软岩）基坑地表最大沉降（δ_{vm}）与围护结构最大侧移（δ_{hm}）之间的关系见图 3-48。可以看出，最大沉降介于 $0.5\delta_{hm}$ 至 $2.5\delta_{hm}$ 之间，平均值为 $1.231\delta_{hm}$。

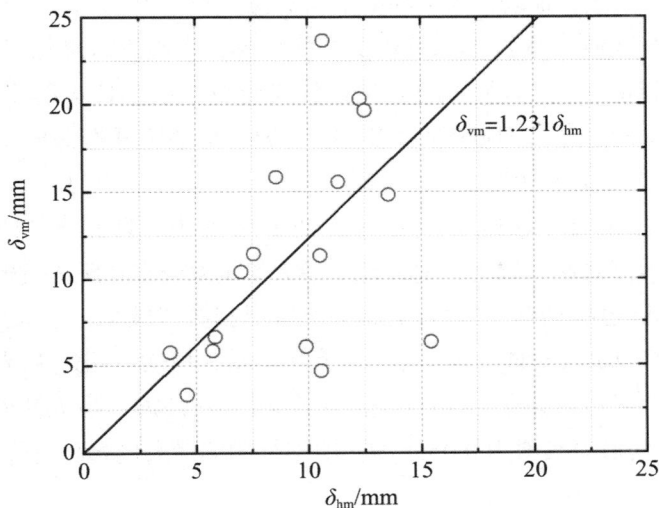

$$\delta_{vm}=1.231\delta_{hm}$$

图 3-48　围护结构侧移与地表沉降关系图

（5）立柱竖向位移。

土岩组合区域（软岩）地层结构主要以灰岩与第四系组合为主，是泉水的直接补给和径流区。岩溶水一般不承压，水位埋深低于灰岩顶板埋深。该区域内开挖引起的地下水损失会对泉水水头造成影响。根据统计分析，位于土岩组合区域（软岩）的基坑立柱竖向位移较小，且存在沉降。土岩组合区域（软岩）立柱隆起的上限值为 $0.063\%H$，平均值为 $0.024\%H$。土岩组合区域（软岩）基坑围护立柱竖向位移日变化速率为 $0\sim3$ mm/d。

（6）桩顶竖向位移。

对土岩组合区域（软岩）所有车站深基坑最大桩顶竖向位移进行统计，土岩组合区域（软岩）基坑最大桩顶竖向位移值是基坑开挖深度的 0.024%。相对深度最大变形值为 $0.030\%H$（王府庄站）。土岩组合区域（软岩）基坑围护桩顶竖向位移日变化速率为 $0\sim3$ mm/d。

3. 土岩组合区域（软岩）基坑变形情况总结

结合土岩组合区域（软岩）基坑实例，对土岩组合区域（软岩）基坑的变形监测数据进行统计分析，研究土岩组合区域（软岩）基坑的变形特征，系统地揭示了土岩组合区域（软岩）深基坑的变形规律，得到以下主要结论。

1）土岩组合区域（软岩）基坑开挖主要引起地表测点产生沉降，沉降测点占所有测点总数的91.94%，沉降值为0～4 mm的测点所占比率为63.44%，4～8 mm的测点所占比率为24.73%。其中，−4～−2 mm和−2～0 mm为比率最高的区段，分别占比18.28%和45.16%。开挖也会引起部分测点隆起，但地表隆起的测点并不多，占测点总数的8.06%左右，沉降值主要为0～4 mm。

2）土岩组合区域（软岩）基坑地表最大沉降随着开挖深度的增大而增加，最大沉降量均小于0.15%H，地表最大沉降的平均值为0.078%H。

3）土岩组合区域（软岩）基坑围护结构外侧最大地表沉降位置与开挖深度的比值（$d_{\delta vm}/H$）与开挖深度（H）之间存在指数式衰减关系，其函数关系表达式为$d_{\delta vm}/H=0.324+1.856\times e^{(-0.155H)}$。地表沉降范围（$d_v/H$）与基坑开挖深度（$H$）呈指数式衰减关系，表达式为$d_v/H=2.007+3.222\times e^{(-0.213H)}$。

4）土岩组合区域（软岩）坑外地表变形表现为"凹槽形"模式。距离坑壁0～0.35H内地表沉降逐渐增大，地表沉降最大值主要分布在距离坑壁0.3～0.45H范围内。在距离基坑边缘0.45～0.9H处地表沉降呈指数式减小，且减小速率逐渐衰减，而在距基坑边缘0.9H以上时，地表变形非常小，最大值均不超过3 mm。

5）土岩组合区域（软岩）最大测斜上限约为0.1%H，最大测斜值为15.5 mm，所有数据点的平均最大测斜为0.055%H。围护结构的最大侧移随着开挖深度的增大而增大。

6）土岩组合区域（软岩）基坑围护结构的最大侧移位置随着开挖深度的增大而增大，表达式为$H_{\delta hm}=0.69$。济南地铁车站深基坑围护结构的最大侧移发生在距离地表约0.7H的位置。随着车站深基坑开挖深度的加深，围护结构侧移不断增加，围护结构最大侧移位置也不断下降，直至开挖到最大深度，变形位置和变形情况逐渐趋于稳定。但在开挖过程中，基坑围护结构侧移变化具有明显的延时性。

7）土岩组合区域（软岩）基坑最大沉降介于0.5δ_{hm}至2.5δ_{hm}之间，平均值为1.231δ_{hm}。

8）土岩组合区域（软岩）的基坑其立柱竖向位移较大，且均为回弹。立柱隆起的上限值为0.063%H，平均值为0.024%H。土岩组合区域（软岩）基坑围护立柱竖向位移日变化速率为0～3 mm/d。土岩组合区域（软岩）基坑最大桩顶竖向位移值是基坑开挖深度的0.024%，相对深度最大变形值为0.030%H（王府庄站）。土岩组合区域（软岩）桩顶竖向位移日变化速率为0～3 mm/d。

3.7.4 土岩组合区域（复合岩层）基坑监测数据分析

山东省浅土岩组合区域（复合岩层）主要以灰岩等沉积岩、辉长岩等火成岩与第四系组合为主，主要分布于济南市，城市轨道交通深基坑开挖至岩层深度附近（图3-49）。

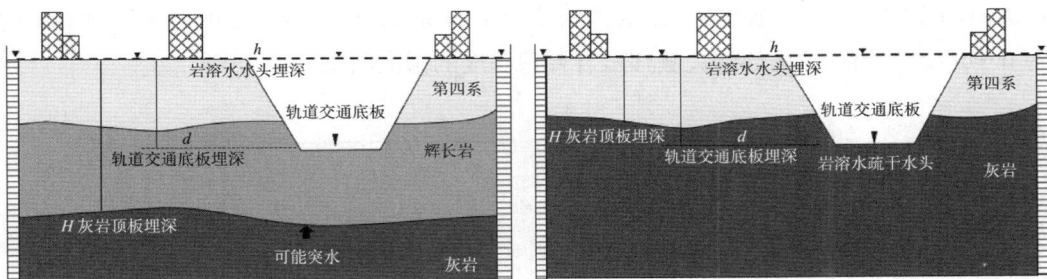

图 3-49　土岩组合区域（复合岩层）轨道交通明挖基坑剖面

1. 地表变形特性分析

（1）地表最大沉降与开挖深度的关系。

地表沉降和开挖深度之间存在一定关系，以基坑开挖深度 H 为横轴、围护结构外侧地表最大沉降值 δ_{vm} 为纵轴作图。图 3-50 为土岩组合区域（复合岩层）基坑围护结构外侧地表最大沉降与开挖深度的关系。可以看出，总体上地表最大沉降随着开挖深度的增大而增加，最大沉降量均小于 $0.10\%H$，地表最大沉降的平均值为 $0.052\%H$。

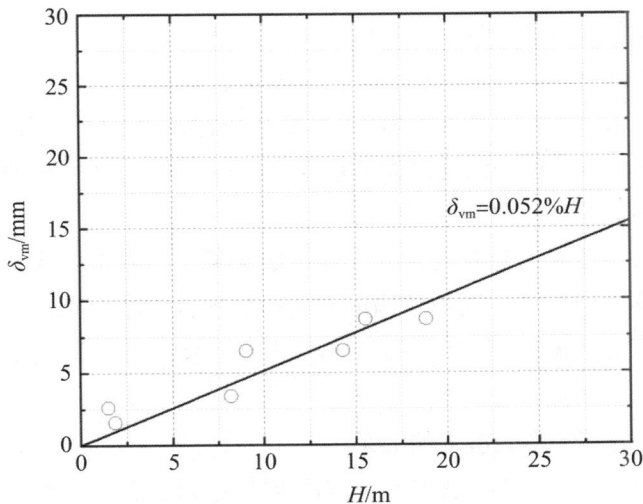

图 3-50　土岩组合区域（复合岩层）基坑围护结构外侧地表最大沉降与开挖深度的关系

（2）地表最大沉降位置和沉降影响范围。

土岩组合区域（复合岩层）坑外地表变形表现为"凹槽形"模式。在距离坑壁一段距离内，地表沉降逐渐增大，达到最大值之后逐渐减小，直至对地表不产生影响。

2. 围护结构变形特性分析

（1）围护结构最大侧移。

图 3-51 为车站深基坑围护结构的最大侧移与开挖深度之间的关系。可以看出，

最大测斜上限值约为 0.10%H，最大测斜值为 13.5 mm，所有数据点的最大测斜值平均为 0.078%H。围护结构的最大侧移随着开挖深度的增大而增大。

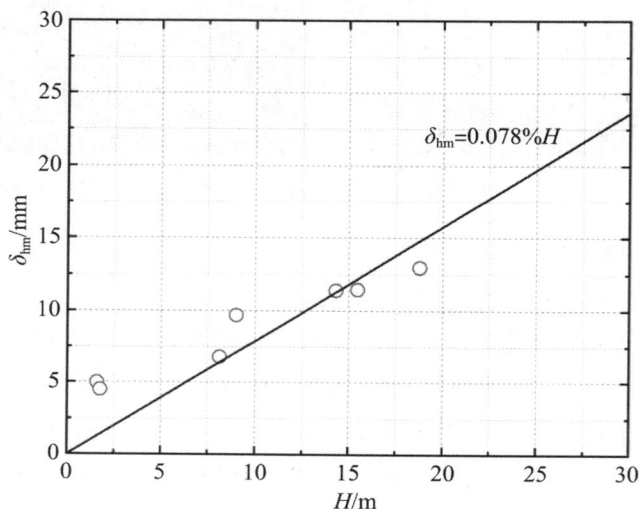

图 3-51　围护结构最大侧移与开挖深度的关系

（2）围护结构最大侧移位置。

土岩组合区域（复合岩层）车站虽然为下伏岩层，但大部分车站土层太厚，车站并没有下挖到岩层。基坑最大侧移位置随着开挖深度的增大而增大，关系式为 $H_{\delta hm}=0.69H$。车站深基坑围护结构最大侧移发生在距离地表约 0.7H 的位置。

（3）围护结构侧移与分层开挖深度的关系。

围护结构侧移与分层开挖深度之间存在一定关系。随着车站深基坑开挖深度的加深，围护结构侧移不断增加，围护结构最大侧移位置也不断下降，直至开挖到最大深度，变形位置和变形情况逐渐趋于稳定。但在开挖过程中，基坑围护结构侧移变化具有明显的延时性。

（4）围护结构侧移与地表沉降的关系。

围护结构的水平向位移会改变坑外土体的原始应力状态，从而引起地层移动。基坑开挖后，围护桩便开始受力变形，由于坑内卸荷的作用，在围护结构外侧受到主动土压力，而在坑底的围护结构内侧则受到全部或部分的被动土压力。由于"开挖在前、支撑在后"，所以围护结构在开挖过程中以及安装每道支撑以前已发生一定的先期变形。围护结构的位移带动主动区和被动区的土体发生位移：坑外侧主动区的土体向坑内水平位移，使得土体水平向应力减小，以致剪应力增大，出现塑性区；而在基坑开挖面以下的内侧被动区的土体则向坑内水平位移，加大了坑底土体的水平向应力，以致坑底土体剪应力增大而发生水平向挤压和向上隆起，在坑底处形成局部塑性区。

围护结构的变形不仅使坑内外地层应力发生变化，而且还会使坑外土体产生地层损失而引起地面沉降，基坑周围地层变形范围及幅度因围护结构的变形不同而有很大差别。地表变形还与地下水条件、地面荷载、空间的几何关系等有关，但围护结构变形依然是引起地表变形的主要因素之一。建立起地表变形与围护结构变形之间的关系，对工程的环境保护和变形预测有重要意义。

土岩组合区域（复合岩层）基坑地表最大沉降（δ_{vm}）与围护结构最大侧移（δ_{hm}）之间的关系见图 3-52。可以看出，地表最大沉降介于 $0.5\delta_{hm}$ 至 $1.0\delta_{hm}$ 之间，平均值为 $0.635\delta_{hm}$。

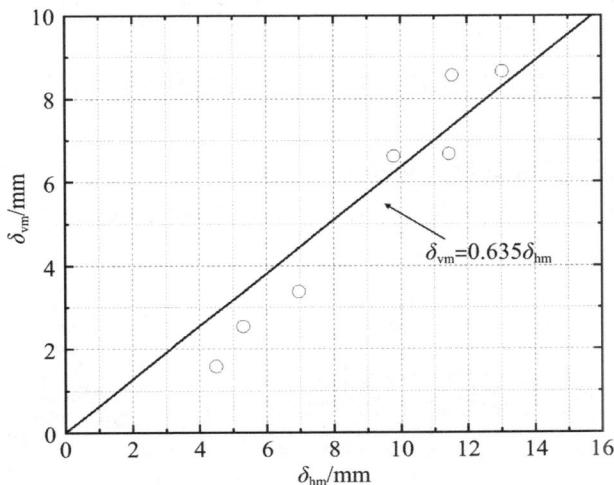

图 3-52　围护结构侧移与地表沉降关系图

（5）立柱竖向位移。

土岩组合区域（复合岩层）及周边区域地质结构变化巨大，构造异常复杂，几十米范围内同时分布着第四系、辉长岩和灰岩。岩溶水水位高出地面，水头压力大，富水性强。灰岩顶板埋深 5～50 m。岩溶水为承压水，水位埋深 0.84～8.72 m，水位标高 22.13～47.51 m。土岩组合区域（复合岩层）基坑立柱竖向位移数据较少，缺少实际工程经验。

（6）桩顶竖向位移。

土岩组合区域（复合岩层）基坑桩顶竖向位移数据较少，缺乏实际工程经验和数值模拟，不能进行统计归纳。

3. 土岩组合区域（复合岩层）基坑变形情况总结

结合土岩组合区域（复合岩层）基坑实例，对土岩组合区域（复合岩层）基坑进行数值模拟，研究土岩组合区域（复合岩层）基坑的变形特征，系统地揭示了土岩组合区域（复合岩层）深基坑的变形规律，得到以下主要结论。

1）地表变形均表现为沉降，且大部分变形为 0～8 mm。

2）土岩组合区域（复合岩层）基坑地表最大沉降随着开挖深度的增加而增加，

最大沉降量均小于 0.10%*H*，地表最大沉降的平均值为 0.052%*H*。

3）土岩组合区域（复合岩层）坑外地表变形表现为"凹槽形"模式。在距离坑壁一段距离内，地表沉降逐渐增大，达到最大值之后逐渐减小，直至对地表不产生影响。

4）土岩组合区域（复合岩层）最大测斜上限值约为 0.10%*H*，最大测斜值为 13.5 mm，所有数据点的最大测斜平均值为 0.078%*H*。围护结构的最大侧移随着开挖深度的增大而增大。

5）土岩组合区域（复合岩层）基坑围护结构最大侧移位置参考 3.7.4 得到的最大侧移位置与开挖深度的关系。

6）土岩组合区域（复合岩层）基坑地表最大沉降介于 $0.5\delta_{hm}$ 至 $1.0\delta_{hm}$ 之间，平均值为 $0.635\delta_{hm}$。

3.7.5 土质区域基坑监测数据分析

山东省浅土质区域主要以第四系为主，下层岩体埋深较大，城市轨道交通深基坑开挖至土层（图 3-53）。

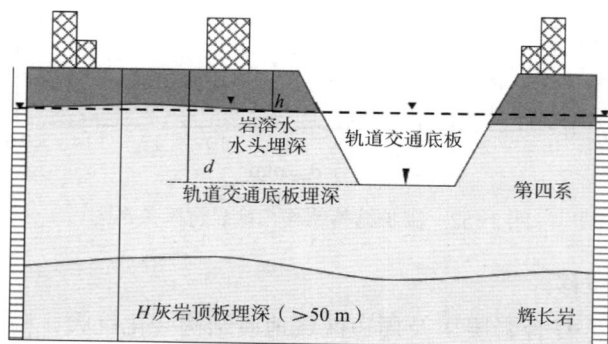

图 3-53 土质区域轨道交通明挖基坑剖面

1. 地表变形特性分析

（1）地表最终沉降。

选取济南市典型土质基坑地表沉降观测点共 71 组，288 个有效测点。有效测点的最终变形值分布概率见图 3-54（图中负值表示沉降，正值表示隆起）。从图 3-54 中可以看出，基坑开挖主要引起地表测点产生沉降，沉降测点占所有测点总数的 92.37%，沉降值为 0～4 mm 的测点所占比率为 59.02%，4～8 mm 的测点所占比率为 26.39%，最终变形量介于 -8～4 mm 的测点占总测点数的 92.35%。其中，-4～-2 mm 和 -2～0 mm 为比率最高的区段，分别占比 20.83% 和 38.19%。

开挖也会引起部分测点隆起，但地表隆起的测点并不多，占测点总数的 7.4% 左右，沉降值主要为 0～4 mm。通过统计分析地表测点变形全程可以看出，当开挖深度较浅时会有一部分的测点隆起，但随着开挖加深，这些隆起的测点很快表现为沉降，且沉降值随开挖深度的增加而增加。

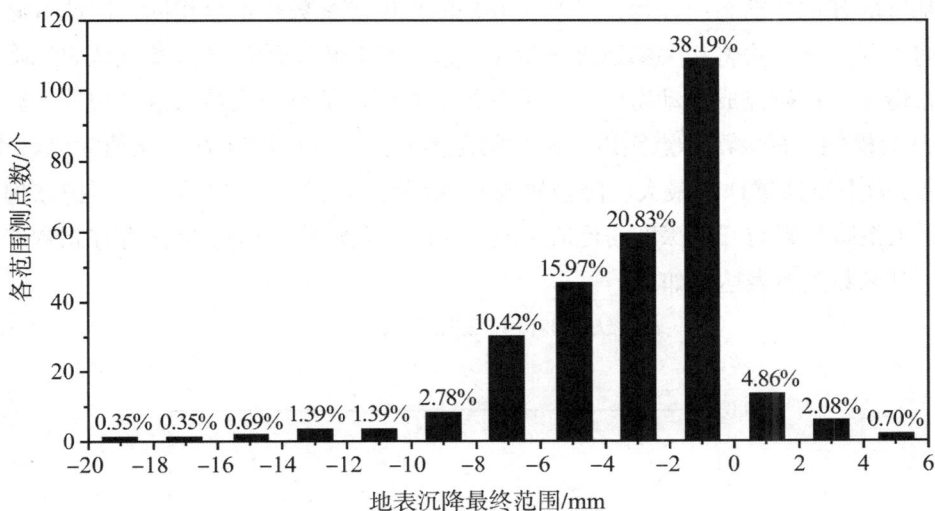

图 3-54　土质区域地铁深基坑地表最终变形值分布图

（2）地表最大沉降与开挖深度的关系。

地表沉降和开挖深度之间存在一定关系，以基坑开挖深度 H 为横轴、围护结构外侧地表最大沉降值 δ_{vm} 为纵轴作图。从图 3-55 中看出，总体上地表最大沉降随着开挖深度的增加而增加，最大沉降量均小于 0.15%H，地表最大沉降的平均值为 0.093%H。

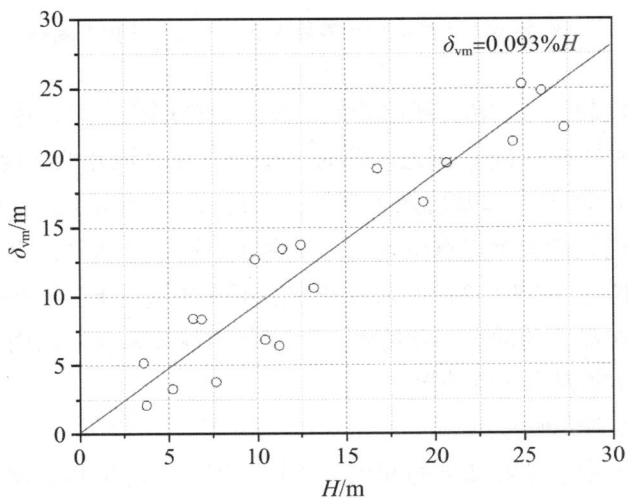

图 3-55　土质区域基坑围护结构外侧地表最大沉降与开挖深度的关系

（3）地表最大沉降位置。

基坑的开挖是动态的过程，且基坑开挖的深度等参数也不尽相同，因此有必要考虑中间工况，并设法将相关参数无量纲化，进一步分析土质区域深基坑地表沉降的空间分布情况，将研究成果动态化。为了分析土质区域基坑地表最大沉降位置，以开挖深度 H 为横轴、最大沉降点距围护结构的距离 $d_{\delta vm}$ 与开挖深度 H 的比值为纵轴作图。图 3-56 为土质区域地表最大沉降位置与开挖深度的关系。可以看出，围护结构外侧地表最大沉降位置与开挖深度的比值（$d_{\delta vm}/H$）与开挖深度（H）之间存在指数式衰减关系，其函数关系表达式如下：

$$d_{\delta vm}/H = 0.474 + 2.225 \times e^{(-0.167H)} \qquad (3-34)$$

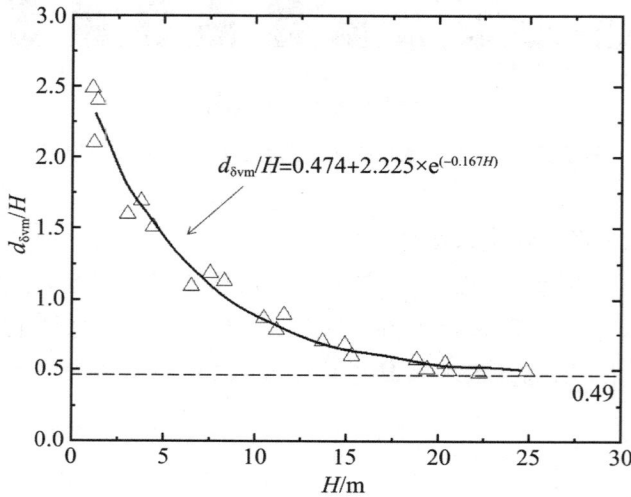

图 3-56　土质区域地表最大沉降位置与开挖深度的关系

当开挖深度较浅时，$d_{\delta vm}/H$ 比较大，在开挖浅层覆土时，地表最大沉降位置通常发生在距离基坑 1.5 ~ 2.5H 附近。此时要密切注意基坑开挖深度 3H 以内的地表沉降数据。随着 H 的增大（即基坑向下开挖），$d_{\delta vm}/H$ 逐渐减小，且速率越来越缓慢，基坑开挖完成时地表最大沉降点位置 $d_{\delta vm}/H$ 逐渐趋近一个水平边界。土质区域地表最大沉降位置大致位于 0.5H。这说明随着开挖的不断加深，土质区域深基坑地表最大沉降位置的分布存在显著的动态变化特性，其变化函数关系式可以用来预测济南市土质区域深基坑开挖地表最大沉降位置。

（4）地表沉降影响范围。

在实际施工中，随着基坑的开挖（不同工况），地层卸荷效应所引起的地表沉降影响区域是重要的环境影响指标之一。为了探求土质区域深基坑开挖深度与地表沉降影响区域之间的关系，以开挖深度 H 为横轴、影响范围的宽度 d_v 与开挖深度 H 的比值为纵轴，绘制地表沉降影响范围与开挖深度的关系图。从图 3-57 中可知，地表沉降范围（d_v/H）与基坑开挖深度（H）呈指数式衰减关系，其表达式为

$$d_v/H = 2.544 + 5.713 \times e^{(-0.121H)} \tag{3-35}$$

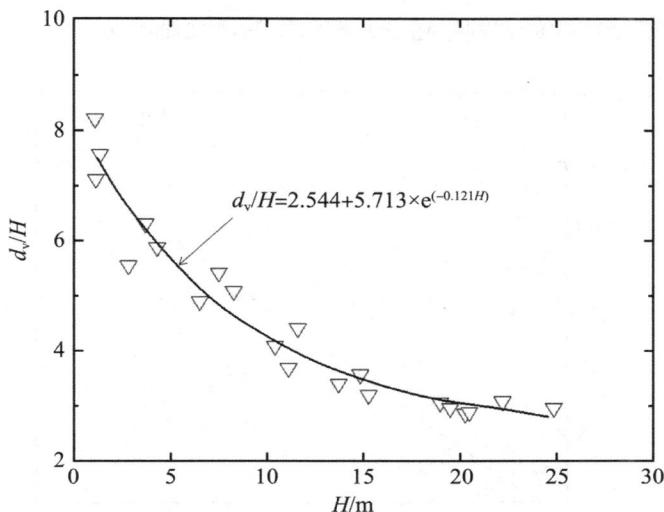

图 3-57　土质区域地表沉降影响范围与开挖深度的关系

在基坑开挖支护完成时，土质区域围护结构沉降影响范围约为 $3H$，其函数关系式可以用来估算土质区域深基坑开挖沉降影响范围。

结合土质区域地表最大沉降位置和地表沉降范围可以得到：土质区域坑外地表变形表现为"凹槽形"模式（图 3-58）。距离坑壁 $0 \sim 0.5H$ 内地表沉降逐渐增大，地表沉降最大值主要分布在距离坑壁 $0.4 \sim 0.6H$ 范围内。根据土质区域多个车站地表沉降监测数据，在距离基坑边缘 $0.6 \sim 1.2H$ 处地表沉降呈指数式减小，且减小速率逐渐衰减，而在距基坑边缘 $1.2H$ 以上时，地表变形非常小，最大值均不超过 3 mm。结合多地深基坑"凹槽形"地表变形特点和实际监测数据，将 $0.6 \sim 1.2H$ 定为基坑外地表沉降影响衰减区域。

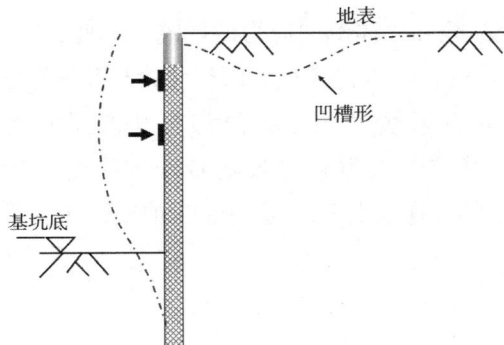

图 3-58　深基坑"凹槽形"地表变形模式

2. 围护结构变形特性分析

（1）围护结构最大侧移。

图 3-59 为车站深基坑围护结构的最大侧移与开挖深度之间的关系。可以看出，最大测斜上限值约为 0.15%H，最大测斜值为 25.5 mm，所有数据点的最大测斜平均值为 0.089%H。围护结构的最大侧移随着开挖深度的增大而增大。

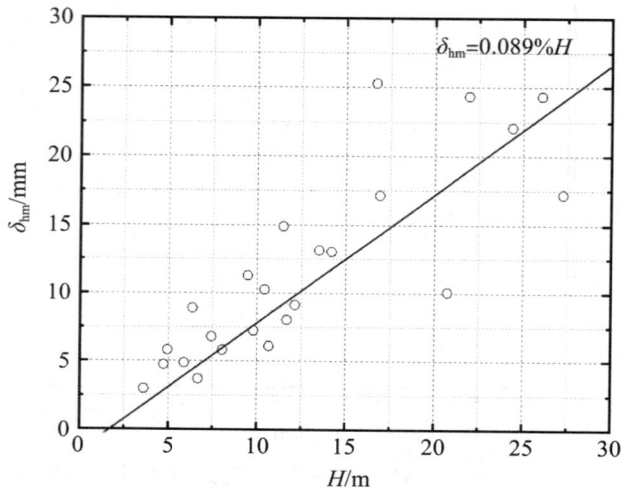

图 3-59　围护结构最大侧移与开挖深度之间的关系

（2）围护结构最大侧移位置。

围护墙体变形一般从水平方向改变基坑外围土体的原始应力状态，进而引起地层移动。墙体变形是引起周围地层移动的重要原因。其不仅使墙外侧发生地层损失而引起地表沉降，而且使墙外侧塑性区扩大，因而增加了墙外土体向坑内的移动和相应的坑内隆起。当基坑开挖较浅且未设支撑时，不论对刚性墙体还是柔性墙体，均表现为墙顶位移最大，向基坑内部方向水平位移，呈倒三角形分布。随着基坑开挖深度的增加，刚性墙体继续表现为向基坑内的倒三角形水平位移或平行刚体位移。一般柔性墙体如设支撑，则表现为墙顶位移不变或逐渐向基坑外移动，墙体腹部向基坑内突出。最大侧移主要受到开挖卸载和土体侧向应力的影响。因此，统计已建车站深基坑，并结合其他深基坑的工程经验，可以得到最大侧移位置与开挖深度的关系。

图 3-60 为土质区域深基坑最大侧移位移与开挖深度之间的关系（未考虑中间工况）。可以看出，基坑最大侧移位置随着开挖深度的增大而增大，关系式为 $H_{\delta hm}=0.69H$。济南市土质区域地铁车站深基坑围护结构最大侧移发生在距离地表约 0.7H 的位置。

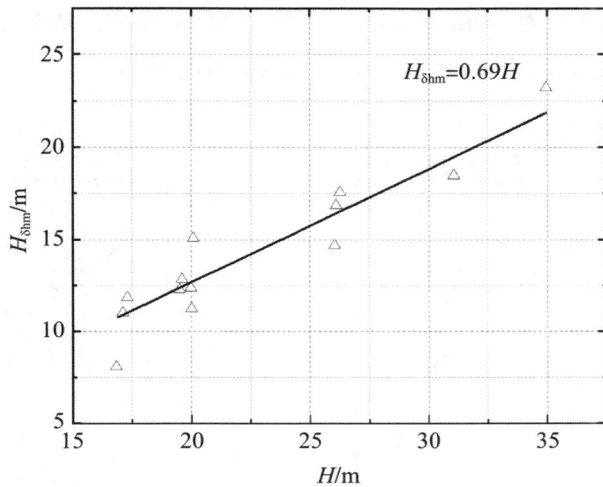

图 3-60 围护结构最大侧移位置与开挖深度之间的关系

图 3-61 为坑深约为 17 m、20 m 的车站基坑围护结构侧移图。坑深约为 17 m 的车站基坑围护结构最大侧移位置发生在 11 ～ 12 m 区间，大致为 0.7H 的位置。坑深约为 20 m 的车站基坑围护结构最大侧移位置发生在 14 ～ 15 m 区间，大致为 0.7H 的位置。

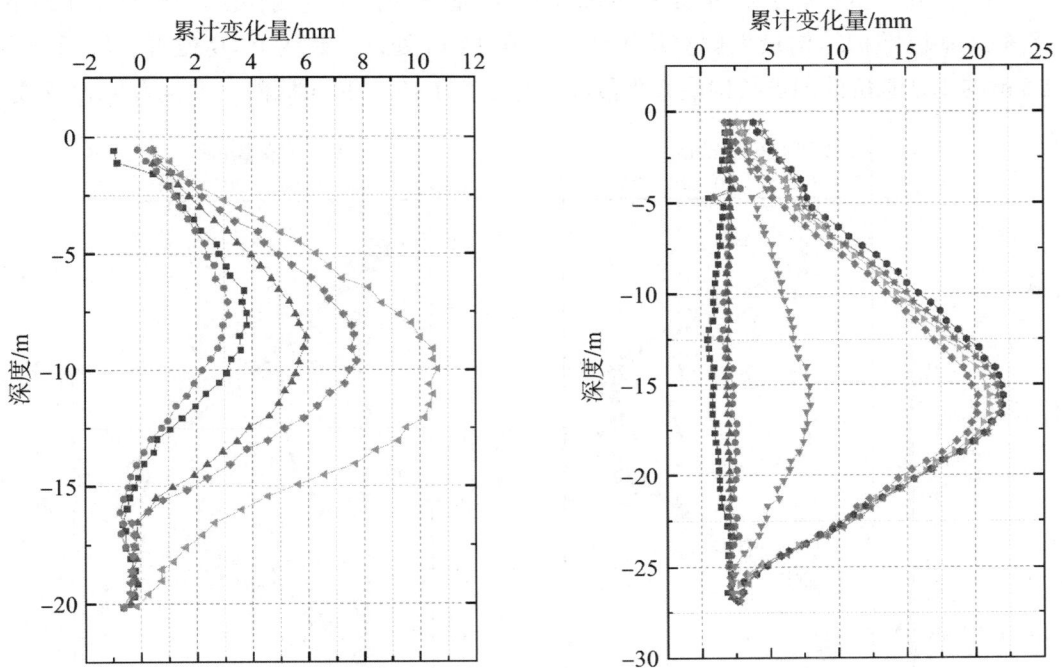

图 3-61 坑深约为 17 m、20 m 的车站基坑围护结构侧移图

图 3-62 为坑深约为 18 m 的车站基坑围护结构侧移图。两车站的基坑围护结构最大侧移位置均发生在 12 ～ 13 m 区间，大致为 0.7H 位置。

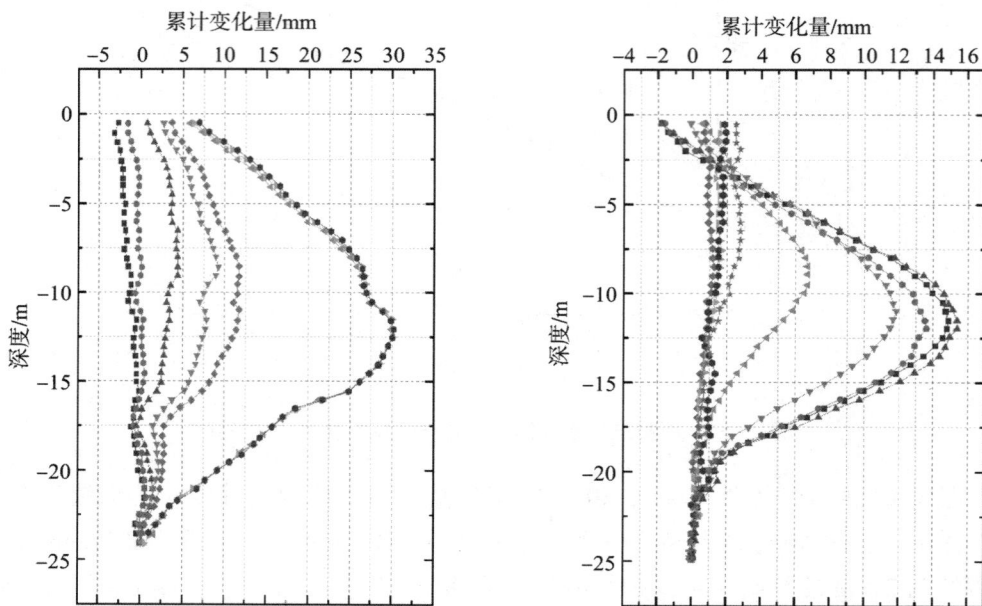

图 3-62　坑深约为 18 m 的车站基坑围护结构侧移图

图 3-63 为坑深约为 24 m 和 26 m 的车站基坑围护结构侧移图。坑深约为 24 m 的车站基坑围护结构最大侧移位置约发生在 17 m 处，大致为 0.7H 位置。坑深约为 26 m 的车站基坑的围护结构最大侧移位置约发生在 19 ～ 20 m 区间，大致为 0.7H 位置。

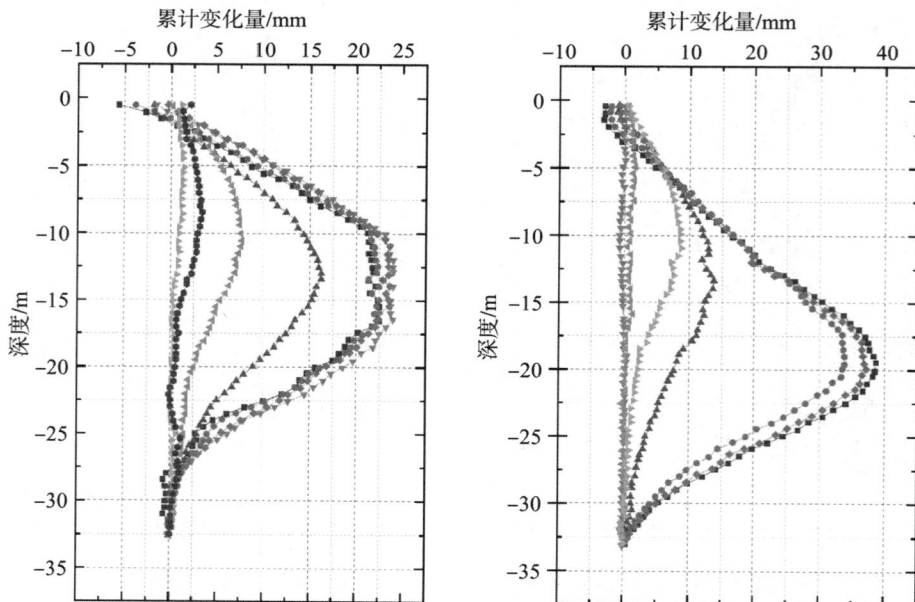

图 3-63　坑深约为 24 m、26 m 的车站基坑围护结构侧移图

通过对多个不同深度、不同分区的地铁车站的深基坑围护结构最大侧移位置进行分析，最终印证了山东省土质区域深基坑围护结构最大侧移发生在距离地表约 $0.7H$ 的位置。

（3）围护结构侧移与分层开挖深度的关系。

围护结构侧移与分层深度之间存在一定关系。山东省土质区域地铁车站深基坑围护结构侧移与分层开挖深度呈现出相关性。通过某车站在不同开挖深度和工况下的围护结构侧移图（图 3-64），解析深基坑围护结构侧移与分层开挖深度的关系。车站基坑开挖施工工况见表 3-8。

表 3-8　车站基坑开挖施工工况

工况	时间	内容
工况一	2018/11/2	首道混凝土支撑施工完毕，开挖表层土
工况二	2018/11/3	开挖至 5.4 m
工况三	2018/11/4	开挖至 7.0 m
工况四	2018/12/8	开挖至 9.0 m
工况五	2018/12/10	开挖至 10.0 m
工况六	2018/12/13	开挖至 11.0 m
工况七	2018/12/18	开挖至 14.5 m
工况八	2018/12/19	第二层钢支撑架设完成
工况九	2019/1/3	开挖至 18.0 m
工况十	2019/1/4	开挖至 19.0 m
工况十一	2019/1/5	开挖至 20.0 m
工况十二	2019/1/10	开挖至 23.0 m
工况十三	2019/1/11	开挖至 24.0 m
工况十四	2019/1/14	开挖至 25.0 m
工况十五	2019/1/15	开挖至 26.0 m
工况十六	2019/1/18	垫层已完成
工况十七	2019/1/21	底板钢筋绑扎
工况十八	2019/1/31	底板已浇筑

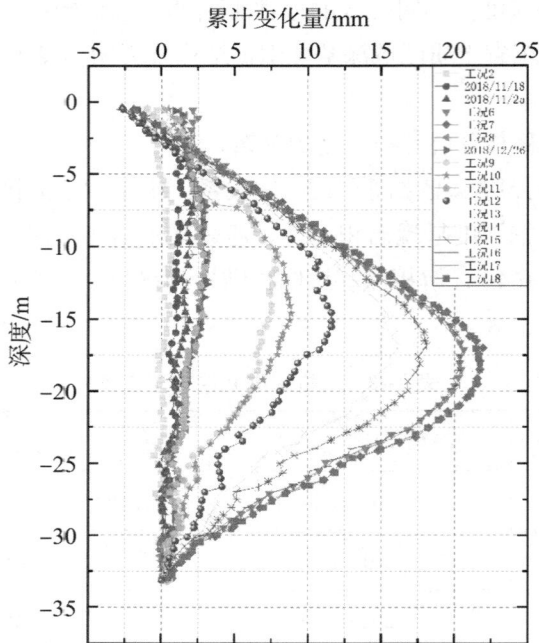

图 3-64　某车站在不同开挖深度和工况下的围护结构侧移图

由图 3-64 可以得到，随着车站深基坑开挖深度的加深，围护结构侧移不断增加，围护结构最大侧移位置不断下降，直至开挖到最大深度，变形位置和变形情况逐渐趋于稳定。但在开挖过程中，基坑围护结构侧移变化具有明显的延时性，这就需要从基坑开挖到底板浇筑完成后约一个月内继续加强对基坑围护结构的监测。

（4）围护结构侧移与地表沉降的关系。

围护结构的水平位移会改变坑外土体的原始应力状态，从而引起地层移动。基坑开挖后，围护桩便受力变形，由于坑内卸荷的作用，在围护结构外侧受到主动土压力，而在坑底的围护结构内侧则受到全部或部分的被动土压力。由于"开挖在前、支撑在后"，围护结构在开挖过程中以及安装每道支撑之前已发生一定的先期变形。围护结构的位移带动主动区和被动区的土体发生位移：坑外侧主动区的土体向坑内水平位移，使得土体水平向应力减小，剪应力增大，出现塑性区；而在基坑开挖面以下的内侧被动区的土体则向坑内水平位移，加大了坑底土体的水平向应力，以致坑底土体剪应力增大而发生水平向挤压和向上隆起，在坑底处形成局部塑性区。

围护结构的变形不仅使坑内外地层应力发生变化，而且还会使坑外土体产生地层损失而引起地面沉降，基坑周围地层变形范围及幅度因围护结构的变形不同而有很大差别。地表变形还与地下水条件、地面荷载、空间的几何关系等有关，但围护结构变形是依然是引起地表变形的主要因素之一。建立起地表变形与围护结构变形之间的关系，对工程的环境保护和变形预测有重要意义。

土质区域基坑地表最大沉降（δ_{vm}）与围护结构最大侧移（δ_{hm}）之间的关系见图3-65。可以看出，地表最大沉降介于$0.5\delta_{hm}$至$1.5\delta_{hm}$之间，平均值为$1.006\delta_{hm}$。

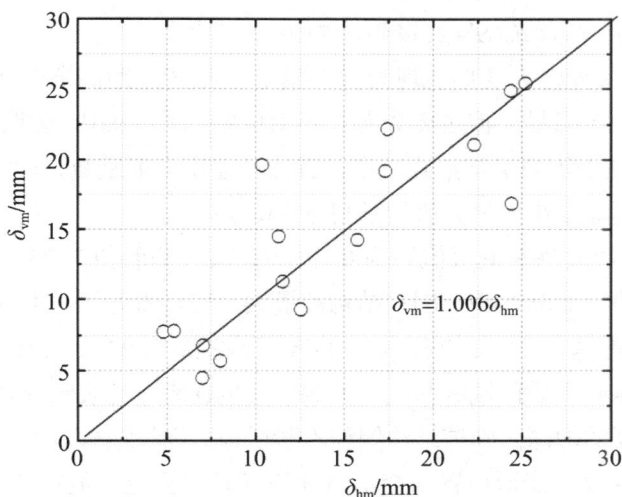

图 3-65　围护结构侧移与地表沉降关系图

（5）立柱竖向位移。

土质区域地层上覆杂填土、淤泥质土、粉质黏土，局部为软黏土或淤泥，土质松软、厚度大，地下水位高，地层条件差。根据统计分析，位于土质区域的基坑立柱竖向位移较大，且均为回弹。立柱隆起的上限值为$0.121\%H$，平均值为$0.052\%H$。土质区域基坑围护立柱竖向位移日变化速率为$0\sim3$ mm/d。

（6）桩顶竖向位移。

对土质区域所有车站深基坑最大桩顶竖向位移进行统计，土质区域基坑最大桩顶竖向位移值是基坑开挖深度的0.047%，相对深度最大变形值为$0.132\%H$（滩头站）。土质区域基坑围护桩顶竖向位移日变化速率为$0\sim3$ mm/d。

3. 土质区域基坑变形情况总结

结合土质区域基坑实例，对土质区域基坑的变形监测数据进行统计分析，研究土质区域基坑的变形特征，系统地揭示了土质区域深基坑的变形规律，得到以下主要结论。

1）土质区域基坑开挖主要引起地表测点产生沉降，沉降测点占所有测点总数的92.37%，沉降值为$0\sim4$ mm的测点所占比率为59.02%，$4\sim8$ mm的测点所占比率为26.39%，最终变形量介于$-8\sim4$mm的测点占总测点数的92.35%。其中，$-4\sim-2$ mm和$-2\sim0$ mm为比率最高的区段，分别占比20.83%和38.19%。

2）土质区域基坑地表最大沉降随着开挖深度的增加而增加，最大沉降量均小于$0.15\%H$，地表最大沉降的平均值为$0.093\%H$。

3）土质区域基坑围护结构外侧地表最大沉降位置与开挖深度的比值（$d_{\delta vm}/H$）与开挖深度（H）之间存在指数式衰减关系，其函数关系表达式为 $d_{\delta vm}/H = 0.474 + 2.225 \times e^{(-0.167H)}$。地表沉降范围（$d_v/H$）与基坑开挖深度（$H$）呈指数式衰减关系，表达式为 $d_v/H = 2.544 + 5.713 \times e^{(-0.121H)}$。

4）土质区域坑外地表变形表现为"凹槽形"模式。距离坑壁 $0 \sim 0.5H$ 内地表沉降逐渐增大，地表沉降最大值主要分布在距离坑壁 $0.4 \sim 0.6H$ 范围内。在距离基坑边缘 $0.6 \sim 1.2H$ 处地表沉降呈指数式减小，且减小速率逐渐衰减，而在距基坑边缘 $1.2H$ 以上时，地表变形非常小，最大值均不超过 3 mm。

5）土质区域最大测斜上限值约为 $0.15\%H$，最大测斜值为 25.5 mm，所有数据点的最大测斜平均值为 $0.089\%H$。围护结构的最大侧移随着开挖深度的增大而增大。

6）土质区域基坑最大侧移位置随着开挖深度的增大而增大，关系式为 $H_{\delta hm} = 0.69H$。山东省土质区域深基坑最大侧移发生在距离地表约 $0.7H$ 的位置。随着车站深基坑开挖深度的加深，围护结构侧移不断增加，围护结构最大侧移位置不断下降，直至开挖到最大深度，变形位置和变形情况逐渐趋于稳定。但在开挖过程中，基坑围护结构侧移变化具有明显的延时性。

7）土质区域基坑地表最大沉降介于 $0.5\delta_{hm}$ 至 $1.5\delta_{hm}$ 之间，平均值为 $1.006\delta_{hm}$。

8）土质区域的基坑其立柱竖向位移较大，且均为回弹。立柱隆起的上限值为 $0.121\%H$，平均值为 $0.052\%H$。土质区域基坑围护立柱竖向位移日变化速率为 $0 \sim 3$ mm/d。土质区域基坑最大桩顶竖向位移值是基坑开挖深度的 0.047%。土质区域桩顶竖向位移日变化速率均为 $0 \sim 3$ mm/d。

第 4 章

盾构法监测

盾构法指的是利用盾构进行隧道开挖、衬砌等作业的施工方法。

盾构是一种带有护罩的专用设备，利用尾部已装好的衬砌块作为支点向前推进，用刀盘切割土体，同时排土以及拼装预制混凝土衬砌块。盾构既是一种施工机具，也是一种强有力的临时支撑结构。它包括三部分：前部的切口环、中部的支撑环以及后部的盾尾。大多数盾构的形状为圆形，也有椭圆形、半圆形、马蹄形及箱形等。盾构法施工具有施工速度快、洞体质量比较稳定、对周围建筑物影响较小等特点。

盾构法监测是指在地铁隧道施工或其他施工采用盾构法时，需对盾构法的工程本体、周围岩土体以及周边环境进行监测，以便掌握盾构法施工过程中工程自身及周边环境的安全状态，有利于施工工作正常开展。

4.1　盾构法监测目的及基本要求

盾构法隧道工程的施工过程中，对地层的注浆加固以及盾构刀盘切割土体均对周围岩土体产生影响。地层土体损失及固结沉降必然导致隧道周围岩土体应力的重新分布及岩土体的变形，从而在施工影响范围内对地表及周边建（构）筑物产生一定程度的变形影响。因此，盾构法隧道工程的监测目的是通过监测手段研判变形影响区域和发展趋势，分析隧道工程及周边环境的安全状态，实现信息化施工；同时，对周边环境或建（构）筑物在施工影响期间的变形提供公证数据，为各方界定责任提供参考。

4.2　盾构法监测项目

4.2.1 盾构法仪器监测项目

盾构法隧道工程的监测对象应包括管片结构、周围岩土体及周边环境。盾构法施工仪器监测项目见表 4-1。

表 4-1　盾构法施工仪器监测项目

序号	监测项目	工程监测等级		
		一级	二级	三级
1	管片结构竖向位移	√	√	√
2	管片结构水平位移	√	○	○
3	管片结构净空收敛	√	√	√
4	管片结构应力	○	○	○
5	管片连接螺栓应力	○	○	○
6	地表沉降	√	√	√
7	土体深层水平位移	○	○	○
8	土体分层竖向位移	○	○	○
9	管片围岩压力	○	○	○
10	孔隙水压力	○	○	○

注：√表示应测项目，○表示选测项目。

盾构法隧道工程的仪器监测项目需综合考虑隧道沿线工程地质条件、地上和地下环境的特殊性等方面。

地表沉降监测可以直接反映盾构法施工对周围土体及周边环境的影响程度、同步注浆和二次注浆效果以及盾构机自身的施工状态，对掌握工程安全尤为重要。管片结构竖向位移、管片结构净空收敛对判断隧道工程质量安全非常重要，能够及时了解和掌握隧道结构纵向坡度变化、差异沉降、管片错台、断面变化及结构受力情况，对盾构法施工具有重要指导意义。因此，地表沉降、管片结构竖向位移和管片结构净空收敛在各个等级均为应测项目。

隧道结构水平位移监测具有一定的难度，但管片注浆不及时或不饱满、地质条件复杂或存在地层偏压时，往往会发生管片结构水平位移。因此，对工程监测等级为一级的盾构法隧道工程规定为应测项目。对于其他监测等级的盾构法隧道工程，若出现上述情况也应进行隧道结构水平位移监测。

盾构法隧道工程中土体深层水平位移和分层竖向位移监测的目的主要是了解盾构施工对周围岩土体的影响程度及影响范围（包括深度范围），进而掌握由于岩土体的位移变形对周围建（构）筑物带来的影响。因此，监测孔的布设位置和深度应综合考虑工程地质条件和周边环境条件等。

孔隙水压力监测一般为盾构法施工过程中在一些特殊地段增加的监测项目。此监测项目要和管片结构的变形监测及内力监测布设在同一监测断面内，目的是便于分析管片结构及周边环境的变形规律和安全状态，进一步指导工程施工。盾构法隧道工程的周边地表沉降、孔隙水压力及隧道监测断面及监测点布设间距参考《城市轨道交通工程监测技术规范》GB 50911-2013 中的相关原则确定。

4.2.2 现场巡视

现场巡视是仪器量测的重要补充手段，现场巡视包括人工巡查和拍照、摄像等。巡视范围包括盾构法隧道工程主要影响区和次要影响区。现场巡视的主要目的是摸清被监测对象、施工工况是否异常，合理有效地确定监测重点，跟踪监测危险点。巡视过程中发现异常除填表外还应进行拍照、摄像等，及时整理巡查信息。

照片和影像资料采集的目的是确定监测对象现状，界定影响监测对象的行为主体。监测对象对变形比较敏感时，宜定期采集监测对象当前状态的照片或影像资料。

盾构法施工现场巡视的主要内容为盾构法施工情况巡视、支护结构巡视、周边环境安全巡视及监测设施巡视，具体包括以下内容。

1）盾构始发端、接收端土体加固情况。

2）盾构掘进位置（环号）。

3）盾构停机、开仓等的时间和位置。

4）管片破损、开裂、错台、渗漏水情况。

5）联络通道开洞口情况。

6）监测设施巡视与周边环境的巡视参考明（盖）挖法施工现场巡视内容。

4.3 盾构法监测点布设

对盾构隧道开展监测时，地面监测点和隧道内监测点宜布设在同一断面。特殊地段的监测断面和监测点的布设应满足专项设计要求；盾构施工过程中，处于同一断面内的监测数据应同步采集。

在盾构始发、接收、穿越建（构）筑物地段，联络通道，存在不良地质条件的部位等是施工的风险区段，除适当加密纵向监测点的布设外，还应布设横向监测断面。因此，盾构周边地表沉降监测点的布设应根据影响因素和变形特点来综合考虑，一方面应沿盾构轴线方向布置沉降监测点，另一方面在隧道中心轴线两侧的沉降槽范围内设置横向监测点，以测得完整的沉降槽。

4.3.1 盾构法工程支护结构监测点布设

1. 盾构法工程管片结构竖向、水平位移监测点布设

（1）监测点布设原则。

1）在盾构始发与接收段、联络通道附近、左右线交叠或邻近段、小半径曲线段等区段应布设监测断面。

2）存在地层偏压、围岩软硬不均、地下水位较高等地质条件复杂区段应布设监测

断面。

3）下穿或邻近重要建（构）筑物、已有轨道交通、地下管线、河流湖泊等周边环境条件复杂区段应布设监测断面。

4）每个监测断面宜在拱顶、拱底、两侧拱腰处布设管片结构净空收敛监测点，拱顶、拱底的净空收敛监测点可兼作竖向位移监测点，两侧拱腰处的净空收敛监测点可兼作水平位移监测点。

（2）监测点埋设与保护。

安装测点时，在被测结构面用凿岩机或人工开挖孔径为 40 ~ 80 mm、深 20 cm 的孔，在孔中填塞水泥砂浆后插入收敛预埋件，尽量使两预埋件轴线沿基线方向并使销孔轴线处于垂直位置，上好保护帽，待砂浆凝固后即可进行监测。

监测点布设在隧道内壁，采用特制的挂钩标志，使用冲击钻在隧道内壁钻孔，用锚固剂将挂钩埋入。埋设完成后用喷漆做相应的标记，进行简易保护，悬挂标识牌。

2. 盾构法工程管片结构应力、管片围岩压力监测点布设

根据盾构管片结构应力、围岩压力及管片连接螺栓应力的监测结果，可以分析管片的受力特征及分布规律、管片结构的安全状态。当盾构隧道处在存在地层偏压、围岩软硬不均、地下水位较高等地质或环境条件复杂的地段时，由于受力不均，隧道结构有可能发生变形甚至损坏。因此，在这些区段应布设盾构管片结构应力、管片围岩压力、管片连接螺栓应力监测断面及监测点。监测点布设应充分考虑施工期和运营期监测衔接工作，当隧道铺轨施工时要及时布设监测点并测取初始值。

（1）监测点布设原则。

1）盾构管片结构应力、管片围岩压力监测应布设垂直于隧道轴线的监测断面，监测断面宜布设在存在地层偏压、围岩软硬不均、地下水位较高等地质或环境条件复杂地段，并应与管片结构竖向位移和净空收敛监测断面处于同一位置。

2）每个监测项目在每个监测断面的监测点数量不宜少于 5 个。

（2）监测点埋设与保护。

盾构法工程管片结构应力、管片围岩压力等监测传感器采用表面应变计，传感器安装方法参考支撑内力传感器安装。

3. 净空收敛监测点布设

（1）监测点布设原则。

1）盾构隧道收敛断面宜按 5 环左右的间隔布设。区间隧道的第一环、最后一环、旁通道两侧应布设监测收敛断面。净空收敛监测点宜与垂直位移监测点同环布设。

2）隧道联络通道施工期间，隧道收敛监测点应布设在联络通道两侧第一个混凝土管片上，然后在联络通道中心线两侧 10 环范围内每 2 环布设一个断面，10 环范围外每 4 环布设一个断面，监测点宜按环号进行编号。

3）每个收敛断面宜沿水平直径设置固定测线，不同拼装方式的盾构隧道监测点设置位置不同，在直径的两个端点处粘贴反射片或画"十"字形标志。具体布置位置详述如下。

① 单圆通缝隧道测点布设。

A–A' 布设：在隧道直径上方伸缩缝中间位置画"十"字标记确定 A 和 A' 位置。

B–B' 布设：按圆形隧道拼装理论计算，内径 5.5 m 的单圆通缝隧道，分别从 A 和 A' 点向下量取 0.813 m 的弦长（内径 5.9 m 的隧道则向下量取 0.872 m）即可得到圆形隧道水平向直径的端点（B 和 B' 点），详见图 4-1。

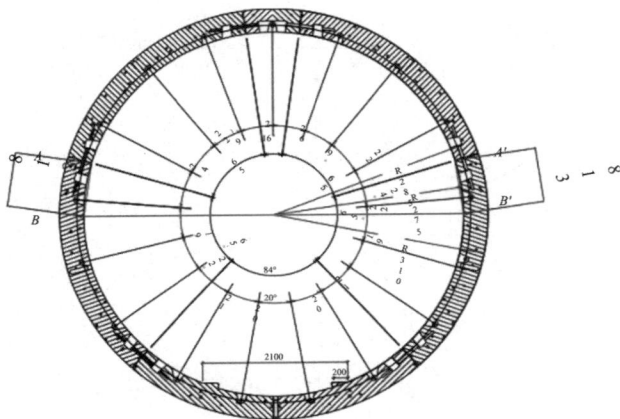

图 4-1　通缝拼装管片直径端点点位示意图

② 单圆错缝隧道测点布设。

内径为 5.5 m 的单圆错缝拼装管片隧道，由 A 处接缝中间位置向下量取 1 597 mm 至 B 点，从离水平方向最近的接缝中间位置 C 向上量取 539 mm 至 B' 点，即可得到水平直径 BB' 的理想位置，详见图 4-2。

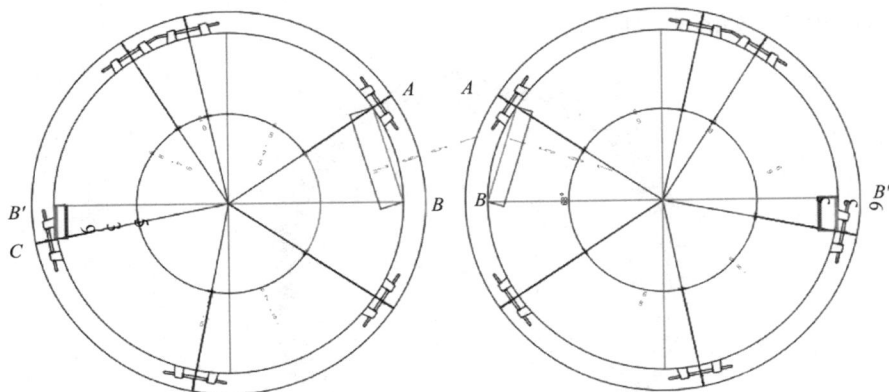

图 4-2　错缝拼装管片直径端点点位示意图

③ 双圆隧道测点布设。

内径为 5.85 m 的双圆隧道，从中隔墙下端 B 点往上量取 1 750 mm 的距离至 A 点，另一端为水平直径位置附近的接缝中间位置 C 往上或往下量取 306 mm 至 A' 点，AA' 即为水平直径。AA' 的设计理论值为 4.975 m，详见图 4-3。双圆隧道上、下行线应布设在同一环，如遇遮挡等特殊情况不能布点时可同步前后移动一环。

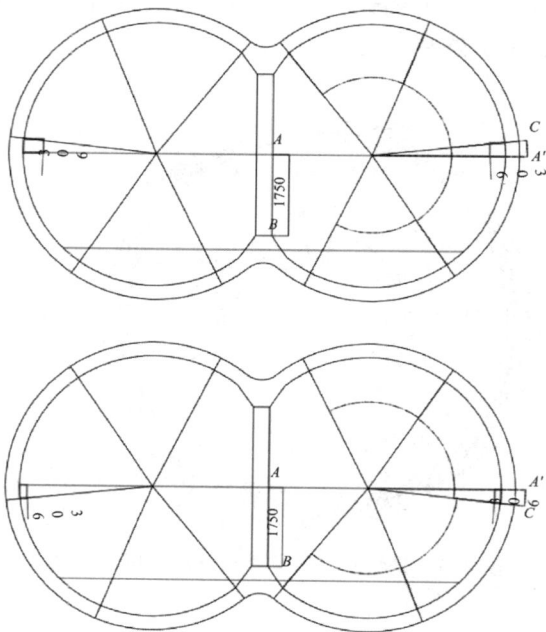

图 4-3　双圆拼装管片特征点点位示意图

④ 直径端点被遮挡。

遇直径 BB' 处被隧道内铺设的管线或其他设备遮挡的情况下，可根据实际情况将 B 点向上或者向下移动 30 ~ 50 cm，对侧 B' 点则向相反方向移动，相应往下或者往上移动同等的距离，如图 4-4 所示。

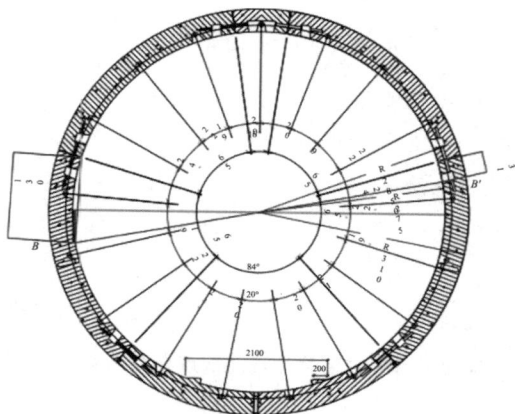

图 4-4　调整后的直径位置示意图

⑤ 大圆拼装管片隧道测点布设。

内径为 10.4 m 的圆隧道，两端从水平直径位置最近的接缝中心分别往上或往下量取 1.526 m 至水平位置（图 4-5）。

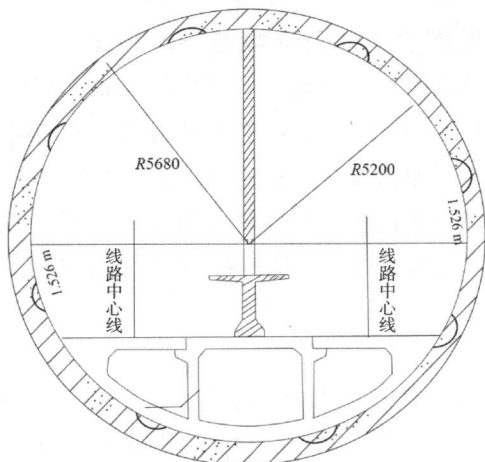

图 4-5　大圆拼装管片隧道特征点点位示意图

4）全断面收敛测量应在圆隧道几何中心在道床的投影处设置一个工作基站点，即对中点。对中点设置时可将道床清扫干净，用强力胶贴上，以便对中点十字标记或者钢针刻画后用油漆标识，每次测量时将激光对中点与十字交叉点重合即可。

在对中点架设全站仪，打开仪器确定监测断面位置，在隧道左右两侧拼装管片腰下部设置定向点、校核点，使三点构成的断面与线路方向垂直。三点构成的断面的可靠性用全站仪"正、倒镜法"进行检查。同时，为确保断面位于同一拼装环上，设置的监测断面应位于拼装管片的中间，如图 4-6 所示。

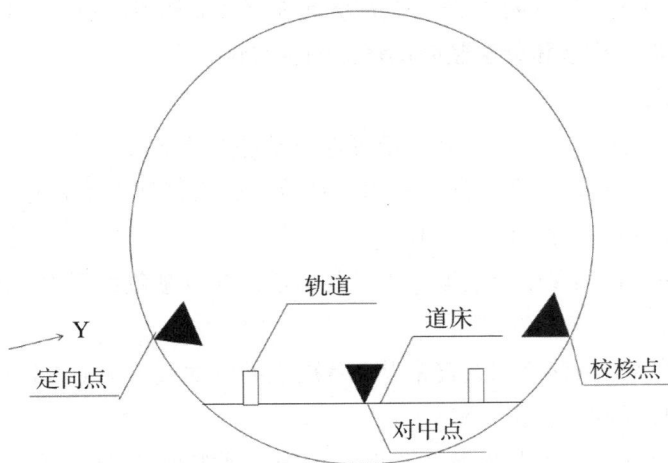

图 4-6　全断面收敛测量示意图

5）采用全断面扫描法收敛测量，断面上监测点宜按 0.2～0.3 m 间距等密度布设，测点应包括起点、终点、拼装缝等特征点，断面上每段线型（直线或圆弧）的观测点不应少于 5 点。

6）其他类型施工对象的收敛测点布设参照设计要求进行。

4.3.2 盾构法工程周围岩土体及环境监测点布设

盾构始发、接收段及联络通道附近等属于高风险施工部位，不仅施工风险大，而且隧道结构会产生位移和变形。同时，隧道下穿或邻近重要建（构）筑物和地下管线等环境对象时，会对环境对象的安全与稳定造成较大影响。在隧道掘进过程中，土体切割卸载、应力释放、地下水流失等对掘进面前方土体产生扰动，导致前方地表发生变形。因此，在采用盾构法施工时，应超前布设监测点，提前采集初始值。

1. 地表沉降测点布设

（1）监测点布设原则。

1）监测点应沿盾构隧道轴线上方地表布设，且监测等级为一级时，监测点间距宜为 5～10 m，监测等级为二级、三级时，监测点间距宜为 10～30 m，始发和接收段应适当增加监测点。

2）应根据周边环境和地质条件布设垂直于隧道轴线的横向监测断面，且监测等级为一级时，监测断面间距宜为 50～100 m，监测等级为二级、三级时，间距宜为 100～150 m。

3）在始发和接收段、联络通道等部位及地质条件不良而易产生开挖面坍塌和地表过大变形的部位，应有横向监测断面控制。

4）横向监测断面的监测点数量宜为 7～11 个，且主要影响区的监测点间距宜为 3～5 m，次要影响区的监测点间距宜为 5～10 m。

（2）监测点埋设与保护。

监测点埋设与保护参考明（盖）挖基坑地表沉降监测点埋设、保护。

2. 土体深层水平位移和分层竖向位移监测点布设

（1）监测点布设原则。

1）地层疏松、土洞、溶洞、破碎带等地质条件复杂地段，软土、膨胀性岩土、湿陷性土等特殊性岩土地段，工程施工对岩土体扰动较大或邻近重要建（构）筑物、地下管线等地段，应布设监测孔及监测点。

2）监测孔的位置和深度应根据工程需要确定，并应避免管片背后注浆对监测孔的影响。

3）土体分层竖向位移监测点宜布设在各层土的中部或界面上，也可等间距布设。

（2）监测点埋设与保护。

监测点埋设与保护参考明（盖）挖基坑地表沉降监测点埋设、保护。

3. 孔隙水压力监测点布设

孔隙水压力监测宜选择在隧道管片结构受力和变形较大、存在饱和软土和易产生液化的粉细砂土层等有代表性的部位进行布设；竖向监测点宜在水压力变化影响深度范围内按土层分布情况布设，竖向监测点间距宜为 2 ～ 5 m，且数量不宜少于 3 个。

监测点埋设与保护与明（盖）挖基坑地表沉降监测点埋设、保护方法一致。

4.4 盾构法监测方法

4.4.1 竖向位移监测

管片结构竖向、地表沉降监测可采用几何水准测量、三角高程测量等方法。三角高程测量法使用全站仪进行精密观测，通过前后视的竖直角、距离和后视点的高程来计算前视点（沉降监测点）的高程。三角高程测量法对现场观测条件要求高，地铁隧道中普遍采用几何水准测量法，即使用水准仪进行观测，将长度适宜的钢尺端部挂于预先在拱顶埋设好的挂钩上，通过测量钢尺刻度进行拱顶沉降监测。采用几何水准测量时，初支结构竖向位移沉降监测点的监测精度应符合表 4-2 的规定。

表 4-2　初支结构竖向位移沉降监测精度要求

工程监测等级	一级	二级	三级
监测点测站高差中误差 /mm	±0.6	±1.2	±1.5

4.4.2 净空收敛监测

盾构法初期支护结构的净空收敛可采用收敛计、全站仪或红外激光测距仪进行监测。隧道开挖后，应及时设置收敛监测点，并进行初始值测量。

1. 全站仪测量法测量收敛

在测站点位置采用全站仪无定向自由设站进行收敛测量，即外业数据采集时仅需整平仪器，无须对中和后视。此方法消除了仪器对中误差和后视瞄准误差对观测结果的影响，只有仪器误差和目标偏心误差（收敛测点瞄准误差），因此测量精度较高。

管径收敛测量采用独立坐标系，选用断面全方位监测的方法，采用具有无合作目标激光测距功能的全站仪进行测量，每次收敛测量应正、倒镜观测三维坐标 1 测回，正、倒镜观测较差不大于 ±2 mm 时取均值，否则应重新观测。

通过坐标计算得到两端点间的测线长度，计算长度精确到 1 mm，计算公式如下：

$$D = \sqrt{(X_B - X_B')^2 + (Y_B - Y_B')^2 - (Z_B - Z_B')^2} \qquad (4-1)$$

式中，D 为测线长度（直径）；X_B、X_B'、Y_B、Y_B'、Z_B、Z_B' 分别为两端点的实测坐标。

当采用手持测距仪观测时，测距仪应分别对中、瞄准固定测线的两个端点，每条测线应独立进行 3 次读数，互差不大于 ±2 mm，取均值作为本次观测结果。将各次直径测量值与设计值进行比较，可以得到隧道的直径收敛变形情况。

2. 全断面扫描法收敛测量

应采用具有无合作目标激光测距功能、马达驱动的智能型全站仪。

全断面扫描法收敛测量仪器设站及数据采集的主要步骤如下。

1）设站：将仪器架在道床的对中点上，然后调整仪器，使仪器望远镜的视准面通过定向点、校核点。

2）测量：仪器设置好后输入相关的参数，如测站号、断面测量范围和测点间隔（步长 0.2 ~ 0.3 m）。然后启动，仪器就会按预设等步长进行自动测量及数据记录存储。

3）特征点补测：按等步长采集数据，部分特征点（如拼装缝）可能未采到数据，应在管片交接缝两端用人工照准的方法对这些特征点补测。如果连续多点都测在障碍物上，会导致局部位置数据缺少，影响计算结果精度。因此在测量过程中要对障碍物附近位置的测点进行补测，要求补测点尽量靠近原测点。

4）数据处理：应先删除异常点，数据处理成果应包括水平直径值在内的全断面变形数据，并进行不同期数据的比较分析。

4.4.3 力学类监测

盾构管片结构应力、管片围岩压力等力学类监测项目在温度变化较大的环境中进行应力监测时，应优先选用具有温度补偿措施或温度敏感性较低的传感器，或采取有效措施消除温差引起的应变影响。监测方法详见第 3.4 节。

4.4.4 土体分层沉降等监测项目

土体深层水平位移、分层竖向位移、孔隙水压力等监测项目监测方法详见第 3.4 节。

4.4.5 现场巡视

现场巡视以人工目测为主，可辅以钢尺、吊锤等工具，现场巡视记录表可按附表 B-2 执行；施工前应对周边环境进行全面巡视核查并做好记录，施工过程中定期做好现场巡视。

4.5 盾构法监测频率

4.5.1 常规监测频率

由于开挖扰动，盾构掘进面前方土体受到挤压产生变形移动，从而导致地表以及周边环境变化。所以，距盾构掘进面从远到近，监测频率逐渐提高。在盾构掘进面后方，由于综合效应沉降，盾构隧道管片结构、周围岩土体及周边环境产生变形，因此监测频率同样从远到近逐渐提高，才能切实反映隧道结构及周围岩土体变形过程。

盾构法隧道工程的监测频率应满足及时反映盾构法施工引起周围土体变形规律的要求，同时也要考虑盾尾空隙沉降和后期土体固结沉降，监测周期能够覆盖整个变形过程。盾构法隧道施工中隧道结构、周围岩土体和周边环境的监测频率主要依据盾构机刀盘至监测点的水平距离确定，详见表 4-3。

表 4-3　盾构法隧道施工中隧道结构、周围岩土体和周边环境监测频率

监测部位	监测对象	开挖面至监测点或监测断面的距离	监测频率
开挖面前方	周围岩土体和周边环境	5D＜L≤8D	1次/（3～5天）
		3D＜L≤5D	1次/2天
		L≤3D	1次/天
开挖面后方	管片结构、周围岩土体和周边环境	L≤3D	1～2次/天
		3D＜L≤8D	1次/（1～2天）
		L＞8D	1次/（3～7天）

注：①D 表示盾构法隧道开挖直径（m），L 表示开挖面至监测点或监测断面的水平距离（m）；

　　②管片结构位移、净空收敛宜在衬砌脱出盾尾且能通视时进行监测；

　　③监测数据趋于稳定后，监测频率宜为 1 次 /（15～30 天）。

盾构法隧道施工期间，现场巡视每天不应少于 1 次，并应做好巡视记录，在关键工况、特殊天气等情况下应增加巡视次数。

4.5.2 特殊情况下监测频率

盾构法隧道施工期间，当出现以下监测数据异常或出现其他影响工程和周边环境安全的异常情况时，应提高监测频率。

1）监测值达到预警值。

2）监测值变化较大或者速率加快。

3）存在勘察未发现的不良地质状况。

4）盾构始发、接收以及停机检修或更换刀具期间。

5）工程出现异常。

6）工程险情或事故后重新组织施工。

7）暴雨或长时间连续降雨。

8）邻近工程施工、超载、振动等周边环境条件较大改变。

9）出现其他影响隧道及周边环境安全的异常情况。

4.5.3 监测周期

监测工作应贯穿于盾构法隧道施工全过程，监测工作于工程施工前开始，直至地下工程完成为止。对有特殊要求的周边环境的监测，应根据需要延续至变形趋于稳定后结束。

盾构法隧道贯通且满足设计要求后，可结束支护结构的监测工作；周围岩土体和周边环境变形趋于稳定且满足设计及相关建（构）筑物产权单位的条件后，可结束监测工作。

4.6 盾构法监测控制值

盾构法施工过程中管片结构变形和周围岩土体的位移与工程所处的水文地质条件、周边环境条件及盾构施工参数等密切相关。《城市轨道交通工程监测技术规范》GB 50911-2013 规定了盾构法施工监测项目的控制值。在具体工程中，盾构法隧道监测项目控制值可结合工程特点、工程施工设计文件、岩土勘察报告分析计算后确定。

盾构法隧道管片结构竖向位移、净空收敛和地表沉降控制值应根据工程地质条件、隧道设计参数、工程监测等级及当地工程经验等确定，当无地方经验时，可按表 4-4、表 4-5 确定。

表 4-4 盾构隧道管片结构变形监测控制值

监测项目		累计值 /mm	变化速率 /mm·d^{-1}
管片结构沉降	坚硬—中硬土	10 ～ 20	2
	中软—软弱土	20 ～ 30	3
管片结构差异沉降		0.04%L$_s$	—
管片结构净空收敛		0.2%D	3

注：L$_s$ 表示沿隧道轴向两监测点间距，D 表示隧道开挖直径。

表 4-5 盾构隧道地表竖向位移控制值

监测项目及岩土类型		工程监测等级					
		一级		二级		三级	
		累计值 / mm	变化速率 / mm·d^{-1}	累计值 / mm	变化速率 / mm·d^{-1}	累计值 / mm	变化速率 / mm·d^{-1}
地表沉降	坚硬—中硬土	10 ～ 20	3	20 ～ 30	4	30 ～ 40	4
	中软—软弱土	15 ～ 25	3	25 ～ 35	4	35 ～ 45	5
地表隆起		10	3	10	3	10	3

第 5 章
矿山法监测

矿山法指的是用开挖地下坑道的作业方式修建隧道的施工方法，是一种传统的施工方法。隧道开挖后受爆破影响，造成岩体破裂处于松弛状态，随时有可能坍落。基于松弛荷载理论，矿山法采取分割式开挖，并要求"边挖边撑"以确保安全性。

矿山法监测是指在地铁隧道施工或其他施工采用矿山法工法时，需对矿山法的工程本体、周围岩土体以及周边环境进行监测，以便掌握矿山法隧道施工过程中工程自身及周边环境的安全状态，有利于施工工作正常开展。

5.1 矿山法监测目的及基本要求

由于矿山法施工对周围岩土体的扰动，地表、地下管线及周边建（构）筑物等产生一定程度的变形。因此，矿山法监测的目的是通过相应的监测手段判断变形发展趋势，分析矿山法工程本体及周边环境的安全状态，实现信息化施工。同时，对周边环境或周边建（构）筑物在施工影响期间的变形提供公证数据，为各方界定责任提供参考。

5.2 矿山法监测项目

5.2.1 矿山法仪器监测项目

矿山法工程的监测对象包括初期支护、临时支护、二次衬砌等支护结构、周围岩土体及周边环境。根据工程监测等级的不同，矿山法支护结构与周围岩土体的仪器监测项目宜参照表 5-1 选择。

表 5-1　矿山法隧道施工的仪器监测项目

序号	监测项目	工程监测等级		
		一级	二级	三级
1	初期支护结构拱顶沉降	√	√	√
2	初期支护结构净空收敛	√	√	√
3	初期支护结构底板竖向位移	√	○	○

（续表）

序号	监测项目	工程监测等级		
		一级	二级	三级
4	中柱结构竖向位移	√	√	○
5	地表沉降	√	√	√
6	地下水位	√	√	√
7	初期支护结构、二次衬砌应力	○	○	○
8	土体深层水平位移	○	○	○
9	土体分层竖向位移	○	○	○

注：√表示应测项目，○表示选测项目。

在设计、施工、科研特殊要求下，可适当增加选测监测项目。选测项目主要包括围岩压力、初支与二衬接触压力、初支结构应力、二次砌应力、隧道拱脚竖向位移、围岩内部位移、土体深层位移、土体分层位移、爆破振速监测等。

矿山法隧道支护结构和周围岩土体共列出了9项监测项目。

初期支护结构拱顶部位是受力的敏感点，其沉降大小反映了初期支护结构的稳定和上覆地层的变形情况，是控制初期支护结构安全以及地层变形的关键指标。因此，将初期支护结构拱顶沉降监测规定为应测项目。

随着隧道内岩土体的开挖卸载，隧道内外形成水土压力差，会使结构底板产生一定的隆起，进行初期支护结构底板竖向位移监测可以及时了解隧道结构的变形状况。采用矿山法施工的隧道初期支护结构底板竖向位移值相对较小，因此在监测等级为一级的矿山法隧道工程中设置为应测项目，其他情况可根据需要确定。

初期支护结构净空收敛是指隧道拱顶、拱脚及侧壁之间的相对位移，其监测数据直接反映了围岩压力作用下初期支护结构的变形特征及稳定状态，是检验开挖施工和支护设计是否合理的重要指标。因此，将初期支护结构净空收敛监测规定为应测项目。

中柱结构竖向位移是直接反映整个支护结构的变形与稳定的重要指标，且其监测方法简单。因此，对工程监测等级为一级、二级的矿山法隧道工程规定为应测项目，三级规定为选测项目。

初期支护结构、二次衬砌结构应力监测的目的是了解初期支护和二次衬砌的变形特征和应力状态，掌握初期支护结构和二次衬砌结构所受应力的大小，可为设计提供依据，实际开展监测事可根据需要确定。

地表沉降一方面能反映工程施工质量的控制效果，另一方面又能反映工程施工对周围岩土体及周边环境的影响程度，对工程安全尤为重要。因此，地表沉降监测项目在各工程监测等级中均为应测项目。

由于隧道施工对岩土体的扰动是由开挖面经岩土体传递到地表的，土体深层水平和竖向位移监测可掌握岩土体不同深度处的位移大小，了解围岩的扰动程度和范围，对围岩支护及周边环境保护具有很好的指导作用。围岩与初期支护结构间接触应力监测可掌握围岩作用在初期支护结构上荷载的变化及分布规律，对指导施工和设计具有很好的参考价值，监测过程中可根据需要确定。

地下水的存在对暗挖施工影响很大，一方面给施工增加难度，另一方面也会给安全施工带来威胁。地下水位观测是监控地下水位变化最直接的手段，根据监测的水位变化可及时采取应对措施，预防事故的发生。因此，将地下水位监测规定为应测项目。

5.2.2 现场巡视

矿山法施工现场巡视主要内容为矿山法施工情况巡视、支护结构巡视、周边环境安全巡视及监测设施巡视，宜包括以下内容。

1）施工情况巡视应包含但不限于以下内容。

① 开挖步序、步长、核心土尺寸等情况。

② 开挖面岩土体的类型、特征、自稳性，地下水渗漏及发展情况。

③ 开挖面岩土体的坍塌位置、规模。

④ 降水或止水等地下水控制效果及降水设施运转情况。

2）支护结构巡视应包含但不限于以下内容。

① 超前支护施作情况及效果、钢拱架架设、挂网及喷射混凝土的及时性、连接板的连接及锁脚锚杆的打设情况。

② 初期支护结构渗漏水情况。

③ 初期支护结构开裂、剥离、掉块情况。

④ 临时支撑结构的变位情况。

⑤ 二衬结构施作时临时支撑结构分段拆除情况。

⑥ 初期支护结构背后回填注浆的及时性。

3）监测设施巡视与周边环境的巡视参考明（盖）挖法施工现场巡视内容。

5.3 矿山法监测点布设

矿山法工程监测点应按断面布设，隧道内监测点位应布设在隧道的顶部、底部和两侧拱腰处，必要时可加密布设，新增设的监测断面宜靠近开挖面。

5.3.1 矿山法支护结构监测点布设

1. 矿山法工程初支结构拱顶沉降、净空收敛监测点布设

（1）监测点布设原则。

1）初期支护结构拱顶沉降、净空收敛监测应布设垂直于隧道轴线的横向监测断面，车站监测断面间距宜为 5～10 m，区间监测断面间距宜为 10～15 m。

2）监测点宜在隧道拱顶、两侧拱脚处（全断面开挖时）或拱腰处（半断面开挖时）布设。拱顶的沉降监测点可兼作净空收敛监测点，净空收敛测线宜为 1～3 条。

3）分部开挖施工的每个导洞均应布设横向监测断面。

4）监测点布设时间的选择应以能及时反映变形及可操作性为原则，在初期支护结构完成后及时布设。

（2）监测点埋设与保护。

安装测点时，在被测结构面用凿岩机或人工开挖孔径为 40～80 mm、深 20 cm 的孔，在孔中填塞水泥沙浆后插入收敛预埋件，尽量使两预埋件轴线沿基线方向并使销孔轴线处于垂直位置，上好保护帽，待沙浆凝固后即可进行监测。

监测点布设在隧道顶内壁，采用特制的挂钩标志，使用冲击钻在隧道内壁钻孔，用锚固剂将挂钩埋入。

测点与基线的布置视具体地质条件进行修改和调整，变形大的地段将加密布点。测点用电钻成孔，埋入小棱镜或膨胀钩，埋设时务必要保持小棱镜或膨胀钩轴线垂直于拱顶。埋设完成后用喷漆做相应的标记，进行简易保护，悬挂标识牌。

2. 底板竖向位移监测点布设

（1）监测点布设原则。

监测点宜布设在初期支护结构底板的中部或两侧，监测点的布设位置与拱顶沉降监测点宜对应布设。

（2）监测点埋设与保护。

底板竖向位移监测点埋设时，应在初期支护结构底板浇筑混凝土时将测量观测标埋入混凝土中，底板混凝土凝固完成后，用喷漆做相应的标记，进行简易保护；或者在底板施作完成后，用电钻取孔，用铁锤将测量观测标打入孔中，直至观测标帽底部与地面齐平为止，用喷漆做相应标记，进行简易保护。

3. 拱脚竖向位移监测点布设

（1）监测点布设原则。

1）在隧道周围岩土体存在软弱土层时，应布设隧道拱脚竖向位移监测点。

2）隧道拱脚竖向位移监测点与初期支护结构拱顶沉降监测宜共同组成监测断面。

（2）监测点埋设与保护。

安装测点时，拱脚竖向位移监测点与拱顶竖向位移监测点相近，监测点布设在隧道拱脚内壁，标志采用特制的挂钩，使用冲击钻在隧道内壁钻孔，用锚固剂将挂钩埋入。

4. 中柱沉降监测点布设

（1）监测点布设原则。

选择有代表性的中柱进行沉降监测。

（2）监测点埋设与保护。

钢筋（钢板）焊接或固定在中柱顶端，然后将长度 1 m 左右的测量专用刻度尺绑扎或粘贴在钢筋（钢板）上作为测量标志。

5. 围岩压力、初期支护结构应力、二次衬砌应力等监测点布设

（1）监测点布设原则。

1）在地质条件复杂或应力变化较大的部位布设监测断面时，应力监测断面与净空收敛监测断面宜处于同一位置。

2）监测点宜布设在拱顶、拱脚、墙中、墙脚、仰拱中部等部位，监测断面上每个监测项目不宜少于 5 个监测点。

3）需拆除竖向初期支护结构的部位应根据需要布设监测点。

（2）监测点埋设与保护。

围岩压力、初期支护结构应力、二次衬砌应力等监测传感器采用表面应变计，传感器安装方法同支撑内力传感器安装。

5.3.2 矿山法周围岩土体及环境监测点布设

1. 地表沉降测点布设

（1）监测点布设原则。

1）监测点应沿每个隧道或分部开挖导洞的轴线上方地表布设，且监测等级为一级、二级时，监测点间距宜为 5 ～ 10 m；监测等级为三级时，监测点间距宜为 10 ～ 15 m。

2）应根据周边环境和地质条件，沿地表布设垂直于隧道轴线的横向监测断面，且监测等级为一级时，监测断面间距宜为 10 ～ 50 m；监测等级为二级、三级时，监测断面间距宜为 50 ～ 100 m。

3）在车站与区间、车站与附属结构、明暗挖等的分界部位，洞口、隧道断面变化、联络通道、施工通道等部位，地质条件不良易产生开挖面坍塌以及地表过大变形的部位，应有横向监测断面控制。

4）横向监测断面的监测点数量宜为 7 ～ 11 个，且主要影响区的监测点间距宜为 3 ～ 5 m，次要影响区的监测点间距宜为 5 ～ 10 m。

（2）监测点埋设与保护。

监测点埋设与保护参考明（盖）挖基坑地表沉降监测点埋设、保护。

2. 其他监测点布设

矿山法的地下水位、周围土体深层水平位移、分层竖向位移、爆破震速、周边环境等其他监测点布设及保护方法详见第 3.3 节相关内容。

5.4 矿山法监测方法

监测方法应根据监测对象和监测项目的特点、工程监测等级、设计要求、精度要求、场地条件等合理选择。监测过程中，应做好元器件的保护工作，监测传感器应防止信号线断开或损坏。

5.4.1 竖向位移监测

初支结构拱顶、底板、拱脚、中柱竖向监测可采用几何水准测量、三角高程测量等方法。

三角高程测量方法是使用全站仪进行精密观测，通过前后视的竖直角、距离和后视点的高程来计算前视点（沉降监测点）的高程，过程如图 5-1 所示；但三角高程法对现场观测条件要求高，地铁隧道中普遍采用水准测量方法，使用水准仪进行观测，监测时将长度适宜的钢尺端部挂于预先在拱顶埋设好的挂钩上，通过测量钢尺刻度进行拱顶沉降监测。采用水准测量时，初支结构竖向位移沉降监测点的监测精度应符合表 5-2 的规定。

表 5-2　初支结构竖向位移沉降监测精度要求

工程监测等级	一级	二级	三级
监测点测站高差中误差（mm）	±0.6	±1.2	±1.5

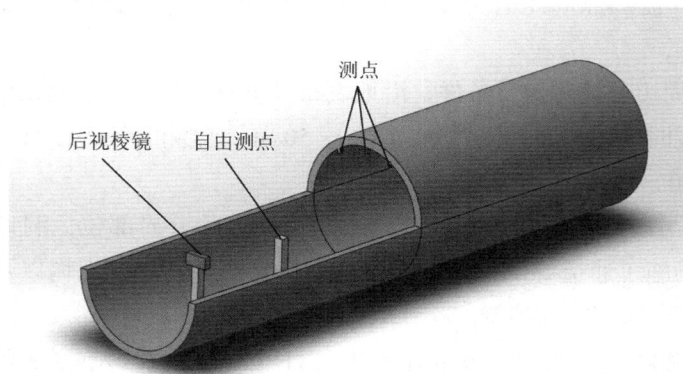

图 5-1　拱顶沉降监测示意图

5.4.2 净空收敛监测

矿山法初期支护结构的净空收敛可采用收敛计、全站仪或红外激光测距仪进行监测，矿山法隧道开挖后，应及时设置收敛监测点，并进行初始值测量。监测方法详见第 4.4 节。

5.4.3 力学类监测

围岩压力、初支与二衬接触压力、初支支护结构应力、二次衬砌应力等力学类监测项目在温度变化较大的环境中进行应力监测时，应优先选用具有温度补偿措施或温度敏感性较低的传感器，或采取有效措施消除温差引起的应变影响。监测方法详见第 3.4 节。

5.4.4 爆破震速监测

钻爆法施工首次爆破时，对所需监测的周边环境对象均应进行爆破振动监测，以后应根据第一次爆破监测结果并结合环境对象特点确定监测频率。重要建（构）筑物、桥梁等高风险环境对象每次爆破均应进行监测。监测方法详见第 3.4 节。

5.4.5 现场巡视

现场巡视以人工目测为主，可辅以钢尺、吊锤等工具，现场巡视记录表可按附表 B-3 执行。施工前应对周边环境进行全面巡视核查并做好记录，施工过程中定期做好现场巡视。

5.5 矿山法监测频率

5.5.1 常规监测频率

矿山法隧道施工过程中支护结构、周围岩土体和周边环境的监测频率可按表 5-3 确定。

表 5-3 矿山法隧道工程监测频率

监测部位	监测对象	开挖面至监测点或监测断面的距离	监测频率
开挖面前方	周围岩土体和周边环境	2 B＜L≤5 B	1 次 /2 天
		L≤2 B	1 次 /1 天
开挖面后方	初期支护结构、周围岩土体和周边环境	L≤1 B	（1～2 次）/1 天
		1 B＜L≤2 B	1 次 /1 天
		2 B＜L≤5 B	1 次 /2 天
		L＞5 B	1 次 /7 天

注：①B 表示矿山法隧道开挖宽度（m），L 表示开挖面与监测点的水平距离（m）；
②当拆除临时支撑时，需要增大监测频率；
③监测数据趋于稳定后，监测频率宜为 1 次/（15～30 天），直至最终稳定。

矿山法隧道施工期间，现场巡视每天不应少于 1 次，并应做好巡视记录，在关键工况、特殊天气等情况下应增加巡视次数。

5.5.2 特殊情况下监测频率

矿山法隧道施工期间，当出现以下监测数据异常或出现其他影响工程和周边环境安全的异常情况时，应提高监测频率。

1）监测值达到预警值。
2）监测值变化较大或者速率加快。

3）存在勘察未发现的不良地质状况。

4）矿山法隧道断面变化及受力转换部位。

5）工程出现异常。

6）工程险情或事故后重新组织施工。

7）暴雨或长时间连续降雨。

8）邻近工程施工、超载、振动等周边环境条件较大改变。

9）出现其他影响隧道及周边环境安全的异常情况。

5.5.3 监测周期

监测工作应贯穿于矿山法隧道施工全过程，监测工作工程施工前开始，直至地下工程完成为止。对有特殊要求的周边环境的监测应根据需要延续至变形趋于稳定后结束。

矿山法隧道施工进行二次衬砌且满足设计要求后，可结束支护结构的监测工作；周围岩土体和周边环境变形趋于稳定且满足设计及相关建（构）筑物产权单位要求后，可结束监测工作。

5.6 矿山法监测控制值

矿山法隧道工程的车站一般开挖断面较大，施工步序多，地表变形控制比矿山法区间隧道施工困难得多。因此，对区间隧道和车站给出不同的控制值，对于渡线段、风道、联络通道等隧道可根据工程具体情况选取相关的控制值。

矿山法隧道工程施工中的监测控制值可根据岩土体特征、设计成果等按表 5-4 确定。

表 5-4 矿山法隧道支护结构和周边环境监测控制值

监测项目及范围			累计值 /mm	变化速率 /mm·d^{-1}
拱顶沉降		区间	10 ～ 20	3
		车站	20 ～ 30	3
地表沉降	一级	区间	20 ～ 30	3
		车站	40 ～ 60	4
	二级	区间	30 ～ 40	3
		车站	50 ～ 70	4
	三级	区间	30 ～ 40	4
底板竖向位移			10	2

（续表）

监测项目及范围	累计值 /mm	变化速率 /mm·d⁻¹
净空收敛	10	2
中柱竖向位移	10 ～ 20	2
地下水位（潜水位）	1 000	500

注：①.区间隧道跨度小于 8 m，车站跨度为 16 ～ 25 m；

②拱顶沉降系指拱部开挖以后设置在拱顶的沉降测点所测值；

③潜水位观测控制值只针对施工影响所产生的变化，不包括季节水位波动影响，承压水水位观测控制值应根据工况、水位地质及设计要求确定；

④监测控制值参考 GB 50911 中的表 9.2.3-1、表 9.2.3-2；

⑤爆破振速监测控制值参考 GB 6722 中的第 13 章。

第6章
高架结构监测

城市轨道交通高架结构一般是指在城市中由高支撑的塔或支柱支撑的城市轨道交通车站及区间。高架结构在城市中需根据周边环境，按照桥梁美学的理念，采用合理的线形和高宽比、高跨比，以便利修建。

高架结构监测是指在城市轨道交通采用高架线路时，需对高架结构及周边环境进行监测，以便掌握高架结构施工过程中工程自身及周边环境的安全状态，有利于施工工作正常开展。

6.1 高架结构监测目的及基本要求

城市轨道交通工程高架线路施工期间，受到多种主观和客观因素的影响。由于设计中不可能对工程的工作条件及承载能力做出完全准确的估计，施工质量也不可能完美无缺，工程在运行过程中还有可能发生某些不利的变化，工程本身及周边现有建筑物、道路会受到影响，严重时会给社会发展和人民生活带来巨大的损失。

通过对桥梁梁体、墩柱等结构的监测工作，了解施工过程中的结构沉降情况，从而实时掌握结构变形情况，验证其稳定性以保证安全，为工程建筑的设计、施工、管理和科学研究工作提供依据。通过各种监测手段获取工程在施工中的综合信息，可以为信息化施工给予指导，也可进一步优化设计，为施工方案的修改提供可靠的依据，并为今后类似工程的设计和施工提供参考。

城市轨道交通高架区段施工阶段应对桥跨结构，桥台、桥墩和基础等下部结构以及周边环境进行监测。城市轨道交通高架区段监测项目应根据结构形式、受力特点、设计要求合理确定。

6.2 高架结构监测项目

6.2.1 高架结构仪器监测项目

高架结构工程的监测对象宜包括高架结构及周边环境。高架结构必测项目包括墩柱墩台竖向位移、墩柱倾斜。同时，可根据设计、施工、科研需求，适当增加选测项目，选测项目主要包括梁体徐变、梁体挠度、梁板应力等。

城市轨道交通高架区段结构形式相对标准，常用的梁体截面形式为箱梁、T形梁、U形梁，跨度多为 24 ~ 32 m，采用现浇、预支吊装、架桥机架设等方法施工。对于不同结构形式、施工方法的桥梁工程，受力特点、设计参数也各不相同，所进行的监测项目必须根据具体情况确定，尤其是大跨度的桥梁结构更为复杂，需要采取特殊监测手段。

城市轨道交通工程常用的高架结构形式通常为梁桥。梁桥工程结构的应测项目为墩台竖向位移和墩柱倾斜监测，选测项目为墩柱倾斜、梁体挠度和应力监测。拱桥、斜拉桥等结构的监测项目应根据设计要求和工程特点确定。

6.2.2 现场巡视

现场巡查作为仪器测量的一种补充手段，可以更加全面、宏观地对高架区段施工过程进行了解。高架区段结构施工的现场巡查内容主要包括施工工况、下部结构、上部结构、附属工程、周边环境和监测设施六个方面。现场巡查工作应根据桥梁的结构特点、设计文件要求、施工环节控制等需要进行，尤其是在临时结构和上部结构受力转换的关键时期，应对变形较大或受力复杂的重要部位进行重点巡查，并结合监测数据进行稳定性分析。

高架区段结构施工的现场巡视内容宜包括以下内容。

1）施工工艺。

① 施工顺序及进度。

② 施工临时荷载施加情况。

2）下部结构。

桥台、墩柱、索塔、拱座开裂、掉块、压溃、剥落、变形等情况。

3）上部结构。

① 混凝土结构有无裂缝及裂缝的分布、位置、走向、宽度及深度。

② 梁段接缝开裂情况。

4）附属工程。

① 填土工程桥涵台背、锥坡、护坡及拱上等填土高度、稳定性。

② 砌体工程石砌锥坡、护坡和河床铺砌层稳定性。

监测设施巡视与周边环境的巡视参考明（盖）挖法施工现场巡视内容。

6.3 高架结构监测点布设

1. 高架结构墩台竖向位移监测点布设

为掌握桥梁基础结构荷载变化规律和稳定状况，墩台竖向位移监测点应在承台施工完成后埋设并开始监测。因通常情况下承台结构在地面以下，在承台结构完工后将难以使用，所以在高于地面上的墩身或桥台上埋设监测点，代替对应位置的承台监测点并延续其竖向位移监测，使桥梁基础的竖向位移监测数据完整连续。

（1）监测点布设原则。

1）每个桥墩均应设置墩台竖向位移监测点。

2）承台宜设置 2～4 个竖向位移监测点，群桩承台宜适当增加监测点数量，并根据具体情况均匀布设，当墩身监测点埋设后可代替承台监测点延续监测。

3）墩身竖向位移监测点数量应视桥墩大小布设 2～4 点，宜沿桥墩的纵、横轴线布设在外边缘，一般设置在墩底高出地面或最高水位以上 1m 左右；当墩身较矮立尺困难时，桥墩监测点位置可降低或设置在对应墩身埋标位置的顶帽上。

4）桥台监测点数量宜不少于 4 点，应设置在台帽两侧及背墙顶两侧。

（2）监测点埋设与保护。

高架结构墩台竖向位移监测点埋设时，用电钻取孔，用铁锤将测量观测标打入孔中，直至观测标帽底部与地面齐平为止，用喷漆做相应标记，进行简易保护。

2. 高架结构墩柱倾斜监测点布设

墩柱倾斜监测点应根据桥梁基础形式、结构和受力特点、地质条件，选取适宜的监测方法埋设。若施工现场通视条件良好，且有高精度稳定的平面和高程基准网控制时，宜采取全站仪法同时进行倾斜和竖向位移监测，墩柱底部监测点是倾斜与竖向位移监测共用点。若施工现场通视条件十分有限，为便于实施可埋设倾斜仪监测点；当采用不均匀沉降反算斜率的方法进行墩柱倾斜监测时，可直接利用已埋设在墩柱上的竖向位移监测点，准确测量对应倾斜方向的两点间距。

（1）监测点布设原则。

1）采用全站仪监测时，监测点应沿墩柱顶、底部对应布设，每个墩柱倾斜监测数量不应少于 1 组，每组监测点数量不宜少于 2 个。

2）采用倾斜仪监测时，每个墩柱布设监测点的数量不应少于 1 个。

3）若采用不均匀沉降反算法，宜直接利用已埋设的墩柱竖向位移监测点。

（2）监测点埋设与保护。

高架结构墩柱倾斜监测点埋设时，用电钻取孔，用铁锤将观测标打入孔中，用喷漆做相应标记，进行简易保护。

3. 高架结构梁体徐变、挠度、应力监测点布设

桥梁结构的梁体挠度、应力监测宜在同一梁体对应位置埋设，以便对照分析、相互印证。

（1）监测点布设原则。

1）梁体的徐变、挠度监测点应在支点、跨中梁体截面布设，每个梁体截面根据截面大小应布设 2～5 个监测点。

2）批量生产的预应力混凝土预制梁的原材料变化不大、预制工艺稳定，可按照每 30 孔梁选择 1 孔布设监测点，混凝土现浇梁宜逐孔布设。

3）梁体应力监测点宜布设在桥梁梁板结构中部或应力变化较大部位。

（2）监测点埋设与保护。

高架结构梁体徐变、挠度、应力等监测传感器采用表面应变计，传感器安装方法同支撑内力传感器安装。

4. 高架线路周边环境监测点布设

高架线路周边环境监测点布设与明（盖）挖法相同，详见第 3.3 节。

6.4 高架结构监测方法

高架结构各测项监测方法参照第 3.4 节中明（盖）挖法各监测项目。监测方法应根据监测对象和监测项目的特点、工程监测等级、设计要求、精度要求、场地条件等合理选择，监测过程中，应做好元器件的保护工作，监测传感器应防止信号线断开或损坏。

现场巡视以人工目测为主，可辅以钢尺、吊锤等工具，现场巡视记录表可按附表 B-4 执行。施工前应对周边环境进行全面巡视核查并做好记录，施工过程中定期做好现场巡视。

6.5 高架结构监测频率

6.5.1 常规监测频率

桥梁结构监测应从墩台基础施工开始，涵盖全部施工阶段，并在结构施工完成后持续监测一段时间。

桥梁的监测频率应考虑覆盖重要的节点施工、重要的设施安装、受力体系转换、临时或永久荷载的施加、后期材料徐变过程等情况。

高架线路施工过程中高架结构监测频率可按表 6-1 和表 6-2 确定。

表 6-1　墩柱墩台竖向位移和墩柱倾斜监测频率

观测阶段	观测频次		备注
	监测期限	监测频率	
墩台基础施工完成	—	—	设置观测点，首次观测
墩台混凝土施工	全程	荷载变化前后各 1 次或 1 次 / 周	承台回填时，临时观测点取消

（续表）

观测阶段	观测频次		备注
	监测期限	监测频率	
桥梁主体施工期间	全程	荷载变化前后各1次或1次/周	
桥梁主体完工，轨道铺设前	≥6个月	1次/周	
轨道铺设期间	全程	1次/天	
轨道铺设完成后	24个月 0～3个月	1次/月	工后沉降长期观测
	4～12个月	1次/3个月	
	13～24个月	1次/6个月	

注：墩台沉降观测时，需要同时记录结构荷载状态、环境温度及天气情况。

表6-2　梁体应力、梁体徐变监测频率表

观测阶段	观测频次		备注
	监测期限	监测频率	
梁体施工完成	—	—	设置观测点
预应力张拉期间	全程	张拉前后各一次	测试梁体弹性变形
桥梁附属设施安装	全程	安装前后各一次	测试梁体弹性变形
预应力张拉完成到轨道铺设前	≥60 d	1次/（1、3、5）天后期1次/周	
轨道铺设期间	全程	1次/天	
轨道铺设完成后	24个月 0～3个月	1次/月	残余徐变变形长期观测
	4～12个月	1次/3个月	
	13～24个月	1次/6个月	

注：测试梁体徐变上拱变形时，需要同时记录梁体荷载状态、环境温度及天气情况。

高架线路工程施工期间，现场巡视每天不应少于1次，并应做好巡视记录，在关键工况、特殊天气等情况下应增加巡视次数。

由监测数据指导设计与施工的桥梁工程应根据结构应力或变形速率及时调整监测频率，当出现险情时应加强监测，荷载无变化且数据稳定后监测频率可适当降低，停工和复工时应分别进行1次监测。

6.5.2 特殊情况下监测频率

高架结构工程施工期间，当出现以下监测数据异常或出现其他影响工程和周边环境安全的异常情况时，应提高监测频率。

1）监测值达到预警值。

2）监测值变化较大或者速率加快。

3）工程险情或事故后重新组织施工。

4）暴雨或长时间连续降雨。

5）邻近工程施工、超载、振动等周边环境条件较大改变。

6）出现其他影响高架结构隧道及周边环境安全的异常情况。

6.5.3 监测周期

监测工作应贯穿于高架线路施工全过程，即监测工作工程施工前开始，直至高架线路工程完成为止。对有特殊要求的周边环境的监测，应根据需要延续至变形趋于稳定后结束。

高架结构拼装完成且满足设计要求后，可结束高架结构的监测工作。周边环境变形趋于稳定且满足设计及相关建（构）筑物产权单位要求后，可结束监测工作。

6.6 高架结构监测控制值

高架结构允许的变形由其自身结构特点、施工工序决定。监测项目控制值与其自身的规模、结构形式、基础类型、建筑材料、施工进度以及上方承载的设施等情况密切相关。例如，城市轨道交通桥梁要承载轨道与列车运行，其允许变形要考虑到桥梁变形对轨道设施几何形位的影响。

根据安全控制与质量控制的不同目标，宜按"分区、分级、分阶段"的原则，结合施工过程结构分析结果，对监测的构件或节点提出相应的限值要求，控制值应满足相关现行施工质量验收规范的要求。因此，高架结构监测项目控制值应根据设计计算及工程经验等确定，并应符合《建筑与桥梁结构监测技术规范》GB 50982-2014、《建筑地基基础设计规范》GB 50007-2011 等相关要求。

第7章
顶管法监测

顶管法是指隧道或地下管道穿越铁路、道路、河流或建筑物等各种障碍物时采用的一种暗挖式施工方法。在施工时,通过传力顶铁和导向轨道,用支承于基坑后座上的液压千斤顶将管压入土层中,同时挖除并运走管正面的泥土。当第一节管全部压入土层后,接着将第二节管接在后面继续压进,这样将一节节管子压入,作好接口,建成涵管。按挖土方式的不同,顶管法分为机械开挖顶进、挤压顶进、水力机械开挖和人工开挖顶进等。

7.1 顶管法监测目的及基本要求

顶管法监测是指在城市轨道交通采用顶管法时,需对顶管法管片结构及周边环境进行监测,以便掌握顶管法施工过程中工程自身及周边环境的安全受控状态,有利于施工工作正常开展。顶管法工程的监测对象应包括管片结构、周围岩土体、地表及周边环境。

顶管法监测地面和管段内监测点宜同断面布设,特殊地段的监测断面和监测点的布设应满足专项设计要求。在顶管施工过程中,处于同一断面内的监测数据应同步采集。

7.2 顶管法监测项目

7.2.1 顶管法仪器监测项目

根据工程监测等级的不同,顶管结构本体与周围岩土体的监测项目宜参照表 7-1 选择。

表 7-1 顶管结构和周围岩土体仪器监测项目

序号	监测项目	工程监测等级		
		一级	二级	三级
1	管段变形	○	○	○
2	管段应力	○	○	○
3	地表竖向位移	√	√	√

（续表）

序号	监测项目	工程监测等级		
		一级	二级	三级
4	周边管线竖向位移	√	√	√
5	地下水位	○	○	○
6	土体深层水平位移	○	○	○
7	土体分层竖向位移	○	○	○

注：√表示应测项目，○表示选测项目。

顶管法中管段结构既是支护结构也是主体结构，管段变形和应力监测对判断工程的质量安全较为重要，对顶管施工具有指导意义。

地表竖向位移一方面能反映工程施工质量的控制效果，另一方面又能反映工程施工对周围岩土体及周边环境的影响程度，对工程安全尤为重要。因此，地表竖向位移监测项目在各工程监测等级中均为应测项目。

顶管法施工可能对临近各类管线造成较大影响。因此，周边管线竖向位移在各工程监测等级中均为应测项目。

7.2.2 现场巡视

顶管法施工过程中现场巡视应包括顶管工作井及顶管沿线状况的巡视，宜包括以下内容。

1）施工工况。

顶管法施工过程中有无涌土、流砂，场地地表水、地下水排放状况是否正常，工作井后靠设施的状态。

2）顶管结构。

顶管始发端、接收端土体加固情况，管片破损、开裂、错台、渗漏水情况。

监测设施巡视与周边环境的巡视参考明（盖）挖法施工现场巡视内容。

7.3 顶管法监测点布设

为保障顶管施工质量以及减少对环境影响，地表竖向位移监测点的布设必须科学合理。在始发、接收、穿越建（构）筑物地段，施工风险较大，除适当加密纵向监测点的布设外，还应布设横向监测断面。因此，顶管法施工地表竖向位移监测点应一方面沿轴线方向布设，另一方面在结构中心轴线两侧的沉降槽内横向布设，以测得完整的沉降槽。

1. 顶管法周边地表监测点布设

监测点应沿顶管轴线上方地表布设，监测点间距宜为 5 m；顶管始发和接收加固区应加密布设监测点，加固区轴线测点应布设为深埋点。

选择有代表性的部位布设垂直于顶管轴线的横向监测断面，监测断面间距宜为 20 ～ 40 m；每个顶管工程应至少布设一条监测断面。

横向监测断面的监测点数量宜为 7 ～ 9 个，应以顶管轴线为中心对称布设，主要影响区监测点间距宜为 2 ～ 3 m，次要影响区监测点间距宜为 3 ～ 5 m。

（4）顶管工程始发、接收段应加密监测断面。

2. 顶管法其他监测项目监测点布设

管段结构变形及管段应力监测应根据管材、管径、断面及设计文件要求布设监测点。

周边管线竖向位移监测点布设可参照明（盖）挖法中管线竖向位移监测点布设具体要求。

顶管穿越既有城市轨道交通设施、防汛墙、铁路等时，宜根据需要增加对周围土体变形和地下水位的监测。

顶管法周边环境监测点布设与明（盖）挖法相同，详见第 3.3 节。

7.4　顶管法监测方法

顶管法施工的变形及受力监测与盾构法、矿山法等工法相同。顶管法各测项监测方法参照第 3.4 节中明（盖）挖法、第 4.4 节中盾构法、第 5.4 节中矿山法各监测项目。

现场巡视以人工目测为主，可辅以钢尺、吊锤等工具，现场巡视记录表可按附表 B-5 执行。

7.5　顶管法监测频率

7.5.1 常规监测频率

地表竖向位移、周边管线竖向位移的监测频率应按表 7-2 确定。

表 7-2　顶管法监测频率

施工状况	监测频率
顶管顶进施工	2 次 /1 天
其他工况	1 次 /1 天 ～ 1 次 /7 天

注：① 顶管结构变形、管段应力、土体深层水平位移、水位等项目的监测频率，需要根据工程情况及设计要求确定；

② 始发和接收前后，需要提高监测频率。

顶管法工程施工期间，现场巡视每天不应少于一次，并应做好巡视记录，在关键工况情况下应增加巡视次数。

7.5.2 特殊情况下监测频率

顶管法工程施工期间，当出现以下监测数据异常或出现其他影响工程和周边环境安全的异常情况时，应提高监测频率。

1）监测值达到预警值。

2）监测值变化较大或者速率加快。

3）工程险情或事故后重新组织施工。

4）暴雨或长时间连续降雨。

5）邻近工程施工、超载、振动等周边环境条件较大改变。

6）顶管结构始发、接收阶段。

7）出现其他影响隧道及周边环境安全的异常情况。

7.5.3 监测周期

监测工作应贯穿于顶管法施工全过程，即监测工作工程施工前开始，直至顶管结构完成为止。对有特殊要求的周边环境的监测，应根据需要延续至变形趋于稳定后结束。

监测基准点及周围岩土体监测点应在施工前布设完成，并测量初始值。管段结构监测点应在现场具备布点条件时及时布设，并测量初始值，或根据设计要求预埋传感器。顶管井接头施工完成且变形趋于收敛时可结束监测工作。

7.6 顶管法监测控制值

顶管法施工过程中监测报警值应根据设计要求确定，当无具体要求时，地表竖向位移控制值按表 7-3 确定。

表 7-3 地表竖向位移控制值

监测项目	工程监测等级					
	一级		二级		三级	
	累计值 / mm	变化速率 / mm·d^{-1}	累计值 / mm	变化速率 / mm·d^{-1}	累计值 / mm	变化速率 / mm·d^{-1}
地表竖向位移	−10 ～ +10	3	−20 ～ +10	3	−30 ～ +10	3

周边管线监测控制值应符合有关部门的要求，对无特殊要求的地下管线监测控制值可按《城市轨道交通工程监测技术规范》GB 50911-2013 执行。

顶管结构变形、管段应力、土体深层水平位移、水位等项目的监测频率，需要根据工程情况及设计要求确定。

第8章
监测设备使用及保养

8.1 监测仪器设备基本要求

选择合适的监测仪器和传感器是做好监测工作的重要保障。如果监测仪器及传感器选用不当，不仅会造成经济上的浪费，甚至会造成监测数据失真，导致决策失误。因此，监测仪器和传感器在满足监控设计的同时，还应适合工程施工的实际情况。

选择监测仪器和传感器时，应注意以下几点。

1）监测仪器及元件的量程和精度必须满足或大于设计要求，精度太低将导致数据不能良好的反映岩土体及支护体系的受力和变形状态，精度过高会增加监测成本和工作量，造成经济上的浪费。一般传感器量程应为设计受力值的 1.5～2 倍，过低不能满足监测要求，过高则会降低传感器的精度。

2）同一工程在监测中途应避免更换监测仪器，所布设的传感器也应采用同一规格型号。每台监测仪器都具有唯一性，即使规格型号相同，其性能和精度也都存在细微差异，中途更换仪器将造成监测数据的不连续性，增大误差。施工过程中，埋设的传感器将不可避免地造成一定的损毁，补设传感器时应采用同一厂家同一规格型号的传感器，将监测误差降到最低。

3）由于地下环境比较复杂，存在地下水、地磁场、地面动载荷振动的干扰，亦不排除微小地震等偶然因素的发生，这就不仅要求传感器要有良好的防潮、防震、抗干扰性能，还要坚固、稳定、可靠。

4）监测仪器和传感器要选择通用性良好的型号，便于仪器调配和传感器更换。

5）在进行具有验证性质的第三方监测时，监测仪器宜选择精度高于被验证的第一方监测的仪器。

6）针对由于施工作业造成传感器电缆被扯断而无法确定传感器对应编号的情况，应优先选择带身份识别功能和温度测定的传感器，采用专业采集仪，可读出并存储传感器出厂编号、振弦传感器频率、测量时间及测量时的温度值。

监测开展过程中，使用的各项仪器设备均有精度要求，主要仪器设备及精度要求参照表8-1。

表 8-1　主要仪器设备及精度要求

序号	监测项目	位置或监测对象	仪器	仪器精度
1	围护结构桩（墙）顶竖向位移	围护结构桩（墙）顶	水准仪	0.5 mm/km
2	围护结构桩（墙）顶水平位移	围护结构桩（墙）顶	全站仪	测距：±1 mm+2pp·D 测角：1″
3	围护结构桩（墙）体深层水平位移	围护结构体内	测斜仪	0.25 mm/m
4	土体分层沉降	围护结构周边土体	分层沉降仪/列阵式位移计/深层沉降标	1.0 mm
5	土体深层水平位移	围护结构周边土体	测斜管/测斜仪	0.25 mm/m
6	支撑轴力、锚杆拉力、土钉拉力	钢管支撑：端部；混凝土支撑：内部，锚杆端头	应力计、应变计、频率读数仪	±0.1 Hz
7	立柱沉降	立柱顶	水准仪	0.5 mm/km
8	坑底隆起	基坑底部	水准仪	0.5 mm/km
9	初期支护结构拱顶沉降	隧道拱顶	水准仪/全站仪	水准仪：0.5 mm/km 全站仪：测距1 mm+2pp·D 测角：1″
10	初期支护结构净空收敛	隧道水平方向和垂直方向	收敛计/全站仪/激光测距仪	收敛计：0.1 mm 全站仪：测距1 mm+2pp·D 测角：1″
11	建（构）筑物沉降	车站及区间工程周边建（构）筑物	水准仪	0.5mm/km
12	建（构）筑物倾斜	车站及区间工程周边建（构）筑物	水准仪/全站仪	水准仪：0.5 mm/km 全站仪：测距±1 mm+2pp·D 测角：1″
13	建（构）筑物裂缝	车站及区间工程周边建（构）筑物	游标卡尺/裂缝计	0.1 mm

（续表）

序号	监测项目	位置或监测对象	仪器	仪器精度
14	道路和地表沉降	基坑周边和区间隧道地表	水准仪	0.5 mm/km
15	地下管线沉降	车站基坑及隧道区间	水准仪	0.5 mm/km
16	地下水位	基坑周边或区间隧道边线外	水位仪	1.0 mm
17	水、土压力	支护结构外侧岩土体	水压力计、土压力计	0.5% F·S
18	结构内力	结构构件内外侧	钢筋计、应变计	0.25% F·S
19	爆破振动	建（构）筑物、重要管线	测振仪	0.5 mm/s

8.2 监测仪器设备使用

8.2.1 全站仪、水准仪使用及注意事项

1. 测量仪器使用注意事项

（1）测量仪器工具装箱搬运。

1）仪器装箱搬运前，应检查仪器箱背带和提手是否牢固，仪器箱是否锁好，搬运仪器工具时，应轻拿轻放，避免剧烈震动和碰撞。

2）工作完毕应检查、清点所有附件及工具，以防遗失。清理仪器工具上的泥土，及时收装仪器工具。

3）仪器装箱时，应先松开各制动螺旋，将脚螺旋族至中段大致同高的地方，再一手握住照准部支架，另一手将中心连接螺旋旋开，双手将仪器取下放入仪器箱；检查仪器箱内的附件是否缺少；先进行试关箱盖检查（确认是否放妥），然后关紧箱门，并立即扣上或锁上仪器箱。

（2）测量仪器的安装。

1）架设仪器脚架时，3条支腿抽出的长度和3条支腿分开的跨度要适中，架头大致水平。若地面为泥土地面，应将脚架尖踩入土中，以防仪器下沉。若在斜坡地上架设仪器脚架，应使两条支腿在坡下、一条支腿在坡上。若在光滑地面上架设仪器脚架，要采取安全措施，防止仪器脚架打滑。

2）仪器箱应平稳放在地面上或其他平台上才能开箱。开箱后应注意仪器的安放位置，以使用完后按原样装箱。取仪器前应先松开制动螺旋，以免在取出仪器时因强行扭转而损坏制动装置。

3）取仪器时，应双手握住照准部支架或基座部分取出，然后轻轻放到三脚架上部。一手握住照准部支架，另一手将中心连接螺旋旋入基座底板的连接孔内（旋紧），防止因忘记拧上中心连接螺旋或拧得不紧而摔坏仪器。

4）从仪器箱取出仪器后，要随即将仪器箱盖好，以免沙土杂草进入箱内。禁止坐、蹬仪器箱。

（3）测量仪器的使用。

1）在任何时候，仪器旁必须有人看管，做到"人不离仪器"，以防止其他无关人员拨弄仪器或行人、车辆撞倒仪器。在阳光强烈或细雨下使用仪器时，必须撑伞保护仪器，特别注意仪器不得受潮，雨大时必须停止观测。

2）井下观测时，注意仪器上方安全，防止高空坠物以及其他不安全因素。

3）观测过程中，除正常操作仪器螺旋外，尽量不要用手扶仪器及脚架，以免碰动仪器，影响观测精度。

4）使用仪器时，要避免触摸仪器的目镜和物镜。若镜头有灰尘，应用仪器箱中的软毛刷拂去或用镜头纸轻轻擦去。严禁用手指或手帕等擦拭，以免损坏镜头上的药膜。

5）禁止望远镜对准太阳。

6）暂停观测时，仪器必须安放在稳妥的地方由专人看护或将其收入仪器箱内，不得将其脚架收拢后倚靠在树枝或墙壁上，以防侧滑跌落。

7）转动仪器时，应先松开制动螺旋，然后平稳转动。制动时，制动螺旋不能拧得太紧。使用微动螺旋时，应先旋紧制动螺旋。微动螺旋和脚螺旋宜使用中段螺纹，不要旋到顶端，以免损伤螺纹。

（4）测量仪器的搬迁。

1）远距离迁站或通过行走不便的地区时，必须将仪器装箱后再迁站。

2）近距离且平坦地区迁站时，可将仪器连同脚架一同搬迁。方法：先检查连接螺旋是否旋紧，然后松开各制动螺旋使仪器保持初始位置，再收拢三脚架，左手托住仪器的支架或基座，右手抱住脚架放在肋下，稳步行走。

3）搬移仪器时必须带走仪器箱及有关工具。

（5）测量工具的使用。

1）钢尺使用时，应避免打结、扭曲，防止行人踩踏和车辆碾压，以免钢尺折断。携尺前进时，应将尺身离地提起，不得在地面上拖曳，以防钢尺尺面磨损。钢尺用完后，应将其擦净并涂油防锈。

2）皮尺使用时，应均匀用力拉伸，避免强力拉曳而使皮尺断裂。如果皮尺浸水受潮，应及时晾干。皮尺收卷时，切忌扭转卷入。

3）各种标尺和花杆的使用，应注意防水、防潮和防止横向受力。不用时安放稳妥，不得垫坐，不要将标尺和花杆随便往树上或墙上立靠，以防滑倒摔坏或磨损尺面，更不能将其当成板凳坐在上面。花秆不得用于抬东西或作标枪等投掷、玩耍打闹。塔尺的使用应注意接口处的正确连接，用后及时收尺。铟钢尺及条码尺应注意尺面和条码的保护。

（6）发生故障的处理。

1）所有仪器工具若发生故障，应及时向仪器管理员和所长汇报，不得自行处理。

2）仪器工具如有损坏和丢失，应书面报告说明，并按有关规定给予赔偿。

2. 测量仪器对中整平操作规程

适用范围：经纬仪、全站仪观测前安置仪器。

对中整平共有 6 个步骤：安置脚架、对中、粗平、精平、再对中、再精平，具体操作步骤如下。

1）安置脚架：松开脚架的固定螺旋（能抽动架脚即可）→拉伸到合适高度（加上仪器的高度后仪器视准轴与鼻尖等高）→拧紧三个固定螺旋（必须慎防仪器跌落）→将脚架置于对中点上方，架头基本水平。

2）粗略对中：取出仪器，用连接螺栓固定在三角架上→调节机座脚螺旋至中间位置→调整对点器目镜对光螺旋、看清对点圆环→调整对点器物镜对光螺旋，看清地面点位→稍微提起三脚架的两只架腿慢慢移动，使对点器对准点位（架头基本水平是保证整平速度的关键条件）→踩紧三个架腿。

3）粗平：必须用架腿进行粗平，不能用脚螺旋调节，否则对点器偏离太多→升高圆气泡对向的架腿或降低圆气泡所在位置的架腿，升降架脚时左手大拇指压在活动的架腿上，其余四指抓紧固定部分，松开紧固螺旋进行高度微调，气泡移动到圈内时拧紧固定螺旋→升降其他架脚使圆水准器气泡居中。

4）精平：将管水准器与基座的任意两个脚螺旋平行，反向对称旋转这两个脚螺旋使长气泡居中→转动管水准器 90°，旋转第三个脚螺旋使长气泡居中→再转动管水准器 90° 检查，气泡出现偏差时调整一半。

5）再对中：检查对点器是否还在点位中心，如不在中心，稍微松开连接螺旋，在架头上轻轻平移（不能转动）仪器，使对点器精确对准点位后拧紧连接螺旋。

6）再精平：重复精平操作，严格使长气泡居中。

其他：若为激光对中器，无需调整对点器目镜、物镜，直接打开对中激光即可；若为强制对中固定仪器台，精平即可。

3. 测量仪器照准与读数操作规程

适用范围：全站仪、水准仪的照准与读数。

照准与读数依次进行 5 个步骤：目镜对焦、物镜对焦、精确瞄准、测微器符合、读数，具体操作步骤如下。

1）目镜对焦（观测者眼睛与目镜的适应过程）：把望远镜对向明亮的背景，转动目镜对光螺旋，使十字丝十分清晰。

2）物镜对焦（物镜与观测对象的适应过程）：通过粗瞄器照准目标，转动物镜对光螺旋，使目标清晰。

上述步骤应依次进行，调好后若观测者眼睛上下移动时十字丝与目标像不产生相对移动则说明对光良好（图 8-1c）；否则说明存在"视差"（图 8-1a、图 8-1b），实际是因为目标像平面与十字丝平面不重合，应重复进行上述步骤，直到消除视差。

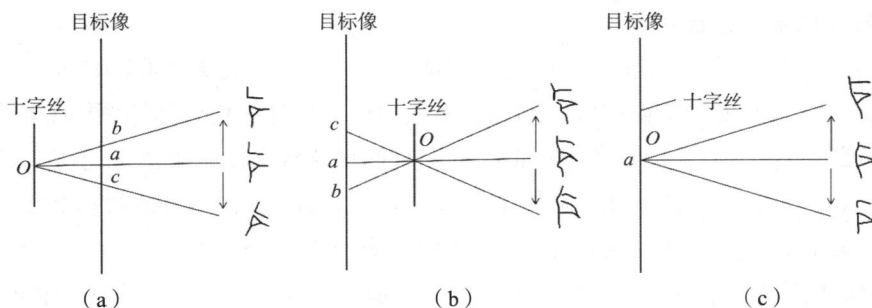

图 8-1　读数示意图

3）瞄准：用水平微动螺旋旋转照准部，使望远镜纵丝对准目标；经纬仪、全站仪操作时应保证微动螺旋一直按"旋进"方向，消除"隙动差"。

4）测微器符合：调节读数窗调焦螺旋，使眼睛看清楚测微尺刻划；按"旋进"方向转动测微螺旋进行"符合"。

5）读数并记录。

4. 全站仪测回法观测操作规程

1）到达测量现场后，取出全站仪放置在阴凉处等待不少于 15 min，使仪器温度和外界温度一致；将温度计悬挂在离开地面和人体 1.5 m 以外阳光不能直射的地方，气压表置平。

2）在测站点和目标点分别架设全站仪和棱镜，严格对中整平；设置仪器测距、温度、湿度、气压，温度读取精度为 0.2°，气压读数至 50 Pa。

3）盘左精确瞄准后视方向，设置水平度盘，读数、记录；同步进行距离测量，测距前设置棱镜加常数。

4）盘左顺时针依次照准其他目标，读数、记录；若方向数大于 3 个，瞄准零方向读取半测回归零差，半测回归零差超限须立即重测。

5）纵转望远镜盘右反向依次照准各目标，水平角和距离的读数、记录，检查半测回归零差，半测回归零差超限须重测当前测回。

6）检查各方向一测回内 2C 互差，检查一测回测距读数较差，读数较差应小于仪器标称精度。

7）重复步骤，完成其他各测回的观测。

8）检查各测回单程测距较差，较差应小于仪器标称精度的 1.4 倍。

9）测量完成后，关机，松开连接螺旋，从脚架上取下仪器，放入仪器箱内，扣好仪器箱。

10）其他：导线测量的测站只有两个方向时，应在奇数测回时观测前进方向的左角，偶数测回时观测前进方向的右角，左右角之和与 360° 之差不应大于测角中误差的 2 倍。

5. 测量记录与计算规定

1）各项记录必须直接记入在规定的表格内，不准另以纸条记录后誊写。凡记录表格上规定应填写的项目不得空白。原始手簿上的记录和计算均应用绘图铅笔记载。

2）观测者读数后，记录者应在记录的同时回报读数，以防听错、记错。记录的数据应写齐规定的字数，表现精度或占位的"0"均不能省略，如普通水准读数 1.430 m 不应记作 1.43 m，全站仪角度读数 45° 05′ 06.0″不应记作 45° 5′ 6″。

3）禁止擦拭、涂改。记录数字若有错误，应在错误数字上划一横杠，将改正数据记在原数上方。所有记录的修改和观测成果的淘汰重测必须在备注栏注明原因，如测错、记错、超限等。

4）原始观测数据的尾数部分不准更改，应将该部分观测废去重测。

5）禁止连续更改。例如，水准测量基辅读数，角度测量中的盘左、盘右读数，距离测量中的往返测读数等，均不能同时更改，否则重测。

6）数据计算时，应根据所取位数，"按 4 舍 6 入、5 前单进双不进"的规则进行凑整，如取至毫米位时 1.456 4 m、1.455 6 m、1.455 5 m、1.456 5 m 都应记作 1.456 m。

7）每测站观测结束后，必须在现场完成规定的计算和检核，确认无误后方可迁站。

8.2.2 频率计使用及注意事项

振弦式频率计使用步骤如下。

1）将频率计的测试线夹头与振弦式传感器相连，注意不要短路。

2）打开频率计的电源。

3）待频率计的读数稳定以后，将数值记录下来。

4）关闭频率计的电源。

5）拆开频率计与振弦式传感器的连接。

6）清洁频率计外表，且把测试线整理归位。

8.2.3 测斜仪使用及注意事项

测斜仪使用步骤如下。

1）仪器使用前应先用读数仪测量，检查读数是否正常（参照测斜仪使用说明书）。

2）测斜仪是一种可重复使用的测量仪器，所以测量前必须埋设测斜管，方可实现测量。

3）检查测斜仪的导轮是否转动灵活、扭簧是否有力、密封圈是否损坏，确认仪器处于合格状态。

4）连接测斜仪的读数仪应严格按照各厂商、型号对应的使用说明书要求进行操作和维护保管。

5）将测斜仪置入测斜管内，并使导向轮完全进入。导向轮的正向与被测位移坐标的正向一致时测值为正，相反为负（正反方向各测一次）。测斜仪测量时可先将测斜仪放入管底，从下至上测量，根据电缆上标明的记号，每500 mm单位长度测读一次。

6）测量时一定要使4个导向轮完全进入导向槽中，在测管的接头处可反复多测几次。如果某一两处的和值偏差明显过大可剔除，这一般是由于一头导向轮不在导向槽中引起的，且多发生在接头处。

7）为提高测量精度，消除系统误差，每个方向的位移应逐段正、反方向各测读一次。

8）测量结束后，应先拧开测杆与电缆之间的接头，并将测杆与电缆接头处的四芯插头、插座擦拭干净，将测杆放入便携箱中。将读数仪的测量线从电缆绕盘上拧下，并将电缆线在绕盘上盘好以备下次使用。

8.2.4 分层沉降仪使用及注意事项

分层沉降仪使用步骤如下。

1）仪器检查：按下电源按钮，将开关置于声音状态或电流状态，如电源在警示电压以上，则为正常。

2）拧松绕线盘后面的止紧螺丝，让绕线盘能自由转动。

3）将测头放入测试管中，手拿测量电缆，让测头缓慢地向下移动。

4）当测头进入土层中的磁环时，接收系统的音响器（或电流指示器）便会发出连续不断的蜂鸣声（或电流指针摆动）。

5）读出测量电缆在测试管口处的深度尺寸，记在记录表格上。

6）继续缓慢下放电缆，测量测试孔中各磁环的深度，直至测头穿过最后一个磁环。

7）向上收回电缆时，通过土层磁环时测出相应的深度，记录在记录表格上。

8）关闭电源，用棉纱擦干电缆及探头，绕在绕线盘上，拧紧止紧螺丝，放在干燥处存放。

9）当电源指示低于警示电压时，应关闭电源，检查原因，更换电源待正常后重新使用。

10）若音响器或电流指针发生故障，及时送厂家检修。

8.2.5 水位计使用及注意事项

水位计使用步骤如下。

1）仪器检查：按下电源按钮，将开关置于声音状态或电流状态，如电源在警示电压以上，则为正常。

2）拧松绕线盘后面的止紧螺丝，让绕线盘能自由转动。

3）将测头放入水位管内，手拿钢尺电缆，让测头缓慢地向下移动。

4）当测头触点接触到水面时，操作系统的音响器就会发出蜂鸣声（或电流指针偏移）。读出此时的钢尺电缆在管口处的深度尺寸，并记录。

5）关闭电源，缓慢收回测头并用棉纱将电缆线及测点擦干后，绕在绕线盘上，放在干燥处保存。

6）当电压指示低于警示电压时，应及时调换电池，待电压正常后重新开机。

7）若音响器或电流指针出现故障，送厂家检修。

8.2.6 爆破测振仪使用及注意事项

爆破测振仪使用步骤如下。

1）按开机键打开爆破测振仪。

2）进行参数设置，参数包括采样频率、触发电平、触发方式、采样时间、采样延时等。

3）进行传感器安装，传感器与被测物体刚性连接，安装时 Z 向垂直朝上，X、Y 向水平。

4）连接传感器与仪器，选择"数据采集"功能进入"等待触发"界面，等待数据采集。

5）数据采集完成后，通过"数据分析"功能完成对信号特征值的读取及波形预览，预览无问题后，关机并取回仪器。

6）将仪器连接电脑，通过数据分析软件进行详细数据处理。

8.2.7 手持激光测距仪使用及注意事项

手持激光测距仪使用步骤如下。

1）按开启键 / 测量键打开测距仪。

2）观察屏幕上显示的电池图标，若显示持续闪烁的电池标志时，应及时更换电池。

3）测量基准边的设置：仪器默认的测量基准边是仪器的后沿。

4）单次距离测量：一次短暂按键时，激光开启，瞄准目标；再次短暂按键时，完成一次测量，测量结果立刻显示在显示屏上。

5）光线较暗时，按下"背景照明"键。

6）使用完毕后关闭测距仪。

8.3 仪器监测期间核查

8.3.1 全站仪、水准仪监测期间核查

正常情况下，水准仪 i 角测量周期不应大于 15 天，全站仪一般应每季度检验一次。

重要项目、精度要求较高的项目，开工前应进行仪器检验。经一般维修后的仪器在重新使用前需进行检验。发现异常情况，立即送专业单位检查、维修、校准。

全站仪核查期间，检验项目如下。

1）照准部管水准轴与竖轴正交的检验。

2）十字丝纵丝与水平轴正交的检验。

3）照准轴与水平轴正交的检验。

4）水平轴与竖轴正交的检验。

5）垂盘指标差的检验。

6）对中器的检验。

8.3.2 频率计监测期间核查

频率计按规定的检定周期送检。在检定周期内，如遇长时间放置未使用、经一般维修后使用前、对采集的测值有疑问时，需进行核查。发现异常情况时，立即送专业单位检查、维修、校准。

频率计监测期间应进行日常核查步骤。例如，用几只频率计同时测量一钢筋应力计，若某台频率计测值与其他多台仪器测值相比超过 1 Hz，或读数不稳定，则认定此台频率计不合格。

8.3.3 测斜仪监测期间核查

测斜仪应定期送检，监测期间日常核查步骤如下。

1）将测斜仪探头沿导槽缓缓沉至孔底，在恒温一段时间后，自下而上间隔 0.5 m 进行读数，直至到达测斜管的顶部；把探头从套管中取出，旋转 180°，重新放入测斜管中，重复上述方法。

2）由公式计算出测斜管形状曲线。

3）同一台测斜仪连续两次测试结果满足表 8-2 的要求时，认定为合格。

表 8-2　不同测试深度下最大差值表

测试深度	两次测试最大差值
≤20 m	≤1.0 mm
> 20 m，≤30 m	≤1.2 mm
> 30 m，≤40 m	≤1.5 mm
> 40 m	≤2.0 mm

4）两台仪器测试结果对比进行，最大差值／最大测值≤5% 时，认定为合格。若超限，可多台仪器进行对比，MAX（某台仪器的测值-中值）／中值≤5% 时，定为此仪器合格，否则应送相关部门校准。

5）记录及批准：核查过程应予记录。

8.3.4　分层沉降仪监测期间核查

分层沉降仪应定期送检，监测期间日常核查步骤如下。

（1）灵敏度期间核查（标准 ±0.2 cm）。

1）将沉降计头部徐徐放入测孔中，遇到预埋的磁环蜂鸣器启动即停，记录深度。

2）徐徐往上提升，至蜂鸣器停即止。

3）重复上述步骤三次，记录深度。

4）三次深度误差小于 0.2 cm，即为合格。

（2）长度核查。

1）将沉降计钢尺平铺于水平地面。

2）使用经长度校准过的 50 m 钢尺测量沉降计钢尺长度三次，并记录，取其平均值。

3）被测钢尺与标准钢尺之差小于 0.2 cm，即为校准通过。

4）二者之差大于 0.2 cm 时，则检测前 15 m 二者之差，若小于 0.2cm 仍可使用，若仍大于 0.2 cm，则应作常数改正。

（3）记录及批准。

核查过程应予记录，并进行保存。

8.3.5　水位计监测期间核查

水位计应定期送检，监测期间日常核查步骤如下。

（1）灵敏度期间核查（标准 ±0.5 cm）。

1）将水位计头部徐徐放入水中，至蜂鸣器启动即停，记录深度。

2）然后徐徐往上提升，至蜂鸣器停即止，记录深度。

3）重复以上步骤三次，记录深度。

4）三次深度误差小于 0.5 cm，即为合格。

（2）长度核查。

1）将水位计钢尺平铺于水平地面。

2）使用经长度校准过的 50 m 钢尺测量水位计钢尺长度，并记录。

3）被测钢尺与标准钢尺之差小于 0.5 cm，即为合格。

4）二者之差大于 0.5 cm 时，则检测前 15 m 二者之差，若小于 0.5 cm 仍可使用，若仍大于 0.5 cm，则应作常数改正。

（3）记录及批准。

核查过程应予记录，并进行保存。

8.4 监测仪器设备保养与维护

为了使仪器设备处于良好状态，保持其固有的功能、精度和效率，必须做好日常的保养维护工作。仪器在使用和存放过程中，由于物理或化学的作用，如震动、油性发挥、温湿度、元器件的老化等因素，对精度产生影响。因此，应加强日常的维护保养、定期检定，以保证测量成果质量。

8.4.1 全站仪、水准仪的保养与维护

1. 仪器在室内的保存

存放仪器的房间，应清洁、干燥、明亮且通风良好，室温不宜剧烈变化，适宜温度为 10 ℃～16 ℃。在冬季，仪器不能存放在暖气设备附近；室内应有消防设备，但不能用一般酸碱式灭火器，宜用液体二氧化碳、四氯化碳灭火器及新的安全消防器；室内不要存放具有酸、碱类气味的物品，以防腐蚀仪器。

存放仪器的库房，要采取严格防潮措施。库房相对湿度要求在 60% 以下，特别是南方的梅雨季节，更应采取专门的防潮措施；可安装空气调节器，以控制湿度和温度。

对于存放在室内的常用仪器，必须保持仪器箱内的干燥，可在箱内放 1～2 袋"防潮剂"。这种"防潮剂"的主要成分是硅胶（硅酸钠）和少量钴盐。

2. 仪器的安全运送

仪器受震后会使机械或光学零件松动、移位或损坏，造成仪器各轴线的几何关系变化，光学系统成像不清或像差增大，机械部分转动失灵或卡死。轻则使用不便，影响观测精度；重则不能使用甚至报废。测量仪器越精密越是要注意防震，在运送仪器的过程中更是如此。

长途运送仪器时，应装入特制的木箱中。箱内垫以刨花、纸卷、泡沫塑料等弹性的物品，箱外标明"光学仪器""不许倒置""小心轻放""怕潮怕压"等字样。

短途运送仪器时，可以不装运输箱，但要有专人护送。在乘坐汽车或外出作业时，仪器要背在身上；路途稍远的，要坐着抱在身上，切忌将仪器放在机动车、畜力车，以防受震；条件不具备的，必须装入运输箱内，并在运送车上放置柔软的垫子或垫上一层厚厚的干草等减震物品，有专人护送。

仪器在运输途中，均要注意防止日晒、雨淋。放置的地方要安全稳妥、干燥和清洁。

3. 仪器在作业过程中的维护

（1）从仪器箱内取、放仪器时的注意事项。

1）从箱内取出仪器时，应注意仪器在箱内安放的位置，以便用完后按原位放回。拿取全站仪、水准仪时，不能用一只手将仪器提出；应一手握住仪器支架，另一只手

托住仪器基座慢慢取出。取出后，随即将仪器竖立抱起并安放在三脚架上，再旋上中心螺旋，然后关上仪器箱并放置在不易碰撞的安全地点。

2）作业完毕后，应将所有微动螺旋旋至中央位置，并将仪器外表的灰尘用软毛轻轻刷干净，然后按取出时的原位放入箱中。放好后要拧紧各制动螺旋，以免携带时仪器在箱中摇晃受损。关闭箱盖时要缓慢妥善，不可强压或猛力冲击，将仪器箱盖好后上锁。

3）从工地作业带回来的仪器，应随即打开箱盖并晾在通风、干燥的地方，晾干擦净再放回箱中。

（2）在测站上架设仪器时的注意事项。

1）安置水准仪、全站仪时，首先要将三脚架架头大致对中、整平并架设稳当。在设置三脚架时，不允许将水准仪、全站仪先安在架头上然后摆设三脚架，必须先摆好三脚架后放置水准仪、全站仪。三脚架一定要架设稳当，其关键在于三条支腿不能分得太窄也不能分得太宽，一般与地面大致呈60°。在山坡或下井架设时，必须两条支腿在下坡方向、一条支腿在上坡方向。

2）三脚架架设稳妥后，放上仪器，并随即拧紧中心连接螺旋。为了检查仪器在三脚架上连接的可靠性，在拧紧中心螺旋的同时，用手移动一下仪器的基座，如固紧不动则说明已连接正确，可进行下一步操作。

（3）仪器在施测过程中的注意事项。

1）在整个施测过程中，观察员不得离开仪器。如因工作需要而离开时，应委托旁人看管或将仪器装入箱内带走，以防止发生意外事故。

2）使用仪器在野外作业时，必须用伞遮挡阳光。在井内作业时，要注意避开仪器上方的淋水或可能掉下来的石块等，以免影响观测精度以及保护仪器安全。

3）仪器箱上不能坐人，防止压坏箱子甚至压坏仪器。

4）当旋转仪器的照准部时，应用手握住其支架部分，不能直接握住望远镜，更不能用手抓住目镜转动。

5）仪器的任一转动部分发生旋转困难时，不可强行旋转，必须检查并找出原因。

6）仪器发生故障以后，不应勉强继续使用，否则会加剧仪器的损坏程度。不要在野外或坑道内任意拆卸仪器，必须带回室内由专业人员进行维修。

7）不能用手指触及望远镜物镜或其他光学零件的抛光面。对于物镜外表面的灰尘，可用干净的驼毛刷轻轻地拂去；而对于较脏的污秽，最好在室内处理，不得已时可用透镜纸轻轻地擦拭。

8）在野外作业遇到雨、雪时，应将仪器立即装入箱内。不要擦拭落在仪器上的雨滴，以免损伤涂漆。应将仪器搬到干燥的地方晾干，然后用软布擦拭仪器，再放入箱内。

9）应建立全站仪等仪器设备的使用、维护档案，以掌握每台设备的质量和使用情况。

（4）仪器搬站时的注意事项。

1）仪器搬站距离较远、道路复杂（如要通过小河、沟渠、围墙等障碍物）时，仪器应装入箱内。在进行三角测量时，由于搬站距离较远，且仪器精密，必须装箱背运。在进行地面或井下导线测量时，一般距离较近，可不装箱搬站，但水准仪或全站仪必须从三脚架架头上卸下，由一人携带；当通过沟渠、围墙等障碍物时，仪器必须由一人传给另一个人，不要直接携带仪器跳越，以免震坏或摔坏仪器。

2）水准测量搬站时，水准仪不必从架头上卸下。这时可将仪器连同三脚架一起夹在肋下，仪器在前上方，并用一手托住其重心部分，三脚架不要过于倾斜。在任何情况下，仪器不可扛在肩上。

3）搬站时，应把仪器的所有制动螺旋拧紧。

4）在进行隧道内测量时，上下竖井的过程中必须将仪器卸下装箱搬运。

（5）其他注意事项。

1）仪器遇到气温变化剧烈时，必须采取专门措施。将仪器在地面进行保温，同时注意防潮，不要将仪器存放于冰冷而潮湿的地方。

2）三脚架应防止暴晒、雨淋、碰撞。从工地回来要将其擦拭干净，放在阴凉通风处晾干。三脚架的伸缩滑动部分应经常擦以白蜡，架头及其他连接部分要经常检查、调整，防止松动。

4.仪器配套设备的使用

（1）三脚架的保养与维护。

1）轻拿轻放，不能摔、撞三脚架。

2）有罩的三脚架（如全站仪的三脚架）在每次使用之后需套上罩子保护，定期用干净的软布蘸清水擦拭三脚架。

3）三脚架应放置在干燥、通风、无腐蚀的环境中。三脚架应平放或者竖直放置，不应随便斜靠，以防挠曲变形。

（2）塔尺、铟钢尺的保养与维护。

1）一定要十分注意保护刻度面，切不可刮、划、撞、摔。

2）存放在干燥、通风、无腐蚀的环境中，测量完成后将铟钢尺放回仪器盒中。

3）定期用干净的软布蘸清水擦拭尺子。

（3）棱镜的保养与维护。

1）注意防尘，测量状态时将棱镜罩取下，非测量状态时则安装上。

2）当前测点测量完成，需在下一个测点架设棱镜时，应该从三脚架上拆下棱镜并装入仪器盒中，在新测点取出棱镜架设好。

8.4.2 频率计的保养与维护

频率计日常过程中保养与维护应注意以下几点。

1）使用时，打开仪器上盖，将测试电缆线插入插孔，然后开机测量。测量完毕后，关机，将电缆线拔出、收好，盖上仪器上盖，放入包内。严禁不拔电缆线而直接掩上仪器上盖，避免电缆线接头处的损坏。

2）液晶显示器应避免高温、阳光直射。

3）盒盖内不要放置硬物，以免挤压液晶和划伤面板。

4）应保持仪器面板及外壳的清洁，防止水气及泥土沙尘的进入与污染。

5）应养成使用完毕，充电后以备下次使用的习惯。仪器若长期停用，应充足电存放，且每个季度补充一次电。若发现蓄电池"一充就满、一用就完"，很可能是电池失效。此时可打开仪器下盖，更换 6 V、1.3 Ah 的蓄电池。新电池装入时应注意极性并防止电池正极端与金属机壳相碰。

8.4.3 测斜仪的保养与维护

测斜仪测头、缆线、主机及其他配件应分别保养，其中测头内含有精密传感器，为仪器的核心部件，在使用过程及保养中要特别注意。

1. 测头的保养维护

1）探头严禁强碰撞，高温时不得将探头及仪器置于阳光下暴晒。

2）探头是精密仪器，需专人保管、维护。

3）使用测斜仪后，应清理测斜仪上的泥沙等污物，上润滑油，避免生锈，一旦生锈后应及时除锈；不要在传输信号的接头针或孔上涂油，以免影响导电性能。探头采用不锈钢制成，导轮部分及电缆应在每次测试完成后擦拭干净，在导轮轴及支撑弹簧处上机油，避免导致锈死。

4）测斜仪属于精密仪器，应当轻拿轻放，特别是测头。测头中的传感器是伺服式加速度计，受到撞击时易损坏。

5）探头的弹簧处可以适当滴一些润滑油。

6）在运输过程中，只要将测头放入测头盒中扣紧，一般不会造成损坏。

2. 缆线的使用注意事项

1）仪器电缆与探头接触部位尽量少弯折，装箱时尽量让接头处于自然状态。

2）收线时严禁用手硬性扯直或者吊着探头牵引电线。正确的做法是卸下探头，提起缠绕的线，牵引恢复成直线。

3）在测量过程中，必须使用卡槽，避免缆线与测斜管管口相互磨损。

3. 采集器的使用注意事项

1）仪表使用锂电池，电路自动控制充电。充一次电可使用 40 个小时左右，如果使用背光，可使用 20 个小时左右。

2）当测斜仪不使用时，为了不损坏电池，应当隔半个月进行一次充电，长期不充电可能造成电池的损坏。

3）测量结束后，应把仪器内保存的测量数据上传到电脑中。仪器每隔半个月应进行一次清除数据的操作。清除前应把仪器内保存的数据全部上传到计算机内保存。

4）严禁雨水浸湿读数仪的任何部分，进水或受潮会损坏仪器内部电路结构。在工地现场使用时，注意不要用潮湿的手来操作读数仪。请勿将读数仪放在潮湿的地方。

5）仪器充电时务必使用专配的充电器，充电口严禁插入其他任何电器。

6）拔插各接口时应按垂直角度，严禁左右摇晃或旋转。

8.4.4 水位计与分层沉降仪的保养与维护

因电池容量有限，每当测量完毕后，应立即关闭电源开关。更换电池时，必须把钢尺电缆从绕线盘上全部放下来，拧掉前面板上的两只自攻螺钉，取下前面板，便可更换新电池。

测量后必须将测头及钢尺电缆等擦拭干净，并把钢尺电缆整齐地绕在绕线盘上，然后放置于箱柜内。

测头工作时要求密封，绝对禁止拆卸，以免损坏。

钢尺电缆切忌弯折，以免损坏或断裂，特别是靠近测头端部。

测头应轻拿轻放，切忌剧烈震动。

仪器应存放在温度为 $-10\ ℃ \sim +40\ ℃$、湿度不大于 80% 的干燥、通风的房间内。

8.4.5 爆破振动仪的保养与维护

爆破振动仪日常过程中保养与维护应注意以下几点。

1）避开爆破、辐射、腐蚀、电磁干扰等场合存放。

2）若仪器长期不用，应两个月开机一次。

3）仪器充满电后若 3 ~ 4 个月不使用，应再次对仪器充电。

4）仪器连接传感器或计算机时应注意区分连接线缆，误用线缆可能会造成接头损坏。

5）仪器在采集状态下不能插拔传感器，否则会引起故障。

6）仪器在连接计算机状态下使用硬件数据分析功能，可能会引起仪器故障。

7）仪器使用结束后，应擦拭干净，整齐放置于仪器箱内。

8）拔插各接口时应先按住航空插头，待接口松开后再拔出。

8.5 监测仪器设备管理

1. 建立仪器档案

仪器档案内容一般包括名称、生产厂家、出厂编号、规格、型号、附件名称及数量、合格证书、使用说明书、出厂率定资料、鉴定证书、购置商店及日期、设计编号及使用日期、使用人员、现场检验率定资料、安装埋设考证图表、问题及处理情况、报验情况。

2. 建立仪器设备维护与管理制度

1）建立维护观测组织。

2）编制维护观测制度。

3）编制维护观测技术规程。

第9章
监测成果及信息反馈

监测成果主要为信息化施工服务。监测单位对大量监测数据进行综合整理后，将成果制成表格，绘制出各类变化曲线或图形，辅以必要的文字说明，使监测成果形象化，并通过纸质报送、电子邮件、监测信息化平台等途径及时反馈至相关单位，让工程技术人员能够通过监测成果一目了然地发现问题和分析问题。

城市轨道交通监测的实施作为现场施工安全与质量的"眼睛"，监测成果编制与监测信息反馈是其核心。本章主要从工程监测成果、监测信息反馈、监测预警及消警等方面提出轨道交通监测成果和信息反馈的技术要求。

9.1 监测成果内容及要求

9.1.1 监测成果要求

工程监测成果包括现场监测资料、计算分析资料、图表、曲线、文字报告等，应系统完整、表述清晰、签字盖章齐全。工程监测宜形成如下成果：施工前周边环境调查成果，监测方案及其编制、报审、审批记录；监测控制网测量成果，基准点及监测点埋设与验收记录，监测初始值成果，现场监测、巡查等过程记录，监测报告。

现场监测资料宜包括外业观测记录、仪器电子数据资料、现场巡查记录、影像记录和记事项目等，应在现场直接记录于监测记录表格中，并应有相应的工况描述。

取得现场监测资料后，应及时进行整理、校对和监测资料的验收。监测数据出现异常时，应分析原因，必要时进行现场核对或复测。

监测数据处理中的数值取位要求，应符合表 9-1 的规定。

表 9-1 监测数据处理中的数值取位要求

方向值 /″	边长 / mm	坐标 / mm	高程 / mm	水平位移量 /mm	竖向位移量 /mm	地下水位 /m	轴力 /kN	应力 /kPa
0.01	0.1	0.1	0.01	0.1	0.01	0.01	0.01	0.01

9.1.2 监测成果内容

根据监测时间段和报告的及时性，监测报告可分为监测日报、警情快报、阶段性报告（周报或月报）、停测报告和总结报告。监测报告应采用文字、表格、图形、影像等直观、明确的表达形式。

1. 监测日报

监测日报中应包含以下内容。

1）工程施工概况：施工进度、风险状况、风险源管控情况等。

2）现场巡查信息：巡查照片、记录等。

3）监测项目日报表：报表编号、仪器型号、监测日期、观测时间、天气情况、累计变化值、变化速率值、监测频率、控制值、监测点平面和剖面位置图等，日报格式可参照附录 C 编制。

4）监测数据、现场巡查信息的分析与说明。

5）结论与建议。

2. 警情快报

警情快报中应包含以下内容。

1）警情发生的时间、工点、部位、级别、情况描述、严重程度、施工工况等。

2）预警的测项、测点或巡视预警内容。

3）现场巡查信息：巡查照片、记录等。

4）同断面或其周边其他测项、测点的数据情况。

5）监测数据图表：监测项目的累计变化值、变化速率值、时程曲线、监测点平面位置图等。

6）警情原因初步分析。

7）警情处理措施建议。

3. 阶段性报告（周报或月报）

阶段性报告中应包含以下内容，报告可参照附录 D、附录 E 编制。

1）工程施工概况：施工进度、风险状况等。

2）现场巡查信息：巡查照片、记录、具体巡视时间等。

3）预警情况：预警信息发布及跟踪处理情况。

4）监测数据图表：监测项目的累计变化值、阶段变化值、变化速率值、控制值、时程曲线、必要的断面曲线图、等值线图、监测点平面位置图等。

5）监测数据、现场巡查信息的分析与说明。

6）监测结论与建议。

4. 停测报告

停测报告中应包含以下内容。

1）施工完成情况。

2）已具备的停测条件：监测方案、设计文件、规范要求的条件等。

3）停测说明：停止监测的工点、部位、日期、测项、测点等内容。

5.总结报告

总结报告中应包含以下内容。

1）工程概况。

2）监测技术依据与标准。

3）监测项目、监测点布设、监测点平面位置图及监测工程量。

4）采用的仪器设备型号、规格及元器件标定等资料。

5）现场监测方法、监测数据采集及分析。

6）现场巡查信息：现场巡查照片、记录、具体巡视时间等。

7）监测控制值等指标资料。

8）预警情况：预警信息发布、现场处置措施、监测跟踪处理情况等。

9）监测数据图表：监测值、累计变化值、变化速率值、时程曲线、必要的断面曲线图、等值线图等。

10）监测成果分析。

11）监测结论与建议。

9.2 监测信息反馈

城市轨道交通工程的监测数据处理与信息反馈宜利用专门的工程监测数据处理和信息管理系统软件，逐步实现数据采集、处理、分析、查询和管理的一体化以及监测成果的可视化。

监测日报、警情快报、阶段性报告（周报或月报）、停测报告和总结报告应按规定的格式和内容，及时向相关单位报送。

9.2.1 信息反馈流程

监测信息反馈流程包括多个环节，从监测数据的采集、监测数据的处理、预警响应到监测成果的及时传达等。其流程如图9-1所示。

现将监测信息反馈的流程分成如下几个阶段。

1）采集数据（包括现场安全巡查）：对数据进行初步分析，初步判断监测对象安全，如果情况可疑应通知业主，并做进一步监测验证。

2）数据处理和报告生成：数据录入计算机，进行数据处理，经各有关审核人审核合格后，生成成果报告（全部监测工作结束后，生成最终报告）。

3）预警响应：若监测数值达到了预警值，按规定的有关程序进行响应和处理。

4）提交成果：生成监测成果报告后（全部监测工作结束后，生成最终总结报告），成果报告和相关主要数据、图表等以书面形式报送给各相关方。

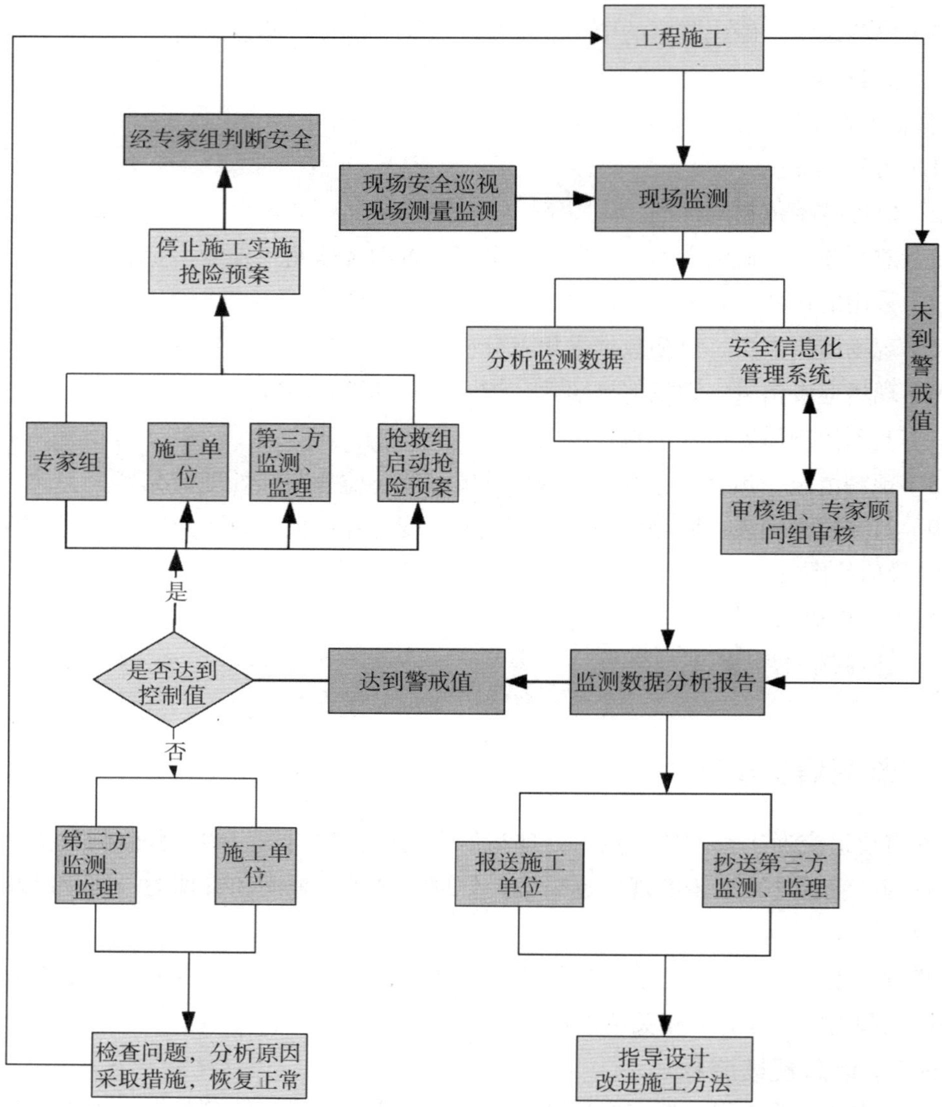

图 9-1　监测信息反馈流程图

9.2.2 预警状态下的信息反馈

预警状态下监测信息的报送形式为预警快报，报送内容主要包括风险时间、地点、风险概况、原因初步分析、变化趋势、风险处理建议等，具体如下。

当分析确认为预警状态时，由项目负责人第一时间采取短信、电话、邮件等快捷方式将预警情况报送业主，并在随后 1 个工作日内形成纸质预警通知单报送业主。

在预警建议信息上报业主单位的同时，现场监测、巡查人员根据现场实际情况增加监测频率、加密测点，密切关注现场情况的变化；相关人员进一步对监测、巡查、作业情况进行分析，提供详细的分析报告。

在确定处理方案后，由施工单位根据方案采取措施。在此过程中，施工方及时落实业主单位监控、监督管理的反馈意见，有针对性地加强风险位置的周边环境和工程自身的现场监测、巡查及风险信息的汇总分析，对处理措施实施的效果进行严密监控，并将监控情况向业主汇报。

在处理措施实施后，根据监控情况确认工程达到安全的状态后，按预警流程中的相应规定进行消警。

9.2.3 监测信息报送方式

监测单位按照要求完成相应监测报告自审后，应立即进行信息上报。日报当天处理，电子文件当天 17：00 之前报送，纸质文件第二天 10：00 之前报送；周报为每周五下午 17：00 之前报送；月报为当月 25 日 17：00 之前报送。

第三方监测上报给业主单位的纸质监测报告为一式 3 份。

第三方监测应将监测报告电子文件发送给业主单位项目部、监理。

9.3 监测预警及消警

编制工程监测方案时应根据工程特点、工程规模、施工工法、工程地质和水文地质条件及监测项目控制值，制定相应的监测预警等级和预警标准；工程施工过程中，当监测数据或巡视异常情况达到预警标准时，应进行警情报送。

9.3.1 监测预警原则

监测预警可分为监测数据预警、巡视预警和综合预警三类，按照严重程度由小到大可分为黄色预警、橙色预警和红色预警三个等级。

监测数据预警分级标准应按下表 9-2 进行判定。

表 9-2　监测数据预警分级标准表

预警级别	位移类	力学类
黄色预警	累计变化值和变化速率值双控指标均达到控制值的 70%，或双控指标之一达到控制值的 85%	$70\% f \times 90\%$
橙色预警	累计变化值和变化速率值双控指标均达到控制值的 85%，或双控指标之一达到控制值	$70\% f \times 95\%$
红色预警	累计变化值和变化速率值双控指标均达到控制值	$70\% f \times 100\%$

注：①f 表示设计单位给定的构件承载能力设计值；
　　②有预应力设计要求的，以满足设计为准，不进行分级预警。

巡视预警应根据工程特点、地质情况、施工要求、风险等级预判等制定具体的巡视内容及出现风险时对应的预警等级。巡视过程中出现下列警情之一时，应根据警情程度、发展趋势和造成后果的严重程度按预警管理制度进行巡视预警及报送。

1）基坑、隧道支护结构出现明显变形、较大裂缝、断裂、较严重渗漏水、隧道底鼓，支撑出现明显变位或脱落、锚杆出现松弛或拔出等。

2）基坑、隧道周围岩土体出现涌砂、涌土、管涌，较严重渗漏水、突水，滑移、坍塌，基底较大隆起等。

3）周边地表突然明显沉降或出现较严重的突发裂缝、坍塌。

4）建（构）筑物、桥梁等周边环境出现危害正常使用功能或结构安全的过大沉降、倾斜、裂缝等。

5）周边地下管线变形突然明显增大或出现裂缝、泄漏等。

6）根据当地工程经验判断应进行警情报送的其他情况。

综合预警的评价宜通过现场核查、会商或专家论证等确定，其分级标准应按表9-3进行判定。

表9-3　综合预警分级标准表

预警级别	判定条件		
	监测数据预警	巡视预警	风险状况评价
黄色预警	橙色或红色	黄色预警	存在风险隐患
橙色预警	橙色或红色	橙色预警	存在风险隐患，且出现危险征兆
红色预警	橙色或红色	红色预警	风险不可控或出现严重危险征兆

注：① 综合预警的判定需同时具备监测数据预警、巡视预警、风险状况评价中的状态；
　　② 监测数据缺失或无巡视预警的情况下工程出现危险征兆，需要发布综合预警，其预警等级由
　　　 发布单位依据风险状况及专业经验直接判定。

9.3.2 监测消警原则

工程实施过程中，通过技术措施与管理手段进行风险处置后，达到消除工程隐患且具备解除预警条件的，可进行消警。工程预警均需消警，形成闭合流程。

监测数据预警消警应同时具备下列两个条件。

1）对于应力类监测，当监测数据已得到控制且小于阈值后应组织消警。

2）对于位移类监测，当监测数据连续21 d稳定，日变化速率不大于70%的控制值，且平均变化速率小于0.1 mm/d时，相关单位组织消警。

巡视预警的消警应同时具备下列两个条件。

1）导致发布巡视预警等级的因素已得到妥善处置。

2）周边环境、工程自身结构处于安全状态。

综合预警的消警应同时具备下列三个条件。

1）导致综合预警等级的监测数据预警已经消除。

2）导致综合预警等级的巡视预警已经消除。

3）导致综合预警等级的其他条件已经消除。

消警后，相应工程尚未完工，应按正常监测频率监测和巡视，直至工程完工且稳定。

9.3.3 报警及消警流程

根据监测预警等级和预警标准建立预警管理制度，预警管理制度应包括不同预警等级的警情报送对象、时间、方式和流程等。

当出现警情时应及时形成警情快报并进行报送，情况紧急时可将主要信息利用信息管理系统软件、网络、电话、短信等快捷方式提前报送，再提交正式的警情快报。

发出黄色预警时，监测和施工单位应加强组织分析，监理单位主持并组织风险处理会议，总监理工程师、施工单位项目经理、技术负责人、第三方监测负责人、设计单位专业负责人共同参加风险处理方案的制定，并对处理过程进行监督管理；监测单位和施工单位应加密监测频率，加强对地面和建筑物沉降动态的观察。

发出橙色预警时，建设单位代表应组织四方会议，施工单位项目经理，监理单位总监理工程师、第三方监测单位项目负责人、设计单位项目负责人等相关人员参与风险处理方案的制定，并进行处理过程的监督管理；监测单位除继续加强上述监测、观察、检查和处理外，应根据预警状态的特点进一步完善针对该状态的预警方案，同时应对施工方案、开挖进度、支护参数、工艺方法等进行检查和完善，在获得设计和建设单位同意后执行。

发出红色预警时，业主单位相关部门领导等参加，研究制定风险处理方案，并在处理过程进行监督管理，加强监控跟踪。必要时，施工单位应组织专家论证。

当实测数据出现任何一种预警状态时，监测组应立即向施工主管、监理单位报告，获得确认后应立即提交预警报告。

1. 预警流程

预警是指工程监测项目数值虽未达到相关规范、设计文件中的控制值，但数值正在接近控制值，需要发出预警信号引起各参建方的重视，积极采取有效措施的行为。

监测数据预警由监测实施单位报送，依据设计控制值、相关技术要求确定的预警标准比对后及时发布。

巡视预警由巡视小组依据巡视预警标准报送，一方发布巡视预警后，在预警期内其他单位不得针对同一工程部位发布同类别、同一等级的巡视预警。

业主部门依据工程的监测数据、现场巡视信息及风险状况评价，结合现场复核、参考相关方提出的综合预警建议，经多方会商或专家论证等形式确定综合预警等级，形成综合预警建议报告，并通知有关人员。

监测数据预警、巡视预警和综合预警信息应明确发布预警的具体工程部位、现场风险状况、初步原因分析、可能诱发的风险事件、处置建议等，并附相关工程部位的现场照片等。

各相关监测实施及管理单位应依据不同的预警级别分别组织不同层级的现场分析、处理会议。会议应包含核实预警信息，分析预警原因（包含技术因素、环境因素、管理因素等），判断风险工程的安全状态，确定具体的工程处置方案。

预警后，相关各方应对已发布预警的工程部位及工程环境加强监测和巡视，积极参加风险处置方案的制定，提供相关建议并采取必要的措施进行风险处理，避免预警升级和风险事故的发生。对有特殊要求的工程，环境风险预警的风险处理应邀请产权单位参加。

施工过程中，当有预警时，监测实施单位应进行监测、巡视预警信息快速报送和发布。同时，应对监测数据进行合理分析预测，增大监测、巡视频率。报送内容主要包括风险时间、地点、风险概况、原因初步分析、变化趋势、风险处理建议等。第三方监测单位预警信息报送，内容应包括近一周或近一月的监测关键数据、工况和巡视信息的异常情况、风险预警情况、反馈意见落实情况以及风险事务处理、效果、变化趋势、存在问题、下一步风险处理建议等。

监理单位应及时分析、汇总和筛选监测单位的监测数据、巡视及预警信息，提出工程风险综合预警等级的判定建议，并提交建设单位相关部门。

出现风险事件后，不得对发生风险事件的工程部位发布巡视预警或综合预警，但若风险事件可能引发次生灾害、邻近部位可能导致风险状况，可发布预警。

监测数据预警、巡视预警、综合预警应按下列时间要求发布：黄色预警，应在现场确认后 12 小时内报送，并确认通知到有关方；橙色预警，应在现场确认后 6 小时内报送，并确认通知到有关方；红色预警，应在现场确认后 1 小时内报送，并确认已通知到相关单位负责人。

各级预警相关方应积极响应，同时各相关方应将预警、响应及消警信息反映到当期的日报、周报、月报中。

2. 消警流程

消警是指施工单位和相关单位采取措施后，工程本体及周边环境处于安全受控状态，对工程报警状态予以解除。

工程实施过程中，通过相关技术措施与管理手段进行风险处置后，达到消除工程隐患且具备解除预警条件的，可进行消警。工程消警分为监测数据预警消警、巡视预警消警、综合预警消警三类。综合预警必须消警。

对于应力类监测，当数据小于阈值后应及时消警。对于位移类监测，按下列要求降低预警等级：对橙色、红色监测数据预警，监测值变化速率连续 3 个监测周期小于 50% 报警值时，监测数据预警等级降低一级；对橙色、红色监测数据预警，监测值变化速率连续 6 个监测周期小于 50% 报警值时，监测数据预警等级降低二级；红色监测预警降低后，预警等级不得低于黄色。

当风险处理措施实施结束，由施工单位提出消警申请报告，并按照下列规定程序进行消警。

1）黄色预警由施工单位提交消警申请表（主要内容包括预警响应及处理情况、监测数据稳定性分析、现场巡查状况及安全评价等），经监理单位审核，报监理单位总监理工程师审批后进行消警。

2）橙色预警由施工单位提交消警申请表，经监理单位和设计单位审核，报业主项目工程师审批后进行消警。

3）红色预警由施工单位提交消警申请表，经监理单位、业主项目工程师审核。

消警后，相应工程尚未完工，第三方监测单位仍应按监测方案继续进行正常频率监测和巡视，直至工程完工且稳定。

涉及产权单位的建（构）筑物、管线等周边环境预警消警后，各单位应继续关注监测数据、巡视对象的变化，确保安全。

9.4 监测应急预案

工程出现险情时，监测工作能够满足特殊时期的要求、有序的实施监测工作，准确、及时地提供监测信息；应编制监测应急预案，当工程出现险情时确保监测项目部能够安全应对。

9.4.1 监测应急小组组建

为保证项目、周边建（构）筑物及工作人员的安全，确保紧急状况下监测人员能够及时到位，应成立监测应急小组。由项目部成立应急现场指挥部，负责指挥协调工作。

成立由项目负责人负责的监测应急处理小组，组织制定应对突发事件的应急处理措施。应急小组负责处理两类突发事件：第一类是由其他工程参建单位发现并通报的突发事件，第二类是由第三方监测项目部发现的突发事件（主要是测点测值超限以及巡视检查发现明显异常等）。

（1）监测应急小组组长职责。

监测应急小组组长负责组织协调人员、仪器的调集，贯彻工程抢险监测的要求，负责对上协调工作；启动应急预案，总体调度监测应急指挥工作，对外沟通协调，并做出最新决策，及时将监测数据报送业主、监理单位、设计单位，给设计变更及抢险提供数据参考。

（2）监测应急小组副组长职责。

监测应急小组副组长按照抢险需要具体安排监测工作，协调落实总指挥的抢险措施、要求等工作；执行应急监测组长的指示，向下调度各应急监测组的工作，及时将监测数据报送应急监测小组组长，及时分析监测数据，为应急小组领导做出决策提供参考意见。

（3）监测应急小组组员职责。

施工现场发生事故时，遵从应急小组副组长的指示，在能保证安全的情况下，及时在事故发生现场进行各项监测工作，按照抢险工作对监测内容、时间、频率、类别等要求开展工作并进行具体分工；主要负责现场数据的采集汇总，并形成报表；24 小时轮流值班，及时将监测数据报送给应急监测小组副组长。

9.4.2 应急工作流程

当监测数据超过监测管理控制值标准后，立即通知各方，由监理组织相关各方召开会议，并形成会议纪要。

当工程出现紧急情况或我方监测数据超过预警值时，监测人员应立即向监测技术负责人汇报，经复核无误后，将监测数据上报业主、监理单位，启动应急预案，采取相应的应急措施。应急工作流程见图 9-2。监测期间，应及时将监测数据上报，通过监测数据的对比分析，对应急抢险提供数据支撑，具体包括以下内容。

（1）针对车站基坑及隧道主体的应急措施。

监测过程中需加强对基坑及隧道主体的变形的监测，注意汇总分析各项监测数据，并加强现场巡视，及时发现现场裂缝及渗漏水等现象，为预防下一步产生异常变形提供相关信息。

（2）针对周边环境的应急措施。

管线保护：地下管线先期埋设在地下，其接口的安全状态无法明确和预知，应密切关注其差异变形，并结合地表环境变形情况综合分析。若出现较大沉降和差异沉降，应及时反馈给各相关单位，并配合做好各项处理措施。同时，应建立由业主、监理、施工单位、监测单位、管线公司组成的管线监护网，当施工引起管线产生较大变形时，应及时通知管线监护网各成员，召开现场办公会议讨论补救措施，如土体注浆加固、增设临时支撑以减小主动土的压力，必要时可将管线暴露、架空、吊起等。

建筑物保护：根据不同建筑物的结构特征，及时汇总单体建筑不同位置处的沉降变形资料和信息，及时提交施工方，以便及时采取针对措施。当建筑物沉降速率较大时，应及时通知业主并加大监测频率，或者增加其他监测手段，如在裂缝处补贴石膏饼、安装裂缝监测仪等，并建议业主采取跟踪注浆或用支架撑牢建筑物墙体等措施对建筑物进行加固。

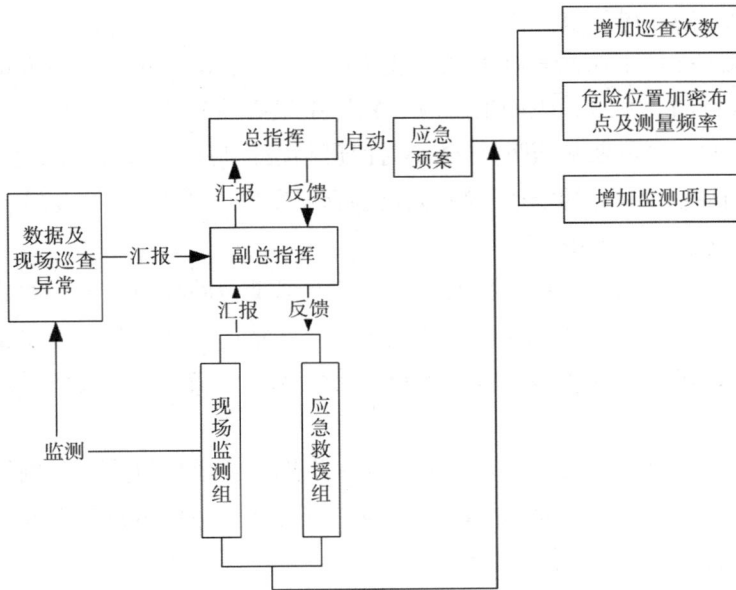

图 9-2 应急工作流程

9.4.3 监测应急措施

1. 异常情况下的监测应急措施

（1）监测项目累计或变化速率超出控制标准。

当发现周边环境和结构等监测对象的累计或变化速率超过监测控制标准（发生报警情况），根据工程情况，现场监测人员应采取如下应急措施。

1）增加现场巡检的次数，密切关注危险位置地面或岩体裂缝、支护的变化。

2）危险位置或关键部位加密测点。

3）相应地增加量测项目，并加大监测频率。

4）增加监测人员和仪器设备。

5）建立紧急状态下监测工作制度和信息传递机制。

6）紧急状态下监测工程师必须驻现场并监督管理监测工作。

7）对工程提出合理有效的建议等，并在监理批准的情况下立即实施。

8）施工单位应积极配合监测工作，并根据监测结果进行信息化施工。

（2）基坑汛期的应急指挥与控制。

1）增加重点断面的测点数。

2）加大监控量测频率，并及时上报监测记录，现场值班干部实行 24 小时值班制度，观测基坑情况。

3）加强对基坑水位的监测，密切关注汛期水位情况，同时关注基坑内降水情况，汛期内基坑内容易进水、浸泡，造成基坑围护结构失稳，应密切关注基坑内外水位的变化情况。

（3）防汛、防台风应急工作内容。

当受台风或强热带风暴影响（风力达 8 级以上、日降雨量达 50.1 mm 或气象等有关部门发布暴雨将达后），汛期抢险应急领导小组必须到位，加强值班，严格执行报告制度。在汛期、台风期必须坚持 24 小时值班和报告制度，做好防汛值班记录，做到"上情下达，下情上报"。值班领导和人员遇到突发事件或灾情，及时下达临时紧急处置指令，并迅速向领导汇报。

当气象台发布暴雨、台风警报时，汛期、台风期抢险应急领导小组成员必须全部到位，及时向各工地通知防汛信息，通报风情、水情、雨情。各工地要根据各自的职责，加强值班，进一步检查落实各项防汛、防台风应急措施，组建各类防汛、防台风抢险队伍。

当暴雨袭击或有关部门发布紧急警报时，汛期、台风期抢险应急领导小组要立即召开防汛紧急会议，进行紧急部署。各工地要按防汛、防台风指示形成指挥体系，各部门和有关人员按职责进入指挥岗位。

保障现场监测人员与设备的安全，对工地上易倒塌、易滑坡、易积水的情况进行动态巡视，及时报告灾情。

（4）冬季作业措施。

制定冬季作业施工应急预案，做好质量与安全技术培训，指导监测现场作业人员规范作业。组织经常性的冬季施工检查活动，及时消除事故隐患。

做好冬季作业的安全交底工作，定期进行安全交底和安全应急演练。

做好冬季作业的防护工作，做好防冻、防雪、防滑工作，保证现场人员和监测仪器设备正常工作。

（5）围护结构发生开裂的应对措施。

围护结构开裂后进行裂缝监测，同时加密其他相关监测项目的监测频率。裂缝继续扩大影响结构稳定时，应启动应急预案，进行警情的报送工作。

（6）人员、仪器异常情况下的应对措施。

在人员和仪器设备异常的情况下，启动应急小组人员，对人员进行调整；仪器设备出现异常及时进行检定和维修，并更换备用仪器设备。人员和设备处于危险情况时，项目部应启动应急预案，紧急疏散并及时施工单位汇报。

2. 紧急状态汇报和总结

紧急状态包括各项量测项目数值的突变、周边环境异常、影响施工和环境安全以及规定的其他情形。紧急状态下，监测单位直接联系业主单位进行汇报，汇报材料为监测数据报告；后续加密监测，监测数据成果整理完成后汇报，应急汇报后于现场加强监测和安全观察，并及时汇报监测对象的动态变化信息，紧急状态结束后，监测单位及时总结递交紧急状态下的监测过程和结论，并提出有建设的预防建议。

3. 天气环境条件异常

工程在施工阶段遇到的天气环境条件异常主要包括暴雨、大风、雷电、高温、大雾、大雪等，对监测工作影响比较大。

（1）暴雨天气。

如果暴雨持续时间不长，需重点在暴雨后重点巡查道路、地表、管线有无异常变化，并在具备监测条件后立即开展现场监测工作。如果暴雨持续时间较长，则加强现场巡查。恶劣天气监测中，需特别注意监测人员人身安全和仪器安全。

（2）雷电天气。

监测外业工作需暴露在露天，尤其是水准测量时需直立 2 m 长的水准尺来完成，增加了电击的可能性。因雷电天气一般较短，需尽量避免雷电天气的外业测量，避免发生电击的危险。

（3）大风天气。

大风天气不能满足水准仪的工作环境，从而影响监测工作的正常开展；应加强现场巡查工作，在满足监测要求下立即开展监测工作。大风天气监测中，需特别注意监测人员的人身安全，防止被广告牌、电线杆、树枝等砸伤。

（4）高温天气。

高温天气会使地表温度过高，影响水准仪、全站仪的观测精度。另外，由于温度变化引起的热胀冷缩，应变计的监测数据会产生偏差。高温天气需注意防暑避温。

（5）大雾天气。

大雾天气影响外业观测视线，无法开展监测工作；应加强巡查，待大雾消散后立即开展监测工作。遭遇恶劣天气时，考虑应用自动化监测手段，同时加强人工现场巡查。

4. 雨季监测

如果遇到阴雨连绵的季节，根据一天的雨量大小进行监测工作。当雨量较大时，进行现场巡视工作，在工程比较危险或重要的部位进行重点巡视。当雨量较小时，在不影响视线的情况下进行撑伞测量，完成每日的测量任务，及时进行数据处理，上报监测单位和建设单位。

当遇到暴雨和雷雨时，禁止人员进行外业测量。雨季监测时，给监测人员配备好雨衣、水鞋等劳保用品；给监测元器件和测量仪器做好防水措施，防止元器件进水损坏，保证仪器的测量精度。

5. 冬季监测

冬季监测时，要及时清除监测点周围的水，防止结冰后影响监测；现场监测人员做好保暖措施；遇到大雾天气，可根据天气变化情况分时段采取监测措施，需要在注意人员安全的情况下做好现场巡视；遇到大风、大雪天气，要加强现场巡视工作，在工程比较危险或重要的部位进行重点巡视。当风、雪减弱或停止时，及时进行测量工作，处理数据并上报至监理和建设单位。

6. 施工过程中其他情况监测措施

（1）支撑架设不及时。

加强现场监测和巡视工作，在未架设支撑位置进行加密监测，同时增加围护结构深层水平位移和围护结构桩（墙）顶沉降、位移的监测次数，监测频率为 3 次 / 天。

（2）支撑拆除阶段。

在支撑拆除之前的 3 天内对支撑轴力进行加密监测，监测频率 2 次 / 天；在拆除过程中，对拆除断面监测项目进行加密监测，监测频率为 3 次 / 天。

（3）基坑渗漏水阶段。

加强地下水位监测，如果基坑发生渗漏水情况，地下水位监测频率为 6 次 / 天，其他监测项目频率相应提高，并根据抢险要求监测。

第 10 章
监测项目管理

加强城市轨道交通工程监测管理工作，有利于规范监测单位的工作行为，使监测工作规范化、标准化，监测成果信息能及时、准确、全面地进行反馈，并有效服务于工程设计和工程施工，控制工程风险。因此，对城市轨道交通工程的监测工作进行有效管理显得尤为重要。

监测人员的素质、监测设备的性能和监测工作的组织管理对城市轨道交通工程安全监测工作的质量起着决定性的作用。负责监测设计、实施和运行管理的技术人员，必须有较为丰富的经验，熟悉测量仪器及传感器的用途、原理、结构、性能和使用条件，掌握监测设备的布设和使用，有效组织监测工作，准确采集监测数据，及时处理监测数据、分析监测成果和反馈监测信息。

从事城市轨道交通工程监测工作，应成立专业的监测组织，按照现场实际需求配备合适的监测人员，配置适用的测量仪器和传感器，建立科学合理的监测工作制度。

10.1 组织机构建立

10.1.1 监测单位与人员要求

1. 单位资质要求

监测单位应持有能开展监测工作的相关证书。在建设项目开工前，必须按有关要求及规定确定具有相关资质的单位进行监测。监测单位至少须具备以下条件。

1）具有独立法人资格。

2）单位无不良行为记录。

3）具有相关勘察综合类资质。

2. 人员资质要求

监测单位成立专门的监测管理、作业组织机构，机构内最低设置 1 名专职的技术负责人、1 名巡视工程师及 3 名测工。专职监测技术负责人应具有工程测量、岩土工程勘察或相关专业大专及以上学历，并取得助理工程师以上的技术职称，有类似工作经验 2 年以上。巡视工程师应具有岩土工程勘察、地下工程或相关专业大专及以上学历，并取得助理工程师以上的技术职称，有类似工作经验 2 年以上。专职的监测测工应具有高中及以上学历，至少 1 名有相关部门核发的测量人员执业资格证书（测量中级工及以上专业资格），能够熟练操作仪器、处理监测数据，有类似工作经验 1 年以上。

3. 仪器设备要求

监测仪器设备应检验合格，经过计量专业部门的检定，并在规定的检定有效期内，各仪器在每次工作之前均经过检校。测试元器件，如轴力计、锚（索）杆拉力计的传感器，应有出厂合格证，并在使用前进行标定。具体要求如下。

1）仪器设备必须在检定有效期之内，并且将检定证书复印件上报监理单位进行审核。

2）当仪器检定有效期即将结束时，要提前进行检定。截至失效日期前，将仪器检定证书复印件上报监理单位进行审核。

3）电子水准仪、全站仪需要每月进行 1 次仪器自检，如 i 角检校、视准轴偏差、水准气泡是否居中等，自检结果上报监理单位进行审核。

10.1.2 监测项目部组建

监测单位应根据监测合同的要求，针对所负责的轨道交通监测标段的规模和特点，组建监测项目部。

确定监测项目部组织框架，任命项目负责人（项目经理）、技术负责人、现场负责人（现场经理），安排主要技术人员，编制工作制度，配置合适的仪器设备，选定办公场所。项目部组织框架如图 10-1 所示。

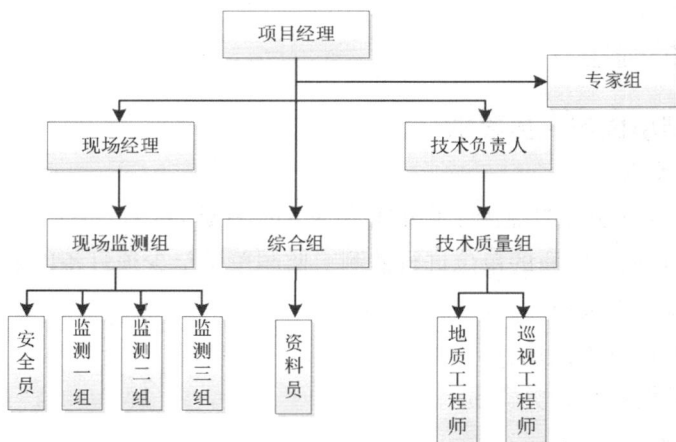

图 10-1　项目部组织框架

10.1.3 人员岗位责任制

监测项目部应实施人员岗位责任制。监测项目部人员各司其职，岗位职责如下。

1. 项目经理岗位职责

1）作为项目安全质量第一责任人，对所负责项目执行过程中的安全、质量、技术管理及仪器设备保养等全面负责。

2）接受监测项目任务，合理安排人员、仪器设备，组建监测项目组，安排项目组成员接受技术质量和安全交底。

3）按业主要求完善或修订监测技术方案，上报审核、审定。

4）监测项目进场后，对项目组成员进行安全及技术交底，安排日常工作。

5）对测点埋设情况进行监督检查。

6）对日常测量工作（包括初始测量）进行监督检查。

7）对数据处理过程及报表等成果进行监督检查。

8）项目竣工后，组织编写监测报告，并上报审核、审定，及时提交给业主。组织整理各项原始资料，及时完成资料归档。

9）负责项目现场与业主、监理、设计等单位的关系协调。

10）负责组织对项目所使用的仪器设备进行检校。

11）负责组织项目工作人员开展与日常工作相关的技术学习。

12）负责组织项目现场工作人员落实执行各项管理规章、制度，并进行检查。

2. 技术负责人职责

1）技术负责人是项目部质量管理技术责任人，在项目经理的领导下，对本项目的技术和质量负主要责任。

2）组织编制本项目总体技术方案，审核、审定总体技术方案和专项重大工程质量管理、技术措施方案等，审批区段监测方案和技术、质量问题处置措施。

3）负责组织质量教育和培训，提高项目成员技术素质和质量意识；贯彻执行各项制度、方案及专项重大工程技术措施等，并在工作中监督检查。

4）掌握本项目工程质量情况，主持质量事故分析会议，制定纠正、预防措施；总结经验，组织质量攻关活动，制定和修订技术质量管理目标和质量改进措施。

3. 现场经理岗位职责

1）协助项目经理开展现场、安全、物资设备方面的工作。

2）协助项目经理对测点埋设、日常监测工作、数据处理过程及报表等成果进行监督检查。

3）负责审核原始记录的完整性和数据运算的正确性及监测成果、报告的规范性、一致性、齐全性。

4）宣传、贯彻安全生产法规，组织项目成员进行安全教育和安全知识培训，对新员工进行安全教育。

5）保证数据分析所用的技术方法正确、先进，使得分析后的结果质量可靠；组织相关技术人员进行必要的培训，提高数据分析和信息反馈的质量。

6）保证所使用的仪器设备均经过资质机构检定并在有效期内，保证监测前按规定进行校核并记录。

4. 监测技术员岗位职责

1）参加项目技术交底，按照监测实施方案开展工作；熟练掌握各种监测仪器设备的使用方法，负责监测仪器的日常维护保养。

2）负责日常沉降测量、位移测量、收敛测量、应力测量等监测工作，并编写报表。

3）掌握安全巡视的内容，对安全巡视报告负责。

4）精心完成现场监测工作，对监测数据的真实性负责。

5）严格执行技术方案，组织组员有序地完成巡视、监测及分析工作，落实质量责任到人。

5. 安全员岗位职责

1）认真贯彻执行国家颁布的安全生产的劳动保护方针、政策、法规以及上级制定的安全条例、规程、规则等规章制度。

2）制定、修订安全生产管理制度，参加生产例会，掌握项目施工信息，预测安全事故发生的可能性，提出防范建议。

3）结合项目作业，做好计划、布置、检查、总结、评比安全生产的工作。

4）组织各类安全事故的调查处理工作，进行事故统计、分析、定性、定责和上报，对各单位执行事故报告处理制度的情况进行监督检查。

5）做好项目部岗前安全教育培训工作。

6）主持各类安全检查活动，对检查发现的问题，根据情节轻重，发出限期整改通知书，并负责督促落实整改情况。

7）总结、推广安全生产工作中的好人好事、先进典型及事例。

8）参与项目部职工伤亡事故、行车交通事故的调查处理工作。

9）督促做好职工防寒保暖、防暑降温工作。

6. 监测内业人员岗位职责

1）认真完成项目负责人安排的各项工作。

2）熟练掌握各项监测内容的测量、量测的原理。

3）能根据各项监测原始记录资料，应用电脑进行监测数据计算处理。

4）能熟练使用 Office、AutoCAD 等办公软件，按要求格式或业主要求格式合理编制监测报表。

5）负责监测报表的发送、签收及存档管理。

6）负责现场与各有关单位的来往文涵、文件资料的收发登记及存档管理。

7. 地质工程师岗位职责

1）负责项目的地质编录工作。

2）明确合同段内地质构造、地层岩性及水文地质条件。在充分利用前期工程地质资料的前提下，进一步查明合同段内地质构造、地层岩性及水文地质条件。

3）及时解决施工过程中可能发生的地质灾害及预报工作。

4）查明隧道沿线的地质构造情况，了解围岩的风化及破碎程度，确定围岩类型。

5）配合各监测工程师，协商解决地质上的有关问题。

8. 巡视工程师岗位职责

1）严格遵照国家有关规范和监测技术方案开展巡视工作。

2）制定每周巡视计划并落实执行，合理安排巡视工作。

3）每月汇总、发布巡视报告。

4）对关键施工工序、重点风险源部位进行重点巡视。

5）对巡视中发现的问题，及时上报相关领导，按照确定的方案处理，跟踪问题的发展情况。

9. 资料员岗位职责

1）模范执行档案管理条例和各项制度，积极开展档案利用工作，编制好各种检索工具，认真执行档案借阅制度，履行交接手续。

2）做好工程监测图纸的收发和审核，对工程资料和图纸等进行案卷组合和归档。

3）及时收集、整理工程施工各类图纸以及补充资料，做好工程资料收发、运转、管理等工作，做好文件资料管理。

4）做好归档工作，协助和督促各部门整理应归档的各类文件、资料，以便及时归档、备份，确保各类档案的完整性。

5）严格执行《国家工作人员保密守则》，严守秘密。

10.2 监测项目管理与实施

监测项目管理和实施的有效性是保证监测工作质量的关键，主要内容包括现场踏勘与资料收集、管理制度制定、监测方案编制与评审、仪器设备采购与管理、安全生产管理、安全技术交底与培训、技术与质量管理等。

10.2.1 现场踏勘与资料收集

现场踏勘与资料收集，对于正确地编制监测方案、有效地组织监测工作，以及保证满意的监测效果都有十分重要的作用。

在方案编制和监测工作实施前，监测项目部应安排专业技术人员进行现场踏勘与资料收集，了解施工现场的位置、现状、施工条件以及影响施工进展的各种因素，核对与监测工作有关的设计施工图纸。

根据监测方案编制的要求，一般需要收集以下相关资料：岩土工程勘察资料、工程设计图纸资料和施工组织方案等，周边环境调查资料（建筑物、构筑物、地下管线等），相邻工程的设计和施工情况报告资料，建设单位或城市测绘部门的测量控制资料，风险评估等其他相关资料。

10.2.2 管理制度制定

城市轨道交通工程监测单位在组织机构、考核目标、激励机制、监测工作质量管理等方面有着区别于其他行业的特点。监测单位可针对监测项目的基本管理要求建立适合本单位的基本管理框架和运营机制，可以涉及行政管理、人力资源管理、财务管理、生产管理和技术质量管理等相关管理制度。

1. 安全生产管理制度

为贯彻执行《中华人民共和国安全生产法》《建设工程安全生产管理条例》和国家有关安全生产的法律、行政法规，全面落实安全生产责任制，建立健全安全生产岗位责任制和群防群治制度，减少伤亡事故的发生，切实保障职工在生产过程中的安全和健康，保障生产设施不受损害，创造良好的安全生产和职业健康环境，应制定安全生产管理制度。

轨道交通监测的安全生产管理体系主要包括安全生产责任制度、安全生产教育培训制度、安全措施计划制度和安全生产监督检查制度。

安全生产责任制度是安全生产制度的核心，应将安全生产责任明确和分解到监测单位的生产负责人、项目负责人以及每个岗位的作业人员，建立一个责任明晰、各司其职的安全管理组织体系。

安全生产教育培训一般包括对监测单位项目负责人、技术负责人等管理人员和作业人员的安全教育。培训内容主要为安全生产法律法规、企业安全生产规章制度、项目安全生产规定、劳动纪律、岗位安全操作和安全应急事件处理。

安全措施计划制度要求编制安全技术措施、职业卫生措施、办公环境安全措施、安全宣传教育措施，保障职工的安全健康和提高员工的安全生产意识。

安全生产监督检查制度是消除隐患、防止事故的重要手段，主要内容为针对项目安全管理，定期和不定期查思想、查隐患、查整改、查事故处理等。

2. 技术质量管理制度

监测项目的技术质量管理工作直接关系到轨道交通工程的安全管理、施工指导和风险控制的实施水平。监测单位应根据城市轨道交通工程监测项目的特点，建立监测技术质量管理体系，对监测项目的监测方案、监测过程和监测成果的质量进行有效管控。

监测单位可根据监测项目特点成立监测技术质量管理机构，对现场项目监测、监测报告分析、应急事件及事故处理等方面进行管理。

当监测项目难度较大或有较大风险时，监测单位可邀请城市轨道交通工程监测领域的资深专家成立技术咨询小组，组成人员的专业领域应涵盖地质、结构（岩土方向）和测量等相关专业。

监测方案审查分为监测单位审查（内部审查）和委托单位审查（外部审查）两种方式。监测单位审查是指监测单位质量管理部门对作业部门编写的监测方案进行审查，审查合格后方可提交外部审查；委托单位审查是指建设单位质量管理部门对监测单位提交的监测方案进行审批，审批通过后方可实施。

监测成果质量检查验收按 CMA 体系认证要求实行三级审查制度，分为复核（校核）、审核、审定（批准）。复核（校核）人、审核人、审定（批准）人资格根据监测单位自身质量管理体系文件的规定授权确定。

监测成果质量等级分为合格和不合格两级。审查过程中发现不合格项，返回作业组进行纠正。经审查合格后的监测成果方可提交委托单位。

监测单位应定期或不定期对监测项目现场进行督查、抽查工作，确认现场监测工作的执行有效性，以维持良好的监测工作质量。

在项目实施过程中出现的技术质量事件或事故，应当如实地向上级汇报，不得隐瞒；及时采取措施，避免事件或事故的扩大化；并将事件、事故发生的经过、后果程度、处置措施、影响程度、经验教训等形成报告。

3. 保密制度

城市轨道交通工程建设过程中，需要对项目的各类技术资料进行保密。属于项目秘密的文件、资料和其他物品的制作、收发、传递、使用、复制、摘抄、保存和销毁，必须由项目办公室委派专人执行。采用电脑技术存取、处理、传递的项目秘密由网络中心负责保密。其收发、传递和外出携带，由指定专人担任，并采取必要的安全措施。

日常工作生活过程中，不准在私人交往和通信中泄露项目秘密，不准在公共场所谈论项目秘密，不准通过其他方式传递项目秘密。项目工作人员发现项目秘密已经泄露或可能泄露时，应当立即采取补救措施并及时上报业主，业主接到报告应立即做出处理。

对泄露项目秘密尚未造成严重后果或经济损失的，已泄露项目秘密但采取补救措施的给予警告处分。

对故意或因过失泄露项目秘密造成严重后果或重大经济损失的，违反保密制度规定为他人窃取、刺探、收买或违章提供项目秘密的，利用职权强制他人违反保密规定的予以辞退并赔偿经济损失。

10.2.3 监测方案编制与评审

1. 监测方案编制

监测方案编写前应详细研究招标文件和合同文件要求，明确监测目的。应收集以下资料：建设单位的管理制度、建设项目的详勘资料、建设项目风险源分析报告、设计单位的设计成果、施工单位的施工组织方案等资料。

监测方案编写内容需具有针对性、科学性、合理性、全面性和经济性。监测项目规模较大或建设单位有明确要求时，要分别编制总体方案、工点或专项方案。规模较小项目的监测方案可一次性编制完成。

超过一定规模的危险性较大的隧道、高架线路、车站主体及附属设施等分项工程，应制定专项施工监测方案，并组织召开专家评审会，形成评审意见并交专家签字确认。施工监测单位应当根据专家论证意见修改完善监测方案，报送监理单位后方可组织实施。

对于按照规定需要进行第三方监测的危大工程，建设单位应当委托具有相应勘察资质的单位进行监测。第三方监测单位应当编制监测方案，监测方案由第三方监测单位技术负责人审核签字并加盖单位公章，并组织召开专家评审会，评审通过后，可报送监理单位，同时报送建设单位备案后方可实施。

监测单位应当按照监测方案开展监测，及时向建设单位报送监测成果，并对监测成果负责；发现异常时，及时向建设、设计、施工、监理单位报告，建设单位应当立即组织相关单位采取处置措施。

2. 监测方案评审与修改

监测方案的初稿由各项目部技术负责人进行编写，编写完成后需由单位技术负责人进行审核，审核修改完成后提交专家评审并做最后修正。

专家评审时，应通过地方专家库，主动联系或通过建设单位、施工单位联系具有评审资质的专家，评审专家通常为5人，其中1人为组长。专家组内部讨论方案的可行性，并对方案内容提出修改意见，形成专家意见，监测单位针对专家意见完善、修改并完成反馈。

3. 监测方案格式

监测方案格式详见附录A。

10.2.4 仪器设备采购与管理

选择合适的监测仪器和传感器是做好监控量测工作的重要保障。如果监测仪器及传感器选用不当，不仅会造成经济上的浪费，甚至会造成监测数据失真，导致决策失误。因此，监测仪器和传感器必须在满足监控设计的同时，结合工程施工实际情况进行选择。

进行监测仪器和传感器的选择时应满足以下几点。

1）监测仪器及元件的量程和精度必须满足监控量测精度要求，精度不够将导致数据不能良好的反映结构物及支护体系的受力变形状态，无法为下一步施工方案决策提供科学依据；但精度也不易过高，徒增监测成本和工作量，造成经济上的浪费。

在进行具有验证性质的第三方监测时，宜选择精度高于被验证的第一方监测的仪器。

2）同一工程在监测中途应避免多次更换监测仪器，所布设的传感器也应采用同一规格型号。每台监测仪器都具有唯一性，即使规格型号相同，其性能和精度也都存在细微差异，中途更换仪器将造成监测数据的不连续性，增大误差。施工过程中，埋设的传感器将不可避免地造成一定的损毁，补设传感器时应采用同一厂家同一规格型号的产品，将监测误差降到最低。

3）由于地下环境比较复杂，存在地下水、地磁场、地面动载荷振动的干扰，亦不排除微小地震等偶然因素的发生，这不仅要求传感器要有良好的防潮、防震、抗干扰性能，还要坚固、稳定、可靠。

4）监测仪器和传感器要选择通用性良好的型号，便于必要时仪器的调配和传感器更换。

5）针对由于施工环境及作业易造成传感器电缆被炸断导致传感器无法使用的情况，可采用带身份识别功能的传感器和专业采集仪，读出并存储传感器出厂编号、振弦传感器频率、测量时间及测量时的温度值。

10.2.5 安全技术交底与培训

监测单位应建立监测技术培训制度，不断提高监测作业人员知识和技能，提升监测作业人员劳动效率，以满足监测工作的质量、进度和成本控制要求。监测单位技术培训宜包括新员工岗前培训，监测管理制度培训，仪器操作、现场巡视、监测数据处理、报告处理、案例分析等监测技能培训，测量、地质、结构（岩土方向）和施工管理等专业知识培训。

在监测项目实施前，监测项目部应组织对监测项目作业人员进行安全与技术作业交底，使监测作业人员全面了解和熟悉监测工作的实施过程，正确落实和贯彻监测工作。

安全与技术作业交底内容宜包括项目监测目的、监测范围、监测对象、监测计划、监测组织框架和人员分工、监测方法、监测过程、仪器设备和车辆管理、施工现场安全管理规定等。

技术培训和作业交底的认真贯彻实施是监测工作质量的保障。监测项目部应制定有效的考核制度，把考核结果与监测项目技术管理人员、作业人员的绩效考核和薪酬挂钩。考核方式可以为现场提问、试卷考试和现场操作等。

技术交底是组织实施监测管理工作的重要环节，为使现场监测和各种作业活动有章可循、有据可依，避免安全质量事故和经济损失，应严格按照有关规定实施技术交底。技术交底应当以书面的形式进行，交底人员须签字确认。当交底以会议方式进行时，须有会议签到表和会议纪要等文字性资料作为印证。当交底以口头方式进行时，交底人员须进行详细记录。

技术交底应严格执行复核制度，原则上书面形式的技术交底在下发之前应由上级技术部门进行复核。技术交底应实行验证制度。技术交底机构或人员应对技术交底的可行性、执行的有效性及时跟踪检查，若存在问题及时修正。

在监理、施工、施工监测单位进场后，建设单位组织第三方监测单位对上述各方进行工作交底。监测技术交底可与设计交底同时进行。交底内容包括各地的轨道交通工程监测管理组织框架，监测管理办法、技术标准，各方职责、施工监测单位资质及人员和仪器要求，监测方案报审流程，监测监控信息管理平台使用，监测点埋设、标识与保护、监测点验收，数据采集、现场巡视，资料报送、监测信息反馈，预警和消警管理及流程，停止监测申请和档案管理等。

10.2.6 安全生产管理

项目部各成员均应落实安全生产责任制，项目各成员各司其职，共同进行安全生产工作，项目成员安全生产责任如下。

1. 项目经理安全职责

1）认真组织执行国家和上级颁发的有关安全生产、劳动、环境保护的法律、法规、细则、办法和措施，坚持"管生产必须管安全"原则，做好安全生产工作布置及监控工作。

2）加强现场日常安全巡查，发现违章和隐患及时制止与整改。

3）向本部门员工进行安全措施交底，组织实施安全技术措施。

4）做好作业场地、办公场所及宿舍安全防护装置和设施的检查工作。

5）对本部门员工进行现场针对性安全知识教育，提高员工的安全意识和操作技能，避免产生安全隐患。

6）当发生安全事故时，应及时组织现场应急抢救，保护好现场，立即上报并参与事故调查处理。

2. 技术负责人安全职责

1）认真执行国家安全生产法律、法规及上级安全生产的各项规章制度，组织实施本单位安全技术措施，结合项目特点，逐条向班组进行详细的安全技术交底，履行签字手续。

2）经常深入现场，检查员工执行安全技术操作规程的情况，坚决制止冒险蛮干的行为，组织班组学习相关安全技术操作规程及规定。

3）积极开展创"安全标准现场"活动，参加单位组织的安全检查，对本单位作业、办公场所安全防护、安全用电、监测设备、机具检查验收，发现问题及时纠正。

4）督促所辖标段、班组坚持班前安全活动制度。

5）认真消除事故隐患，发生事故及时上报，并立即组织抢救，防止事态扩大。

6）制定相关安全技术措施，并向所辖标段、班组进行逐项交底，交底书签字手续应完备。

3. 安全员安全职责

1）负责监督检查项目部的安全生产工作，深入现场，掌握安全重点部位的安全技术措施落实情况，检查各种电动工具、设备、道路、安全防护设施等完好情况，纠正违章指挥、违章作业。

2）认真执行国家有关安全生产的法律、法规及上级制定的安全生产规章制度，正确指导所辖标段、班组按照技术交底、操作规程作业。

3）掌握所辖部门员工安全管理台账，随时了解员工上岗情况。对员工进行岗位操作教育和实际指导，教育员工正确使用机具、安全设备和防护用品。

4）参加单位组织的定期安全检查，对查出的问题督促其限期整改并验证，发现危险及危害员工生命安全的重大隐患，有权责令停止作业，组织员工撤离危险区域。

5）负责组织班组员工正确使用易燃、易爆、有毒物品，并随时检查其领发、运送、使用和退库情况。

6）发生工伤事故，要立即组织抢救和报告，并保护现场，参加事故现场调查分析。

4. 现场负责人安全职责

1）全面负责监测作业现场安全生产工作，模范遵守安全生产规章制度，领导本标段、班组遵守劳动纪律，严格执行安全技术操作规程，确保安全作业。

2）认真执行安全技术交底，随时注意检查工作环境、安全设施、监测设备、机具等安全情况和防护用品正确使用情况，保证员工在安全环境中操作，发现不安全因素时应及时采取措施。

3）组织本项目、班组安全活动，开好班前安全会，坚持班前安全点名和班前安全讲话制度。

4）支持现场监测技术员的工作，认真听取他们的意见，不断改进安全工作。

5）发生安全事故时，除积极组织抢救外，应立即向现场负责人报告。

6）对不具备安全生产条件的工点、电动工具，有权拒绝量测和使用。

7）有权拒绝领导违章指挥和强令工人冒险作业的指令，必要时向上级和有关部门汇报解决。

5. 监测技术员安全职责

1）认真学习安全生产的各项规章制度和本岗位有关细则，提高自身安全素质，严格遵守劳动纪律，听从指挥，严格执行安全技术操作规程、安全规则、安全技术交底，自觉按标准化作业，并随时制止他人违章作业。

2）严格执行岗位责任制，不准将设备交给非本岗位人员操作，未经培训和在未熟悉设备性能和操作规程前，有权拒绝操作。

3）爱护和正确使用劳动保护用品，积极参加安全技术教育培训，参加各种安全活动，及时反映、处理不安全因素，积极参加安全事故抢险工作。

4）有权拒绝接受违章指挥和野蛮作业，有权对监测过程中存在的安全问题和违章行为提出批评、检举和控告。

10.2.7 技术与质量管理

1. 成果报告校审与签章

（1）报告校审。

监测报告经过校审后方可打印、装订及对外提交。项目在工作大纲阶段要明确报告监测人、复核人、审核人、审定人等。签字人员应持有相关执业（职业）资格证书。

对于监测成果报告，各层级作业及审查人员应进行全面校审，各有侧重。监测人（观测人、计算人、编制人）应着力检测监测数据的真实性、准确性、完整性。复核人应着重原始记录数据及导出数据（计算数据）的校验。审核人（技术负责人）应着重审查报告中计算方法、数据图表的转换、整理过程中有无问题、成果分析的合理性。审定人（项目负责人）着重审查报告的完整性、规范性、有效性、敏感数据（报警数据）可靠性、结论的正确性、建议的合理性。

监测报告的审查：监测日报、周报、月报、监测总结报告等执行"三级审核"程序，报告的审查应留下校审记录。

（2）报告签章。

正式报告（纸质报告）的格式和编号（编码）宜执行建设单位的统一规定，报告格式宜经过建设单位质量管理部门的认可。

报告签章指责任人签字、项目部章用印、法人章用印或 CMA 章用印等。监测总结报告应有项目负责人签字，并加盖单位法人章。监测日报、警情快报应由技术负责人或项目负责人签字，并加盖项目部章。此类文件的上传均应有台账发送和签收记录。委托方对报告签章有明确要求时，应按其要求办理。

2. 成果报告管理

成果资料（监测项目的原始记录数据、中间计算数据、成果数据、文字报告及有关图表、影像等）应指定专人妥善保存。项目负责人或技术负责人定期进行检查。电子成果资料应定期保存至安全备份硬盘或上传至指定服务器，纸质成果资料应按序摆列存放资料柜。成果资料的保存年限不低于 5 年。成果资料不得随意外传或泄露，严格执行保密管理制度。

3. 项目质量检查与考核

监测单位应健全项目质量管理组织，由质量负责人组织检查人员对项目现场监测数据及内业计算成果和资料报告进行全面检查，必要时征求委托单位的有关意见。单位质量管理部门对项目部质量管理采取抽样检查和重点节点检查相结合的评价制度。检查人员在项目检查（抽查）时应及时填写项目检查（抽查）评价记录表。项目检查中出现质量问题时，对受检项目要提出整改报告并接受整改效果检查。

根据全面检查和抽样抽查等情况，对项目部的成果质量出具最终质量检查报告，并按单位质量管理目标进行考核，考核结果作为年度奖惩依据。

4. 项目质量事件和事故处理

项目质量事件或事故发生后，项目负责人应在当日以电话形式及时报告，并发出电子文档报告（事件或事故发现、发生经过、后果程度、处置措施、影响程度等）。文字报告力求简明扼要，图文并茂。针对已经发生的质量事件或事故，项目负责人要沉着应对，以人身安全保护为最高出发点，及时采取有效措施，争取有关资源的支持，力求把不良影响降到最低。

5. 项目技术总结

项目技术总结应以技术设计书为依据,体现项目规模、特点和亮点,重点阐述设计书的执行情况(施工工序、监测方案、布点数量及位置变更、变更原因等),说明监测过程中是否有预警、消警,采取的应急措施等,阐述项目部质量管理的情况,总结项目实施中的经验教训,结合监测工作提出合理化建议。例如,采用监测新技术、新方法等,从技术上全面总结经验,提高单位项目质量与工作效率。

10.2.8 监测项目全过程管理

1. 单位资质人员设备报审

工程开工前,施工单位应将拟投入的施工监测人员和监测仪器向监理单位报审和第三方监测单位备案,应保证监测周期内人员和仪器的稳定,建立人员与设备管理台账,做好动态管理,保证记录与现场相一致。第三方监测单位应将拟投入的监测人员和监测仪器报至建设单位主管部门备案。

第三方监测单位、施工监测单位资质应符合要求。对爆破振动和噪声监测,应由建设单位或总包方单独委托具备相应资质的监测单位承担。

施工监测单位测量仪器进场一周内按监测仪器报审表报监理单位专业监理工程师、第三方监测单位技术负责人审查,监理单位、第三方监测单位核实测量仪器数量、精度、检定情况。审查批准后方可进场使用,报审材料各方备案。对重新检定的测量仪器,应将仪器检定证明报监理单位、第三方监测单位备案。

第三方监测单位测量仪器进场一周内按监测仪器报审表报至建设单位主管部门备案。

当监测单位主要人员和仪器设备发生变更时,应提前一个月向监理单位、建设单位提出变更申请,经审核同意后方可变更,变更后的人员与设备不应低于原标准。

2. 监测方案报审

施工监测方案通过施工监测单位内部审核完成以后,经承包商初审,由承包商报监理单位、第三方监测单位复审,综合上述复审意见修改完成后,由监理单位组织专家进行评审,经专家评审修改完善后方可实施。实施过程中,当监测条件发生变化导致现场实施与方案不一致时,应进行监测信息变更报审。由施工单位填报监测信息变更报审表,报监理单位、设计单位审批,审批完成通过后方可变更。

第三方监测方案经建设单位组织专家评审、论证通过后方可实施。经过专家论证的第三方监测方案应报建设单位管理部门备案。

监测方案审查主要包含以下内容:① 监测方案的完整性;② 监测项目和巡视对象是否满足设计要求及现场实际工作要求;③ 监测及巡视频率、周期是否满足设计及现场实际工作要求;④ 测点埋设是否按相关规范、技术标准及设计要求的布点原则进行,并符合现场实际情况,测点布设图件是否齐全;⑤ 监测方法是否合理可行,监测精度是否符合规范要求,监测仪器是否满足设计及现场实际工作要求;⑥ 监测数据处理分析方法是否适当；⑦ 监测项目控制指标值、监测预警是否合理，监测项目控制指标值是否齐全；⑧ 数据报送及信息反馈制度是否完善；⑨ 监测组织机构及人员配置情况是否满足现场工作要求；⑩ 安全、质量及进度保证措施是否完善，其他需要审查的内容。

3. 周边环境初始状态调查

在监测工作开展前，应根据轨道交通监测项目设计文件及监测方案的要求，对周边环境（建筑物、构筑物、管线等需要保护的重点对象）进行初始状态调查和测量，并留存影像和测量资料，形成初始状态调查报告。

4. 基准点、监测点埋设及验收

监测单位应根据监测方案、规范精度、量程要求选择正规厂家的元器件及材料，并在埋设前一周向监理单位报审。报验材料内容主要包括钢筋计、轴刀 T 格证、出厂参数说明以及测斜管、水位管等埋设材料出厂合格证。

基坑工程、隧道工程、高架工程、地面工程及周边环境监测点布设须满足相关规范、设计及监测方案要求。

监测点编号由监测项目代号、监测断面编号（或管线类型代号）与监测点序列号共同组成。监测项目代号采用大写英文字母表示，监测断面编号和监测点序列号采用阿拉伯数字并按一定顺序进行编号，管线类型代号采用管线名称前两位汉字的大写英文首字母表示。

监理单位须在关键施工节点（如基坑开挖、盾构始发、联络通道施工等）验收前，先组织第三方监测单位、施工单位、施工监测单位进行监测点验收，监测点验收通过后方可组织关键节点验收会议。

监测点验收工作由监理单位组织，需在基坑开挖、盾构推进等关键节点施工前 7 天完成。每个工点应单独组织测点验收工作。验收工作的主要包括以下相关内容：① 测点验收范围包括工程本体、支护结构、周围岩土体及周边环境（建筑物、构筑物、管线等）；② 检查现场监测点布设位置、数量、质量是否满足方案及设计图纸要求，现场监测点标识情况等，形成监测点验收记录；③ 验收完成后，监理单位形成验收意见。施工监测单位对存在的问题及时整改到位后重新报验。

5. 监测点保护

监测单位分为第三方监测单位和施工监测单位，施工监测单位负责监测点布设。

监测点验收后，施工监测单位和施工单位应做好监测点的保护和维护工作。监测单位应从以下几个方面进行。

1）基准点、工作基点、监测点的保护，可采用喷漆、挂牌、加框、加盖等方式进行警示保护。

2）围护墙（桩）深层水平位移测点安装时，做好管节的固定、孔底和孔口的密封。孔口加盖子或布条塞住管口，防止异物掉入管内。测孔底部沉淀泥沙时，应使用高压水枪清洗。

3）围护墙（桩）顶部水平位移、竖向位移测点埋设时，应避开基坑护栏、挡水墙，可在挡水墙或地面上作明显标记，必要时对该点四周加护栏保护。

4）混凝土支撑内力传感器安装好后，将传感线置于圆管内，圆管连同支撑一起浇注，使用时将导线牵出，做好分股标记。

5）钢支撑内力计安装好后，将传感线引至基坑护栏，并固定在基坑护栏上，做好分股标记。

6）地下水位监测时，水位管管口应高出地表，加盖保护，防止雨水、地表水和杂物进入管内。水位管处应设警示标识，避免破坏。

6. 初始值采集

监测点验收后 2 天内，监理单位应组织第三方监测单位和施工监测单位对验收合格监测点进行初始值采集工作，形成初值采集相关记录和成果，监理单位对初始值采集过程进行旁站监督。

施工监测单位在测点验收完成后，及时安排采集监测点初始值，并尽可能在 24 小时内完成数据处理，成果经检查合格后填报监测初值复核意见表，上报第三方监测单位复核。第三方监测单位应与施工监测单位平行进行初值采集，采集完成后及时复核施工监测单位的监测初值数据，出具第三方监测单位数据审核意见。

施工监测单位落实第三方监测单位审核意见后将监测初值复核意见表流转至监理单位，监理单位对两方数据进行复查，并出具审核意见。施工监测单位根据监理审核意见落实整改完成后上报至第三方监测单位及监理单位留存备案。

基准点初始值测量按照第 1 章中变形监测控制网相关内容执行。

监测点初始值采集应注意以下几个方面。

1）在埋设稳定和测点验收合格后进行沉降点、水平位移、深层水平位移初始值的采集。

2）在矿山法隧道开挖初支完成、盾构法隧道管片拼装完成后，及时布设净空收敛监测点，进行初始值采集。

3）地下水位监测初始值的采集需在水位孔布设完成后、施工降水之前完成。

4）混凝土支撑轴力、结构应力等监测点应将下一层土方开挖前连续 2 天获得的稳定测试数据的平均值作为其初始值。

5）监测点初始值应至少连续进行 3 次测量，并取其稳定值的平均值。

7. 数据处理与成果报告编制

数据处理应采用专业商用软件进行，在处理前检查采用的基准点是否稳定并进行粗差数据剔除，数据处理的成果应分类保存。现场巡视应对工程施工状态、测点完好性等进行巡视和记录，并拍照或录像作为文档资料。资料整理、报告编制由项目负责人或技术负责人组织实施，应保存必要的过程计算成果资料。监测报告应及时编写，结合现场施工情况对监测数据进行分析，并对工程安全状态进行判定。

在现场监测过程中，应保证数据的准确性，观测后应在现场及时计算、校核，避免漏测和错测，切实保证监测数据的可靠性和完整性。对监测数据进行可靠性分析时，应排除仪器、读数等操作过程中的失误，剔除和识别各种粗差，合理区别、处理偶然误差和系统误差。然后，要对计算成果进行整理，包括各种物理量的计算、图表制作。

轨道交通工程监测成果主要包括现场实测资料和室内数据处理成果两大类。通过仪器监测、现场巡查和远程视频监控等手段获得各类现场实测资料后，需及时进行计算和整理工作，将现场实测资料转化为完整、清晰的室内数据处理成果。室内数据处理成果可以采用图表、曲线等直观且易于反映工程安全问题的表现形式，同时应对相关图表、曲线附必要的文字说明。在某个阶段或整个过程的监测工作完成后，应形成书面文字报告，对该阶段或整个监测工作进行总结、分析。

对监测数据应及时计算累计变化值、变化速率，绘制时程曲线，必要时绘制断面曲线图、等值线图等，并应根据变形信息和相关影响因素（荷载、地质、气象等）的观测资料，采用回归分析法、有限元分析法等对引起变形的原因作出分析和解释，并预报变形发展趋势。

通常采用比较法、作图法和数值计算法等，分析各个测项物理量值的大小、变化规律及发展趋势。当实测数据出现任何一种预警状态时，监测人员应立即反馈，并尽快提交书面预警报告。

监测状态变化及趋势分析：绘制监测断面的位移变化断面图、监测点变化时程曲线。通过比较相邻两期监测点的最大变形量与最大测量误差进行监测点稳定性分析。当变形量小于最大误差时，可认为该观测点在这个周期内没有变动或变化不显著；对多期变形观测成果，当相邻周期变形量小，但多期呈现明显的变化趋势时，应视为有变动。监测数据的变化趋势应结合施工情况，通过经验比对法、函数模型等方法进行分析。

引起基坑围护结构及岩土体变化的原因复杂，应根据基坑施工进度，结合围护结构设计参数、施工采取的开挖与控制措施、基坑开挖出现异常情况、周边荷载变化、地层条件与地下水变化，地下管线变化、区域沉降、外部其他施工等情况综合分析，并与其他变形监测及力学监测项目相互印证。

浅埋暗挖法隧道工程监测数据变化的原因应根据施工进度，结合支护结构设计参数、施工采取的开挖与控制措施、开挖出现的异常情况、周边荷载变化、地层条件与地下水变化，地下管线变化、区域沉降、外部其他施工等情况综合分析。

盾构法监测数据变化的原因应根据施工进度、盾构施工参数、施工采取的开挖与控制措施、开挖出现的异常情况、周边荷载变化、地层条件与地下水变化、地下管线变化、区域沉降、外部其他施工等情况综合分析。

运营期结构稳定性长期监测及保护区监测工作管理可根据当地轨道交通运营管理单位的相关管理办法执行。

3 运营期监测篇

Chapter

第 11 章
运营期结构变形监测

地铁隧道结构沉降变形产生的原因主要有土体自然固结沉降、周边降水引起地面沉降、周边高楼大厦或地面超载引起地面沉降、周边临近施工扰动导致土体损失引起地面沉降、地铁列车运营振动等动荷载引起地面沉降等，这几个方面均与地质基础密切相关。地质条件对轨道交通工程结构的风险作用主要包括以下方面。

（1）地基变形导致地铁结构变形损害。

地基的变形包括不均匀沉降和过大沉降问题，这种沉降可导致地铁隧道结构的变形错位、隧道开裂、防水破坏、隧道渗漏，严重影响行车安全。

国内大多在建地铁城市每年多多少少都有地面沉降现象的发生。北京地铁 1、2 号线经过几十年的运行，受地基不均匀沉降和周边施工扰动影响，已经出现多处结构裂缝和渗漏水现象。上海最初投入运营的几条地铁隧道全线发生轴线变形和地面沉降，其中 1 号线某区段隧道轴线沉降量已超过 30 cm，造成地铁隧道管片破裂、渗水、漏泥等现象。南京地铁 2 号线河西区段由于受地基不均匀沉降的影响，部分区段隧道已出现了不同程度的沉降槽。这些现象均影响了地铁的正常运营。

隧道地基不均匀沉降导致的隧道结构开裂和渗漏水，已经成为影响运营期地铁隧道结构质量安全的主要问题。

（2）周边临近施工扰动导致地铁隧道结构遭受破坏。

随着各大城市地铁隧道线路越来越密集，沿线附近的工程建设也逐渐增加，施工各环节扰动会对地铁隧道结构产生不同程度的影响，并会对隧道的安全性和稳定性造成严重的危害。

对于地质条件复杂地区，尤其是地层属于软土的情况，由于软土具有灵敏度高、抗变形能力差等特点，周边施工造成的地层扰动较其他地区更大，使地铁结构容易出现过大的变形，严重时可导致隧道结构的开裂、渗漏。因此，软土地区更应注意和重视运营线路周边的施工扰动问题。

（3）地下水作用导致地铁结构损害。

地下水作用包括物理作用和化学作用，主要作用方式为地下水对地铁结构的浮力、压力和腐蚀作用。目前，影响比较突出的是浮力作用，地下水位埋深较浅时，地下水的浮力可导致地铁结构的上浮。

因此，应注重抗浮设防水位的研究工作。抗浮设防水位与地下水埋藏条件、地下水位、补给、排泄、地下水开采、大气降水、地层组合关系、施工回填质量等因素有关，确定难度相对较大。

（4）不良地质作用对地铁结构的危害。

地裂缝、地面沉降等不良地质作用往往会对地铁结构造成较大的危害。地裂缝可使地铁结构出现较大差异变形以及开裂，区域地面沉降可导致工程结构的整体沉降，在变形漏斗区的边缘可使结构出现较大的差异沉降。因此，地铁运营线路应注意和重视不良地质作用的影响。

综上所述，受工程地质条件、施工工法、施工过程中诸多不确定因素的影响以及运营期间列车动荷载和周边临近工程施工的影响，城市轨道交通线路结构在运营期间会发生不同程度的位移变形，往往会影响线路结构安全和列车运行安全。因此，城市轨道交通运营期间，应对全线线路结构、重要附属结构、车辆基地等进行结构变形监测。

运营期全线结构稳定性监测工作不得影响城市轨道交通的正常运营，应采用仪器（人工、自动化）监测与巡视相结合的方法。全线结构稳定性监测包括对全线中的隧道结构、高架桥梁、路基、轨道结构、车站与重要附属结构等进行竖向位移监测，对盾构隧道结构区段进行净空收敛监测，宜对高架桥梁区段进行挠度监测，宜对特殊区段进行水平位移监测。

线路结构的稳定性变形监测能够为保证线路结构安全和运营安全提供数据。监测方案的编制应满足线路结构安全和运营安全管理的实际要求。全线结构稳定性监测应根据运营前结构变形监测数据、线路走向与结构形式、地质、水文与环境条件，结合运营安全管理的要求编制监测方案。监测方案的内容应包括监测项目、监测范围、布点要求、监测方法、监测周期与频率、现场监测作业时段、人员设备进出场要求等。监测方案中宜考虑监测工作的连续性、系统性，宜包括运营前延续的监测项目。

11.1 运营期结构变形监测目的及基本要求

11.1.1 运营期结构变形监测目的

地铁车站、隧道的稳定可控是安全运营的重要保障之一，对隧道结构进行变形监测是了解和掌握隧道结构变化、及时发现隧道病害和判断其安全状况的必要方法和手段。通过对地铁主体结构的监测，收集监测数据，记录整治方案，系统地整理、积累资料，及时掌握已建成的地铁工程运营的变形情况，不断总结经验教训，为隧道病害治理提供可靠依据，也可为相关工程的设计、施工、运营、维护提供借鉴。

监测工作的成功与否是确保地铁安全预测预报的重要因素之一，监测数据不仅精度要求高而且必须有高度的可靠性。为此，运营期间的地铁隧道沉降监测工作必须在经济合理、可操作性的基础上，制定出周密的长期沉降监测方案，为地铁的安全运营提供技术支持和决策依据。

长期沉降监测与管径直径收敛变形测量工作是轨道交通健康检测的重要组成和基础工作。通过对隧道沉降的监测，可以了解区间地下结构的沉降发展情况。通过隧道断面直径与设计断面直径的较差及后期相对前期的变形情况，可以了解隧道内部的结构变形情况，为隧道安全提供基础数据。

地下结构施工及地铁运营引起的长期沉降持续时间长，且因土体性质、结构、周围环境等影响因素的变化极易产生差异沉降，导致隧道不同结构连接处渗漏水或破坏，对隧道的安全运营和周围环境的安全产生相当大的隐患。

由于受自身施工质量、地质条件、水文环境、设备运行荷载以及季节环境变化等因素影响，城市轨道交通结构在运营期可能会发生不同程度变形或位移。为避免城市轨道交通设施设备被破坏，需对设施设备进行变形及位移监测，确保设施设备安全。

11.1.2 运营期结构变形监测基本要求

监测项目实施前应搜集相关资料，编制监测方案。方案设计应符合下列规定。

常规监测方案应根据测量目的、范围、工期、任务要求、沿线地质条件等，确定观测项目、精度指标、观测方案、观测时间、仪器设备、数据处理及成果提交等内容。

监测方案实施前应审核通过，并应符合运营公司的相关要求。

观测仪器、设备和元件应符合下列要求。

1）满足观测精度和量程要求，具有良好的稳定性和可靠性。

2）测量仪器设备应按规定进行检定或校准，并应在有效期内使用。

3）应定期进行维护保养和检测，若对仪器的某一部件的质量有怀疑时，应及时进行相应项目的检验。

监测项目的历次观测应采用相同的观测网形、观测路线和观测方法，在相近的环境条件下观测，采用相同的数据处理方法。工程影响监测还宜固定观测人员、仪器和设备。

变形控制测量的精度级别应不低于沉降或位移观测的精度级别。

监测变形量的正负号约定应在监测方案中明确，并应满足以下要求。

1）沉降隆起为正，下沉为负。

2）收敛扩张为正，收缩为负。

3）裂缝增大为正，减小为负。

4）挠度增大为正，减小为负。

5）其他监测项目可根据实际需要定义变形量的正负号。

当出现下列情况之一时，应及时上报。

1）累计变形量达到或超过报警值。

2）变形速率达到或超过报警值。

3）城市轨道交通保护区内施工作业发生可能危及城市轨道交通安全的险情。

11.2 运营期结构变形监测项目

11.2.1 运营期结构变形仪器监测项目

城市轨道交通工程运营期间，应对其线路中的隧道、高架桥梁、轨道结构及重要的附属结构进行监测。

运营期结构变形工程的监测对象为运营期城市轨道交通结构。根据工程监测对象的不同，运营期结构变形仪器监测项目宜参照表 11-1 选择。

表 11-1　运营期结构变形仪器监测项目

监测方式	监测位置	监测对象	监测项目	监测内容
人工监测	车站主体结构	地下车站	位移、倾斜监测	车站结构变形
				车站结构裂缝
				道床沉降
				侧墙倾斜
		高架车站	位移监测	车站结构变形
				车站结构裂缝
				道床沉降
	隧道主体结构	区间隧道	位移监测	隧道结构变形
				隧道结构裂缝
				拱顶下沉
				道床沉降
			倾斜监测	中隔墙倾斜
	高架桥梁结构	桥墩、桥面	位移监测	墩台沉降
				墩台倾斜
			挠度监测	桥面挠度
	特殊结构段	路基	位移监测	道床沉降
		边坡	位移监测	变形

11.2.2 现场巡视

运营监测期间，开展定期与不定期的监测巡视检查工作，与测量数据相结合。在工程周边有影响地铁运营的施工时、监测数据有异常时加大巡视检查力度。具体巡查内容主要包括以下方面。

（1）地下车站、U 型槽、车辆基地。

1）结构裂缝、渗漏水情况：是否存在横向或纵向裂缝，裂缝的发展方向，结构的渗漏水量、发展趋势等。

2）临近施工情况：是否在地铁保护区范围内有施工项目，包括基坑施工、降水、开挖、打桩、堆载等情况，邻近施工与本工程的相对关系，施工的进度安排，施工时段等。

3）变形缝开合及错台，包括变形缝的扩展和闭合大小、变形缝处结构有无错开、位置、发展趋势等。

4）车站、U 型槽的结构与区间隧道的差异沉降变形情况，是否存在裂缝、错台变形等。

（2）区间隧道。

1）隧道侧壁的破损、错台、铰接密封情况。

2）隧道侧壁的裂缝、渗漏水情况。

3）轨道道床的裂缝、破损情况，是否与内壁存在错开现象。

4）减震段的安全状况，与道床的协调关系。

5）隧道上方施工情况：是否在隧道保护区范围内有施工项目，包括基坑施工、降水、开挖、打桩、堆载等情况，邻近施工与本工程的相对关系，施工的进度安排，施工时段等。

6）联络通道：与隧道区间结构的协调变形情况，是否存在裂缝、渗漏水。

（3）基准点及监测点的保护。

1）车站内监测工作基点是否完好，周边是否存在裂缝、位移变形，基点是否被覆盖等。

2）车站及隧道内监测点的完好情况，是否被破坏、变形等。

11.3 运营期结构变形监测点布设

11.3.1 运营期结构变形监测基准点布设

运营期结构变形工程监测点应按断面布设，隧道内监测点位应布设在隧道的顶部、底部和两侧拱腰处，必要时可加密布设，新增设的监测断面宜靠近开挖面。

1. 监测点布设原则

运营期结构监测基准点布设应符合以下基本要求。

1）沉降观测应设置高程基准点，位移和特殊变形观测应设置平面基准点，必要时应设置高程基准点。

2）基准点应选在变形影响区之外稳固可靠、易于长期保存的位置。

3）基准点之间应形成闭合环。

4）工作基点应选在比较稳定且方便使用的位置。对通视条件较好的小型工段，可不设立工作基点，在基准点上直接测定变形观测点。

5）当有工作基点时，每期变形观测时均应将其与基准点进行联测，然后再对观测点进行观测。

根据基岩埋深较深、相邻基岩标分布间距不同，运营期结构监测基准点布设应符合以下要求。

基岩埋深较深、相邻基岩标分布间距大于 3 km 的地区，宜分级布设沉降监测一等、二等基准网。这些地区的工作基点设置、基准网布设应符合以下规定。

1）宜在每座车站邻近设置一个深式水准点作为工作基点，深式水准点的基底应深入第 2 含水层 3 m 以上。

2）应进行一等基准网进行基岩标、深式水准点的联测，一等基准网的水准路线应沿公路、城市道路布设，水准路线应闭合成环或构成附合水准路线。

3）各区间、车站的沉降监测应起、迄于深式水准点，布设二等基准网。

基岩埋深较浅、相邻基岩标分布间距不大于 3 km 的地区，可直接布设二等基准网。各区间、车站的沉降监测应起、迄于基岩标，闭合成环或构成附合水准路线。

2. 监测点埋设与保护

基准点安装时，在基准点布设位置使用冲击钻钻孔，在孔中填塞水泥砂浆后插入预埋件，待砂浆凝固。监测点采用特制的挂钩，钻孔后用锚固剂将挂钩埋入。埋设完成后用喷漆做相应的标记，进行简易保护，悬挂标识牌。

11.3.2 运营期结构变形监测点布设

各监测项目监测点布设应符合下列要求。

1）能够反映结构的变形特征。

2）不妨碍城市轨道交通的运营安全。

3）观测点稳固、明显、结构合理，不易被破坏，并便于观测。

4）观测点应避开浮置板道床等具有弹性部件的道床区段。

5）编号统一、规范，便于数据管理。

6）观测点破坏或松动后能及时恢复。

7）折返线、联络线、联络通道、涵洞、路基等结构特殊区段的观测点宜结合现场特点布设。

8）结构存在缺陷、使用状况恶化区段以及地质条件较差区段的观测点应根据实际情况进行加密布设。

1. 运营期结构沉降监测点布设

监测点网由布设位置、数量、项目能够满足反映工程结构和周边环境安全状态的监测点组成，监测点的布设应满足以下要求。

1）在直线地段宜每 100 m 布设 1 个监测点。

2）在曲线地段宜每 50 m 布设 1 个监测点，在直缓、缓圆、曲线中点、圆缓、缓直等部位应有监测点控制。

3）软土地区、湿陷性土和膨胀土等特殊地质地段沉降监测点宜按 20 m 左右的间隔布设。

4）线路结构的变形缝、车站与区间衔接处、区间与联络通道衔接处、附属结构与线路结构衔接处等，应有监测点或监测断面控制。

5）隧道、高架桥梁与路基之间的过渡段应有监测点或监测断面控制。

6）地基或围岩采用加固措施的城市轨道交通线路结构或附属结构部位应布设监测点或监测断面。

7）线路结构存在病害或处在软土地基等区段时，应根据实际情况布设监测点。

8）高架桥梁的每一桥墩均宜布设沉降监测点。

9）监测点编号应按线路里程顺序编号。

2. 运营期结构收敛监测点布设

长期收敛监测点布设应根据隧道埋深、结构特点、环境状况、设计要求和观测方法等因素制定。长期收敛监测点的布设密度应符合以下规定。

1）软土地区、湿陷性土和膨胀土等特殊地质地段收敛监测点宜按 5 m（盾构法隧道按 5 环）左右的间隔布设，旁通道两侧、区间与车站分隔处（盾构隧道区间隧道的第一环、最后一环）应布设收敛断面。

2）除软土地区、湿陷性土和膨胀土等特殊地质地段外，其他地区的暗挖区间隧道、盾构隧道宜每 30～50 m 布设 1 个监测断面。但地裂缝、岩溶等特殊地段应按 5 m 间距设置监测断面，且布设范围应大于特殊地质边界外 50 m。

3）采用激光扫描仪法进行收敛监测时，盾构法隧道宜逐环布设，矿山法隧道宜每米布设 1 个断面，结构变化处前、后均应有监测断面。

4）长期收敛监测断面应统一编号并具备唯一性，应确定断面里程，里程应精确至 0.1 m，盾构法隧道的监测点还应明确其所在环号。

11.4 运营期结构变形监测方法

运营期结构变形测量的精度要求应符合表 11-2。

表 11-2　运营期结构变形监测的精度要求

变形测量等级	垂直沉降监测		水平位移监测	适用范围
	变形点的高程中误差 /mm	相邻变形点高差中误差 /mm	变形点的点位中误差 /mm	
I	±0.3	±0.1	±1.5	线路沿线对变形特别敏感的建筑物及有高精度要求的监测对象
II	±0.5	±0.3	±3.0	线路沿线对变形比较敏感的建筑物及有中等精度要求的监测对象
III	±1.0	±0.5	±6.0	线路沿线一般建筑物及有低精度要求的监测对象

注：① 变形点的高程中误差和点位中误差是相对最近变形监测控制点而言；
　　② 所有监测项目初始值应独立观测 2 次，满足限差要求后取平均值作为初始值。

11.4.1　竖向位移监测

沉降测量应选择稳定的基岩标作为起算基准，应建立长期、稳定的沉降监测基准网。沉降监测基准网的精度等级划分为一等、二等。

二等基准网的水准路线按施测条件，分为道床水准路线、高架墩柱沉降测量的地面水准路线、地面和车站站台的高程联系测量水准路线。二等基准网的水准测量精度要求和技术要求不应低于表 11-3、表 11-4 的规定。

表 11-3　水准测量精度要求

精度	类型	精度识别	精度指标 /mm
一等		每千米水准测量偶然中误差	±0.45
		每千米水准测量全中误差	±1.0
二等	道床水准路线地面水准路线	每千米水准测量偶然中误差	±1.0
		每千米水准测量全中误差	±2.0
	高程联系测量水准路线	水准点间高差中误差	±1.0
		测站高差中误差	±0.3

表 11-4　水准测量技术要求

精度	类型	精度识别	精度指标 /mm
一等		往返较差、附和或环线闭合差	$±2.0\sqrt{L}$
		检测已测高差之较差	$±3.0\sqrt{L}$
二等	道床水准路线地面水准路线	往返较差、附和或环线闭合差	$±4.0\sqrt{L}$
		检测已测高差之较差	$±6.0\sqrt{L}$
	高程联系测量水准路线	往返较差、附和或环线闭合差	$±0.3\sqrt{L}$
		检测已测高差之较差	$±0.4\sqrt{L}$

注：L 为水准路线长度，单位为 km。

各竖向位移监测方法与施工期各竖向位移监测方法相同，详见第 3.4 节。自动化监测方法与地铁保护区自动化监测方法相同，详见第 12.4 节。

11.4.2 运营期收敛监测

运营期隧道收敛监测过程中，对矿山法隧道的衬砌结构、盾构法隧道的管片应进行收敛监测。

收敛测量采用的方法应符合下列规定。

1）当需要测量特定位置的净空对向相对变形时，应采用固定测线法。

2）当需要测量净空断面的综合变形时，可采全站仪或激光扫描法。

3）当需要测量连续范围的净空收敛变形时，可采用激光扫描仪法。

4）采用其他方法时，其精度长期结构监测满足 3 mm，相邻影响监测满足 2 mm。

收敛监测数据处理应满足以下要求。

1）固定测线法应计算固定测线长度与设计值的差异，全激光扫描法应计算全断面变形数据及水平直径与设计值的差异。

2）计算本次变化量、累计变化量、收敛变化速率。

3）其他统计数据。

收敛监测方法与施工期各收敛监测方法相同，详见第 3.4 节中明（盖）挖法井壁收敛监测方法。自动化监测方法与地铁保护区自动化监测方法相同，详见第 12.4 节。

11.4.3 现场巡视

现场巡视以人工目测为主，可辅以钢尺、吊锤等工具，巡视过程中主要对运营期结构与监测点情况进行重点巡视。

11.5 运营期结构变形监测频率

11.5.1 常规监测频率

运营期结构变形监测应根据地质条件、结构、环境复杂程度等确定监测周期与频率，频率不宜低于表 11-5 的规定。

表 11-5 运营期结构变形隧道工程监测频率

地质分区	运营前 2 年	运营第 3 年起		收敛
		沉降		
		地下段及地面段	高架段	
软土、湿陷性土、膨润土等特殊地质地段	第 1 年 2～4 次；第 2 年 1～2 次	2 次 / 年	1 次 / 年	1 次 / 年
岩体完整的硬岩地段		1 次 / 年	1 次 /2 年	1 次 /2 年
其他地段		1～2 次 / 年	1 次 /2 年	1 次 /2 年
地裂缝、岩溶等特殊地段	4 次 / 年，变形速率异常时加密			

当变形速率出现异常、结构出现异常或在施工、运营期间采取过特殊处理措施的高风险区段，应进行加密监测，其监测频率可按以下要求确定。

1）一般情况下，监测频率可根据变形速率在 1 次 / 周至 1 次 / 季度的范围内合理选取。

2）当隧道出现严重渗漏或严重变形等情况时，应加大观测频率，必要时宜采取自动化监测方法。

3）加密监测数据表明变形已趋于稳定时，可逐渐降低观测频率，直至结束加密监测。

4）自动化监测周期应根据地铁运营期间的结构健康监测周期以及健康监测的需求确定，一般不短于地铁运营期结构人工监测周期，不宜高于自动化监测设备元器件的使用有效期。

11.5.2 特殊情况下监测频率

运营期结构变形监测期间，当出现以下监测数据异常或其他影响工程安全的异常情况时，应提高监测频率，进行加密监测。

1）长期监测成果表明变形速率较大或出现明显差异沉降、出现较大的收敛变形。

2）隧道、道床等结构出现异常，隧道出现大面积渗漏、管片损伤、结构变形等病害。

3）下穿较宽水域的区段、近距离穿越区段、施工或运营期间采取过特殊处理措施的区段等其他高风险区段。

加密监测的内容包括沉降、收敛、挠度、水平位移、倾斜等。

加密监测的观测频率可按以下要求确定。

1）一般情况下，观测频率可根据变形速率在 1 次 / 周至 1 次 / 季度的范围内合理选取。

2）当隧道出现严重渗漏或严重变形等情况时，应加大观测频率，必要时宜采取自动化监测方法。

3）加密监测数据表明变形已趋于稳定时，可逐渐降低观测频率，直至结束加密监测。

加密监测应满足以下技术要求。

1）收敛监测、水平位移监测，应按照长期监测的技术要求实施。

2）沉降加密监测可在监测段范围外两侧相对稳定的位置各设置 2 个加密监测工作基点，历次加密监测起、迄于两侧的加密监测基点，布设附合水准路线。当加密监测基点相对稳定时，可根据长期沉降监测成果对加密监测基点高程进行定期改正；否则，应及时与基准点联测。

3）加密监测的区段宜同时进行结构本体巡检。

加密监测数据处理应计算本次变化量、累计变化量、收敛变化速率，并进行其他数据统计。

11.6 运营期结构变形监测控制值

城市轨道交通工程监测应根据工程特点、监测项目控制值、当地施工经验等制定监测预警等级和预警标准。

1. 隧道结构沉降预警值

隧道结构沉降预警值按表 11-6 执行。

表 11-6 隧道结构沉降预警值

监测项目	单次值 /mm	累计值 /mm
隧道结构沉降	−5	−10
隧道结构上浮	+3	+5
隧道差异沉降	—	$0.04\%L_s$
隧道结构变形缝差异沉降	—	4

注：① 沉降单次值达 −5 mm 时监测单位复测确认、现场巡查并进行加密监测（包括测点加密和频率加密）与分析，沉降累计值达 −10 mm 时监测单位发布预警，业主组织相关单位、部门协商处理；

② 上浮单次值达 +3 mm 或累计值达 +5 mm 时监测单位发布预警；

③ 对于上浮单次≥+3 mm、累计≥+5 mm 的道床测点，在对应隧道结构壁上增设结构测点并予以监测，用于判断是否存在道床起拱等病害；

④ 在监测过程中，如有隧道附近地表荷载突然增减，应增加观测次数。

2. 隧道结构水平位移预警值

隧道结构水平位移预警值按表 11-7 执行。

表 11-7 隧道结构水平位移预警值

监测项目		单次值 /mm	累计值 /mm
隧道结构水平位移	隧道长度<2 km	±4	±10
	隧道长度≥2 km	±6	

注：水平位移单次值达到预警值时，监测单位复测确认、现场巡查并进行加密监测和分析。

3. 隧道结构径向收敛预警值

隧道结构径向收敛预警值按表 11-8 执行。

表 11-8　隧道结构径向收敛预警值

监测项目	单次值 /mm	累计值 /mm
隧道结构径向收敛	±5	±10

注：① 径向收敛，测线单次观测超过 ±5 mm、累计数据达到 ±10 mm 时发布预警，业主组织相关单位、部门协商处理；

　　② 在监测过程中，如有附属结构附近地表荷载突然增减、附属结构内渗漏水突然加剧、附属结构出现异常裂缝、附属结构突然发生大量沉降等情况，均应及时增加监测次数。

4. 车场线道床和路基沉降监测警戒值

整体道床单次监测数据达 ±5 mm、碎石道床路基单次监测数据达 ±10 mm 时，监测单位复测确认、现场巡查并进行加密监测和分析。整体道床累计监测数值达 ±10 mm、碎石道床累计监测数值达 ±20 mm 时发布预警，业主组织相关单位、部门协商处理。

在监测过程中，如有整体道床、检修坑等结构出现异常裂缝，整体道床突然发生起拱、不均匀沉降或严重裂缝，碎石道床出现塌陷，轨道几何尺寸严重失常，立即发布预警。

5. 支挡结构变形监测

沉降观测数据警戒值：护坡单次观测值超过 10 mm 时，监测单位复测确认、现场巡查并进行加密监测和分析；护坡累计观测绝对值达 ±30 mm（或相对结构高度值达 5%，取用较小值）、挡土墙累计观测绝对值达 ±20 mm（或相对结构高度值达 0.15%，取用较小值）时发布预警。

水平观测数据警戒值：护坡单次观测值超过 10 mm 时，监测单位复测确认、现场巡查并进行加密监测和分析；护坡累计观测绝对值达 ±30 mm（或相对结构高度值达 0.6%，取用较小值）时，应进行密切关注；挡土墙累计观测绝对值达 ±20 mm（或相对结构高度值达 0.2%，取用较小值）时发布预警。

在观测过程中，如有周围岩土体出现涌砂、涌土、滑移、坍塌等情况，支挡结构出现明显变形、较大裂缝、断裂、较严重渗漏水时，均应立即发布预警并进行加密观测。

第 12 章
运营期地铁保护区监测

随着城市建设快速发展及新建轨道交通线路的增加，城市轨道交通逐渐由条状形成网状，不同线路的交叉、沿线周边工程的施工，都会对既有地铁隧道结构产生不同的影响，并对隧道的安全性和稳定性会造成严重的危害，因此各地根据当地的经验制定了相关城市轨道交通条例，将地铁保护监测纳入城市管理中，保证地铁隧道建设和运营安全。

12.1 运营期地铁保护区监测目的及基本要求

12.1.1 运营期地铁保护区监测目的

目前，地铁线路周边工程施工扰动已经成为影响地铁隧道结构安全的重要问题，地铁线路结构保护问题越来越突出，相关案例不断出现。

某地铁线路由于隧道上部堆载了 7 m 高的煤炭，导致隧道管片破裂。某盾构隧道地面上方大面积堆土，堆土高度普遍为 4 ~ 5 m，个别位置达到 10 m，左线轨道最大沉降量为 47 mm，右线轨道最大沉降量为 56 mm，多处隧道管片出现裂纹及漏水，最大缝宽达到 2 mm。某开发商在隧道上部开挖基坑，土体卸荷回弹导致地铁隧道结构上浮。

保护区结构变形监测包括建设期保护区变形监测和运营期保护区变形监测。保护区范围内有工程建设的区段，应根据运营前、运营期结构变形监测数据对相关线路区段及其附属结构进行建设活动影响监测。线路结构不同，其监测内容与侧重点也有所区别。

根据外部作业的影响等级、结构安全控制指标、外部作业实施前开展的安全评估报告以及周边环境，结合运营安全管理的要求，编制专项监测方案。重要、复杂地段的线路及附属结构监测宜采用远程自动化监测的方法，同时做好与运营前结构变形监测项目、已有监测点及数据成果的衔接。

通过保护区监测可以及时获取施工期间车站、隧道等结构的变形数据，其目的有三个方面。

1）将获取的监测成果数据反馈到施工单位，并根据监测成果数据指导施工，一旦遇到情况，能确保在第一时间内采取措施，做到信息化施工。

2）将监测数据成果及时提供给业主，以一定的监测限值作为预警预报，可以评估施工对轨道交通结构的影响程度，确保施工期间轨道交通线路结构车站或区间隧道结构的安全。

3）现场按审批的施工组织设计进行施工时，需结合监测成果数据进行检查，确保工程施工严格按要求实施，以避免由于施工不规范而导致地铁结构变形过大或事故的发生。

12.1.2 运营期地铁保护区监测基本要求

城市轨道交通保护区内进行以下施工作业时，宜进行以下工程影响测量。

1）新建、改建、扩建或者拆除建（构）筑物。

2）敷设管线或者设置跨线等架空作业。

3）基坑开挖、桩基础等施工，进行顶进、爆破、地基加固、灌浆、锚杆、钻探等作业。

4）修建塘堰、开挖河道水渠，进行打井、挖砂、采石、取土、堆土等作业。

5）在过海、过湖、过河隧道段进行疏浚作业或者抛锚、拖锚等作业。

6）其他可能影响城市轨道交通安全的作业活动。

监测方案编制前，应开展下列主要工作。

1）了解工程建设单位、设计单位、施工单位、权属单位以及监管部门等相关方的要求。

2）根据监测工作需求收集分析岩土工程勘察报告、工程支护设计及结构设计文件、风险评估报告、工程施工方案或施工组织设计文件、工程周边环境调查资料、测量控制网资料及其他所需的相关资料。

3）收集可使用的监测设备规格型号、性能参数及布置条件等相关资料。

4）收集可使用的监测系统相关资料。

轨道保护区监测方案，应根据施工作业项目特征、周边地质条件、工程影响风险等级以及监测目的、工期、任务要求等，确定监测范围、观测项目、精度指标、报警指标、观测方法、观测频率、仪器设备、数据处理及成果提交等内容，监测方案中监测内容及控制值需满足设计和相关规范的要求。

城市轨道交通保护区工程影响监测项目包括但不限于以下内容：水平位移监测基准网设置、沉降监测基准网设置、水平位移、沉降、相对收敛、裂缝、爆破振动速度、隧道三维激光扫描等。

12.1.3 监测实施依据

运营期保护区监测实施依据为国标、行业标准、地方标准及相关设计图纸与安全评估报告，以青岛地铁运行期保护区监测为例，监测依据包括但不限制于以下内容。

1）《城市轨道交通结构安全保护技术规范》CJJ/T 202-2013。

2）《城市轨道交通工程监测技术规范》GB 50911-2013。

3）《建筑变形测量规范》JGJ 8-2016。

4）《建筑基坑工程监测技术标准》GB 50497-2019。

5）《工程测量标准》GB 50026-2020。

6）《国家一、二等水准测量规范》GB/T 12897—2006。

7）国家或行业其他有关规范、强制性标准等。

8）《轨道交通保护区地铁结构设施监护监测点布设技术规程》（青岛地铁集团有限公司企业标准 Q/QD-AZ-J-AQ-79）。

9）《城市轨道交通保护区施工作业审查管理规定》（青岛地铁集团有限公司企业标准 Q/QD-AZ-G-AQ-7）。

10）《城市轨道交通保护区施工作业监护管理规定》（青岛地铁集团有限公司企业标准 AZ-G-AQ-90）。

11）《城市轨道交通保护区施工作业审查管理规定》（青岛地铁集团有限公司企业标准 Q/QD-AZ-G-AQ-7）。

12）《城市轨道交通保护区地铁结构监测管理规定》（青岛地铁集团有限公司企业标准 AZ-G-AQ-8）。

13）《青岛地铁临近既有线施工安全管理十八条措施》。

14）《施工阶段视频监控管理办法》（青岛地铁集团有限公司企业标准 QD-AZ-G-SJ-30）。

15）其他资料（项目勘察与设计文件、安全评估报告等）。

12.1.4 外部作业对地铁保护区影响等级

外部作业活动影响等级受工程地质条件、工程影响分区、外部作业的接近程度影响。外部作业活动影响等级按照表 12-1 划分。

表 12-1　外部作业活动影响等级划分

工程影响等级	外部作业活动影响等级确定条件		
	地质环境条件	工程影响分区	接近程度
特级	软弱地区	强烈影响	非常接近、接近或较接近
		显著影响	非常接近或较接近
		一般影响	非常接近
	非软弱地区	强烈影响	非常接近或较接近
		显著影响	非常接近
一级	软弱地区	强烈影响	控制保护区范围内
		显著影响	较接近
		一般影响	接近

（续表）

工程影响等级	外部作业活动影响等级确定条件		
	地质环境条件	工程影响分区	接近程度
一级	非软弱地区	强烈影响	较接近
		显著影响	接近
		一般影响	非常接近
二级	软弱地区	显著影响	控制保护区范围内
		一般影响	较接近
	非软弱地区	强烈影响	控制保护区范围内
		显著影响	较接近
		一般影响	接近
三级	影响等级不符合特级、一级、二级的其他项目		

注：① 地铁结构设施存在缺陷、使用状况恶化区段以及地质条件复杂区段，外部作业活动影响等级提高一级，特级时不再提高；

② 围岩等级为Ⅵ级的为软弱地区。

外部作业与城市轨道交通的接近程度，应根据城市轨道交通结构的施工方法、城市轨道交通与外部作业的相对空间位置关系等因素确定。外部作业接近程度应按表12-2确定。

表 12-2　外部作业接近程度判定标准

城市轨道交通结构的施工方法	相对净距	接近程度
明挖、盖挖法	＜0.5H	非常接近（Ⅰ）
	0.5～1.0H	接近（Ⅱ）
	1.0～2.0H	较接近（Ⅲ）
	＞2.0H	不接近（Ⅳ）
矿山法（包括浅埋、深矿山法隧道）	＜1.0W	非常接近（Ⅰ）
	1.0～1.5W	接近（Ⅱ）
	1.5～2.5W	较接近（Ⅲ）
	＞2.5W	不接近（Ⅳ）

（续表）

城市轨道交通结构的施工方法	相对净距	接近程度
盾构法或顶管法（浅埋、深埋盾构法隧道）	＜1.0D	非常接近（Ⅰ）
	1.0～2.0D	接近（Ⅱ）
	2.0～3.0D	较接近（Ⅲ）
	＞3.0D	不接近（Ⅳ）

注：① H 为明挖、盖挖法城市轨道交通既有结构的基坑开挖深度，W 为矿山法城市轨道交通结构的隧道毛洞跨度，D 为盾构法或顶管法城市轨道交通既有结构的隧道外径；
② 浅埋、深埋矿山法隧道分别指的是隧道顶埋深小于 3.0W 和大于 3.0W 的隧道，浅埋、深埋盾构法隧道分别指的是隧道顶埋深小于 3.0D 和大于 3.0D 的隧道；
③ 相对净距指外部作业的结构外边线与城市轨道交通结构外边线的最小净距离。

外部作业的工程影响分区宜根据外部作业的施工方法确定，并应符合下列规定。

1）明挖、盖挖法外部作业的工程影响分区按表 12-3 确定。

表 12-3　明挖、盖挖法外部作业的工程影响分区

工程影响分区	区域范围
强烈影响区（A）	结构正上方及外侧 $0.7h_1$ 范围内
显著影响区（B）	结构外侧 $0.7～1.0h_1$ 范围
一般影响区（C）	结构外侧 $1.0～2.0h_1$ 范围

注：h_1 为明挖、盖挖法外部作业结构底板的埋深。

2）浅埋矿山法和盾构法外部作业的工程影响分区按表 12-4 确定。

表 12-4　浅埋矿山法和盾构法外部作业的工程影响分区

工程影响分区	区域范围
强烈影响区（A）	结构正上方及外侧 $0.7h_2$ 范围内
显著影响区（B）	结构外侧 $0.7～1.0h_2$ 范围
一般影响区（C）	结构外侧 $1.0～2.0h_2$ 范围

注：h_2 为矿山法和盾构法外部作业隧道底板的埋深。

3）深埋矿山法和盾构法外部作业的工程影响分区按表 12-5 确定。

表 12-5　深埋矿山法和盾构法外部作业的工程影响分区

工程影响分区	区域范围
强烈影响区（A）	隧道正上方及外侧 1.0b 范围内
显著影响区（B）	隧道外侧 1.0～2.0b 范围
一般影响区（C）	隧道外侧 2.0～3.0b 范围

注：b 为矿山法和盾构法城市轨道交通隧道的毛洞跨度。

12.1.5 监测范围

外部作业项目为基坑工程时，监测范围按照表 12-6 确定。

表 12-6　基坑工程作业时地铁结构设施监测范围

监测项目	工程影响等级			
	特级	一级	二级	三级
竖向位移	正对范围 + 两侧各 6h	正对范围 + 两侧各 4～6h	正对范围 + 两侧各 4h	正对范围 + 两侧各 2h
水平位移	正对范围 + 两侧各 6h	正对范围 + 两侧各 4～6h	正对范围 + 两侧各 4h	正对范围 + 两侧各 2h
相对收敛	正对范围 + 两侧各 6h	正对范围 + 两侧各 4～6h	正对范围	正对范围

注：h 为基坑开挖深度。

外部作业项目为管线工程时，监测范围按照表 12-7 确定。

表 12-7　管线工程作业时地铁结构设施监测范围

监测项目	工程影响等级			
	特级	一级	二级	三级
竖向位移	正对范围 + 两侧各 30～80 m	正对范围 + 两侧各 10～30 m	正对范围 + 两侧各 5 m	正对范围
水平位移	正对范围 + 两侧各 30～80 m	正对范围 + 两侧各 10～30 m	正对范围 + 两侧各 5 m	正对范围
相对收敛	正对范围 + 两侧各 30～80 m	正对范围 + 两侧各 10～30 m	正对范围	正对范围

外部作业项目为道路工程时，监测范围按照表 12-8 确定。

表 12-8　道路工程作业时地铁结构设施监测范围

监测项目	工程影响等级			
	特级	一级	二级	三级
竖向位移	正对范围 + 两侧各 20 m	正对范围 + 两侧各 10 m	正对范围 + 两侧各 5 m	正对范围
水平位移	正对范围 + 两侧各 20 m	正对范围 + 两侧各 10 m	正对范围 + 两侧各 5 m	正对范围
相对收敛	正对范围 + 两侧各 20 m	正对范围 + 两侧各 10 m	正对范围	正对范围

12.2　运营期地铁保护区监测项目

12.2.1 运营期地铁保护区仪器监测项目

运营期地铁保护区的监测对象为运营期城市轨道交通结构。根据工程监测对象的不同，运营期地铁保护区仪器监测项目宜参照表 12-9 选择。

表 12-9　运营期地铁保护区的仪器监测项目

结构类型	监测项目	备注
地下结构	竖向位移	
	水平位移	
	相对收敛	
	变形缝、裂缝检测	
	道床与轨道变位	
	三维激光扫描	适用于结构确认
高架结构	竖向位移	适用于墩柱
	水平位移	
	道床与轨道变位	适用于桥梁上部结构

注：外部作业项目采用爆破施工时，应对爆破振速进行监测。

外部作业项目影响等级为特级的，原则上表 12-9 内的监测项目需全部设置。外部作业项目影响等级为一级、二级、三级的，可结合现场实际情况及相关规范要求进行设置。

为保证地铁运营期间结构的健康安全，对于重要区域、变形敏感区域或者其他需进行全天候监测区域宜采用自动化监测方法。在城市轨道交通保护区内进行的工程建设施工，原则上采用自动化监测方法对地铁结构进行监测，施工作业活动风险等级为一级的，必须采用自动化监测方法对地铁结构进行监测。

地铁结构自动化监测项目应根据监测目的、监测结构的特点及外部环境影响的具体情况确定，一般需对结构的沉降、水平位移进行监测，隧道结构需对水平收敛进行监测。

自动化监测系统由数据采集系统、无线传输系统、监测数据管理平台组成。自动化测量系统的设备应安装牢固，满足城市轨道交通的界限要求，不影响列车运营安全。

自动化监测应实现数据的自动化采集处理及对监测数据的实时查看，其监测精度应满足常规监测精度及地铁结构保护的要求。

自动化监测期间应定期对自动化监测元器件及设备进行巡视检查维护，监测数据宜选取一定比例定期进行人工复核，复核比例不宜少于 5%，保护区监测宜 1～2 个月复核一次。

自动化监测数据处理和发布系统应实时共享，成果以图形和数据的形式展示，可对历史数据进行查询。

12.2.2 现场巡视

运营期地铁保护区的现场安全巡视的频率同现场监测频率保持一致。巡视内容主要包括施工进度、围护结构及监测设备、地铁隧道结构病害发展情况以及地铁的保护措施落实情况。结合地铁监测数据与巡视工况情况，提交初步分析意见。

12.3 运营期地铁保护区监测点布设

12.3.1 监测点布设基本原则

运营期地铁保护区监测点设置应满足下列要求。

1）不妨碍轨道交通的运行与运营安全。

2）位置能够反映结构的变形特征。

3）标志稳固、明显、结构合理，易于保护，便于观测。

4）编号统一、规范，便于数据管理。

5）联络通道、结构过渡段等结构特殊区段，结构存在缺陷、使用状况恶化区段，以及地质条件复杂区段，应结合现场特点，加密设置监测点。

6）隧道段的道床监测点一般应布设在轨枕中部，浮置板道床区段的监测点一般应布设于盾构法隧道段的管片、高架段的梁板、明挖段的底板等结构上，碎石道床应根据现场结构状况进行合理布设。

7）明挖结构（车站、风井、盾构工作井）与区间隧道交接处、隧道与联络通道交接处、桥梁与地下结构的接驳处应设置差异沉降观测点。

8）联络通道处的隧道结构应设置 1 个监测点。

9）风井、冷却塔、垂直电梯、变电站、电缆沟等附属设施的监测点应在结构角点布设，出入口的监测点应在地面出口、中部平台、下部与车站接缝两侧布设，站台层的立柱监测点应结合现场实际布设。

10）道床与结构分离区段，应在同一监测断面的道床和结构上同步布设观测点。

11）应尽量利用长期监测已布设的、满足观测要求的观测点。

运营期保护区监测断面间距参照表 12-10 的规定。

表 12-10　运营期保护区监测断面间距

结构类型	监测项目	监测点布置间距	相关要求
地下结构	竖向位移	按照 3～20 m 一个断面	工程影响等级为特级的，监测断面不宜大于 5 m；工程影响等级为一级的，监测断面不大于 10 m；工程影响等级为二级、三级的，可结合现场实际情况及相关规范要求设置
	水平位移		
	相对收敛		
	道床与轨道变位		
	三维激光扫描	对监测点设置范围内的结构设施进行扫描	—
高架结构	竖向位移	每个墩柱对称设置 2 个监测点；简支梁每跨沿上下行线中心、呈跨中对称等距设 5 个监测点；连续梁每跨沿上下行中心线、按 5 m 间距、呈跨中对称设置监测点	—
	水平位移		—
	道床与轨道变位	按照 3～20 m 一个断面	工程影响等级为特级的，监测断面不宜大于 5 m；工程影响等级为一级的，监测断面不大于 10 m；工程影响等级为二级、三级的，可结合现场实际情况及相关规范要求设置

注：① 以上为作业项目正对区域监测断面间距，正对区域以外的可参照执行，也可适当放宽；

② 地下结构监测点宜在地下结构顶部或底部、结构柱、两边侧墙布置，具体位置可根据现场情况确定；

③ 每个断面原则设置 1 个竖向位移监测点、1 个水平位移监测点，特殊情况下可适当增加监测点数量。

12.3.2 人工监测点埋设样式及要求

当采用人工监测时，监测点埋设样式及要求如下。

1. 沉降控制点埋设

1）每个监测工点布设 3 个以上基准点，根据现场实际情况，酌情增设工作基点。

2）基准点应当埋设在地质条件稳定且远离施工影响区域位置，工作基点应当埋设在相对稳定的位置且便于日常监测工作开展。

3）沉降监测控制网基准点及工作基点可采用地标或者墙标。

4）基准点和工作基点应当定期进行联测，对整个监测控制网进行稳定性分析评价。

5）地面沉降基准点及工作基点应当采用不锈钢测量标志，点位有利于长期保存。

6）基准点及工作基点点名、点号均需要清晰标识，采用统一的测点标识牌进行标识并固定。

2. 平面控制点埋设

1）每个工点布设至少4个基准点，水平位移监测控制网基准点及工作基点采用顶部固定强制对中观测标志。强制对中标志直径为10 mm，不锈钢底座直径为150 mm。

2）基准点及工作基点点名、点号均需要清晰标识，采用统一的测点标识牌进行标识并固定。

3）沉降和水平位移监测点埋设，监测点材质为国标304不锈钢。

4）沉降和水平位移监测点可布设于隧道结构侧壁，道床等部位，布设于道床上的沉降监测点顶部亦可采用强制对中标志，以便监测点的一点多用。

5）监测点埋设采用Φ18的电钻在管片的4点钟或8点钟左右的方向钻孔布设，钻孔孔深应超过5 cm，测点与钻孔之间的缝隙采用植筋胶进行填充。

6）测点标识牌应粘贴稳固，防止掉落。

3. 隧道相对收敛监测点埋设

1）隧道相对收敛用3 mm左右厚度的钢片制作40 mm×40 mm的L型角钢，表面贴上30 mm×30 mm的测量专用反光片，固定在管片拱腰位置，也可直接将反射片粘贴固定在盾构管片拱腰位置；或者埋设强制对中连接杆，对中杆顶部为小棱镜，方向对准测站位置。

2）测点周边粘贴测点标识牌，防止掉落。

4. 变形缝、裂缝监测点埋设

1）监测点采用专门的裂缝观测标尺。

2）标尺分为带有刻度的底面及带有十字线的顶面，初始读数为十字线对应的刻度，通过每次读数的变化来测量裂缝的开合度，标尺的十字线应尽量保持与裂缝的垂直，标尺两端应安装稳固。

3）测点标识牌应在裂缝监测点的附近，安装稳固，防止掉落。

5. 监测点标识牌

1）标识牌材质为不锈钢板。小标识牌尺寸为210 mm×148.5 mm，标识牌尺寸为420 mm×297 mm。

2）标识牌应安装在监测点旁且易于查看的位置。

3）小标识牌为单个测项的测点标识，应包含监测项目、测点编号、里程、埋设日期、联系人及联系电话。大标识牌可考虑在监测范围起始位置和中间位置布置，应包含监测断面监测项目、测点编号、里程、埋设日期、联系人及联系方式、布点示意图等信息。

4）做好标识牌的保护措施，必要时可用透明ABS板进行保护。

5）在布置监测点标识牌时，要确保牢固稳定。

6）如果现场条件无法布设标识牌，可采用油漆标记方式标注点号等主要信息。

12.3.3 自动化监测设施埋设样式及要求

当采用自动化监测时，监测设施埋设样式及要求如下。

1. 全站仪及测点埋设

（1）仪器台的埋设步骤。

1）图纸定位。

根据网型设计，结合设计图纸，在设计图上定好埋设位置，确定待埋设位置的环号或里程（距离车站端头位置）。

2）现场踏勘。

根据拟定仪器台位置，至轨行区现场踏勘，确定合理的位置和高度。首先，应检查仪器台之间是否能够通视，仪器台位置处是否有设施遮挡，上方是否有足够空间，是否方便人工观测，全站仪安装效果如图 12-1 所示。然后，对地铁结构设施进行核查，避免因钻孔安装导致临近设施受影响。

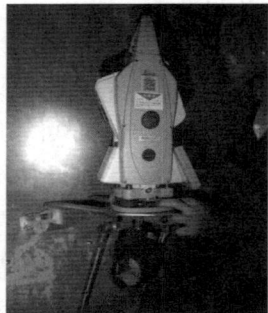

图 12-1　全站仪架设示意图

3）标记仪器台钻孔位置。

确定待埋设位置可用后，选择合适长度的仪器台（当疏散平台较宽时选择尺寸较大的），并安装棱镜基座以实时整平。将仪器台贴在拟定管片位置处，根据基座气泡调整仪器台的水平度。待大致整平后，使用油性记号笔对仪器台螺栓孔位进行实地标记。

4）钻孔安装。

使用 12 mm 的钻头对准螺栓孔标记进行钻孔，钻孔深度约 4 cm，确保成孔质量，再敲入爆胀管，使用撞针使其膨胀完全。待 4 颗爆胀管全部安装好后，进行仪器台的固定，拧紧螺帽。

5）仪器台整平。

在仪器台上安装好棱镜基座。首先，将基座上的 3 个螺旋各自调整到同一高度，避免出现高低差。然后，调整仪器台的 2 个整平杆，使仪器台完全整平。最后，拧紧各个螺帽，使仪器台完全固定，不再有任何晃动。

6）贴反光条。

在仪器台的醒目位置（如两个整平杆处），贴上反光条，一方面作为仪器台的保护之用，另一方面避免行人的碰撞。

7）出清。

安装工作完成后，清理作业现场，将所有物品清理出轨行区，包括螺丝帽、纸盒、扳手等小物件，不能有任何遗漏。

（2）棱镜埋设方法。

后视大棱镜、监测小棱镜的埋设均采用钻孔的方式，将监测小棱镜和后视控制点埋设于隧道道床和管壁，确保与全站仪通视良好。棱镜安装效果如图 12-2 所示。

膨胀螺丝　　　　　　水平位移监测点小棱镜　　　　　后视控制点棱镜

图 12-2　膨胀螺丝、测点棱镜示意图

采用冲击钻钻孔时应采取措施保证成孔利用率，尽量避免产生废孔；对于废孔应采用防火泥或快干水泥进行封堵，并保证外观整洁、美观。

对于后视大棱镜，应布设在每条隧道测区范围外远离施工影响范围的管片上，相互之间的间距设为 10 m，并且离最近的监测棱镜至少 20 m。棱镜的位置应方便与全站仪进行通视，同时避免棱镜相互之间的遮挡或干扰，避免发生小视场或多棱镜现象。疏散平台侧长杆圆棱镜安装时必须考虑高度，保证人员通行安全。

对于车站的监测棱镜，应布设在远离站台一侧的墙体上，影响区内正对范围 5 m 布设 1 个监测断面，影响区内正对范围外 10 m 布设 1 个监测断面。

埋设过程中采取以下措施。

1）事先在仪器台位置上方放置一个手电筒，使灯光方向基本面向测点方向，以方便了解仪器台与棱镜的通视情况。

2）安装过程中，在仪器台上架设全站仪，打开激光指示，使钻孔人员了解测线方向，一边安装一边使用全站仪自动测量检查棱镜的通视情况，避免发生遮挡或小视场多棱镜现象。

3）钻孔前先检查孔位处与仪器台的通视情况，预估棱镜的高度以及疏散平台、电缆线、电缆架、车挡、记轴器等设备是否影响通视。

4）安装小棱镜时，确保棱镜 L 型杆紧贴管壁，完全拧紧，避免发生松动。

5）小棱镜安装到位后，采用六角扳手调整棱镜的朝向，使其对准全站仪，确保通视良好。

6）安装棱镜杆时，确保棱镜杆既便于与全站仪通视又不影响人员行走。确保成孔利用率，尽量避免产生废孔。对于废孔，应采用防火泥或快干水泥进行封堵，并保证外观整洁、美观。

7）安装工作完成后，清理作业现场，所有物品清理出轨行区，包括螺丝帽、纸盒、扳手等。

（3）其他设施的埋设方法。

安装完仪器台后，再进行控制箱的埋设。控制箱尽量选择在仪器台的下方，需确保有足够长度的电缆线，避免占用不必要的空间，同时方便人员观测。控制箱安装完后，锁闭箱门，贴上设备信息。数据采集箱上需要贴上标志牌（图12-3），包括监测项目、监测单位、监测单位联系人及联系方式。

数据采集箱通往全站仪的电源线（或通讯线）绑扎需加强固定，防止脱落（图12-4）。

若全站仪安装在疏散平台侧，电源线（或通讯线）应当从扶手栏杆内侧穿出至全站仪，并与仪器支架固定；连接数据采集箱与220 V电源控制箱的电源线应独立固定在疏散平台下部的电缆支架上，并与隧道原有线缆保持一定距离，禁止铺设在疏散平台与管片的缝隙里。

若全站仪安装在消防水管侧，连接数据采集箱与220 V电源控制箱的电源线需横穿道床，电源线保护管应采用PVC管，从道床施工缝处横穿，采用快干水泥或管箍固定PVC管、道床，保证电源线不凌空（图12-5）。

图12-3 数据采集箱上的标志牌

图12-4 固定电源线在电缆架上

图12-5 电源线横穿道床时用PVC管固定在道床上

根据控制箱的位置，选择临近的配电箱作为仪器电源，使用专用电缆线连接控制箱。当电缆线需要横穿道床时，使用白色PVC管作为电缆线通道，尽量将PVC管固定在道床伸缩缝处，避免高出水泥面。电缆线铺设完成后，使用扎带、膨胀螺栓等将其固定在管片或是道床上，避免因列车运行脱开或是影响人员走动。安装工作完成后，清理作业现场，所有物品清理出轨行区，包括螺丝帽、纸盒、扳手等。

（4）测点保护措施。

由于地铁隧道自动化监测，对于测点的保护要求较高，需要对监测点保护情况开展定期巡检，巡检频率至少 1 次／月，发现测点遮挡或破坏，第一时间采取补救措施，更换棱镜。

2. 静力水准仪及测点埋设

安装静力水准仪时，管路内液体具有流动性，应选择低挥发、低黏滞度的液体，且需满足不同监测环境的要求。观测前向连通管内充液体时，可采用自然压力排气法或人工排气法，不得将空气带入，管路应平顺，管路转角不应形成滞气死角。

安装在室外的静力水准系统，应采取措施保证全部连通管的管路温度均匀，避免阳光直射。连通管式的静力水准仪在同组中的传感器应安装在同一高度，安装标高差异的影响不得消耗其量程的 20%；管路中任何一段的高度均应低于蓄水罐底部，但不宜低于 0.2 m。压力式静力水准的监测点与工作基点的高差不宜超过 2 m。

静力水准测量系统埋设安装应符合下列要求。

1）静力水准仪与安装底座之间应能可靠连接，安装底座应与监测对象牢固连接。

2）连通管路与静力水准仪应能可靠连接，无渗漏。连通管路之间应能可靠连接，无弯折破损，无渗漏。连通管路接头应牢固可靠，无渗漏。

3）安装底座应调整水平，同组中所有静力水准仪安装标高差异的影响不得消耗其量程的 20%；连通管管路应平顺，管路内应充满测量液体，不应有气泡。

4）静力水准装置宜采取防护措施。

5）静力水准装置宜安装在温度一致的环境中，必要时采取保温措施。

6）相邻两个静力水准仪之间连通管路与电缆能适应结构物的不均匀变形。

7）静力水准线路一般由起算点、观测点、转接点组成，宜布设成附合水准线路，起算点应采用水准测量法定期联测校核，校核周期宜不大于 3 个月。

静力水准仪安装步骤如下。

1）安装前选择基点，要求基点与测点的距离尽可能大于 1 m，相对稳定，无振源干扰。落差不大于 2.5 m。测点之间的间距根据设计要求进行布置。

2）安装前对传感器进行 ID 确认，并且记录在 PC 机软件内，将所有要安装的传感器联机测试 10 min，安装时按照 ID 的编号顺序和测点位置确定传感器。

3）测点传感器采用胶粘的方法固定安装，并且要求固定牢固，然后将液体连通管串联至每个测点传感器，基点、储液罐相连接闭合，液体接口处螺丝锁死固定，要求无漏液。

4）气压平衡管采用与液体联通管相同的连接方式串联，然后和基点、储液罐联通。

5）通信电缆的连接。采用双绞屏蔽线缆，按照线缆的颜色对应连接至接线盒，采用串联方式通信，然后与采集仪相连。

6）液体的添加。由储液罐添加液体时，后端测点传感器气门打开，保证能够有空气排出，使连通管、传感器内尽可能没有气泡。若有气泡，气泡的最大直径不大于2 mm。

7）采集仪的 GPRS 设置。GPRS 采用固定 IP。采集模块内置 GPRS 模块以及 433 自组网模块，两者之间可通过硬件设置选择，传感器的字节数为 13 字节，可根据采集频率计算流量大小。GPRS 出厂时会根据客户要求定制好相关配置，用户只需要打开采集仪插入 SIM 卡即可使用，但需要进行网络配置以及将数据导航指向固定计算机。

8）线管的保护。因仪器布设在车站通道地面，人员出入线路存在风险，采用橡胶减速带进行压盖保护（图 12-6）。

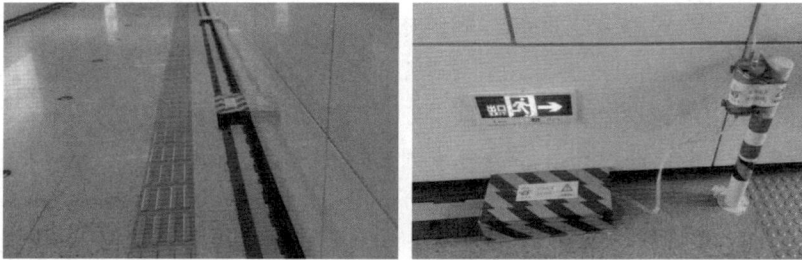

图 12-6 线路保护示意图

3. 倾角计安装

倾角计传感器的安装面与被测量面固定必须紧密、平整、稳定，如果安装面不平容易造成传感器测量夹角误差。传感器轴线与被测量轴线必须平行，两轴线尽量不产生夹角（图 12-7）。

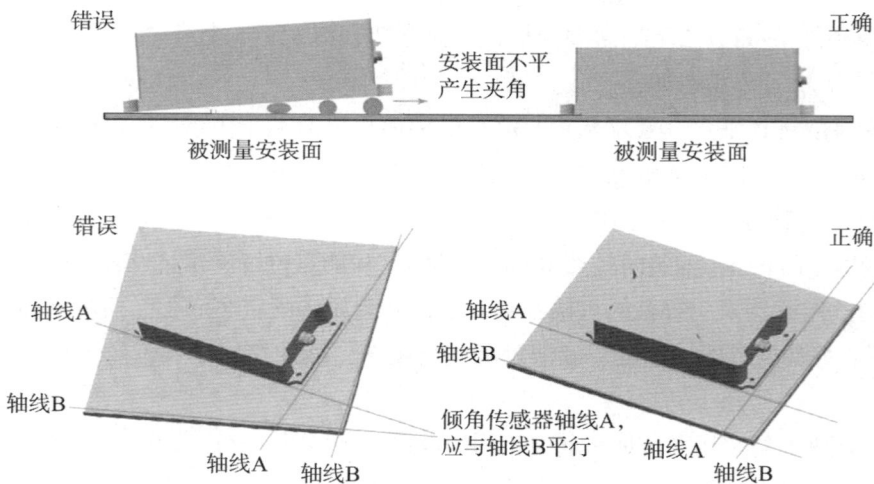

图 12-7 倾角计安装示意图

4. 爆破测振仪安装

自动化爆破测振仪监测仪器安装方法与人工监测相同，详见第 3.3 节。

5. 视频监控安装

视频监控应覆盖受外部作业影响的城市轨道交通结构，原则上监控设备间距不大于 50 m。视频监控画面应覆盖全部的自动化监测区域。

视频监控安装位置要求如下。

1）轨排井作业区域。

2）轨排基地现场堆料场。

3）主变电站施工现场。

4）其他需要重点监控的部位。

视频监控在系统工程开始前安装，基本参数及技术要求参照表 12-11。

表 12-11 视频安装基本参数及技术要求

序号	产品类型	基本参数及技术要求	安装位置
1	支架枪机（数字）	有效像素 130 万像素	车站侧墙
2		最低照度 0.01 Lux @（F1.2，AGC ON），0 Lux with IR	
3		日夜转换模式：ICR 红外滤片式，数字宽动态	
4		RJ45 10M/100M 自适应以太网口	
5		红外照射距离：30 ～ 50 m	
6		防护等级 IP66	
7		内置浪涌及雷击保护装置	
8	硬盘录像机（NVR 数字）	VGA 输出 1 路，分辨率：1 024×768/60 Hz，1 280×720/60 Hz，1 280×1 024/60 Hz	监控室
9		分辨率：5MP/3MP/1 080P/UXGA/720P/VGA/4CIF/DCIF/2CIF/CIF/QCIF	
10		8 个 SATA 硬盘接口	
11		支持 16 路以上实时同步回放及多路同步倒放	
12		支持 IP SERVER 功能	
13		采用 MPEG-4 或 H.264	
14		提供 RS-485 输入 / 输出接口	
15		支持 TCP/IP 协议，两个及以上以太网端口	
16		防护等级 IP66	
17		内置浪涌及雷击保护装置	
18		至少保存 30 天编码为 2M 的 720P 视频数据	

（续表）

序号	产品类型	基本参数及技术要求	安装位置
19	光纤收发器	单模光纤	现场传输光纤两端
20		10/100 Mbps 自适应以太网	
21		波长：1 300 nm/1 550 nm	
22		传输距离：≥20 km	
23		FC/PC 接口	
24		兼容协议：IEEE 802.3/IEEE 802.3u	
25		支持广播防爆防护	
26	网络交换机	传输速率：10 Mbps/100 Mbps	监控室
27		存储一转发交换方式	
28		大于 24 个 10M/100M/1000M 端口	
29		支持 VLAN	
30	机柜	全柜采用优质冷轧钢板	监控室
31		全柜经过严格的磷酸盐防腐处理	
32		表面喷粉采用优质高硬度粉面	
33		框架、层板采用不少于 2 mm 厚的钢材	
34		全柜静态可承受 100 kg 重量	
35		机柜门缝应均匀，且不得大于 2 mm	
36		门的开启角度应≥95°	
37	UPS 电源	输入电压范围：120 ～ 275 V	监控室
38		输入频率范围：46 ～ 64 Hz	
39		输入公因＞99%	
40		输出电压：220 VAC	
41		输出频率范围：（46 ～ 54）Hz/（56 ～ 64）Hz	
42		电池模式：50 Hz/60 Hz	
43		电流峰值比 3∶1	
44		额定功率因数 0.8	
45		超载能力（Load）＜105%，长期运行情况下：105% ＜ Load ＜ 125%	
46		效率：90%	
47		电池电压：16pcs × 12vdc	
48		保证相关设备断电后持续工作 2 小时	

（续表）

序号	产品类型	基本参数及技术要求	安装位置
49	视频监控室	设置独立场所，专人管理	监控室
50		1 台 21 寸液晶监视器	
51		采用 220 VAC 供电	
52		配备通讯、安全和消防等设备	
53		布线符合国家标准《综合布线系统设计规范》GB 50311-2007	
54		应远离油烟、粉尘等有害气体以及具有腐蚀性、易燃、易爆性物品的场所	
55		应远离水灾、火灾隐患区域	
56		应远离强振源及强噪声源	
57		应避开强磁场干扰	
58		提供照明设备	
59	其他设备	线缆等需满足传输需求	

12.3.4 测点验收及初始值采集

监测点验收及初始值采集执行以下要求。

1）监测单位应根据监测方案进行监测点埋设，埋设人员应及时填写埋设记录，记录埋设时间和位置，由监测单位现场负责人进行实地验收，并在埋设记录上签字确认。监测点埋设完成并自检合格后，由监测单位提交测点验收申请表（根据工程进度可分阶段验收），业主单位对监测点进行验收。

2）在监测点验收合格后，监测单位应对监测点进行妥善维护，定期巡查，如有被破坏测点，根据实际情况及时恢复或补设测点。

3）初始值的观测应在监测点埋设稳定后实施，应独立进行至少 2 次采集。较差不大于观测精度要求的 2 倍时，取其平均值作为初始值。

4）视频监控系统满足视频监控系统安装基本要求，并具备现场视频监控验收条件（表 12-12）后，必须向监理单位提交相关现场视频监控验收申请表。监理单位在接到现场视频监控验收申请表后通知业主参加施工单位现场视频监控验收，验收合格后视频监控方可使用。

表 12-12　现场视频监控验收条件

序号	验收条件	验收要点	验收结论	
			满足	未满足
1	安装方案	安装方案审批是否齐全有效		
2	电源设备线缆	线缆设备等各种标签应完整、清晰，连接双绞线、交换机、光纤收发器、走线应整齐，各种设备连接双绞线应绑扎结实整齐		
3		不同连接线缆应进行明显标识，各摄像头对应的双绞线、电源线应有明确标识（或在提交用户资料时注明）		
4		双绞线水晶头应线序正确，打线结实、不出现松头现象，安装螺丝必须拧紧		
5		摄像头电源的防水和绝缘需可靠		
6		电源线缆等接地需符合防雷标准，设备安装质量需满足在 35 m/s 的风速下正常工作的标准		
7		敷设的电源线缆应符合相应要求		
8		所有传输介质要求室内外均用线槽或线管，不能裸露在外；室内沿墙角布线，室外沿建筑物布线，不能横空走线，不能布置于容易破坏的位置		
9	摄像头安装	摄像头安装位置及数量应满足现场施工要求		
10		摄像头观察监视区域的覆盖范围和图像质量应满足要求		
11		摄像头安装应牢靠、稳固，具有较强的抗冲击力		
12		从摄像头引出的双绞线宜留 1 m 的余量，不得影响摄像头的转动，摄像头双绞线和电源线均应固定、结实、美观		
13		摄像头各项功能、监视区域的覆盖范围和图像质量应符合要求		
14		其他摄像头机座与支架或云台的安装尺寸应符合要求		
15		所有摄像头的双绞线、电源均应固定，插头不得超标准使用		
16		摄像头镜头应避免强光直射、逆光安装，若必须进行逆光安装，应将监控区的光对比度控制在最低限度范围		
17	线缆敷设部分	管槽型材的材质、规格、型号应符合相关规定		
18		表面应光滑平整、不得变形断裂		
19		管件材质、规格均符合质量标准，不得歪斜、扭曲、飞刺、断裂或破损		
20	硬盘录像机	安装工艺应符合要求		
21		能够现场调阅录像资料		
22		录像时间应满足要求		
23		摄像头和通道的命名应标准		

（续表）

序号	验收条件	验收要点	验收结论	
			满足	未满足
24	监控图像	图像不得有损坏或干扰存在		
25		在监控范围内任一点上，昼夜均达到以下标准：能辨别人物体型特征，能辨别人物动作特征，能辨别人物面部特征，能辨别人物携物的一般特征，能辨别人物携物细部特征		

12.3.5 监测点及视频监控维护保养

运营期监测点维护保养方法与施工期监测点维护保养方法相同，详见第 3.3 节。

为加强视频监控设备的维护保养，坚持预防为主、日常维护与计划检修相结合的原则，做到正确使用、精心维护，使设备经常处于良好的状态，保证设备的长周期、安全、整洁、稳定运转，应对视频监控进行日常维护保养。

视频监控日常维护要求如下。

1）每日设备检查：监控信号是否正常，监控画面是否清晰，监控位置是否正确。

2）每周设备检查：检查机柜各区交换机、光端机工作是否正常，重启硬盘录像机以确保性能最优化，查看上周系统日志有无相关警告及错误信息。

3）每月设备检查：监控摄像头支架是否牢固，电源线、通讯线缆是否完好无裸露，监控摄像头镜前是否有遮挡物，监控摄像头接地线是否拧紧，防爆罩是否密封好，监控主机测试后台录像功能、云台控制操作是否正常。

4）每季度设备检查：监控摄像头进行整体清灰处理，监控防爆接线箱内有无漏水、腐蚀情况，监控防爆接线箱内防雷器是否正常，检查各监控摄像头电源线缆、通讯线缆老化情况，监控点机柜进行线缆老化损耗检测以确保各监控点正常传输数据。

视频监控日常使用过程中应对监控设备进行管理，管理要求如下。

1）硬件管理：严禁在监控操作台摆放无关物品，严禁用湿抹布或潮湿物品接触监控主机设备，严禁在监控主机插拔移动存储设备，严禁无故终端监控设备；严禁故意遮挡视频监控摄像头，因工作需要临时遮挡时必须报告使用部门领导同意，工作完毕后立即拆除遮挡物。

2）系统管理：不得擅自复制、提供、传播图像信息资料，不得擅自删改、破坏图像信息资料的原始记录；需要调取、查看、复制视频系统图像信息和相关资料的，报相关部门领导同意后由监控管理人员配合提供；对其他任何部门或个人不予提供视频资料；监控管理人员应做好值班记录以备查，不得擅自更改监视画面、改变监视摄像角度。

12.4 运营期地铁保护区人工监测方法

运营期地铁保护区主要监测项目精度要求见表 12-13。

表 12-13 运营期地铁保护区主要监测项目精度要求

监测项目	精度类别	精度要求	说明
相对位置关系	点位中误差	±50 mm	相对于临近控制点的测量中误差
	高程中误差	±50 mm	
沉降测量	测站高程中误差	±0.3 mm	
水平位移测量	坐标中误差	±2.0 mm	相对于临近控制点的测量中误差
收敛测量	测线长度中误差	±2.0 mm	
倾斜测量	倾斜率	±0.4%	

监测方法应根据监测对象和监测项目的特点、工程影响等级、设计要求、精度要求、场地条件等综合确定，并应合理易行。

保护区监测实施方法主要分为人工监测和自动化监测两种。城市轨道交通工程应根据信息化施工、设计参数验证、环境设施保护及工程安全管理等需要开展工程结构及周围岩土体、周边环境、作业环境、结构健康、应急抢险等的自动化监测工作。

下列情况应实施自动化监测。

1）工程自身风险或环境风险等级高，人工监测难以满足要求的工程。

2）作业环境危险、无人工监测实施条件的工程。

3）需要进行高频次或连续实时监测的工程。

4）需要在施工期提前埋设自动化监测设备对结构进行长期监测的工程。

5）其他有特殊要求的工程。

监测作业应遵循以下几个原则。

1）监测单位应根据外部作业的影响等级特征、轨道交通结构类型及现状、轨道交通结构安全保护要求和外部作业实施前所开展的安全评估成果编制保护区监测方案并进行专家评审论证。

2）按照监测方案布设基准点、工作基点、监测点及自动化监测设备，点位布设不得影响轨道交通的运营及结构安全，且应在明显位置设置监测标识。

3）监测项目的初始值应在监测点埋深稳定后及时采集，应将连续测量不少于3次的稳定监测数据的平均值作为初始值。

4）在采集监测初始值的同时，应对轨道设施进行初始状态调查及结构检测。调查及检测范围应包含整个监测区域，不得缺漏。

5）外部作业实施前，监测单位采集完监测数据初始值和完成轨道交通结构初始状态调查后，应形成纸质版监测数据初始值报告和初始状态调查报告，经各业务关联方审核同意并签字盖章。

6）当采用新技术、新方法替代传统方法时，应进行新技术、新方法与传统方法的试验性对比验证，其精度不应低于所替代方法的精度要求。

12.4.1 工程影响相对位置关系测量

工程影响相对位置关系测量可采用图解法或实测法实施。

当已有满足精度要求的城市轨道交通位置数据时，可采用图解法量算相对位置关系；无图解法实施条件或图解法精度不能满足要求时，应进行现场实测确定相对位置关系。

对施工区域与城市轨道交通结构外边线的间距小于 5 m 的作业项目，应在开工前进行现场实测确定相对位置关系。

现场实测的内容和要求应包括以下几点。

1）应放样出城市轨道交通结构边线、中心线及保护区边界，直线段宜按 10 m 间距、曲线段宜按 5 m 间距的放样桩位。

2）应测定施工作业的范围与城市轨道交通结构的空间位置关系。

3）应实测隧道正上方及保护区范围内的地面高程。

工程影响相对位置关系测量应编制测量成果平面图，图上应展绘高程点、城市轨道交通中心线、结构边线、保护区边界及已放样的点位，标明施工作业范围与城市轨道交通结构或设施的相对距离。

12.4.2 人工竖向位移监测

人工竖向位移监测可采用几何水准测量、电子测距三角高程测量、静力水准测量等方法。

竖向位移监测应符合下列规定。

1）监测精度应与相应等级的沉降监测网观测精度相一致。

2）主要监测点应与水准基准点或工作基点组成闭合线路或附合水准线路。

3）对于水准仪视准轴与水准管轴的夹角（i 角），监测等级为一级时，不应大于 10″；监测等级为二级时，不应大于 15″；监测等级为三级时；不应大于 20″。i 角检校应符合现行国家标准《国家一、二等水准测量规范》GB/T 12897—2006 的有关规定。

4）采用钻孔等方法埋设坑底隆起（回弹）监测标志时，孔口高程宜用水准测量方法测量，高程中误差为 ±1.0 mm，沉降标至孔口垂直距离宜采用经检定的钢尺量测。

5）采用液体静力水准进行沉降自动监测时，设备的性能应满足监测精度的要求，并应符合现行行业标准《建筑变形测量规范》JGJ 8-2016 的有关规定。

6）采用电子测距三角高程进行沉降监测时，宜采用 0.5″ 或 1″ 级的全站仪和特制觇牌，采用中间设站、不量仪器高的前后视观测方法，并应符合现行行业标准《建筑变形测量规范》JGJ 8-2016 的有关规定。

竖向位移监测网的布设应符合下列规定。

1）竖向位移监测网宜采用城市轨道交通工程高程系统，也可采用假定高程系统；

2）采用几何水准测量、三角高程测量时，监测网应布设成闭合、附合线路或结点网，采用闭合线路时，每次应联测 2 个以上的基准点。

竖向位移监测网的技术要求应符合现行国家标准《城市轨道交通工程测量规范》GB/T 50308-2017 的有关规定。

12.4.3 人工隧道收敛监测

衬砌结构和盾构法管片结构的净空收敛可采用全站仪或红外激光测距仪进行监测。

采用红外激光测距仪监测应符合下列规定。

1）测距仪的标称精度应优于 ±2 mm。

2）应在收敛测线两端设置对中与瞄准标志，隧道侧壁粗糙时，瞄准标志宜采用反射片；对中与瞄准标志设置后，应进行实测精度符合性检查，并应进行 3 次独立观测，且 3 次独立观测较差应小于测距标称精度的 2 倍。

3）观测结果应 3 次独立观测读数的平均值。

采用全站仪进行固定测线收敛监测应符合下列规定。

1）应固定仪器设站位置，并在收敛测线两端固定小棱镜或设置反射片，设站点与测线两端点水平投影应呈一直线。

2）应按盘左、盘右两个盘位观测至少一测回，并计算测线两端点的水平距离。

采用全站仪进行隧道全断面扫描收敛监测应符合下列规定。

1）每个断面应设置仪器对中点、定向点和检查点，3 点水平投影应呈一直线。

2）应结合断面的剖面结构采集断面数据，断面上每段线型（直线或圆弧）内的有效数据不应少于 5 个点。

3）宜采用具有无棱镜测距、自动测量功能的全站仪，装载机载程序实现自动数据采集，无棱镜测距精度不应低于 ±3 mm。

4）收敛变形数据宜与标准断面进行比较，并以标准断面为基准输出全断面各点向外（拉张）或向内（压缩）变形情况。

12.4.4 人工水平位移监测

人工测定特定方向的水平位移宜采用小角法、方向线偏移法、视准线法、投点法、激光准直法等大地测量法，并应符合下列规定。

1）采用投点法和小角法时，应对经纬仪或全站仪的垂直轴倾斜误差进行检验，当垂直角超出 ±3° 范围时，应进行垂直轴倾斜改正。

2）采用激光准直法时，应在使用前对激光仪器进行检校。

3）采用方向线偏移法时，对于主要监测点，以该点为测站，测出对应基准线端点的边长与角度，求得偏差值；对于其他监测点，选择适宜的主要监测点为测站，测出对应其他监测点的距离与方向值，按方向值的变化求得偏差值。

测定任意方向的水平位移时，可根据监测点的分布情况，采用交会、导线测量、极坐标等方法。

当监测点与基准点无法通视或距离较远时，可采用全球定位系统（GPS）测量法或三角、三边、边角测量与基准线法相结合的综合测量方法。

水平位移监测基准点的埋设应符合现行国家标准《城市轨道交通工程测量规范》GB/T 50308-2017 的有关规定，并宜设置有强制对中的观测墩或采用精密的光学对中装置，对中误差不宜大于 0.5 mm。

水平位移监测网宜采用假设坐标系统，并进行一次布网。每次变形监测前，应对水平位移基准点进行稳定性复测，并以稳定点作为起算点。测角、测边水平位移监测网宜布设为近似等边的边角网，其三角形内角不应小于 30°。当受场地或其他条件限制时，个别角度可适当放宽。

水平位移监测控制网的技术要求应符合现行国家标准《城市轨道交通工程测量规范》GB/T 50308-2017 的有关规定。

12.4.5 人工倾斜监测

人工倾斜监测应根据现场观测条件和要求，选用投点法、激光铅直仪法、垂准法、倾斜仪法或差异沉降法等观测方法。

投点法应采用全站仪或经纬仪瞄准上部观测点，在底部观测点安置水平读数尺直接读取偏移量，正、倒镜各观测一次取平均值，并根据上、下观测点高度计算倾斜度。

垂准法应在下部测点安装光学垂准仪、激光垂准仪或经纬仪、全站仪，在顶部测点安置接收靶，在靶上读取或量取水平位移量与位移方向。

倾斜仪法可采用水管式、水平摆、气泡或电子倾斜仪等进行观测。倾斜仪应具备连续读数、自动记录和数字传输功能。

差异沉降法应采用水准方法测量沉降差，经换算求得倾斜度和倾斜方向。

当采用全站仪或经纬仪进行外部观测时，仪器设置位置与监测点的距离宜为上、下观测点高差的 1.5 ~ 2.0 倍。

倾斜观测精度应符合国家现行标准《工程测量规范》GB 50026-2020 和《建筑变形测量规范》JGJ 8-2016 的有关规定。

12.4.6 人工结构挠度监测

结构挠度监测适用于高架线路桥梁梁体。应对高架桥梁的每跨梁体进行挠度监测，并按一定周期分别测定其挠度值，从而反映主梁的受力条件变化和结构内部的性能。

梁体挠度的变形监测点宜布设在其顶板上。每块箱体或板块宜按左、中、右分别布设 3 个监测点，构件的监测点位宜布设在其 1/4、1/2、3/4 处。桥梁竖向挠度容许值如表 12-14 所示。

表 12-14　梁桥竖向挠度容许值

跨度（L）/m	竖向挠度容许值
$L \leqslant 30$	$L/2\,000$
$30 < L \leqslant 60$	$L/1\,500$
$60 < L \leqslant 80$	$L/1\,200$
$L > 80$	$L/1\,000$

当梁体不大于 30 m 时，竖向挠度警戒值为限值 $L/2\,000$ 的 1/5；当梁体大于 30 m 时，竖向挠度警戒值为限值 $L/1\,500$ 的 1/5。超过警戒值应进行密切关注，并视情况及时增加监测次数。

12.4.7 裂缝监测

建（构）筑物、桥梁、既有隧道结构等的裂缝监测内容包括裂缝位置、走向、长度、宽度，必要时应监测裂缝深度。

裂缝监测宜采用下列方法。

1）裂缝宽度监测宜采用裂缝观测仪进行测读，可以在裂缝两侧贴、埋标志，采用千分尺或游标卡尺等直接量测，也可采用裂缝计、粘贴安装千分表及摄影量测等方法监测裂缝宽度变化。

2）裂缝长度监测宜采用直接量测法。

3）裂缝深度监测宜采用超声波法、凿出法等。

工程施工前应记录监测对象已有裂缝的分布位置和数量，并对监测裂缝进行统一编号，记录各裂缝的位置、走向、长度、宽度、深度以及初测日期等。

裂缝监测标志应便于量测，长期观测可采用镶嵌或埋入墙面的金属标志、金属杆标志或楔形板标志；需要测出裂缝纵横向变化值时，可采用坐标方格网板标志。

裂缝宽度量测精度不宜低于 0.1 mm，裂缝长度和深度量测精度不宜低于 1.0 mm。当采用测缝传感器自动测量时，应与人工监测数据比对，且数据的观测、传输、保存应可靠。

12.4.8 人工爆破振动监测

城市轨道交通保护区范围内进行爆破施工时应对地铁结构进行爆破振动监测。

爆破振动监测系统由速度传感器或加速度传感器、数据采集仪及数据分析软件组成。速度传感器或加速度传感器可采用垂直、水平单向传感器或三矢量一体传感器。爆破振动监测传感器的安装应与被测对象之间刚性黏结，并应使传感器的定位方向与所测量的振动方向一致。仪器安装和连接后应进行监测系统的测试，监测期内整个监测系统应处于良好工作状态。

监测点的布置间距应根据监测对象的风险等级进行设置，应在结构薄弱部位、靠近爆破位置设置监测点。监测周期应从保护区爆破施工之前至爆破施工结束，爆破振动自动触发监测，达到触发条件即进行数据采集。

爆破振动监测仪器量程精度的选择应符合现行国家标准《爆破安全规程》GB 6722-2014 的有关规定。

12.4.9 隧道三维激光扫描

三维激光扫描技术可以全视场、精确和高效的获取测量目标的三维坐标及影像数据，可显著提高病害检测的效率和精度。目前，该技术可获取高精度的隧道几何参数和高分辨率的隧道内壁影像信息。

根据扫描数据生成正射影像，经沿隧道轴线方向进行正射投影后，得到隧道正射影像成果图（图 12-8）。该图可清晰地分辨出隧道内壁各种附着物的精确位置关系和反射率差异，进一步结合人工现场调查资料，可对隧道的病害信息进行判读和提取，如渗漏水、变形缝、混凝土脱落或漏筋等。

图 12-8 隧道正射影像成果图

1. 三维激光扫描技术要求

隧道三维激光扫描能够达到下列技术要求。

1）扫描距离：1 km。

2）扫描视场角范围：270°～320°。

3）扫描速度：100 万点 / 秒。

4）测角精度：0.000 4°（垂直）、0.000 2°（水平）。

5）距离分辨率：1 mm。

2. 隧道病害巡视检查方法

在 1.8 km/h 的工作速度下，利用三维激光扫描技术获取的隧道内壁激光反射率影像分辨率为 5 mm。三维激光扫描技术具有精确的坐标量测和病害信息判读功能。

影像信息经处理后，可快速发布到专用信息管理系统，方便日常地铁监测项目的结构调查、内壁附属设施管理、应急抢险指挥等。

（1）隧道内壁影像生成。

根据《采用三维激光扫描反射率信息生成隧道内壁影像的方法》及《隧道内三维激光扫描反射率的校正方法》进行隧道内壁影像投影。

对于实体的隧道而言，可将其抽象为一组标准的圆柱体，各圆柱体按照轴线方向有序拼接而成，从而将连续的隧道分解为单个规则的圆柱体模型。将各圆柱体侧面图按数学投影原理展开至平面，并保持其沿隧道轴线（里程）方向上的连续性，称之为"隧道断面的正射投影"。经平面旋转、坡度校正后，各圆柱体的侧面图展开为规则的矩形，将各连续矩形拼接成连续的二维平面。圆柱体的展开、拼接示意图如图12-9所示。

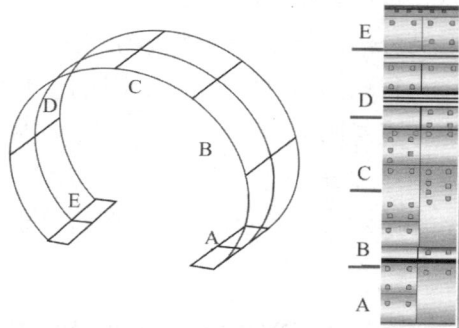

图 12-9　隧道内壁影像展开示意图

（2）隧道病害自动化识别与人工复检。

隧道内壁激光反射率制作的灰度影像反映了隧道的表面信息，从隧道灰度影像中可获取隧道内壁的病害（湿迹、渗水、缺角等）信息、附属物品（灯箱、管线等）信息，采用自主编制的隧道病害识别软件进行分析。

隧道内壁影像可真实反映隧道内实际信息。结合隧道环号、里程、直径、病害及附属设施等，可人工制作隧道影像专题图（图12-10），为隧道巡检工作带来裨益。

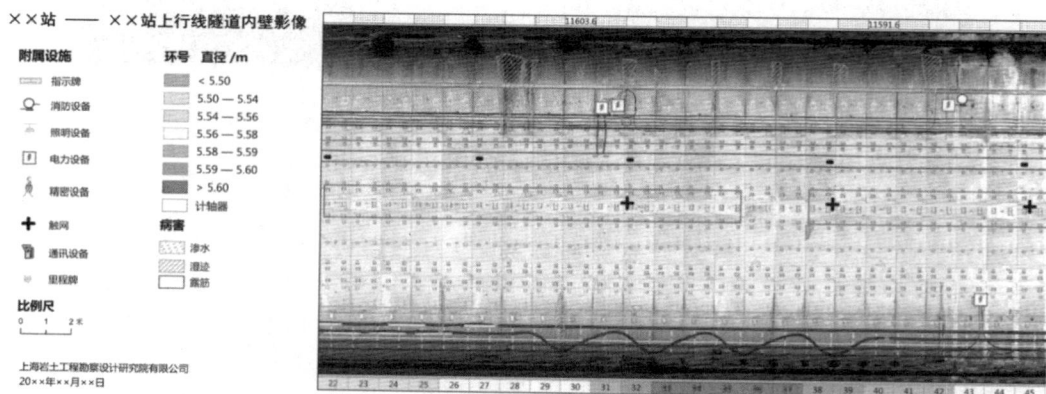

图 12-10　某区间隧道影像专题图

（3）隧道病害巡查结果管理平台。

结合实际需要与要求，设计和开发了隧道病害巡查结果管理平台，能为用户随时查看和分析隧道病害情况提供方便。该巡查平台为用户提供了当前隧道区间的环号、里程和直径信息，另设置了隧道内各类病害和附属设施标注，内业处理人员或用户可对影像进行在线编辑和处理，是一套在浏览器端的数据处理和管理系统。

12.4.10 现场巡视

现场巡视内容以车站、隧道主体结构病害发展及监测设施为主，以影响地铁保护区的项目施工情况为辅。观察到严重的异常现象时，应立即向有关方通报，结合现场监测数据分析，分析结果写入当日监测报告。

在项目施工期间，每周安排有经验的项目工程师进行现场巡视，巡视流程如图12-11所示。

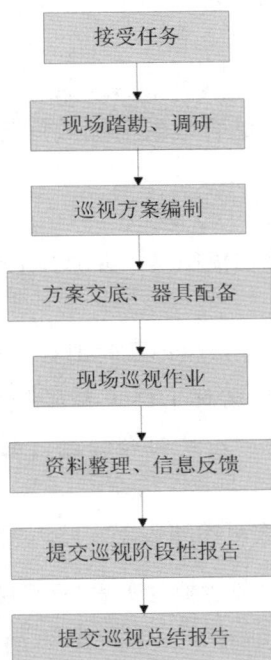

图 12-11 现场巡视作业流程图

1. 现场踏勘和调研

在工程施工前，应对车站、区间隧道、风亭、出入口进行现场踏勘，了解初始实际工况。

2. 编制巡视方案

根据土地建设施工计划，结合业主对现场巡视的要求，编制现场巡视方案。

3. 方案交底和器具配备

按照监测人员组织方案的要求配备现场安全巡视员，对担任巡视工作的人员进行方案交底，并配备巡视所需的设备。交底的主要内容主要包括以下五点。

1）了解现场安全巡视的目的。

2）了解现场巡视的内容。

3）掌握现场巡视的方法和手段。

4）掌握安全风险工程巡视预警标准。

5）熟悉工程施工方案等有关巡视工作的资料。

需配备的器具设备包括游标卡尺、裂缝读数显微镜、钢卷尺、锤、钎、放大镜、手电筒、照相机等。

4. 现场巡视方法

现场损失方法包括目测、丈量、拍照、摄像等。

5. 现场巡视频率

现场安全巡视的频率同现场监测频率保持一致。

6. 巡视对象及巡视内容

巡视内容主要包括施工进度、围护结构及监测设备、地铁隧道结构病害发展情况、地铁保护措施的落实情况。结合地铁监测数据与巡视工况情况，提交初步分析意见。

7. 巡视步骤

1）现场踏勘，结合三维激光扫描结果，观测并记录已有裂缝、渗漏水点位的分布位置以及裂缝的走向、长度。

2）对于新发生的裂缝及渗漏水点位，及时观测、分析形成原因，判断发展趋势。

3）观测时使用读数显微镜或游标卡尺（精确到 0.1 mm）量出特征裂缝的距离及裂缝长度，求得裂缝的变化植。定期对裂缝进行巡视，对于新发现的裂缝应做好记录。

运营期地铁保护区巡视检查表可参照表 12-15。

表 12-15 运营期地铁保护区巡视检查表

项目名称：　　　　　　巡查时间：　年　月　日　时　　　天气：

分类	巡查内容	巡查结果	备注
施工工况	开挖进度、基坑支护是否及时、结构施作进度		
监测设施	自动化监测仪器设备状况，保护措施是否存在问题		
	数据采集箱状况，保护措施是否存在问题		
	电源箱及线路状况，保护措施是否存在问题		
	基准点情况，保护措施是否存在问题		
	监测点情况，保护措施是否存在问题		

（续表）

分类		巡查内容	巡查结果	备注
既有结构	管片结构	管片破损、开裂、错台情况		
		管片渗漏水情况		
	车站主体结构	结构渗漏水情况		
		结构破损情况		
	其他异常情况			
周边环境	建（构）筑物、桥梁墩台或梁体、既有轨道交通的结构等的裂缝位置、数量和宽度，混凝土剥落位置、大小和数量，设施能否正常使用			
	地下构筑物积水及渗水情况，地下管线的漏水、漏气情况			
	周边道路或地表的裂缝、沉陷、隆起、冒浆的位置和范围等情况			
异常情况处理记录				
现场巡查人：				

12.5 运营期地铁保护区自动化监测方法

12.5.1 全站仪自动化监测

对于地铁地下结构底板、拱顶、侧墙，地面及高架结构底层柱、桥面、桥墩等结构的水平位移、竖向沉降位移、地下结构收敛、倾斜监测，可采用全站仪自动化测量（测量机器人）方法。

全站仪应固定安装位置，并将该位置设置作为监测工作基点，其稳定性按照后方交会的方法联测基准点来进行校准，每个工作基点联测基准点的数量应满足工作基点校准稳定性的需要。工作基点的设置数量根据实际观测的范围及现场条件确定，监测范围大小应根据工程实际精度要求确定。

基准点宜设置为固定安装的测量棱镜，避免集中布设，平面分布范围宜大于90°，如监测范围较大，应设置不少于两个360°棱镜进行联测，并具有两个以上的重叠观测目标以进行联网平差。

监测点宜设置测量棱镜，固定于监测结构上，其设置应根据布点方案及现场情况进行调试，以满足自动化寻找监测点的要求。

全站仪宜采用测角标称精度 0.5 秒级及以上仪器，每次监测不宜少于两个测回。全站仪自动找准应稳定有效，最远观测点的自动照准精度应不低于 ±1 mm，单点单次照准时间不宜大于 10 s。每次监测均应联测基准点对工作基点进行校准并进行精度评定，精度满足要求再进行监测点数据计算，对超限的观测数据进行自动重测，对异常观测值应及时补充。

自动化测量系统宜能根据远程指令实时选取观测方向，设置观测时间、观测频率和观测测回数。

监测周期应大于保护区内工程建设施工周期，应在监测数据稳定后停止监测，监测频率应满足监测对象的需求，在观测条件及观测时间允许的情况下，宜在地铁正常运行及停运期间分别进行观测。

1. 自动化监测系统

自动化测量系统由传感器、采集器、服务器和网页组成。系统利用蜂窝移动网络进行远程连接，利用 WebSocket 技术实现实时双向通讯，利用传感器已公开的命令接口进行测量。系统架构如图 12-12 所示。

通过该系统，用户可以在网页上完成自动化项目管理、实时测量、数据查询以及测点配置等工作。

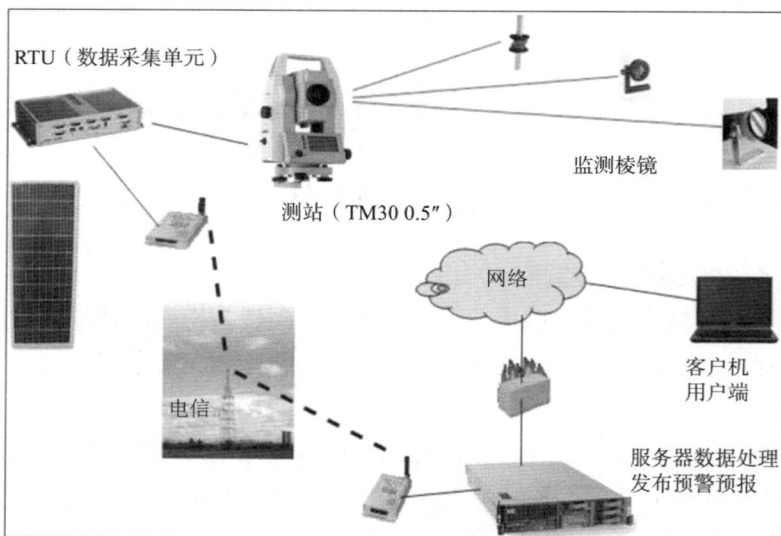

图 12-12　自动化测量系统架构图

2. 三维坐标系统

高程基准：采用相对高程系统。

平面基准：采用独立平面直角坐标系，坐标系统 X 轴大致与区间隧道平行，Y 轴

垂直于 X 轴；第一个监测点处 X 坐标值取该点的里程值，为计算方便，Y 值满足所有控制点与观测点坐标值不出现负值即可。

监测网测量要求如表 12-16 所示。

表 12-16　监测网测量要求

测回数		2C 及指标差 /″		距离测量较差 /mm
水平角	垂直角	2C 差	指标差	
3	3	5	6	2

3. 监测网复核

监测期间，应定期检查工作基点的稳定性，基准点需定期复测。根据《城市轨道交通工程测量规范》GB/T 50308-2017 中有关监测技术标准，水平位移监测控制网按监测等级为二级的技术要求进行，详见表 12-17。

表 12-17　水平位移监测控制网的主要技术要求

等级	相邻基准点点位中误差 /mm	平均边长 /m	测角中误差 /″	最弱边相对中误差	水平角观测测回数（±1″ 仪器）	距离观测测回数	
						往测	返测
二级	±3.0	≤ 200	±1.8	≤ 1/100 000	6	3	3

4. 监测网可靠性及稳定性分析

多点边角后方交会精度分析：监测基准网为附合无定向导线网。通过监测范围外的两个基准点，采用边角后方交会测定工作基点的坐标，再以极坐标法自工作基点观测各监测点的三维坐标，与初值比较并计算各测点位移量。

基准点稳定性检验：基准网作为地铁隧道变形监测的参考基准，其稳定性直接决定了基准网中各监测点位移的真实情况。每期基准网复测后，对其进行平差解算，所得的网点坐标必然会发生变化，这究竟是点位真正的变化，还是由测量误差所引起，必须进行区分，此即点位的稳定性分析问题。因此，在对地铁隧道进行周期性变形监测前，其基准网的稳定性分析尤为重要。

根据多点后方交会待定点坐标的计算值受基准点坐标影响较大，如果后方交会基准点存在不稳定点，势必影响待定点坐标精度，进而影响监测精度。采用后验方差检验法可以较为快速的判定基准网是否稳定。采用基于修正值（即残差）的 t 检验法可以准确地检验出不稳定点。

后验方差检验法通过对后验单位权中误差构成统计量，通过对残差构造 t 统计量（即对边长观测值）修正值进行检验，当统计量大于给定的分位值时，表明该残差对应的基准点不稳定，剔除该基准点后重新进行平差，重新平差后再进行基准网稳定性判断。

在现场实施过程中，为了进一步验证该方法的可靠性，将该残差对应的基准点的边长观测值加入粗差。多次试验表明，该方法可以有效地检验出边长粗差大于 2 mm 的不稳定基准点。

5. 自动化监测精度分析

（1）监测点坐标精度分析。

全站仪自动化极坐标测量是指获取目标点到测站的距离和角度。快速获取高精度的数据是测量机器人的优势所在，因此在侧站点坐标已知的情况下采用极坐标的测量方法就可以获取目标点的三维坐标，精度分析如下。

$$X = X_0 + S\cos\beta\cos\alpha \tag{12-1}$$

$$Y = Y_0 + S\cos\beta\sin\alpha \tag{12-2}$$

$$Z = H_0 + S\sin\beta \tag{12-3}$$

$$d_X = X.d_S / S - Y.d_\alpha / \rho - X.Z.d\beta / (S\cos\beta \cdot \rho) \tag{12-4}$$

$$d_Y = Y.d_S / S + X.d_\alpha / \rho - Y.Z.d\beta / (S\cos\beta \cdot \rho) \tag{12-5}$$

$$d_Z = Z.d_S / S + S\cos\beta.d\beta / \rho \tag{12-6}$$

$$\begin{Bmatrix} m_x^2 \\ m_y^2 \\ m_z^2 \end{Bmatrix} = \begin{bmatrix} \left(\dfrac{X}{S}\right)^2 & \left(\dfrac{Y}{\rho}\right)^2 & \left(\dfrac{XZ}{S\cos\beta \cdot \rho}\right)^2 \\ \left(\dfrac{Y}{S}\right)^2 & \left(\dfrac{X}{\rho}\right)^2 & \left(\dfrac{YZ}{S\cos\beta \cdot \rho}\right)^2 \\ \left(\dfrac{Z}{S}\right)^2 & (0)^2 & \left(\dfrac{S\cos\beta}{\rho}\right)^2 \end{bmatrix} \begin{bmatrix} m_S^2 \\ m_\alpha^2 \\ m_\beta^2 \end{bmatrix} \tag{12-7}$$

$$m_{point} = \sqrt{m_S^2 + \left(\dfrac{S\cos\beta}{\rho}\right)^2 m_\alpha^2 + \left(\dfrac{S}{\rho}\right)^2 m_\beta^2} \tag{12-8}$$

通过上述公式，对各监测点的点位精度进行分析计算，剔除超限数据。

（2）竖向位移精度分析。

竖向位移自动化监测采用全站仪、监测小棱镜以及极坐标的方法进行观测。通过自动化监测获得基准点、监测点与仪器之间的高差，由基准点高程得到监测点高程。

根据全站仪自动化竖向位移测量方法，考虑全站仪的测距误差和测角误差的影响，得到测点的中误差计算公式：

$$m = \pm \sqrt{\frac{1}{2}(\sin^2\alpha_1 + \sin^2\alpha_2)m_S^2 + \frac{1}{2}(s_1^2\cos^2\alpha_1 + s_2^2\cos^2\alpha_2)\frac{m_\alpha^2}{\rho^2}} \tag{.12-9}$$

式中，m_S 为测距误差；m_α 为测角误差。

（3）水平位移精度分析。

根据自动化水平位移监测原理，自动化监测采用的全站仪一测回方向中误差为 $\pm 0.5''$，地铁结构水平位移观测点距离测站的最大距离约为 200 m。由于采用固定强制对中装置，观测精度主要受测站点精度、测距误差、水平角观测误差影响。根据现场实验数据，得到测站点点位中误差后计算水平位移中误差。

6. 监测流程及方法

在固定仪器台上安置全站仪并与 RTU 相连接，通过"全站仪自动化变形监测系统"对测量机器人进行基准点、工作基点、监测点的数据采集和数据通讯管理。

若发生观测误差超限的情况，仪器应自动重测。

7. 数据处理与分析

监测数据处理子系统自动对数据进行预处理与计算，具体步骤：先将监测数据进行分类，第一步对监测数据进行置信度检验，剔除不合理（异常）的监测数据；第二步将受地铁运行影响的数据分离出来；第三步保留观测质量好的数据，利用建好的数学模型进行数据处理，研究地铁道床结构在不同环境下的变形情况。

水平、竖向位移监测点参与整网平差，然后在工作基点平差成果的基础上采用极坐标的方法计算坐标 X、Y、Z，最后根据坐标值计算水平、竖向位移，这样可以更加客观地反映地铁结构变形情况。为避免误差传递影响，提高收敛精度，直接根据解析几何三角形定律，利用每个断面监测点的原始观测值（水平方向值、天顶距、斜距）直接计算出隧道水平、竖向收敛值。

当个别监测点破坏时，应及时布设监测点，恢复正常监测。

8. 成果管理与发布

可通过以下方式对自动化监测成果进行高效管理。

1）监测期报告：包括收敛变形量及变形曲线报表，由自动化监测系统自动生成。

2）Web 发布：通过监测云平台对监测成果进行 Web 发布与管理，可方便、快捷、实时查询成果。

3）预警短信：将超过报警值的测点及变形量以手机短信的形式发给项目相关单位领导，以提请领导注意。

4）预警电邮：将超过报警值的测点变形量及当期监测报告以邮件的形式发给项目相关单位领导，以提请领导注意。

12.5.2 静力水准仪自动化监测

对于地铁地下结构底板、拱顶、侧墙，地面及高架结构底层柱、桥面、桥墩等结构的竖向沉降位移监测，可采用静力水准自动化监测方法。

水准测量作业前，应按《国家一、二等水准测量规范》GB/T 12897—2006 的要求对所使用的水准仪和标尺进行常规检查与校正。采用静力水准进行监测时，宜将传感器稳固安装在待测结构上。

1. 静力水准仪监测系统

静力水准仪监测系统一般由静力水准仪、安装底座、连通管路、基准储液罐、测量液体等组成。根据现场实际情况，可增设通气管路、保护箱、连通管路保护管槽等设备。

静力水准测量系统应能满足如下要求。环境温度：$-40\ ℃\sim+60\ ℃$。环境相对湿度：$<95\%$。测量精度：$<0.2\ mm$。静力水准仪各部件应采用耐腐蚀的材质，仪器本体应有人工读数装置；测量液体应做防腐处理。环境温度在 $0\ ℃$ 以下时应添加防冻液并混合均匀，防冻液添加量应根据工程当地的极端气候条件试验确定；静力水准测量系统应具备快速补液的能力。

2. 静力水准仪监测技术要求

一组静力水准监测系统可由一个参考点和多个监测点组成。当采用多组串联方式构成监测路线时，在相邻组的交接处，应在同一结构的上下位置设置转接点。当观测范围小于 300 m 且转接点数不大于 2 个时，可将一端的参照点设置在相对稳定的区域并作为工作基点；否则，宜在监测路线的两端分别布设工作基点。工作基点应采用水准观测方法定期与基准点联测。

静力水准观测技术要求见表 12-18。

表 12-18　静力水准观测技术要求

传感器标称精度	$\leqslant 0.2\ mm$
两次观测高差较差限差	1.0 mm
环线或附合路线闭合差限差	$1.0\sqrt{n}\ mm$

注：n 为高差个数。

静力水准监测系统的数据采集与计算应符合下列规定。

1）观测时间应选在气温最稳定的时段，观测读数应在液体完全呈静态下进行。

2）多组串联组成静力水准监测路线时，应先按测段进行闭合差分配后计算各组参考点高程，再根据参考点高程计算各监测点的高程。

3）静力水准监测系统应与水准测量或满足精度要求的高精度三角高程测量进行互较。

4）静力水准监测设备使用期间应定期维护，发现性能异常应及时修复或更换。

5）运营期保护区监测周期应满足运营期监测的需求。监测周期不应超过静力水准有效使用期，城市轨道交通保护区监测周期应大于保护区内工程建设施工周期。应在监测数据稳定后停止监测。

3. 静力水准监测实施

静力水准监测系统方案设计应符合下列规定。

1）静力水准线路一般由起算点、观测点、转接点组成，宜布设成附合水准线路。

2）单条静力水准线路长度不宜超过 200 m，超过时宜增设转接点。

3）同一条静力水准线路中的静力水准仪应处于同一高程，高程误差应不大于其量程的 20%。当无法处于同一高程时，应增设转接点。

静力水准测量系统的调试应符合下列要求。

1）每台静力水准仪内的液位高度应在仪器量程的 30% ～ 70%。

2）应对静力水准的实际监测精度进行校准，确保满足系统设计要求。

3）应检查所布设传感光缆的光损，若光损超过 10 dB，需对光损处进行传感光缆的重新熔接或更换光缆。

静力水准测量系统的运行维护应符合下列要求。

1）静力水准线路起算点应采用水准测量法定期联测校核，校核周期宜不大于 3 个月 1 次。

2）应定期查看静力水准仪的液位，当液位下降时，应查看现场是否漏液并及时补液，检查周期宜不大于每月 1 次。

3）应定期查看静力水准仪内的液体情况，如出现结冰、变质等情况应及时更换液体，检查周期宜不大于每月 1 次。

4. 静力水准数据计算

静力水准仪依据连通管原理，利用静力水准仪传感器测量每个测点容器内液面的相对变化，再通过计算求得各点相对于基点的相对沉陷量。

监测系统由主体容器、连通管、静力水准仪传感器等部分组成。当仪器主体安装墩发生高程变化时，主体容器产生液面变化，导致装有中间极的浮子与固定在容器顶的一组静力水准仪极板间的相对位置发生变化。通过测量容器的液面变化，即可计算得到测点的相对沉陷量。

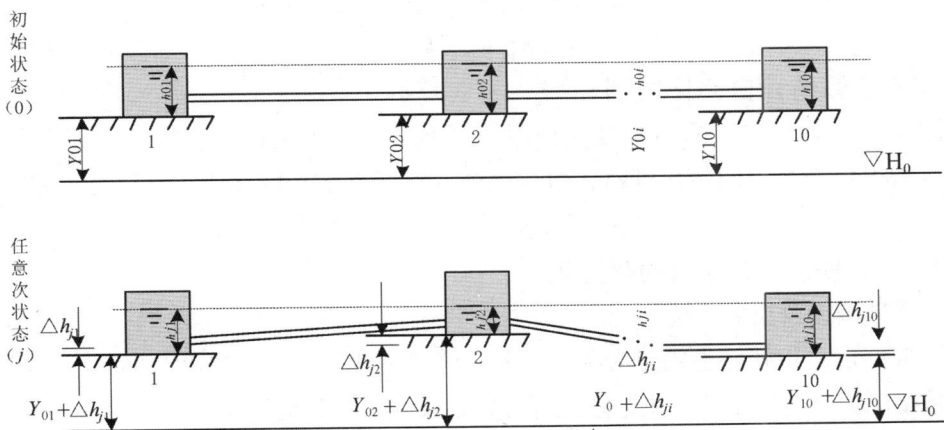

图 12-13　静力水准测量原理示意图

静力水准测量原理如图 12-13 所示。例如，共布设有 10 个测点，1 号点为相对基准点，初始状态时各测量安装高程相对于（基准）参考高程面 ∇H_0 间的距离为 Y_{01}、Y_{02}……Y_{0i}…Y_{10}（i 为测点代号，$i=0$，$1……10$）；各测点安装高程与液面间的距离为 h_{01}、h_{02}、h_{0i}…h_0，则可得到：

$$Y_{01}+h_{01}=Y_{02}+h_{02}=\cdots Y_{0i}+h_{0i}=\cdots Y_{0n}+h_{10} \tag{12-10}$$

当发生不均匀沉陷后，设各测点安装高程相对于基准参考高程面∇H_0的变化量为Δh_{j1}、$\Delta h_{j2}\cdots\Delta h_{ji}\cdots\Delta h_{j10}$（$j$为测次代号，$j=1$，2，3……）；各测点容器内液面相对于安装高程的距离为h_{j1}、h_{j2}、$\cdots$、h_{ji}、$\cdots$、h_{j10}。由图12-13可知：

$$\begin{aligned}(Y_{01}+\Delta h_{j1})+h_{j1}&=(Y_{02}+\Delta h_{j2})+h_{j2}\\&=(Y_{0i}+\Delta h_{ji})+h_{ji}\\&=(Y_{0n}+\Delta h_{jn})+h_{j10}\end{aligned} \tag{12-11}$$

则j次测量i点相对于基准点1的相对沉陷量（H_{i1}）为

$$H_{i1}=\Delta h_{ji}-\Delta h_{j1} \tag{12-12}$$

由（12-5）式可得：

$$\begin{aligned}\Delta h_{j1}-\Delta h_{ji}&=(Y_{0i}+h_{ji})-(Y_{01}+h_{j1})\\&=(Y_{0i}-Y_{01})+(h_{ji}-h_{j1})\end{aligned} \tag{12-13}$$

由（12-4）式可得：

$$(Y_{0i}-Y_{01})=-(h_{0i}+h_{01}) \tag{12-14}$$

将（12-8）式代入（12-7）可得：

$$H_{i1}=(h_{ji}-h_{j1})-(h_{0i}-h_{01}) \tag{12-15}$$

只要用静力水准仪传感器测得任意时刻各测点容器内液面相对于该点安装高程的距离h_{ji}（含h_{j1}及首次的h_{0i}），则可求得该时刻各点相对于基准点1的相对高程差。若把任意点g（1，2$\cdots i$，n）作为相对基准点，将f测次作为参考测次，则按（12-16）式同样可求出任意测点相对g点（以f测次为基准值）的相对高程差（H_{ig}）：

$$H_{ig}=(h_{ij}-h_{ig})-(h_{fj}-h_{fg}) \tag{12-17}$$

12.5.3 倾角计自动化监测

倾角计安装方式与静力水准仪相似，可参考静力水准仪安装方式。利用自动化倾角仪测得每个测点倾斜角度值，再按照公式转变为水平位移值。具体公式如下：

$$水平位移=\sin(\triangle角度)\times 安装高度 \tag{12-18}$$

12.5.4 爆破测振仪自动化监测

1.爆破测振仪监测系统

测振仪自动化硬件主要分为两大部分：仪器主体部分、仪器供电部分。仪器主体部分包括测振仪、路由器，供电系统部分包括插线板、数据线。

2.爆破测振仪监测原理

当振动信号传来时，系统会自动记录下整个动态波形，将其转换为数字信号存储，测试人员在远离震源现场处操作终端测控软件，即可将数据文件传回本地进行分析，并实时监控系统工作状态。测振仪工作流程如图12-14所示。

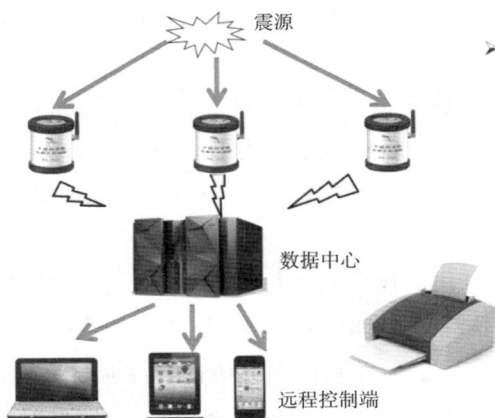

图 12-14　测振仪工作流程

3. 平台管理系统

振动速度自动化监测平台管理系统分为电脑终端和手机终端两种模式。当产生震动时，该系统能够及时地上传监测信息，并通过事先确定的振动速度控制值和实时监测数据做出合理的分析，判断振动对周边重要建（构）筑物造成的影响，具体操作如图 12-15 所示。

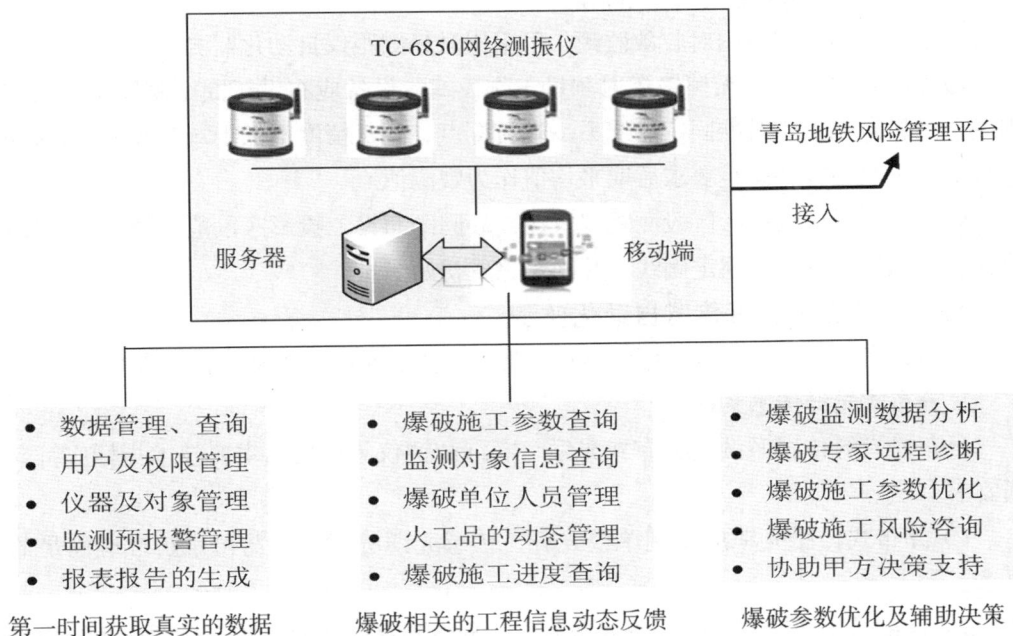

- 数据管理、查询
- 用户及权限管理
- 仪器及对象管理
- 监测预报警管理
- 报表报告的生成

第一时间获取真实的数据

- 爆破施工参数查询
- 监测对象信息查询
- 爆破单位人员管理
- 火工品的动态管理
- 爆破施工进度查询

爆破相关的工程信息动态反馈

- 爆破监测数据分析
- 爆破专家远程诊断
- 爆破施工参数优化
- 爆破施工风险咨询
- 协助甲方决策支持

爆破参数优化及辅助决策

图 12-15　振动智能监测及管理系统

电脑终端数据采集系统：监测数据通过网络上传至监控平台，可以及时了解数据变化情况，能够更好地掌控风险。

手机终端数据采集系统：下载手机终端 App，可以随时查看监测信息，了解监测情况，当数据发生预警时，也可以通过短信形式将预警信息发送给相关单位。

4. 数据采集及处理

网络连接：在仪器安装前将仪器电源打开，仪器电源灯亮，网络灯亮；将路由器打开，仪器自动连接路由器，此时仪器电源灯、网络灯、WLAN 灯常亮，表示仪器连接正常。登录平台仪器状态显示为空闲，点击装备采集，仪器机器进入采集状态，仪器运行灯常亮。

本地连接：将仪器开机，仪器电源灯和数据灯常亮，按转换按键切换到本地连接（本地连接下，网络灯不亮）；将电脑连接路由器，打开软件，仪器自动连接，采集过程和网络连接相同，采集完成后在软件中直接查看数据。

仪器在空闲和采集运行时可以通过软件查看监控平台的数据。当仪器周边存在振动时，监测平台的状态为触发闪烁、仪器运行灯闪烁。数据采集完成后，WLAN 灯闪烁，表示正在上传数据。数据上传完成后 WLAN 灯保持常亮。

在仪器安装前将仪器采集状态关闭。在网络信号不畅通时，仪器会自动连接路由器，WLAN 灯和数据灯闪烁。此时，可利用本地连接或仪器自身采集数据，待网络信号较好时连接网络，而后自动上传采集的数据；仪器出现故障时故障灯闪烁，应返厂维修或交由专业人士处理，禁止私自操作。

12.5.5 激光测距仪自动化监测

对于地下隧道结构相对收敛监测，可采用激光测距仪自动化监测法。

激光测距仪宜采用无棱镜反射测量工作模式，设备应布设于固定侧线一端的结构内壁，测量激光束应对准固定侧线另一端目标点，测量精度不低于 ±2 mm。每次观测不宜少于 3 次，较差满足要求后取平均值作为观测值。

施工作业对应的投影区段测距仪宜按 5 环间距布设，投影区段范围外可适当放宽。应在对应位置设置人工固定侧线，并同步完成初始测量。

12.5.6 分布式光纤传感自动化监测

分布式光纤传感技术可应用于结构变形、应力、温度、振动等监测项目。

1. 分布式光纤传感系统

分布式光纤传感系统由分布式光缆、光纤解调仪等组成，主要技术指标应符合下列要求。

1）分布式传感光缆应采用单模光纤，传感光缆的耐久性与可维护性应满足监测要求。

2）分布式光纤解调仪应具备数据采集、分析和存储功能，并应根据监测结构应变与温度的监测需求进行选择。

2. 分布式光纤传感系统技术要求

分布式光纤传感系统方案设计应符合下列规定。

1）单个传感光缆回路布设的总长度不宜超过 50 km。

2）对于长距离大范围的结构静态或拟静态变形测量，传感光纤的测点空间分辨率宜为 10 ～ 100 cm。

3）传感光缆布置方案设计时，宜合理利用结构对称性，对于结构非关键部位可适当减少传感光缆的用量。

4）对同一工程结构，宜使用同一台光纤解调仪；若使用多台光纤解调仪，设备参数应根据各自连接的传感光缆分别设置。

3. 分布式光纤传感系统安装

分布式光纤传感系统埋设安装应符合下列要求。

1）应变传感光缆宜在结构变形缝或诱导缝处设置温度补偿松弛段，传感光缆松弛段长度根据光纤解调仪空间分辨率确定，传感光缆松弛段间距不宜大于 30 m 或小于 2 m。

2）分布式传感光缆中光纤宜使用熔接连接，每个熔接点处的光损不宜大于 0.05 dB，每个传感光缆回路的总光损不宜大于 10 dB。

3）分布式传感光缆施工过程中应减少接头数量，接头位置应避开结构应力、应变较大处，并避免在多尘及潮湿环境中进行熔接操作。

4）启封后的传感光缆应按照原有缠绕方向，按圈依次解开，避免受扭或受弯，光缆的弯曲半径应大于 50 mm。

分布式光纤传感系统的调试应满足下列规定。

1）应使用光时域反射仪（OTDR）检测传感光缆长度、断点以及光损耗等指标。

2）应对传感光缆的实际监测精度进行校准，确保满足系统设计要求。

3）应检查所布设传感光缆的光损，若光损超过 10 dB，需对光损处进行传感光缆的重新熔接或更换光缆。

分布式光纤传感系统的运行维护应满足下列规定。

1）分布式光纤监测系统中的传感光缆应定期进行光路检查，查看传感光缆有无损坏及断点，逐一检查所有传感光路是否顺畅，必要时检测光通道的光强衰减，若出现光强衰减严重或光路不通的情况，需对传感光缆进行修复或者更换。

2）分布式光纤监测系统中的传感光缆或通信光缆出现断裂时，应采取以下应急处置措施：通过 OTDR 确定光损严重或断裂破坏的部位，对断点进行熔接修复，对连接处进行封装与保护，对光缆修复和更换做好记录并存档。

4. 分布式光纤传感系统数据处理

分布式光纤传感系统的数据处理应满足下列规定。

1）数据处理前应进行初筛，剔除非结构变化引起的异常数据；并对数据进行预处理，降低数据中的噪声干扰。

2）数据处理前应正确处理粗差、系统误差、偶然误差。

3）监测数据处理时应根据分布式光纤传感技术的类别以及监测的物理量，选取对应公式进行计算。

4）结构状态诊断与评估宜分阶段进行，包括结构损伤判别、损伤定位、状态评估。

5）利用应变数据进行结构状态诊断与评估时，应首先剔除环境因素对应变监测数据的影响。

6）对结构状态安全进行预警时，预警信息应包括预警级别、预警测点位置、预警监测数值和阈值。

12.5.7 机器视觉测量

机器视觉测量技术可应用于竖向位移、水平位移、收敛、倾斜监测。

1. 机器视觉测量系统组成

机器视觉测量系统应由相机、相机镜头、靶标、安装基座、照明光源等组成。

机器视觉测量系统应满足下列要求。环境温度：$-40\ ℃\sim +60\ ℃$。环境相对湿度：$< 95\%$。测量精度：$< 1/50\ 000$ 视场范围。照明光源：红外光。测距范围：$> 200\ m$。支持靶标数：> 20 个。

机器视觉测量系统宜具备边缘计算能力，其处理器的处理速度和检测算法的处理能力应与采样频率及测量精度要求相匹配。

机器视觉测量系统宜具备遥测功能，可通过指令获取现场图片或视频。

2. 机器视觉测量系统实施

机器视觉测量系统方案设计应符合下列规定。

1）应根据景深、物方视场、视场角、精度、最小靶标尺寸、位置测点等技术参数的要求选取相机的安装位置。

2）相机应选择被测物周边相对稳固且受环境干扰较小的位置进行布设。

3）测点在相机视场范围内宜沿景深方向布设，当单台相机景深不能满足测量要求时，应增设相机。

4）在相机景深范围内，宜选取稳固的位置，布设一个位移参考点。

机器视觉测量系统安装埋设应符合下列要求。

1）相机与安装基座之间应能可靠连接，安装基座应设置在稳固、无沉降与偏转的位置。

2）靶标应稳固地安装在被测物的测点位置，靶标与被测物无相对位移。

3）相机与靶标间应无遮挡，并满足通视的要求。

4）相机应采取保温与防护措施。

机器视觉测量系统的调试应符合下列要求。

1）可对机器视觉测量系统的精度进行校准，确保满足系统设计要求。

2）应调整相机焦距、曝光参数等，确保靶标成像清晰度及像素满足机器视觉解算的要求。

机器视觉测量系统的运行维护应符合下列要求。

1）视觉测量系统应可通过系统的遥测功能进行定期检查，查看是否存在靶标遮挡及污损。

2）维护时可选取一个靶标对设备精度进行检测。

3. 机器视觉测量系统数据处理

机器视觉测量系统数据处理应符合下列要求。

1）在正常模式下输出靶标平面二维位移信息，异常时应支持远程查看现场图片或视频。

2）靶标在图像中的位移宜不超过图像画幅的80%。

12.5.8 孔径雷达监测

孔径雷达干涉测量可用于水平位移和振动监测。

1. 孔径雷达系统组成

孔径雷达主要由雷达主机、轨道、天线、控制单元、配电单元、控制笔记本等组成。

孔径雷达主要技术指标包括下述几点。工作频段：Ku波段。监测精度：亚毫米级。距离向分辨率：0.3 m。方位向分辨率：4 mrad。最远监测距离：5 km。图像采样周期：1～10 min。供电电源：220 V/50 Hz。工作温度：−30 ℃～50 ℃。

2. 孔径雷达系统实施

孔径雷达监测主要任务及方案设计如下。

1）SAR数据覆盖范围内具有缓慢变形要素的风险源辨识。

2）工作目的设定的被测对象时空变形信息获取。

3）变形监测结果精度评价及质量控制。

4）识别和监测结果综合验证。

5）被测对象变形规律和安全风险状态分析。

孔径雷达监测系统应安装在施工、扰动影响区外通视条件良好的位置，必要时可在被测区域设置角反射器，以增强反射信号。

3. 孔径雷达系统调试及数据采集

根据监测目的和监测对象特点，结合监测区SAR数据接收情况，获取存档数据，编程选取工作周期内的数据。

SAR数据选择具体考虑的因素有被测对象变形值、位移方向、空间范围、时序特征以及所需监测精度、监测时间长度和监测模式等。

雷达波入射角的选择，以雷达视线向与最大位移方向夹角最小为优，尽量避免阴影、叠掩、透视收缩等成像扭曲现象。

系统运行维护应满足下列规定。

1）定期检查系统存放和工作环境，温、湿度适宜，无腐蚀介质。

2）定期检查系统零部件外观是否完好、缺损。

3）轨道每运行 8 000 km，需打开防尘罩添加润滑剂。

4）长期放置后第一次正式监测前开展试运行调试。

5）每年进行一次位移精度校准。

4. 孔径雷达系统数据处理

应充分利用 SAR 数据源，确保米级、分米级、厘米级、毫米级等各尺度变形的连续覆盖。

将监测结果与环境调查、测绘、勘察成果对比分析，进行可靠性验证。应根据工程位置、规模、影响因素、风险前兆、工程地质和水文地质条件以及安全风险验算结果等综合判定，并分析发展趋势和危害程度。

12.5.9 阵列式位移传感器监测

阵列位移传感器的根据不同应用场景分为三种工作模式：竖向、横向和收敛。竖向工作模式主要用于滑坡、基坑围护结构的深层水平位移、构筑物倾斜等监测。横向工作模式主要用于路基、坝体心墙、坝体面板及轨道等沉降监测。收敛工作模式主要用于隧道断面的收敛监测。

1. 阵列式位移传感器组成

阵列位移传感器是将加速度传感器和数据采集处理模块封装在不同长度的不锈钢管内（一般为 0.5 m、1 m 和 2 m 等），通过柔性关节串联组成。由于每节段内传感器坐标系方向互不相同，需要进行坐标系转换，形成一套坐标系统一的传感器阵列。

2. 阵列式位移传感器实施

阵列位移传感器方案设计应符合下列规定。

1）为确保监测数据的准确性，单个节点长度不宜超过 2 000 mm。

2）安装孔位正上方，不应悬挂电力线。

3）未安装磁力计的外壳上应清晰标记 Mark 标志线，作为坐标系定义的 X 轴或 Y 轴的方向。

4）对于长度超过 50 m 的阵列位移传感器，应增加额外的牵引绳进行额外保护。

5）对于不能回填处理的安装孔位，为确保数据的可靠性，宜在每节阵列位移传感器上加装固定卡扣，确保其与测斜管的贴合度。

阵列位移传感器在不同工作模式下的安装方法如下。

1）竖向工作模式：安装于已经预埋固定的测斜管内，为了确保每节柔性关节和测斜管内部紧密贴合，需要给传感器施加一定压力进行压紧处理，或者对测孔进行灌浆回填处理。

2）横向工作模式：建议采用预埋或加装保护管方式，以防止施工或重型机械造成的破坏。

3）收敛工作模式：建议采用骑马箍按照约 250 mm 或 500 mm 的间距固定在隧道

侧壁。

阵列位移传感器的调试应满足下列规定。

1）应检查安装孔位的保护装置有效性、供电系统稳定性等事项。

2）应使用采集软件采集测试每节传感器的角度数据是否超量程，数据读取是否正常。

阵列位移传感器的数据可采用二维和三维曲线图相结合的方式进行可视化展示。

阵列位移传感器在包装状态下应能适应运输、装卸、搬运过程中可能出现的振动、跌落、冲击、碰撞等意外情况。机械环境适应性试验后，应验证其各项性能是否正常。阵列位移传感器的可靠性可用平均无故障工作时间（MTBF）来表示，MTBF 应不小于 40 000 h。

3. 阵列式位移传感器数据处理

阵列位移传感器的数据处理应满足下列规定。

1）传感器原始数据采集完成后，需要对原始进行自动解算，进而得到坐标及位移变化等成果。

2）阵列位移传感器的数据可采用二维和三维曲线图方式进行可视化展示。

12.5.10 基于光纤地震检波器的入侵监测

基于光纤地震检波器的入侵监测可应用于钻机、锚杆、打桩等破坏地铁结构施工的震动监测。

1. 系统组成

用于地铁隧道入侵监测的光纤地震检波系统，包括光纤地震检波器和光纤信号解调设备两部分。主要技术指标应符合下列要求：全光纤传感与传输，传感链路无源；可实现阵列式、实时在线振动监测；具有环境振动信号以及入侵信号识别与报警功能；光纤地震检波系统测量频带需要覆盖 1 ～ 1 000 Hz；单台光纤信号解调设备的监测距离不小于 10 km。

2. 系统实施

采用基于光纤地震检波器的入侵监测方案设计时，光纤地震检波器可安装在地铁隧道无砟轨道板、隧道管片或者隧道电缆槽中。根据地层条件和现场安装环境不同，点位布设间距宜为 25 ～ 80 m。光纤信号解调设备可安装在地铁站机房或仓房中，现场应具有有线或无线上网功能，可实时报送报警信息。

基于光纤地震检波器的入侵监测系统的调试：光纤地震检波系统应实时给出各个光纤地震检波器的实时加速度振动时域波形与频谱，具备对每个光纤地震检波器进行调试与诊断的功能，可查看每个光纤地震检波器返回光功率以及干涉条纹等信息。

基于光纤地震检波器的入侵监测系统的运行维护：光纤阵列式传感器应具备耐极限环境封装技术，利用吸声材料或钛合金材料实现光纤阵列式传感器的降噪封装；设备布设完成后，应安全简便，安装牢固，不影响地铁正常运行；光纤信号解调设备应具备 24 小时开机运行环境。

3. 数据处理

基于光纤地震检波器的入侵监测系统的数据处理：光纤地震检波系统应具备对光纤地震检波器测到的振动信号进行实时在线分析处理的功能，具备去噪、特征提取和分类等处理功能，可实时识别列车、地铁隧道内行人、地铁隧道上方钻机（如地质钻、冲击钻）等不同震动情况；采用三级预警机制，针对地质钻机、旋挖钻、锚杆钻机和挖掘机等不同施工设备，确保入侵识别后能够第一时间分类、分级并向特定对象预报警和实时定位。

12.6 运营期地铁保护区监测频率

12.6.1 监测频率

城市轨道交通运营期保护区监测周期与频率可结合工程的实际情况，参照以下要求执行，并根据表 12-19 确定合适的监测频率。

1）运营线路原则上采用自动化监测，竖向位移、水平位移、道床与轨道变位等项目需每天至少监测 1 次，并可根据现场实际情况加密监测频率。

2）针对三维激光扫描项目，一般情况下，在外部施工作业项目开始施工前、结束后各开展 1 次，辅助对隧道结构状况和病害情况进行确认；作业活动影响为特级或隧道段结构病害发生的风险较高时，除满足外部施工作业项目开始施工前、结束后各开展 1 次外，施工过程中按照 1 次 / 月～ 1 次 / 季的频率同步开展结构设施的确认，施工过程中频率不得少于 1 次。

3）有爆破施工的项目，按照"每炮必测"的要求开展爆破振速监测。

监测频率设置原则参照以下要求执行。

1）在监测埋设稳定后，应独立进行至少 2 次初始值观测。其较差不大于观测精度要求的 2 倍时，取平均值作为初始值。

2）监测实施过程中，根据变形速率合理调整观测频率。当监测数据达到报警值后，应加大观测频率，同时加强外部作业的工况巡查和地铁结构设施的巡检。

表 12-19 运营期结构变形隧道工程监测频率

工程施工工况	特级、一级基坑工程		二级、三级基坑工程			
	沉降	沉降外其他测项	沉降	收敛	水平位移	其他测项
城市轨道交通侧槽壁加固	2 次 / 周	1 次 / 周	1 ～ 2 次 / 周	1 次 /1 ～ 2 周	1 次 /2 周	1 次 /1 周
城市轨道交通侧地墙施工	1 ～ 2 次 / 周	1 次 /1 ～ 2 周	1 次 / 周	1 次 /1 ～ 2 周	1 次 /2 ～ 3 周	1 次 /2 周

（续表）

工程施工工况	特级、一级基坑工程		二级、三级基坑工程			
	沉降	沉降外其他测项	沉降	收敛	水平位移	其他测项
工程桩施工	1次/周	1次/2周	1次/周	1次/2周	1次/2~3周	1次/2周
城市轨道交通侧坑内加固	1~2次/周	1次/周	1~2次/周	1次/1~2周	1次/2周	1次/2周
浅部土体开挖	1~2次/周	1~2次/周	1~2次/周	1~2次/周	1~2次/周	1~2次/周
深部土体开挖	2次/周	1~2次/周				
底板浇筑期间	2次/周	1次/1~2周	2次/周	1次/1~2周	1次/2~3周	1次/2周
地下结构施工期间	1次/1~2周	1次/1~2周	1次/1~2周	1次/2周	1次/2~3周	1次/2周
地上结构施工期间	1次/2~4周	1次/4周	1次/2~4周	1次/4周	1次/4周	1次/4周
近城市轨道交通侧塔楼结构封顶后2年内	1次/月	1次/月	1次/月	1次/月		

12.6.2 停测要求

城市轨道交通保护区内建设项目施工结束，既有车站结构、隧道结构、桥梁结构、轨道变形稳定后，城市轨道交通保护区建设项目单位应向管理单位提出终止监测申请，并召开专题会议，管理单位同意后方可终止监测。

12.7　运营期地铁保护区监测控制值

城市轨道交通工程监测应根据工程特点、监测项目控制值、当地施工经验等制定监测预警等级和预警标准。

城市轨道交通地下工程施工图设计文件应明确监测项目的控制值，并应符合下列规定。

1）监测项目控制值应根据不同施工方法特点、周围岩土体特征、周边环境保护要求并结合当地工程经验确定，应满足监测对象的安全状态得到合理、有效控制的要求。

2）周边环境监测项目控制值应根据环境对象的类型与特点、结构形式、变形特征、已有变形、正常使用条件及国家现行有关标准的规定，并结合环境对象的重要性、易损性及相关单位的要求等确定。

3）对于重要的、特殊的或风险等级较高的环境对象的监测项目控制值，应在现状调查与检测的基础上，通过分析计算或专项评估确定。

4）周围地表沉降等岩土体变形控制值应根据岩土体的特性并结合支护结构工程自身风险等级和周边环境安全风险等级等确定。

5）监测等级高、工况条件复杂的工程，宜针对不同的工况条件确定监测项目控制值，按工况条件控制监测对象的状态。

监测项目控制值应按监测项目的性质分为变形监测控制值和力学监测控制值。变形监测控制值应包括变形监测数据的累计变化值和变化速率值。力学监测控制值宜包括力学监测数据的最大值和最小值。

城市轨道交通工程监测应根据监测预警等级和预警标准建立预警管理制度，预警管理制度应包括不同预警等级的警情报送对象、时间、方式和流程等。

城市轨道交通工程施工过程中，当监测数据达到预警标准时，必须进行警情报送。

隧道结构沉降、隧道结构水平位移、隧道收敛及其他结构预警值与运营期隧道结构监测预警值相同，具体预警值参照第 11.6 节相关内容。

12.8　运营期地铁保护区监测成果及信息反馈

12.8.1 监测报告

运营期地铁保护区监测日报、周报、月报报告应包括以下内容。

1）监测工作情况。

2）监测成果分析。

3）测点变化曲线图。

4）监测成果表汇总。

5）结论及建议。

6）监测点分布示意图。

运营期地铁保护区监测总报告应包括以下内容。

1）工程概况及监测目的。

2）监测项目及测点布置。

3）采用的仪器型号、精度及检定资料。

4）监测成果汇总。监测成果汇总应包含监测值时程曲线或其他类型曲线、图表、照片、影像资料等。

5）监测效果及预测效果评述。

6）监测结果评述、结论与建议。

7）提交成果的清单和附图附表。

运营期地铁保护区监测各项报告应语言简练、叙述有条理、图文并茂。工程进展应有文字描述和图件描述。

12.8.2 监测成果与质量验收

运营期地铁保护区监测成果整理应符合以下规定。

1）人工观测记录、计算资料及技术成果应有相关责任人签字，并按归档要求装订成册。

2）自动化监测数据自动完成数据的平差处理，原始数据应自动保存于数据库中并可随时打印查验。

人工观测成果在完成记录检查、平差计算和处理分析后，应按下列规定进行成果整理。

1）观测记录手簿的内容应完整、齐全。

2）平差计算过程、结果、图表以及各种检验、分析资料应完整、清晰。

3）图式符号应规格统一、注记清楚。

人工观测成果（包括自动化监测项目人工复测成果）质量检查验收宜实行二级检查、一级验收制度，自动化观测成果实行人工复测复核制度，并应符合下列规定。

1）二级检查应由承担单位的作业部门、质量管理部门分别实施。二级检查均应采用内业全数检查、外业针对性检查的方式进行，二级检查合格后方可提交。

2）一级验收宜由委托方组织实施，宜采用抽样核查的方式进行检查验收，抽查比例不宜少于 10% 且不少于 1 期。

3）检查验收情况应形成记录并归档。

成果的检查验收应依据下列文件进行。

1）项目委托书或合同书及委托方与承担单位达成的其他文件。

2）委托方提供的项目设计资料等。

3）技术设计书或施测方案。

4）依据的技术标准和国家的政策法规等。

5）承担单位的质量管理文件。

成果的检查验收宜包括下列几个方面。

1）执行技术设计书或施测方案及技术标准、政策法规情况。

2）使用仪器设备及其检定情况。

3）记录和计算所用软件情况。

4）基准点和监测点的布设及标石、标志情况。

5）实际观测情况，包括观测周期、观测方法和操作合规性评价等。

6）基准点稳定性检测与分析情况。

7）观测限差、精度统计和报警情况。

8）记录的完整性、准确性。

9）计算过程的正确性、资料整理的完整性、精度统计和质量评定的合理性。

10）成果分析的合理性。

11）提交成果的正确性、可靠性、完整性及数据的符合性情况。

12）技术总结报告内容的完整性、统计数据的准确性、结论的可靠性，成果签署的完整性和符合性情况等。

成果应根据质量检查验收结果评定质量等级，质量等级应分为合格和不合格两级。当检查验收过程中发现不符合项时，应立即提出处理意见，返回作业部门进行纠正。

12.8.3 成果提交

提交的监测成果及报告应按规定进行签名和盖章，自动化监测可不就每次监测成果提供签字盖章数据，但监测单位需提供自动提交监测数据或实时查看功能。

提交的监测成果宜包括以下内容。

1）根据项目委托方的要求，可按周期或监测项目的实际情况提交下列阶段性成果：本次或前 1 ～ 2 次观测结果；本次观测后的当次变形量、累计变形量、变化速率等，必要时绘制有关曲线图；简要说明及分析、建议；对达到或超过监测报警值的监测点应有报警标示，并有分析和建议；对巡视检查发现的异常情况应有详细描述，危险情况应有报警标示，并有分析和建议。

2）当监测项目任务全部完成后或项目委托方需要时，宜提交下列综合成果：技术设计书或施测方案，合同书，平面位置图或监测点分布图，反映变形监测结果的图、表，仪器检定证书、校检资料，质量检查报告，技术总结报告，相关电子数据文件。

监测项目技术总结报告应数据真实、内容完整，重点突出，结构清晰，文理通顺，结论明确。技术总结报告应包括下列内容。

1）项目概况：应包括项目来源、监测目的和要求，测区地理位置及周边环境，项目完成的起止时间，项目监测单位，项目负责人和审核审定人等。

2）作业过程及技术方法：应包括监测作业依据的技术标准，项目技术设计或施测方案的技术变更情况，采用的仪器设备及其检校情况，测点布设情况和观测次数，测量精度等级要求及报警值设置，作业方法及数据处理方法，各周期观测时间等。

3）成果精度统计及质量检验结果。

4）数据分析与统计。

5）报警等异常情况的出现以及作业过程中发生的其他特殊情况等。

6）结论。

7）提交的成果清单及附图、附表等。

12.8.4 数据管理系统

为满足城市轨道交通结构安全分析需要，宜采用变形测量数据管理信息系统对运营期结构变形测量、工程施工影响变形测量的数据进行有效管理。

成果管理信息系统主要包括运营期形变监测数据管理子系统、城市轨道交通保护区工程施工影响管理子系统等。各子系统应具备以下通用功能。

1）用户权限管理功能：能为不同等级的用户赋予不同的权限。系统能进行用户的添加和删除、用户权限的赋予与修改。

2）系统安全管理功能：应采用有效的查毒杀毒、防火墙等有效的技术防范措施，保证数据安全；系统的主要设备、软件、数据、电源等应有备份，故障后具有在较短时间内恢复系统运行的能力；系统能进行数据库日常维护、定期备份、必要时的数据还原。

3）统计报表功能：对管理信息数据、专业应用数据进行统计报表。

4）信息发布功能：通过邮件、短信等方式对管理信息、专业数据、警示信息以及各种报告等进行可定制化的推送、发布，确保信息沟通畅通。

运营期形变监测数据管理子系统主要对城市轨道交通运营期内形变监测项目进行管理，除具备通用功能外，还应具有以下功能。

1）系统接口：变监测数据管理子系统作为一条或几条城市轨道交通的形变监测管理系统，应具备对其他监测系统提供的监测数据进行兼容，能提供监测数据接口上传各种监测数据、工况信息及成果资料，对上传的数据能进行有效性的基本判断，提供数据审核功能。

2）文档管理：能对形变监测的各种图件、方案、定期报告和总结报告等进行管理，根据权限对监测数据进行上传、修改、备份等管理；管理城市轨道交通线路的平面、高程等基础信息，管理邻近工程平面图、断面图、施工工艺方法等基础资料，管理监测点的类型、点号、里程等测点信息。在权限许可的情况下，用户能对这些基础资料进行添加、修改和删除。

3）信息检索：系统能按区间、工程、观测类型、点名等属性，按指定时间段、是否报警等检索条件，为用户提供信息的检索、查询和统计。

4）数据分析：系统通过与用户进行信息交互，对监测数据绘制各种历时曲线、沿里程的断面曲线，结合各种影响因素，对监测数据进行回归分析、时序分析等，以发现异常监测数据。

5）安全预警：根据设置的权限，通过短信、邮件、报告等方式对变形量或变形速率大于报警值的监测点、监测点所在的区间或工程及时进行报警。系统能进行各监测点报警值的设置、更改及报警后的相应处置。

6）监测成果管理信息系统投入运行前，应制定系统测试方案和人员培训计划，根据测试情况和用户反馈进行完善。

正式运行期间，应建立数据安全备份机制，根据实际需求实施系统功能升级和数据维护计划，确保系统正常运行。

第 13 章
运营期地铁结构检测

13.1 运营期地铁结构检测目的及依据

    检测工作是在有针对性的检测数据的基础上对隧道结构进行安全分析评估，为地铁长期安全稳定的运营及维修提供数据和决策依据。为此，在准备阶段，应充分掌握地铁隧道的结构类型、建设历史、水文地质、施工方案等资料，并先去现场踏勘，了解检测现场特点，最后确定检测项目及检测方法。

    运营期地铁隧道结构的检测对象主要包括隧道混凝土结构（或衬砌）自身强度、密实性及背后密实性等。隧道结构的裂缝调查及渗水情况调查属于常规病害调查项目。由于检测工作是在地铁运营条件下进行的，因此，加强对既有设施设备的保护意义重大。首先，所有检测手段均采用无损检测，不对隧道现有结构造成任何破坏；其次，要加强对检测人员的教育，制定严格的管理措施，严禁检测人员擅自移动或改变地铁设备，保证既有设施设备不受破坏。

    运营期地铁结构检测过程中，应遵循以下标准。

1）《地铁设计规范》GB 50157-2013。

2）《城市轨道交通工程测量规范》GB/T 50308-2017。

3）《建筑结构检测技术标准》GB/T 50344-2019。

4）《混凝土中钢筋检测技术标准》JGJ/T 152-2019。

5）《混凝土结构工程施工质量验收规范》GB 50204-2015。

6）《回弹法检测混凝土抗压强度技术规程》JGJ/T 23-2011。

7）《超声法检测混凝土缺陷技术规程》CECS 21：2000。

8）其他相关标准。

9）相关设计文件及合同。

13.2 检测项目设置

    运营期地铁结构的检测范围包括隧道结构和道床。

    检查人员应携带常规检查和记录工具，应配备防护器材和通信器材。检查前，技术人员应收集以下资料。

1）设计资料：工程勘察报告、设计计算书、建筑和结构施工图等。

2）施工资料：施工记录、竣工图、竣工质检及验收文件等。

3）运营资料：围护记录、事故处理记录、受灾情况及其处置、加固资料等。

根据以上资料并结合技术人员前期的现场踏勘情况，地铁结构的检测项目、内容和密度应符合以下规定。

检测工作应满足下列要求。

1）检测结果以检测记录和病害展布图为主要表现形式，病害展布图重点记录病害在空间上的展布信息，并附上病害位置和病害照片编号。

2）应配备检测项目必需的检测仪器及常规检测工具（锤子、照明工具、照相机等）。

3）检测完成后应提交隧道结构检测报告，检测报告应包括检测记录表、隧道病害展示图及检查记录资料，对隧道结构病害类型、分布位置、发育程度的统计分析以及健康度评定。

13.2.1 明挖法隧道检查项目、内容和密度

明挖法隧道检查项目、内容和密度应参照表13-1。

表 13-1　明挖法隧道检查的项目、内容和密度

检查项目	检查内容	检查密度
主体结构	裂缝、压溃等破损的位置、范围、类型、长度、宽度	全检
	起毛、酥松、起鼓等材料劣化的位置、范围和程度	
	剥落剥离的位置、范围和深度	
	渗漏水的位置、范围、状态、水量、浑浊和冻结状况	
	钢筋锈蚀的位置、范围和程度	
	断面轮廓检查	每100 m不少于1个断面
施工缝、变形缝	错台的位置、范围和程度	目测明显错台位置
	压溃的位置、范围和程度	全检
	渗漏水的位置、范围、状态、水量、浑浊和冻结状况	
道床	裂缝、脱空、下沉、隆起、渗漏水的位置、范围和程度	全检

13.2.2 矿山法隧道检查项目、内容和密度

矿山法隧道检查项目、内容和密度应参照表13-2。

表 13-2　矿山法隧道检查项目、内容和密度

检查项目	检查内容	检查密度
洞口	边（仰）坡滑坡、危石的崩塌征兆和发展	全检
	边坡、碎落台、护坡、护坡道、挡土墙、排水沟的破损的位置、范围和程度	
洞门	墙身裂缝的位置、范围、类型、长度、宽度	全检
	渗漏水的位置、范围、状态、水量、浑浊和冻结状况	
	结构倾斜、沉陷和断裂的范围、变位量、发展趋势	
	墙身填料流失的范围和程度	
衬砌	裂缝、压溃等破损的位置、范围、类型、长度、宽度	全检
	起毛、酥松、起鼓等材料劣化的位置、范围和程度	
	剥落剥离的位置、范围和深度	
	渗漏水的位置、范围、状态、水量、浑浊和冻结状况	
	钢筋锈蚀的位置、范围和程度	
	断面轮廓检查	每 100 m 不少于 1 个断面
施工缝、变形缝	错台的位置、范围和程度	目测明显错台位置
	压溃的位置、范围和程度	全检
	渗漏水的位置、范围、状态、水量、浑浊和冻结状况	
道床	裂缝、脱空、下沉、隆起、渗漏水的位置、范围和程度	全检

13.2.3 盾构法隧道检查项目、内容和密度

盾构法隧道检查项目、内容和密度应参照表 13-3 所示。

表 13-3　盾构法隧道检查项目、内容和密度

检查项目	检查内容	检查密度
管片	裂缝、压溃等破损的位置、范围、类型、长度、宽度	全检
	起毛、酥松、起鼓等材料劣化的位置、范围和程度	
	剥落剥离的位置、范围和深度	
	渗漏水的位置、范围、状态、水量、浑浊和冻结状况	
	钢筋锈蚀的位置、范围和程度	
	断面轮廓检查	每 100 m 不少于 1 个断面

（续表）

检查项目	检查内容	检查密度
管片接缝、变形缝	错台的位置、范围和程度	目测明显错台位置
	压溃的位置、范围和程度	全检
	渗漏水的位置、范围、状态、水量、浑浊和冻结状况	
	接缝止水条的脱落位置和范围	
螺栓孔、注浆孔	填塞物脱落的位置	全检
	渗漏水的位置、状态、水量、浑浊和冻结状况	
道床	裂缝、脱空、下沉、隆起、渗漏水的位置、范围和程度	全检

13.2.4 沉管法隧道检查项目、内容和密度

沉管法隧道检查项目、内容和密度应参照表13-4。

表13-4　沉管法隧道检查项目、内容和密度

检查项目	检查内容	检查密度
管节	裂缝、压溃等破损的位置、范围、类型、长度、宽度	全检
	起毛、酥松、起鼓等材料劣化的位置、范围和程度	
	剥落剥离的位置、范围和深度	
	渗漏水的位置、范围、状态、水量、浑浊和冻结状况	
	钢筋锈蚀的位置、范围和程度	
	断面轮廓检查	每100m不少于1个断面
管节接头	剪力键变形、破损的位置、范围和程度	全检
	OMEGA止水带破损的位置、范围和程度；压条锈蚀程度	
	渗漏水的位置、范围、状态、水量、浑浊和冻结状况	
施工缝	错台的位置、范围和程度	目测明显错台位置
	压溃的位置、范围和程度	全检
	渗漏水的位置、范围、状态、水量、浑浊和冻结状况	
道床	裂缝、脱空、下沉、隆起、渗漏水的位置、范围和程度	全检

13.3　检测仪器或设备

检测过程中，各检测项目使用的主要仪器或设备如表13-5所示。

表 13-5　检测项目中主要仪器或设备一览表

序号	仪器或设备名称	用途
1	混凝土裂缝测宽仪	裂缝缝宽测量
2	全站仪	几何尺寸量测
3	钢直尺	管片错台测量
4	钢卷尺	裂缝长度
5	电子秒表	计时
6	多功能混凝土超声波检测仪	裂缝深度测量
7	回弹仪	混凝土强度测量
8	碳化深度仪	混凝土碳化深度测量
9	钢筋锈蚀仪	钢筋锈蚀检测
10	钢筋保护层厚度检测仪	钢筋位置及保护层厚度检测

注：项目中投入的主要检测仪器都应检定合格后使用。

13.4　检测方法及要求

13.4.1 隧道渗漏水病害检测

1. 检测内容

本项目渗漏水病害检测主要内容为渗漏水的位置、范围、pH、水量、浑浊与冻结情况。

根据隧道内渗漏物及渗漏量等，将渗漏水病害分为湿迹、渗水、水珠、滴漏、线漏、渗泥沙（表 13-6）。

表 13-6　隧道渗漏定义及分类

序号	渗漏水病害	定义	隧道渗漏水路径	备注
1	湿迹	隧道管片内表面存在明显色泽变化的潮湿斑	管片接缝、注浆孔、螺栓孔、管片裂缝、缺损处等	秒表测定滴水频率
2	渗水	水渗入管片，导致管片内表面水分浸润		
3	水珠	悬垂在隧道管片上的水珠，其滴落间隔时间超过 1 分钟		
4	滴漏	水量达到一定程度时，从管片壁滴落		
5	线漏	呈渗漏成线或喷水状态		
6	渗泥沙	因渗水通道扩大或防水失效，渗水量增加的同时夹带泥沙		

湿迹：湿迹现象指水分蒸发速度快于渗入量，用干手触摸有潮湿感，但无水分浸润感觉。在隧道内常规通风条件下，潮湿现象可能会消失，管片腰部以上区域无法用手触摸，仅能依靠目测判断。

渗水：渗水现象在加强人工通风的条件下也不会消失，用干手触摸，明显沾有水分，如用废报纸贴于渗水处，废纸将会被浸湿变色。对于腰部以上区域，可通过灯光照射有无反光，辅助判断是否为渗水。某些情况下，病害可能介于湿迹与渗水之间，较难区别，此时应多种检查方法并用，只要一种检查结果为渗水，则应按"不利原则"考虑归为渗水病害。

水珠：悬垂在地下混凝土结构衬砌背水顶板（拱顶）的水珠，滴落间隔时间超过1分钟时称水珠现象。

滴漏：地下混凝土结构衬砌背水顶板（拱顶）渗漏水的滴落速度每分钟至少1滴，称为滴漏现象。滴水现象与其他渗漏水病害较容易区分，但由于滴漏速度不同，当检查速度较快时，容易漏检。

线漏：地下混凝土结构背水面呈渗漏成线或喷水状态。

渗泥沙：渗泥沙现象较易判断，通常渗水量增大的同时夹带新鲜泥沙，导致渗出物浑浊。

2. 检测方法

渗漏水位置、湿迹面积、浑浊与冻结情况直接目视检查，使用登高设备接近病害位置，使用钢卷尺、钢直尺测量病害的范围，使用钢卷尺、激光测距仪确定病害的位置，使用 pH 试纸检测渗水酸碱度。

在隧道渗漏水现场调查中，按表 13-7 对漏水的状况进行记录。

表 13-7　隧道渗漏水记录标识

病害		标志符号	符号解释	记录要求
渗漏水	湿迹		虚线填充的闭合曲线	曲线边界依据实际湿迹分布确定
	渗水		斜线填充的闭合曲线	曲线边界由实际渗水分布确定
	水珠		由竖线、椭圆以及数字三部分组成，数字表示滴水频率（滴水数/分钟）	椭圆内应标注＜1
	滴漏			椭圆内应标注每分钟滴漏数量
	线漏			椭圆内应标注 ∞
	漏泥		点及小三角填充的闭合曲线	曲线边界依据实际漏泥边界确定

3. 评定标准

依据《铁路桥隧建筑物劣化评定标准隧道》TB/T 2820.2-1997 评定标准，对 pH 与隧道衬砌腐蚀程度进行等级评定，评定标准见表 13-8。

表13-8 pH与隧道衬砌腐蚀程度等级评定标准

等级		pH	对混凝土的作用
A	AA（极严重）	—	—
	A1（严重）	＜4.0	水泥被溶解，混凝土可能出现崩裂
B（较重）		4.1～5.0	在短时间内混凝土表面凹凸不平
C（中等）		5.1～6.0	混凝土表面容易变酥、起毛
D（轻微）		6.1～7.9	视混凝土表面有轻微腐蚀现象

13.4.2 管片外观病害检测

1. 检测内容

管片外观病害检测包含管片破损（裂缝、压溃）的位置、范围、长度、宽度、深度和发展趋势，材料劣化（起毛、酥松、起鼓）的范围及深度，剥落、剥离的位置（范围）及深度，钢筋外露的位置、长度、深度和发展趋势，渗漏水的位置、湿渍面积、pH、水量、浑浊与冻结状况。

2. 检测方法

管片裂缝、缺角、缺损、起毛、酥松、起鼓及钢筋外露主要通过目测进行检查，明确隧道结构损伤的类型、位置和程度等信息。使用登高设备接近病害位置，使用钢卷尺、钢直尺测量病害的范围，使用钢卷尺、激光测距仪确定病害的位置。

隧道管片损伤现场检查按表13-9进行记录。

表13-9 隧道管片损伤现场检查记录

病害		标志符号	符号解释	记录要求
管片损伤	裂缝	$\int$	表层混凝土裂开	曲线或折线，以裂缝实际线形为依据，当裂缝宽度可量测时，应予以备注；当裂缝较为严重甚至出现混凝土碎裂现象时，应特别予以备注，并留存详细影像资料
	缺角	▼	管片端部混凝土缺失	将实际缺角范围填实，管片缺角深度可量测时，予以备注
	缺损	✳✳✳	管片纵缝两侧混凝土片状缺失	竖线代表发生缺损的纵缝，交叉线所代表区域与发生缺损区域一致
材料劣化	起毛酥松起鼓	起毛酥松6起鼓	闭合曲线，曲线内填写材料裂化病害类型（起毛、酥松、起鼓）	闭合曲线代表材料裂化的范围，文字代表裂化病害，数字代表深度，单位为mm
钢筋外露		←6→	两端带箭头的直线	直线表示钢筋外露位置，箭头为钢筋外露的起止位置，数值代表外露长度，单位为cm

3. 评定标准

依据《城市轨道交通隧道结构养护技术标准》CJJ/T 289-2018 评定标准，对隧道结构病害进行评定，管片定期检查结构健康度评定标准如表 13-10 所示。

表 13-10　盾构法隧道管片定期检查结构健康度评定标准

项目		评定标准（健康度）			
		1级	2级	3级	4级	5级

项目		1级	2级	3级	4级	5级
管片	破损	无	管片表面存在轻微开裂，以干缩、温缩裂缝为主或有少量轻微的环向裂缝	管片裂缝以环向开裂为主，标准块位置出现少量纵向裂缝或剪切性斜裂缝	裂缝发育较为密集，封顶块或邻接块以少量环向裂缝为主；标准块出现多处纵向裂缝或剪切性斜裂缝，因裂缝发育两侧管片可能掉块或已出现掉块	裂缝发育密集，且封顶块或邻接块部位出现多处纵向裂缝或剪切性斜裂缝，因裂缝发育可能掉块或已出现掉块
	劣化	无	材料劣化引起少量轻微的起毛、酥松	材料劣化导致混凝土表面多处出现起毛、酥松	标准块材料劣化，混凝土酥松、起鼓，并出现掉块	材料劣化导致混凝土起鼓，并在封顶块或邻接块部位出现掉块
	剥落剥离	无	混凝土表面出现少量轻微的剥离	标准块混凝土表面多处出现剥离，敲击有空响，尚未出现剥落掉块	封顶块或邻接块混凝土表层出现剥离，敲击有空响，标准块混凝土多处出现剥落掉块	封顶块或邻接块混凝土表层出现大面积的剥离，并多处剥落，混凝土掉块侵入建筑限界
	渗漏水	无	轻微渗漏水，表现为湿渍或湿迹	渗漏点较稀疏，渗水量较小，以点线渗漏为主；路面积水较少；标准块位置出现挂冰和冰柱	封顶块或邻接块位置渗漏点较密集，渗水量较大，渗水类型以线渗、面渗为主；标准块出现以喷射、涌流为主的渗水位置；洞内已出现积水；封顶块或邻接块位置出现少量挂冰和冰柱	封顶块或邻接块位置渗漏点密集，以喷射、涌流为主；洞内积水严重；封顶块或邻接块位置出现明显的挂冰和冰柱
	钢筋锈蚀	无	混凝土表面出现轻微的锈迹	构造筋存在局部锈蚀或因保护层过薄而出现外露	钢筋混凝土沿主筋出现严重的纵向裂缝，保护层鼓起，敲击有空响，主筋出现锈蚀	钢筋混凝土主筋严重锈蚀，混凝土表面已因锈蚀出现掉块并出现钢筋外露

13.4.3 管片接缝、变形缝检测

1. 检测内容

管片接缝、变形缝检测主要包含变形、错台、压溃位置（范围）和程度，渗漏水的位置、湿渍面积、pH、水量、浑浊与冻结状况。

2. 检测方法

直接目视检测，使用人字梯接近管片接缝、变形缝的病害位置，使用钢卷尺和钢直尺测量病害的位置、范围和程度。管片接缝错台的方向如图 13-1 所示。

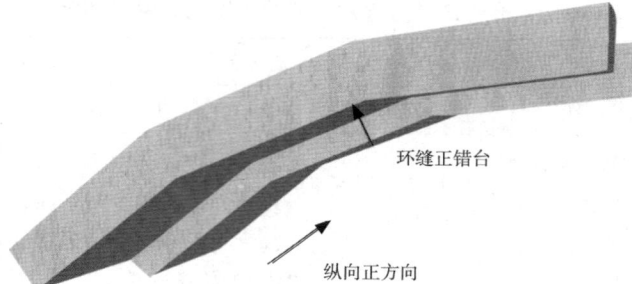

图 13-1　环缝错台方向示意图

3. 评定标准

根据地铁盾构隧道纵向变形分析，当错台量超过 4 ~ 8mm 时，将会影响到止水条防水性能。在《盾构法隧道工程施工与验收规范》GB 50446-2017 中，成型隧道验收隧道衬砌环内错台允许偏差 10 mm，衬砌环间错台允许偏差 15 mm。

依据《城市轨道交通隧道结构养护技术标准》CJJ/T 289-2018 评定标准，对隧道结构病害进行评定，管片接缝、变形缝定期检查结构健康度评定标准如表 13-11 所示。

表 13-11　盾构法隧道管片接缝、变形缝定期检查结构健康度评定标准

项目	评定标准（健康度）				
	1 级	2 级	3 级	4 级	5 级
管片接缝、变形缝	无	个别接缝位置存在轻微的压溃、错台、湿渍，对结构无影响	压溃、错台分布稀疏，持续发展可能出现掉块；渗水量较小，水质清澈，以滴漏为主	多处存在压溃、错台，边墙位置已出现混凝土掉块、明显错台；边墙位置渗水严重，或伴有泥沙渗出，拱顶少量渗水；拱部出现少量挂冰和冰柱	拱顶出现严重的压溃、错台，出现混凝土掉块，已影响建筑限界；漏水严重，以喷射、涌流为主，同时伴有泥沙；拱部出现明显的挂冰和冰柱

13.4.4 螺栓孔、注浆孔检测

1. 检测内容

螺栓孔、注浆孔定期检测主要内容包含填塞物脱落位置（范围）；渗漏水的位置、湿渍面积、pH、水量、浑浊和冻结状况。

2. 检测方法

直接目视检测，使用人字梯接近病害位置，使用钢卷尺、钢板尺、激光测距仪测量病害的范围和位置。检测并记录渗漏水病害。

3. 评定标准

螺栓孔、注浆孔定期检查结构健康度评定标准如表 13-12 所示。

表 13-12　盾构法隧道螺栓孔、注浆孔定期检查结构健康度评定标准

项目	评定标准（健康度）				
	1级	2级	3级	4级	5级
螺栓孔、注浆孔	无	填塞物存在轻微的脱落、孔位附近存在湿渍	局部孔位填塞物存在脱落、滴漏	多处孔位填塞物存在脱落、渗水，封顶块或邻接块孔位存在少量渗水或出现少量挂冰和冰柱	管片内孔位填塞物均存在连续的脱落、涌水或渗泥沙，封顶块或邻接块孔位出现明显的挂冰和冰柱

13.4.5 裂缝长度、宽度、深度检测

1. 裂缝长度、宽度量测

（1）测试仪器。

使用裂缝侧宽仪测量裂缝宽度，使用钢卷尺测量长度。

（2）测试方法。

隧道内裂缝检测主要为裂缝长度和宽度测量，具体方法为针对隧道内发现裂缝处单条裂缝，选取 2～3 个典型断面进行编号，量测并拍摄影像资料，如图 13-2 所示。

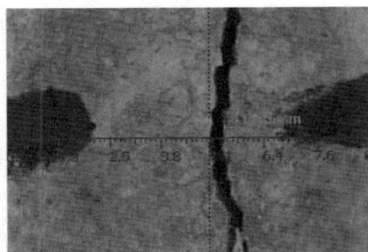

图 13-2　管片裂缝观测示意图

2. 裂缝深度检测

（1）原理与方法。

由超声脉冲发射源在混凝土表面向内激发高频弹性脉冲波，并用高精度的接收系统记录该脉冲波在混凝土内传播过程中的波动特征。当混凝土表面存在裂缝缺陷时，裂缝处通常填充空气，在固—气交界面上，由于空气中的波阻抗远小于混凝土中的波阻抗，超声波几乎发生全反射，因此可以认为没有波动能量穿透空气直达接收器，而能被接收器接受的波动将是绕过裂缝下缘的衍射波，又称为绕射波，该现象可以用惠更斯-菲涅耳原理定性解释。对波的初至到达时间特性进行对比分析，可以获得测区范围内混凝土的裂缝发育深度。通过同一裂缝、多个测点的跨缝和不跨缝超声波特征分析，能判别该裂缝的发育状况。

单面平测法必须注意的问题：① 由于超声波传播的复杂性，不跨缝平测时应采用《超声法检测混凝土缺陷技术规程》CECS21：2 000 中平测"时—距"坐标图或回归直线方程的方法进行修正，跨缝时实际发射点和接收点将更加复杂，需要进一步研究；② 由于发射的超声波是复频率的，具有频散现象，随着传播距离的增加，频率越高，

衰减越大，因此脉冲声波传播将引起主频率向低频率的漂移，即频漂。

（2）现场测试。

测线垂直于裂缝布置且以裂缝为对称中心线（图13-3）。

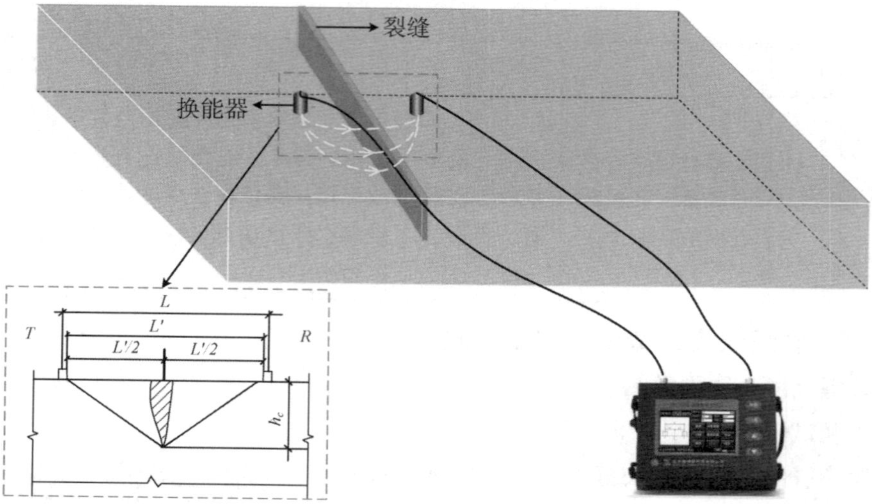

图13-3　裂缝超声检测示意图

在所需检测的裂缝一侧通过大功率平面发射换能器发射高频超声波，在裂缝的同一侧与另一侧接收超声波，变换发射点和接收点的位置。读取超声波的旅行时，根据超声波不跨缝和跨缝的旅行时间差异及路径的不同计算裂缝的深度。具体检测步骤如下。

1）不跨缝的声时测量：将T和R换能器置于裂缝附近同一侧，边缘间距等于100 mm、150 mm、200 mm、250 mm时分别读取声时值，绘制时距图，或用回归分析的方法求出声时与测距之间的回归直线方程。

2）跨缝的声时测量：跨缝时，声波绕过裂缝从发射点到接收点，将T、R换能器分别置于以裂缝为对称中心的两侧，边缘间距取100 mm、150 mm、200 mm时分别读取声时值，同时观察首波相位的变化，读取超声波旅行时。考虑到测试过程中混凝土内钢筋对声波测试的影响，有时须斜跨裂缝布置测试点，以提高信号质量。

13.4.6 隧道几何尺寸量测

1. 测试方法

采用全站仪全断面扫描法进行隧道几何尺寸量测，量测结果与标准圆进行比较，得出隧道现状几何形态。实施期间每间隔约100 m测试一个断面，每个断面利用全站仪每间隔2.5°进行断面扫描，利用扫描数据进行现状圆拟合。

2. 内业资料整理

根据实测断面拟合椭圆半径与设计断面对比，可以计算隧道的绝对变形量；根据断面的两次测量数据，可以计算出同一断面点两次位移变化量、两次半径变化量以及拟合椭圆圆心位置的变化量。

13.4.7 结构混凝土专项检测

1. 混凝土强度检测

混凝土强度检测采用回弹法，参考《回弹法检测混凝土抗压强度技术规程》JGJ/T 23—2011。

测区均匀分布，相邻两测点的间距为 20 cm（图 13-4），测区避开钢筋密集区和预埋件，测试时选择构件表面平整、干燥，没有接缝，避开蜂窝、麻面部位，必要时采用砂轮将表面磨平，并进行清洁。

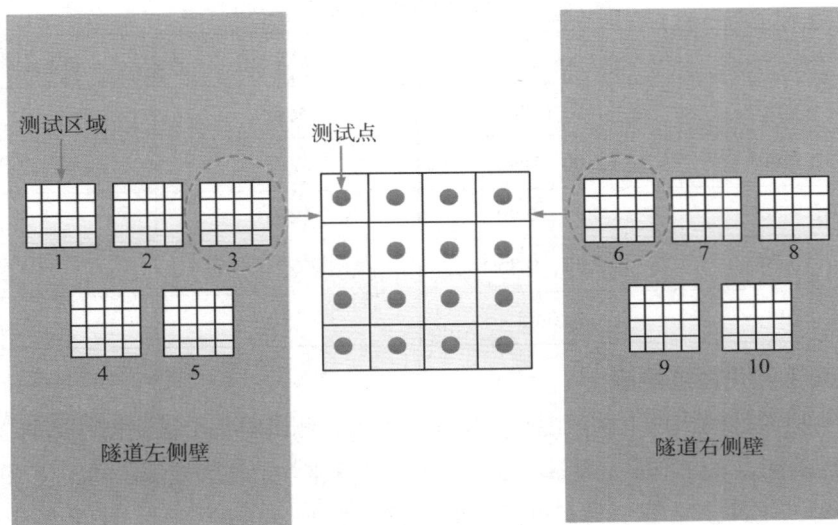

图 13-4 管片强度测试点位分布图

混凝土回弹测量：测试时回弹仪与测试面垂直，每一测区弹击 16 个点，测点在测区范围内均匀布置，每一测点的回弹值读数准确至 1。

计算测区平均回弹值，应从该测区的 16 个回弹值中剔除 3 个最大值和 3 个最小值，余下的 10 个回弹值取平均值。非水平方向检测混凝土浇筑侧面时，测区平均回弹值（R_m）应按式（13-1）修正：

$$R_m = R_{ma} + R_{aa} \tag{13-1}$$

式中，R_{ma} 为非水平方向检测时测区的平均回弹值，精确到 0.1；R_{aa} 为非水平方向检测时回弹值修正值，按《回弹法检测混凝土抗压强度技术规程》JGJ/T 23—2011 取值。

水平方向检测混凝土浇筑表面或底面时，测区平均回弹值 R_m 按式（13-2）、式（13-3）修正。

$$表面：R_m = R_m^t + R_a^t \tag{13-2}$$

$$底面：R_m = R_m^b + R_a^b \tag{13-3}$$

式中, R_m^t、R_m^b 为水平方向检测混凝土浇筑表面、底面时测区的平均回弹值, 精确到 0.1; R_a^t、R_a^b 为混凝土浇筑表面、底面回弹值的修正值, 按《回弹法检测混凝土抗压强度技术规程》JGJ/T 23-2011 取值。

当检测时, 回弹仪为非水平方向且测试面为非混凝土浇筑侧面时, 应先对回弹值进行角度修正, 并应对修正后的回弹值进行浇筑面修正。

混凝土强度的计算中, 结构或构件第 i 测区混凝土强度换算值, 可根据平均回弹值和碳化深度查表得出。

按《公路桥梁承载能力检测评定规程》JGJ/T J21-2011 对盾构隧道管片构件混凝土进行强度评定。桥梁混凝土强度评定标准见表 13-13。

表 13-13　桥梁混凝土强度评定标准

K_{bt}	K_{bm}	强度状况	评定标度
≥ 0.95	≥ 1.00	良好	1
（0.95, 0.90]	（1.00, 0.95]	较好	2
（0.90, 0.80]	（0.95, 0.90]	较差	3
（0.80, 0.70]	（0.90, 0.85]	差	4
＜ 0.70	＜ 0.85	危险	5

2. 混凝土碳化深度检测

应在有代表性的构件上测量混凝土碳化深度值, 测试时每个被测构件选取 3 个测区, 对每个测区的测点, 在不同位置量测 3 个测值, 取其平均值作为该测区的碳化深度值。

测试时, 用冲击钻等工具在测区表面钻直径为 15 mm 的孔洞, 其深度应大于混凝土的碳化深度。清除孔洞中的粉末和碎屑后（不得用水擦拭）, 立即用 1% ～ 2% 的酚酞酒精溶液滴在孔洞内壁的边缘处, 碳化部分的混凝土不变颜色, 而未碳化部分的混凝土会变成紫红色。当已碳化与未碳化界线清晰时, 应采用混凝土碳化深度测定仪（图 13-5）测量已碳化与未碳化混凝土交界面到混凝土表面的垂直距离, 并应测量 3 次, 每次读数应精确至 0.25 mm, 取平均值为混凝土的碳化深度, 并应精确至 0.5 mm。

评判时, 应根据测区混凝土碳化深度平均值与实测保护层厚度平均值的比值（K_c）, 结合离散状况, 按照表 13-14 进行评价。

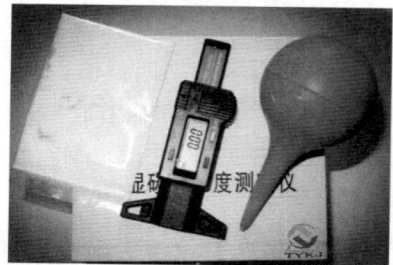

图 13-5　混凝土碳化深度测定仪

表 13-14　混凝土碳化评定标准

K_c	＜ 0.5	[0.5, 1)	[1, 1.5)	[1.5, 2.0)	≥ 2.0
评定标度	1	2	3	4	5

3. 混凝土钢筋保护层厚度检测

采用钢筋位置测定仪对盾构隧道混凝土管片抽样检测，记录钢筋位置和保护层厚度等数据，进一步对结构钢筋耐久性的影响进行评价（图 13-6）。

根据某测量部位各测点钢筋保护层厚度实测值，求出钢筋保护层厚度平均值。使用钢筋保护层厚度平均值，结合判定系数 K_p（表 13-15），计算得到钢筋保护层厚度特征值 D_{ne}。

图 13-6 钢筋保护层厚度检测仪

表 13-15 钢筋保护层厚度判定系数

n	10 ～ 15	16 ～ 24	$\geqslant$ 25
K_p	1.695	1.645	1.595

根据检测构件或部位的钢筋保护层厚度特征值 D_{ne} 与设计值 D_{nd} 的比值，按照表 13-16 的规定确定钢筋保护层厚度评定标准。

表 13-16 钢筋保护层厚度评定标准

评定标度	D_{ne}/D_{nd}	对结构钢筋耐久性的影响
1	＞ 0.95	影响不显著
2	（0.85，0.95］	有轻度影响
3	（0.70，0.85］	有影响
4	（0.55，0.70］	有较大影响
5	≤ 0.55	钢筋易失去碱性保护，发生锈蚀

4. 钢筋锈蚀检测

钢筋锈蚀状况用钢筋锈蚀测定仪（图 13-7）检测，采用半电池电位法对钢筋锈蚀状况进行测量，即通过测量混凝土内部钢筋与标准参考电极之间的电位差，评定钢筋的锈蚀状况。根据《城市桥梁检测与评定技术规程》CJJ/T 233-2015 中的评判标准，判断混凝土中钢筋锈蚀的概率或钢筋锈蚀的活动性，详见表 13-17。

图 13-7 钢筋锈蚀检测仪

1）检测方法采用半电池电位法，参考电极应采用铜 - 硫酸铜半电池。

2）当主要构件或主要受力部位有锈迹时，应在有锈迹区域检测钢筋半电位；测区数量应根据锈迹面积确定，每 3 ～ 5 m² 可设一测区，一个测区的测点数不宜少于 20 个。

表 13-17   半电池电位法对钢筋锈蚀状况的评价

电位水平 /mV	钢筋状况	评定标度
≥ -200	无锈蚀活动或锈蚀活动性不确定	1
(-200，-300]	有锈蚀活动性，但锈蚀状态不确定，可能坑蚀	2
(-300，-400]	有锈蚀活动性，发生锈蚀概率大于90%	3
(-400，-500]	有锈蚀活动性，严重锈蚀可能性极大	4
< -500	构件存在锈蚀开裂区域	5

13.5   结构健康度评定

依据《城市轨道交通隧道结构养护技术标准》CJJ/T 289-2018 进行隧道结构健康度评定，评定标准见表 13-18。

表 13-18   结构健康度评定标准

项目		评定标准				
		健康度 1 级	健康度 2 级	健康度 3 级	健康度 4 级	健康度 5 级
管片	破损	无	管片表面存在轻微开裂，以干缩、温缩裂缝为主或有少量轻微的环向裂缝	管片裂缝以环向开裂为主，标准块位置出现少量纵向裂缝或剪切性斜裂缝	裂缝发育较为密集，封顶块或邻接块以少量环向裂缝为主；标准块出现多处纵向裂缝或剪切性斜裂缝，因裂缝发育两侧管片可能掉块或已掉块	裂缝发育密集，且封顶块或邻接块部位出现多处纵向裂缝或剪切性斜裂缝，因裂缝发育可能掉块或已出现掉块
	劣化	无	材料劣化引起少量轻微的起毛、酥松	材料劣化导致混凝土表面多处出现起毛、酥松	标准块材料劣化，混凝土酥松、起鼓，并出现掉块	材料劣化导致混凝土起鼓，并在封顶块或邻接块部位出现掉块
	剥落剥离	无	混凝土表面出现少量轻微的剥离	标准块混凝土表面多处出现剥离，敲击有空响，尚未出现剥落掉块	封顶块或邻接块混凝土表层出现剥离，敲击有空响，标准块混凝土多处剥落掉块	封顶块或邻接块混凝土表层出现大面积的剥离，并多处剥落，混凝土掉块侵入建筑限界

（续表）

项目		评定标准				
		健康度1级	健康度2级	健康度3级	健康度4级	健康度5级
管片	渗漏水	无	轻微渗漏水，表现为湿渍或湿迹	渗漏点较稀疏，渗水量较小，以点线渗漏为主；路面积水较少；标准块位置出现挂冰和冰柱	封顶块或邻接块位置渗漏点较密集，渗水量较大，渗水类型以线渗、面渗为主；标准块出现以喷射、涌流为主的渗水位置；洞内已出现积水；封顶块或邻接块位置出现少量挂冰和冰柱	封顶块或邻接块位置渗漏点密集，以喷射、涌流为主；洞内积水严重；封顶块或邻接块位置出现明显的挂冰和冰柱
	钢筋锈蚀	无	混凝土表面出现轻微的锈迹	构造筋存在局部锈蚀或因保护层过薄而出现外露	钢筋混凝土沿主筋出现严重的纵向裂缝，保护层鼓起，敲击有空响，主筋出现锈蚀	钢筋混凝土主筋严重锈蚀，混凝土表面已因锈蚀出现掉块并出现钢筋外露
管片接缝、变形缝		无	个别接缝位置存在轻微的压溃、错台、湿渍，对结构无影响	压溃、错台分布稀疏，持续发展可能出现掉块现象；渗水量较小，水质清澈，以滴漏为主	多处存在压溃、错台，两侧接缝位置已出现混凝土掉块、明显错台；标准块位置渗水严重，或伴有泥沙渗出；顶部接缝位置少量渗水或出现少量挂冰和冰柱	顶部接缝出现严重的压溃、错台，出现混凝土掉块，已影响建筑限界；漏水严重，以喷射、涌流为主，同时伴有泥沙；顶部出现明显的挂冰和冰柱
螺栓孔、注浆孔		无	填塞物存在轻微的脱落，孔位附近存在湿渍	局部孔位填塞物存在脱落、滴漏	多处孔位填塞物存在脱落、渗水；封顶块或邻接块孔位存在少量渗水或出现少量挂冰和冰柱	管片内孔位填塞物均存在连续的脱落、涌水或渗泥沙；封顶块或邻接块孔位出现明显的挂冰和冰柱
道床		无	道床两侧边缘出现轻微的破损、变形和渗漏水	道床存在破损、下沉、隆起，道床和主体结构之间出现裂缝、脱空和渗水	道床多处存在破损、变形，道床和主体结构之间多处出现脱空，局部存在翻浆冒泥，影响轨道的稳定性	整体道床出现严重破损、变形，出现横向裂缝，道床和主体结构间产生严重剥离，翻浆冒泥，已导致轨道无法满足正常运营要求

13.6 病害产生原因分析

13.6.1 管片外观病害

1. 渗漏水

渗漏水主要原因可以分为以下几个方面。

1）在隧道挖掘成型过程中，由于管片制造与拼装工艺不善，止水条与管片拼接不善，封堵效果不完全，发生渗水现象。

2）管片发生变形，接缝发生张开现象，导致渗水（图 13-8）。

3）隧道在运营过程中由于外力作用而发生变形，管片接缝产生错台现象，导致防水材料失效，发生渗水（图 13-9）。

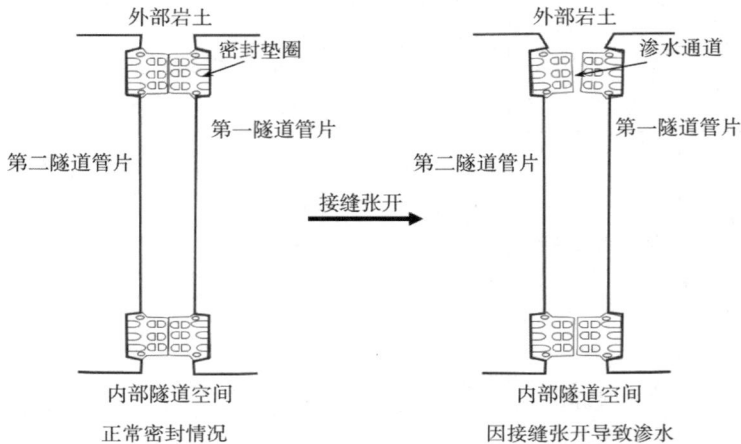

图 13-8　接缝张开导致管片接缝渗水示意图

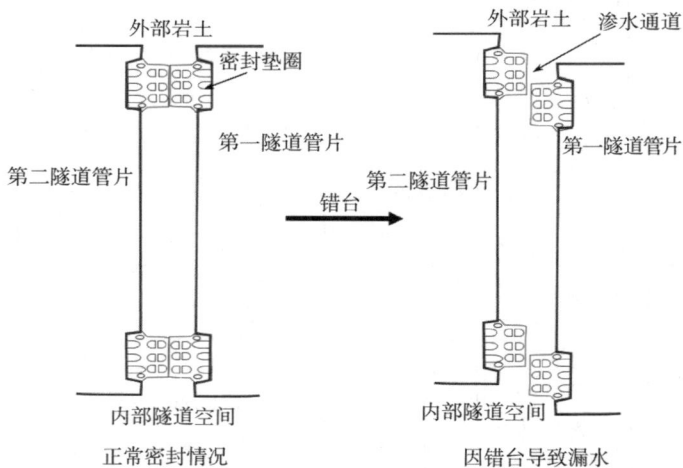

图 13-9　错台导致管片接缝渗水示意图

2. 管片剥落剥离

管片剥落剥离病害的主要原因包括以下两点。

1）在隧道管片安装过程中，盾构机总推力过大、千斤顶撑靴损坏及中心偏位，导致管片发生破损，产生掉块、漏筋及剥落、缺角等问题。

2）在隧道运营过程中，由于隧道发生变形，混凝土及管片受到挤压力作用，管片可能产生掉块、漏筋等问题。

3. 管片破损

管片破损的主要原因包括以下几个方面。

1）在预制过程中，由于养护不善，表层混凝土失水过快、收缩过大而产生收缩裂缝。另外，也可能是由于混凝土在硬化过程中产生大量的水化热，且淤积在混凝土内部，使得混凝土内、外温差过大，混凝土承受一定的剪力作用而产生裂缝。

2）在掘进过程中，千斤顶对管片产生较大的不均匀推力作用，从而引起管片位移，导致管片开裂。

3）由于拱顶竖直压力较大，拱顶内侧混凝土承受较大拉应力，而混凝土承受拉应力的能力较低，从而产生裂缝。这也是大部分裂缝位于穹顶处的主要原因，本书检测结果中大部分就属于该类型。

13.6.2 断面轮廓

盾构管片作为隧道结构的承重构件，在外部荷载下不可避免地会发生一定的变形。但在地面荷载增加（如新建高楼）、侧方荷载重分布（如邻近基坑、隧道施工）时会引起隧道管片结构的较大变形。在软弱地层，由于周边土层自稳性较差并具蠕变性，隧道管片在施工完毕后受周边土体作用发生较长期的持续变形。

通常情况下，隧道衬砌环在周边荷载下会发生"横鸭蛋"变形，其受力原理如图13-10所示，而"竖鸭蛋"变形仅在隧道结构受到较大侧方荷载情况下发生。本书检测结果表明探测范围内管片均发生"横鸭蛋"变形，即横向洞径扩张、竖向洞径收缩。

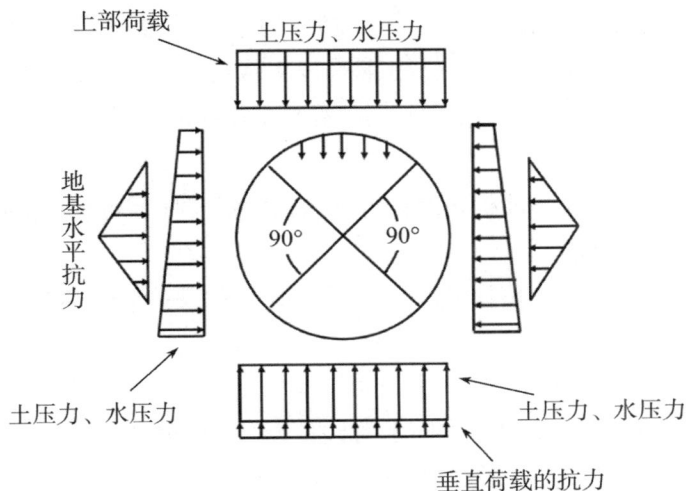

图 13-10 隧道受力示意图

13.6.3 管片接缝、变形缝

管片错台及接缝张量大的原因如下所述。

1）管片在安装的过程中因安装不善而产生接缝较大及错台等问题。

2）在隧道运营过程中由于受外力作用而发生变形，管片环间相对变形导致错台现象发生，管片块间相对变形或位移导致接缝张开现象发生。

13.6.4 螺栓孔、注浆孔

螺栓孔、注浆孔病害的主要原因如下所述。

1）在隧道注浆过程中未注浆密实，存在贯通通道，地层水从注浆孔渗出，产生渗水。

2）由于外部力的作用。例如，当错台变形达到 1 cm 时，螺栓基本已拉流，螺栓孔部位的管片也极有可能产生微小的裂缝，细小泥沙和水开始从隧道外部进入隧道内部。

3）地铁运营时间较长，由于外力作用及螺栓保护罩材料老化脱落产生渗水，并导致螺栓锈蚀等问题。

13.6.5 结构混凝土专项

1. 混凝土碳化深度

在检测项目中，针对不同构件测量得到的碳化深度影响程度状态均显示良好。影响碳化深度的主要因素如下所述。

1）由于预制构件时选用的水泥存在掺合料、水泥用量较少、水灰比较大等问题，使得二氧化碳在水泥混凝土构建中扩散，并与水泥水化热产物氢氧化钙发生反应，碳化速度加快。

2）施工时混凝土振捣不密实，混凝土漏浆、离析及和易性较差，导致蜂窝、麻面等不密实现象。这种现象增加了混凝土表面积，使混凝土更容易遭受碳化及其他有害介质的侵蚀。

3）干燥的混凝土在相对湿度小于 25% 的空气中很难发生碳化，而在湿度 50% ~ 75% 的空气中，不密实的混凝土较易发生碳化。在隧道中，由于渗水等因素使得空气湿度加大，且隧道中空气温度较高，混凝土较易发生碳化。

2. 混凝土强度

在检测项目中，针对不同构件测量得到的构件强度状态均显示良好。影响混凝土强度的主要因素如下所述。

1）在混凝土施工过程中因质量控制水平有限，出现抗压强度曲线波动大等问题。另外，由于施工原材料质量差、混凝土配合比不当、施工技术问题及构件管理不善等都可能导致混凝土强度降低。

2）在隧道运营过程中，外层的防水卷材在长期使用后会丧失一定的防水功能。地层不均匀沉降引起箱体变形，破坏原变形处的防水结构，地下水通过这些地方渗漏到结构中。而且，渗漏的部分地下水对结构产生硫酸盐侵蚀作用，致使混凝土结构出现了强度降低、疏松掉块等劣化现象，影响结构的长期安全使用。

3. 混凝土钢筋保护层厚度

对 100 处左右（每 100 环选择一处）的构件进行保护层厚度检测，其中保护层厚度测量显示状态良好，钢筋保护层厚度出现偏差的原因主要有以下几点。

1）在构件预制过程中（图 13-11），钢筋笼支撑弹簧倾斜、支撑力不足等，使得钢筋笼与模具产生偏离，混凝土保护层厚度不足。

2）隧道运营过程中，混凝土受外力作用发生破坏（掉块、剥落），导致保护层厚度不足。

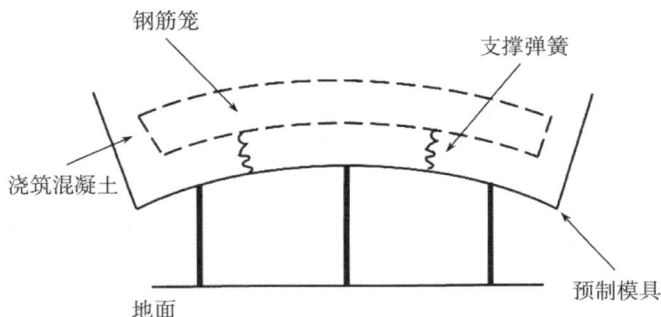

图 13-11　构件预制示意图

4. 钢筋锈蚀

钢筋锈蚀的主要原因有以下几点。

1）在有水分参与下发生的电化学腐蚀：在氧气和水的共同作用下，由于电化学反应使得钢筋表面的铁不断溶于水，从而逐渐被腐蚀。当钢筋所处环境的 pH 较大时，钢筋表面会产生氧化膜，阻止钢筋与水和空气的进一步接触，腐蚀速度会明显变缓。而当环境的 pH 较小时，氧化膜受到破坏，腐蚀速度将会急剧加快。当混凝土中含有氯离子时，即使 pH 较大，氧化膜也会被破坏。

2）钢筋混凝土中的钢筋锈蚀而使其体积膨胀，对周围的混凝土产生拉应力，当拉应力超过了混凝土的极限抗拉强度时，混凝土开裂，从而降低结构的强度和耐久性，并进一步引发更为严重的腐蚀，如图 3-12 所示。

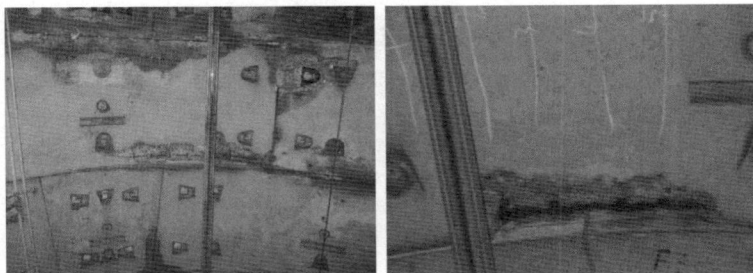

图 3-12　因混凝土破坏而产生的钢筋锈蚀

附 录 **Chapter** 4

附录 A
监测方案格式

　　监测方案的内容主要包括工程简介、监测的主要内容、各监测项目实施技术方案、人员及仪器设备的配备、监测技术要求、信息的反馈、质量安全管理、监测设计图册及甲方要求的其他内容。

1　工程概况

　　本部分内容一般来自设计资料或者勘察资料的工程概况部分，包括工程背景、工程规模和设计概况等方面。

1.1 工程背景
　　本部分介绍工程的背景资料，包括工程的建设原因、建设意义、所属规划等。

1.2 工程规模
　　本部分介绍工程的规模、监测范围，一般通过具体数字予以说明，如工程的起止里程、基坑的长宽深、隧道的跨度埋深以及监测对象的其他属性信息。

1.3 设计概况
　　本部分应从监测的角度出发，可适当突出工程设计概况，如基坑的围护形式与深度、隧道的初支参数等。当工程规模较大或信息量冗杂时，可通过表格的方式进行统计说明。

2　工程的地质条件

　　工程的地质条件是监测重点划分、数据分析的依据。本部分内容一般来自勘察资料或设计资料中对应部分。本部分内容一般包括以下几个方面。

2.1 工程地质
　　本部分内容包括地层的层号、组成、深度以及物理力学参数等，并指出工程项目所处的主要地层。

　　关于地层的情况可通过表格的形式进行统计说明，配以工程地质纵剖面图。

2.2 水文地质
　　场区的原始地下水位、历史最低水位、补给来源以及消散难易程度是监测单位应该注意的方面。本部分内容应以勘察资料为基础，配合地层组成情况，从而对场区水文地质情况形成全面的了解。

2.3 不良地质

不良地质条件严重影响着工程安全，本部分内容应当对不良地质的地层组成、位置分布以及可能引起的不良后果进行详细的叙述，并应作为监测重点划分的重要依据。

3 周边环境状况

位于城市的工程往往对周边环境的变形控制十分严格，因此对周边建（构）筑物、管线等受关注对象的现状应在监测工作前调查清楚。通常工程所关注的监测对象包括以下几个方面。

3.1 周边建（构）筑物

调查对象范围：基坑外 1 ～ 3 倍开挖深度范围内的或其他要求关注的对象，隧道开挖影响范围（隧底斜向外引 45° 直线与地面相交）内的建（构）筑物。统计形式可参照附表 A-1。

附表 A-1　周边建（构）筑物调查表

序号	名称	层数	结构形式	基础形式	现状描述	与工程关系
1	领世华府	地上6层	框架结构	独立基础	① 整体结构、建筑装修较好，未见倾斜、沉降；② 墙面无开裂迹象；③ 现正常使用	位于地铁右线右侧 39 m
2	……					

3.2　周边市政管线

由于管线大多埋于地下难以调查，需通过设计单位提供的综合管线图以及现场反馈的情况进行了解。从监测的角度来说，应特别注意空间上与工程有紧密关系且有压力的管线。市政管线的类型可参考附表 A-2。

附表 A-2　市政管线的分类及编码

序号	管线类型	子类型	编码
1	给水		JS
2	下水	雨水	YS
		污水	WS
		雨污合流	YW
3	燃气	煤气	MQ
		天然气	TR
4	电力	路灯	LD
		交通信号	JJ

（续表）

序号	管线类型	子类型	编码
5	供电		GD
6	电讯		DX
7	热力		RL
8	人防		RF
9	工业		GY

4 监测目的

根据掌握资料，剖析工程的重难点，形成监测重点分析，进而完成监测目的的编写，做到"突出重点，兼顾其他"。

5 监测的依据

本部分应列出对监测工作有控制作用的相关文件，大致有以下几类。

1）相关规范。

2）设计图纸中关于监测的相关规定。

3）建设单位对监测单位的管理性文件。

6 监测的内容

本部分应根据合同文件、设计图纸、监测范围以及工程实际情况，列出应当进行监测的项目的详细名称。若编写方案时，监测工作量已经确定，可列出各监测项目的详细工作量，且注明单位。

7 基准点、监测点的埋设与保护

本部分应根据实际情况，客观描述拟采用的基准点、监测点的埋设方法及保护手段。

7.1 布设原则

本部分的编写可参考设计图纸的相关规定、监测规范中的相应内容以及工程经验，对测点的个数、间距、分布等特征进行定量的规定，从而达到直接指导工作的目的。

7.2 埋设方法

本部分应根据实际应用情况，重点介绍工程采用的埋设方法。

7.3 保护手段

本部分应根据实际应用情况，重点介绍项目测点的保护方法。

8 监测方法与精度

本部分首先介绍设计、合同或者规范要求的监测精度，然后分项目介绍拟采用的监测方法，达到满足监测精度的目的。

8.1 监测精度

方案提到的精度一般有监测方法的精度与监测仪器的精度两种，前者一般仅针对竖向和水平位移的项目，其他监测项目多以仪器设备或元器件的自身精度代替；后者是针对具体型号的仪器或元器件而言。

当设计文件没有具体要求时，可参考《工程测量规范》GB 50026-2020 或《建筑基坑工程监测技术规范》GB 50497-2009 相关规定。

8.2 监测方法

本部分应根据实际应用情况，重点介绍本工程拟采用的某一种监测方法，且应当满足相应的精度要求。本部分应包含以下内容。

1）监测原理介绍（配监测原理示意图）。

2）监测操作过程描述（配流程图或示意图）。

3）数据记录与计算方法介绍（含必要的公式与标准表格）。

4）监测精度描述与误差分析。

9 监测周期与监测频率

本部分包括以下内容。

1）监测的时间始末与频率。内容通常取自设计图纸中对监测频率的有关规定，对未详细规定的项目，应参照类似项目进行，或参考《建筑基坑工程监测技术规范》GB 50497-2009《铁路隧道监控量测技术规程》TB 10121-2007 中的相关规定。

2）在各项资料充分的情况下，根据工程设计及周边环境、施工步骤等，须确定详细的监测频率，不可笼统的只确定一个大原则。

3）罗列应当增大监测频率的情况及对应的监测频率。

10 监测报警及异常情况下的措施

本部分内容涉及监测的最基本的目的与作用，应当认真对待。编写思路：首先确定工程各监测项目的控制值，然后叙述达到预警、报警值或异常时作为监测方应当采取的措施。

10.1 监测控制值

本部分内容依据设计文件及相关标准的要求，有疑问时一定要向设计单位求证建设单位要求或专家评审意见，也可参考相关规范，经过业主同意后写入监测方案。

10.2 应急措施

详述监测工作中的应急措施。

11 监测数据处理与信息反馈

本部分为现场监测工作完成以后的后续内业工作，是将现场工作成果化的过程，同时也是监测方三大工作内容的重要组成部分之一（另外两项内容分别为测点埋设与现场监测）。具体内容大致可以分为以下两类。

11.1 数据处理

本部分详细介绍完成现场监测工作回到室内后，导出（输入）数据、计算数据，并形成技术资料（电子版和纸质版）的过程。通常分项目介绍或按监测原理分类后介绍。

11.2 信息反馈

本部分作为常规监测工作的最后一步，重点介绍形成各类技术资料（电子版和纸质版）之后，如何按照业主要求或行业习惯使建设单位、施工单位和监理单位等及时掌握监测数据，从而达到信息化施工的目的，即介绍信息反馈过程。该部分应遵循主管单位的相关规定及流程。

通常根据是否报警分为正常情况下信息反馈流程和发生预警或报警情况下的信息反馈流程两部分介绍，内容包括报表的报送对象、签收流程等。

12 监测人员配备

在叙述完监测技术保证措施后，本部分应对如何合理配置相关人员以满足监测工作要求且兼顾经济原则进行详细介绍。

13 监测仪器设备及精度要求

本部分首先应列出设计或业主要求的仪器设备及元器件的精度信息，然后列出本次项目拟采用或实际采用的仪器设备及元器件的具体型号信息、技术参数，同时备注说明满足精度要求。如果需要，可对使用仪器设备及元器件进行分项详细介绍。编写形式建议以表格形式为主。

13.1 仪器设备要求精度

本部分内容一般来自招标文件、设计资料或建设单位对监测方的管理文件中的相关规定。

13.2 拟采用仪器设备

本部分内容一般可根据采购的仪器设备及元器件的说明书整理形成，通过表格的形式呈现，重点突出各监测仪器的精度均符合规定要求。

14　管理制度及措施

本部分应分别介绍监测项目部的各项规章制度，旨在明确各项管理制度，以保证监测工作能够安全顺利、保质保量地完成。一般包括以下几个方面。

1）项目部组织架构（配组织机构图）。

2）各岗位职责（包括经理、总工、外内业人员等）。

3）安全生产管理制度及保证措施。

4）技术质量管理制度保证措施。

5）仪器设备管理制度等。

15　监测图册

监控量测设计图纸应该按风险单元或风险工程成章成册，内容主要包括以下几个方面。

1）总平面图：施工总平面图、周边环境总平面图、管线分布总平面图、监测点布置总平面图、剖面图。

2）工程地质纵断面图、横断面图。

3）监测控制网布设图。

4）各监测项目测点布置平、剖面图。

5）重点监测区域或者高风险区域监测详图。

6）基准点、监测点安装埋设大样图。

图册应参考一般工程设计图纸样式，基本要求如下。

1）图册包括封面、目录及相应图纸部分。

2）每张图纸均应包括图框、图名、图号、比例尺、相关单位及人员、图例、设计说明、方位、监测点数量统计表、页码等信息。

3）用于指导监测工作的监测平面图、剖面图中的定位尺寸应标示清晰、明确、合乎比例，监测断面应标明里程，平面图、剖面图应相互对应。

4）每个监测点均应有唯一的编号，监测点数量应与统计表中数量对应。

附录 B
现场巡视表

明（盖）挖法基坑现场巡视报表可参照附表 B-1 执行。

附表 B-1　明（盖）挖法基坑现场巡查报表

监测工程名称：　　　　　　　　　　　　　　　报表编号：

巡查时间：　　年　月　日　时　　　　　　　天气：

分类	巡查内容	巡查结果	备注
施工工况	开挖长度、分层高度及坡度，开挖面暴露时间		
	开挖面岩土体的类型、特征、自稳性，渗漏水量大小及发展情况		
	降水、回灌等地下水控制效果及设施运转情况		
	基坑侧壁及周边地表截、排水措施及效果，坑边或基底有无积水		
	支护桩（墙）后土体有无裂缝、明显沉陷，基坑侧壁或基底有无涌土、流砂、管涌		
	基坑周边有无超载		
	放坡开挖的基坑边坡有无位移、坡面有无开裂		
	其他		
支护结构	支护桩（墙）有无裂缝、侵限情况		
	冠梁、围檩的连续性，围檩与桩（墙）之间的密贴性，围檩与支撑的防坠落措施		
	冠梁、围檩、支撑有无过大变形或裂缝		
	支撑是否及时架设		
	盖挖法顶板有无明显变形和开裂，顶板与立柱、墙体的连接情况		
	锚（索）杆、土钉垫板有无明显变形、松动		
	止水帷幕有无开裂、较严重渗漏水		
	其他		

（续表）

分类	巡查内容	巡查结果	备注
周边环境	建（构）筑物、桥梁墩台或梁体、既有轨道交通结构等的裂缝位置、数量和宽度，混凝土剥落位置大小和数量，设施能否正常使用		
	地下构筑物积水及渗水情况，地下管线的漏水、漏气情况		
	周边路面或地表的裂缝、沉陷、隆起、冒浆的位置和范围等情况		
	河流湖泊的水位变化情况，水面有无出现流涡、气泡及其位置、范围，堤坡裂缝宽度、深度、数量及发展趋势等		
	工程周边开挖、堆载、打桩等可能影响工程安全的其他生产活动		
	其他		
监测设施	基准点、监测点的完好状况、保护情况		
	监测元器件的完好状况、保护情况		
	其他		

现场巡查人：　　　　　　　监测项目负责人：　　　　　　　监测单位：

盾构法隧道现场巡视报表可参照附表 B-2 执行。

附表 B-2　盾构法隧道现场巡查报表

监测工程名称：　　　　　　　　　　　　　报表编号：
巡查时间：　　年　月　日　时　　　　　　天气：

分类	巡查内容	巡查结果	备注
施工工况	盾构始发端、接收端土体加固情况		
	盾构掘进位置（环号）		
	盾构停机、开仓等的时间和位置		
	联络通道开洞口情况		
	其他		
管片变形	管片破损、开裂、错台情况		
	管片渗漏水情况		
	冠梁、围檩、支撑有无过大变形或裂缝		
	其他		

（续表）

分类	巡查内容	巡查结果	备注
周边环境	建（构）筑物、桥梁墩台或梁体、既有轨道交通结构等的裂缝位置、数量和宽度，混凝土剥落位置大小和数量，设施能否正常使用		
	地下构筑物积水及渗水情况，地下管线的漏水、漏气情况		
	周边路面或地表的裂缝、沉陷、隆起、冒浆的位置和范围等情况		
	河流湖泊的水位变化情况，水面有无出现流涡、气泡及其位置、范围，堤坡裂缝宽度、深度、数量及发展趋势等		
	工程周边开挖、堆载、打桩等可能影响工程安全的其他生产活动		
	其他		
监测设施	基准点、监测点的完好状况、保护情况		
	监测元器件的完好状况、保护情况		
	其他		

现场巡查人：　　　　　　　　　监测项目负责人：　　　　　　　监测单位：

矿山法现场巡视报表可参照附表 B-3 执行。

附表 B-3　矿山法现场巡查报表

监测工程名称：　　　　　　　　　　　　　　　　报表编号：
巡查时间：　　年　　月　　日　　时　　　　　　天气：

分类	巡查内容	巡查结果	备注
施工工况	开挖步序、步长、核心土尺寸等情况		
	开挖面岩土体的类型、特征、自稳性，地下水渗漏及发展情况		
	开挖面岩土体有无坍塌及坍塌的位置、规模降水或止水等地下水控制效果及降水设施运转情况		
	其他		
支护结构	超前支护施作情况及效果、钢拱架架设、挂网及成时混凝土的及时性、连接板的连接及锁脚锚（索）杆的打设情况		
	初期支护结构渗漏水情况		
	初期支护结构开裂、剥离、掉块情况		
	临时支撑结构有无明显变位		
	二衬结构施作时临时支撑结构分段拆除情况		
	初期支护结构背后回填注浆的及时性		
	其他		

分类	巡查内容	巡查结果	备注
周边环境	建（构）筑物、桥梁墩台或梁体、既有轨道交通结构等的裂缝位置、数量和宽度，混凝土剥落位置大小和数量，设施能否正常使用		
	地下构筑物积水及渗水情况，地下管线的漏水、漏气情况		
	周边路面或地表的裂缝、沉陷、隆起、冒浆的位置和范围等情况		
	河流湖泊的水位变化情况，水面有无出现流涡、气泡及其位置、范围，堤坡裂缝宽度、深度、数量及发展趋势等		
	工程周边开挖、堆载、打桩等可能影响工程安全的其他生产活动		
	其他		
监测设施	基准点、监测点的完好状况、保护情况		
	监测元器件的完好状况、保护情况		
	其他		

现场巡查人：　　　　　　　　监测项目负责人：　　　　　　　监测单位：

高架线路施工现场巡视报表可参照附表 B-4 执行。

附表 B-4　高架线路施工现场巡查报表

监测工程名称：　　　　　　　　　　　　　　　　报表编号：
巡查时间：　　年　月　日　时　　　　　　　　　天气：

分类	巡查内容	巡查结果	备注
施工工况	开挖长度、分层高度及坡度，开挖面暴露时间		
	开挖面岩土体的类型、特征、自稳性，渗漏水量大小及发展情况		
	降水、回灌等地下水控制效果及设施运转情况		
	基坑侧壁及周边地表截、排水措施及效果，坑边或基底有无积水		
	支护结构后土体有无裂缝、明显沉陷，基坑侧壁或基底有无涌土、流砂、管涌		
	基坑周边有无超载		
	放坡开挖的基坑边坡有无位移、坡面有无开裂		
	其他		

（续表）

分类	巡查内容	巡查结果	备注
高架结构	高架结构有无裂缝，裂缝位置、数量和宽度，混凝土剥落位置大小和数量，设施能否正常使用		
	其他		
周边环境	建（构）筑物、桥梁墩台或梁体、既有轨道交通结构等的裂缝位置、数量和宽度，混凝土剥落位置大小和数量，设施能否正常使用		
	地下构筑物积水及渗水情况，地下管线的漏水、漏气情况		
	周边路面或地表的裂缝、沉陷、隆起、冒浆的位置和范围等情况		
	河流湖泊的水位变化情况，水面有无出现流涡、气泡及其位置、范围，堤坡裂缝宽度、深度、数量及发展趋势等		
	工程周边开挖、堆载、打桩等可能影响工程安全的其他生产活动		
	其他		
监测设施	基准点、监测点的完好状况、保护情况		
	监测元器件的完好状况、保护情况		
	其他		

现场巡查人：　　　　　　　　监测项目负责人：　　　　　　监测单位：

顶管法施工现场巡视报表可参照附表 B-5 执行。

附表 B-5　顶管法施工现场巡查报表

监测工程名称：　　　　　　　　　　　　　报表编号：
巡查时间：　　年　月　日　时　　　　　　天气：

分类	巡查内容	巡查结果	备注
施工工况	顶管始发端、接收端土体加固情况		
	顶管掘进位置（环号）		
	顶管停机时间和位置		
	其他		
管片变形	管片破损、开裂、错台情况		
	管片渗漏水情况		
	冠梁、围檩、支撑有无过大变形或裂缝		
	其他		

（续表）

分类	巡查内容	巡查结果	备注
周边环境	建（构）筑物、桥梁墩台或梁体、既有轨道交通结构等的裂缝位置、数量和宽度，混凝土剥落位置大小和数量，设施能否正常使用		
	地下构筑物积水及渗水情况，地下管线的漏水、漏气情况		
	周边路面或地表的裂缝、沉陷、隆起、冒浆的位置和范围等情况		
	河流湖泊的水位变化情况，水面有无出现流涡、气泡及其位置、范围，堤坡裂缝宽度、深度、数量及发展趋势等		
	工程周边开挖、堆载、打桩等可能影响工程安全的其他生产活动		
	其他		
监测设施	基准点、监测点的完好状况、保护情况		
	监测元器件的完好状况、保护情况		
	其他		

现场巡查人：　　　　　　　　监测项目负责人：　　　　　　　监测单位：

附录 C
监测日报格式

×× 地铁工程 × 号线站（区间）

监测分析报告（日报）

1. 施工概况

施工概况包括施工进度（含照片）、施工工序、周边环境情况、天气情况。

2. 各监测项目数据分析

按监测项目逐项分析相邻两期变化量、最大变化值、累计变化量、报表及曲线图。

3. 监测点情况描述

统计监测点有无占压及破坏情况，并详细列出点号。

4. 结论及评价

结合近期监测数据及变化趋势，对本次监测结果进行全面、系统评价。

对报警情况进行总结，是否已消警。

对施工方监测单位数据进行对比分析，并给出结论。

5. 建议

对现场存在问题的合理化建议。

监测员：   复核：   技术负责人：

监测单位：（盖章）

年   月   日

围护结构顶部水平位移监测表可参照附表 C-1 执行。

附表 C-1　围护结构顶部水平位移监测表

承包单位_____　　监理单位_____

监测单位_____　　编　号_____

| 本次监测日期时间： | | | | | 上次监测日期时间： | | | | | 天气： |
| 仪器名称： | | | | | 仪器编号： | | | | | 检定日期： |

测点编号	水平位移变化量 /mm				备注	测点编号	水平位移变化量 /mm				备注
	上次变量	本次变量	累计变量	控制值			上次变量	本次变量	累计变量	控制值	

工况说明及结论：（测点布设示意图、曲线图另附）

注：- 为坑外、+ 为坑内

监测员：　　　计算：　　　复核：　　　监测项目负责人：　　　年　月　日

围护桩顶竖向位移监测表可参照附表 C-2 执行。

附表 C-2　围护桩顶竖向位移监测表

承包单位＿＿＿＿＿＿＿＿＿＿＿＿＿＿＿　　　　监理单位＿＿＿＿＿＿＿＿＿＿＿＿＿＿＿

监测单位＿＿＿＿＿＿＿＿＿＿＿＿＿＿＿　　　　编　号＿＿＿＿＿＿＿＿＿＿＿＿＿＿＿

本次监测日期时间：					上次监测日期时间：					天气：	
仪器名称：					仪器编号：					检定日期：	
测点编号	水平位移变化量 /mm				备注	测点编号	水平位移变化量 /mm				备注
	上次变量	本次变量	累计变量	控制值			上次变量	本次变量	累计变量	控制值	
工况说明及结论：（测点布设示意图、曲线图另附）											
注：－ 为下降、＋ 为上升											

监测员：　　　　计算：　　　　复核：　　　　监测项目负责人：　　　年　　月　　日

锁口圈梁竖向位移监测表可参照附表 C-3 执行。

附表 C-3 锁口圈梁竖向位移监测表

承包单位＿＿＿＿＿＿＿＿＿＿＿＿＿＿＿　　　监理单位＿＿＿＿＿＿＿＿＿＿＿＿＿＿＿

监测单位＿＿＿＿＿＿＿＿＿＿＿＿＿＿＿　　　编　号＿＿＿＿＿＿＿＿＿＿＿＿＿＿＿

本次监测日期时间:				上次监测日期时间:				天气:		
仪器名称:				仪器编号:				检定日期:		
测点编号	水平位移变化量 /mm				备注	测点编号	水平位移变化量 /mm			备注
	上次变量	本次变量	累计变量	控制值			上次变量	本次变量	累计变量	控制值	

(表格内容为空白行)

工况说明及结论:（测点布设示意图、曲线图另附）

注：－为下降、＋为上升

监测员：　　　计算：　　　复核：　　　监测项目负责人：　　　年　月　日

锁口圈梁水平位移监测表可参照附表 C-4 执行。

附表C-4　锁口圈梁水平位移监测表

承包单位＿＿＿＿＿＿＿＿＿＿＿＿　　　　监理单位＿＿＿＿＿＿＿＿＿＿＿＿＿＿

监测单位＿＿＿＿＿＿＿＿＿＿＿＿　　　　编　号＿＿＿＿＿＿＿＿＿＿＿＿＿＿

本次监测日期时间：					上次监测日期时间：						天气：	
仪器名称：					仪器编号：						检定日期：	
测点编号	水平位移变化量 /mm				备注	测点编号	水平位移变化量 /mm				备注	
	上次变量	本次变量	累计变量	控制值			上次变量	本次变量	累计变量	控制值		
工况说明及结论：（测点布设示意图、曲线图另附）												
注：－ 为坑外、＋ 为坑内												

监测员：　　　　计算：　　　　复核：　　　　监测项目负责人：　　　年　　月　　日

围护桩体深层水平挠曲位移（测斜）监测表可参照附表 C-5 执行。

附表 C-5　围护桩体深层水平挠曲位移（测斜）监测表

承包单位＿＿＿＿＿＿＿＿＿＿＿＿＿　　　　监理单位＿＿＿＿＿＿＿＿＿＿＿＿＿

监测单位＿＿＿＿＿＿＿＿＿＿＿＿＿　　　　编　号＿＿＿＿＿＿＿＿＿＿＿＿＿

本次监测日期时间：		上次监测日期时间：		天气：	
仪器名称：		仪器编号：		检定日期：	
测点编号	深度 /m	累计位移量 /mm		本次变量 /mm	测斜曲线图
		上次	本次		
注：＋为向坑内、－为向坑外					

监测员：　　　　计算：　　　　复核：　　　　监测项目负责人：　　　　年　　月　　日

围护桩内力监测表可参照附表 C-6 执行。

附表 C-6　围护桩内力监测表

承包单位＿＿＿＿＿＿＿＿＿＿＿＿＿　　监理单位＿＿＿＿＿＿＿＿＿＿＿＿＿

监测单位＿＿＿＿＿＿＿＿＿＿＿＿＿　　编　号＿＿＿＿＿＿＿＿＿＿＿＿＿

本次监测日期时间：		上次监测日期时间：				天气：			
仪器名称：		仪器编号：				检定日期：			
测点编号	本次内力值/kPa	变化量			测点编号	本次内力值/kPa	变化量		
		上次变量	本次变量	累计变量			上次变量	本次变量	累计变量
监测数据分析图	最近一周的监测数据								
工况说明及结论：（测点布设示意图、曲线图另附）									
注：＋为压力，－为拉力									

监测员：　　　计算：　　　复核：　　　监测项目负责人：　　　年　月　日

支撑轴力监测表可参照附表 C-7 执行。

附表 C-7　支撑轴力监测表

承包单位＿＿＿＿＿＿＿＿＿＿＿＿＿＿　　　监理单位＿＿＿＿＿＿＿＿＿＿＿＿＿＿＿＿

监测单位＿＿＿＿＿＿＿＿＿＿＿＿＿＿　　　编　号＿＿＿＿＿＿＿＿＿＿＿＿＿＿＿＿

本次监测日期时间：　　　　　　上次监测日期时间：　　　　　　　　天气：

仪器名称：　　　　　　　　　　仪器编号：　　　　　　　　　　　　检定日期：

测点编号	本次内力值/kPa	变化量			测点编号	本次内力值/kPa	变化量		
		上次变量	本次变量	累计变量			上次变量	本次变量	累计变量

监测数据分析图：最近一周的监测数据

工况说明及结论：（测点布设示意图、曲线图另附）

注：＋为压力，－为拉力

监测员：　　　计算：　　　复核：　　　监测项目负责人：　　　年　月　日

水土压力监测表可参照附表 C-8 执行。

附表 C-8　水土压力监测表

承包单位＿＿＿＿＿＿＿＿＿＿＿＿＿　　　监理单位＿＿＿＿＿＿＿＿＿＿＿＿＿

监测单位＿＿＿＿＿＿＿＿＿＿＿＿＿　　　编　号＿＿＿＿＿＿＿＿＿＿＿＿＿

本次监测日期时间： 仪器名称：										
上次监测日期时间： 仪器编号：										
天气： 检定日期：										
测点 编号	本次读数 变量 /Hz	变化量 /kPa		备注	测点 编号	本次读数 变量 /Hz	变化量 /kPa		备注
		上次 变量	本次 变量				上次 变量	本次 变量	

监测 数据 分析 图	最近一周的监测数据

工况说明及结论：（测点布设示意图另附）

注：－为受拉、＋为受压

监测员：　　　　计算：　　　　复核：　　　　监测项目负责人：　　　　年　　月　　日

地下水位变化监测表可参照附表 C-9 执行。

附表 C-9 地下水位变化监测表

承包单位＿＿＿＿＿＿＿＿＿＿ 监理单位＿＿＿＿＿＿＿＿＿＿

监测单位＿＿＿＿＿＿＿＿＿＿ 编　号＿＿＿＿＿＿＿＿＿＿

本次监测日期时间：　　　　上次监测日期时间：　　　　天气：

仪器名称：　　　　　　　　仪器编号：　　　　　　　　检定日期：

测点编号	水位变化量 /mm				初始高程 /m	上次高程 /m	本次高程 /m	备注
	上次变量	本次变量	累计变量	控制值				

监测数据分析图：最近一周的监测数据

工况说明及结论：（测点布设示意图另附）

注：- 为下降、+ 为上升

监测员：　　　计算：　　　复核：　　　监测项目负责人：　　　年　月　日

地下沉降表可参照附表 C-10 执行。

附表 C-10　地下沉降表

承包单位＿＿＿＿＿＿＿＿＿＿＿＿＿　　监理单位＿＿＿＿＿＿＿＿＿＿＿＿＿

监测单位＿＿＿＿＿＿＿＿＿＿＿＿＿　　编　号＿＿＿＿＿＿＿＿＿＿＿＿＿

本次监测日期时间：						上次监测日期时间：					天气：
仪器名称：						仪器编号：					检定日期：
测点编号	沉降变化量 /mm				备注	测点编号	沉降变化量 /mm				备注
	上次变量	本次变量	累计变量	控制值			上次变量	本次变量	累计变量	控制值	
监测数据分析图	最近一周的监测数据										
工况说明及结论：（测点布设示意图、曲线图另附）											
注：- 为沉降、+ 为隆起											

监测员：　　　　计算：　　　复核：　　　监测项目负责人：　　年　　月　　日

相邻地下管线变形监测表可参照附表 C-11 执行。

附表 C-11 相邻地下管线变形监测表

承包单位＿＿＿＿＿＿＿＿＿＿＿＿＿＿＿　　　　　监理单位＿＿＿＿＿＿＿＿＿＿＿＿＿＿＿

监测单位＿＿＿＿＿＿＿＿＿＿＿＿＿＿＿　　　　　编　号＿＿＿＿＿＿＿＿＿＿＿＿＿＿＿

本次监测日期时间：						上次监测日期时间：						天气：	
仪器名称：						仪器编号：						检定日期：	
测点编号	沉降变化量 /mm				备注	测点编号	沉降变化量 /mm				备注
	上次变量	本次变量	累计变量	控制值			上次变量	本次变量	累计变量	控制值	
监测数据分析图	最近一周的监测数据										
工况说明及结论：（测点布设示意图另附）											

注：－ 为下降、＋ 为上升

监测员：　　　计算：　　　复核：　　　监测项目负责人：　　　年　月　日

建筑物竖向位移沉降监测表可参照附表 C-12 执行。

附表 C-12　建筑物竖向位移沉降监测表

承包单位＿＿＿＿＿＿＿＿＿＿＿＿　　　监理单位＿＿＿＿＿＿＿＿＿＿＿＿

监测单位＿＿＿＿＿＿＿＿＿＿＿＿　　　编　号＿＿＿＿＿＿＿＿＿＿＿＿

本次监测日期时间：						上次监测日期时间：					天气：
仪器名称：						仪器编号：					检定日期：
测点编号	竖向位移变化量 /mm				备注	测点编号	竖向位移变化量 /mm				备注
	上次变量	本次变量	累计变量	控制值			上次变量	本次变量	累计变量	控制值	
监测数据分析图	最近一周的监测数据										
工况说明及结论：（测点布设示意图另附）											
注：－ 为下降、＋ 为上升											

监测员：　　　计算：　　　复核：　　　监测项目负责人：　　　年　　月　　日

建筑物倾斜监测表可参照附表 C-13 执行。

附表 C-13　建筑物倾斜监测表

承包单位＿＿＿＿＿＿＿＿＿＿＿＿＿＿＿　　监理单位＿＿＿＿＿＿＿＿＿＿＿＿＿＿＿

监测单位＿＿＿＿＿＿＿＿＿＿＿＿＿＿＿　　编　号＿＿＿＿＿＿＿＿＿＿＿＿＿＿＿

本次监测日期时间：					上次监测日期时间：					天气：	
仪器名称：					仪器编号：					检定日期：	
测点编号	变化量 /mm				备注	测点编号	变化量 /mm				备注
	上次变量	本次变量	累计变量	控制值			上次变量	本次变量	累计变量	控制值	
监测数据分析图	最近一周的监测数据										
工况说明及结论：（测点布设示意图另附）											

监测员：　　　计算：　　　复核：　　　监测项目负责人：　　　年　　月　　日

土体分层沉降监测表可参照附表 C-14 执行。

附表 C-14　土体分层沉降监测表

承包单位＿＿＿＿＿＿＿＿＿＿＿　　监理单位＿＿＿＿＿＿＿＿＿＿＿

监测单位＿＿＿＿＿＿＿＿＿＿＿　　编　号＿＿＿＿＿＿＿＿＿＿＿

| 本次监测日期时间： | | | | | 上次监测日期时间： | | | | | 天气： | |
| 仪器名称： | | | | | 仪器编号： | | | | | 检定日期： | |

| 测点编号 | 沉降变化量 /mm | | | | 备注 | 测点编号 | 沉降变化量 /mm | | | | 备注 |
	上次变量	本次变量	累计变量	控制值			上次变量	本次变量	累计变量	控制值	
监测数据分析图	最近一周的监测数据										
工况说明及结论：（测点布设示意图另附）											
注：－为下降、＋为上升											

监测员：　　计算：　　复核：　　监测项目负责人：　　年　月　日

拱顶沉降监测表可参照附表 C-15 执行。

附表 C-15　拱顶沉降监测表

承包单位＿＿＿＿＿＿＿＿＿＿＿＿＿　　　　　监理单位＿＿＿＿＿＿＿＿＿＿＿＿＿

监测单位＿＿＿＿＿＿＿＿＿＿＿＿＿　　　　　编　号＿＿＿＿＿＿＿＿＿＿＿＿＿

本次监测日期时间：					上次监测日期时间：					天气：	
仪器名称：					仪器编号：					检定日期：	
测点编号	位移变化量 /mm				备注	测点编号	位移变化量 /mm				备注
	上次变量	本次变量	累计变量	控制值			上次变量	本次变量	累计变量	控制值	
监测数据分析图	最近一周的监测数据										
工况说明及结论：（测点布设示意图另附）											
注：- 为下降、+ 为上升											

监测员：　　　　计算：　　　　复核：　　　　监测项目负责人：　　　年　　月　　日

净空收敛监测表可参照附表 C-16 执行。

附表 C-16　净空收敛监测表

承包单位＿＿＿＿＿＿＿＿＿＿＿＿＿＿　　　　监理单位＿＿＿＿＿＿＿＿＿＿＿＿＿＿＿＿

监测单位＿＿＿＿＿＿＿＿＿＿＿＿＿＿　　　　编　号＿＿＿＿＿＿＿＿＿＿＿＿＿＿＿＿

本次监测日期时间:					上次监测日期时间:					天气:	
仪器名称:					仪器编号:					检定日期:	
测点编号	位移变化量 /mm				备注	测点编号	位移变化量 /mm				备注
	上次变量	本次变量	累计变量	控制值			上次变量	本次变量	累计变量	控制值	
监测数据分析图	最近一周的监测数据										
工况说明及结论:（测点布设示意图另附）											

注：- 为收缩、+ 为扩张

监测员：　　　　计算：　　　复核：　　　监测项目负责人：　　　年　　月　　日

钢格栅内力监测表可参照附表 C-17 执行。

附表 C-17　钢格栅内力监测表

承包单位＿＿＿＿＿＿＿＿＿＿＿＿＿　　　监理单位＿＿＿＿＿＿＿＿＿＿＿＿＿

监测单位＿＿＿＿＿＿＿＿＿＿＿＿＿　　　编　号＿＿＿＿＿＿＿＿＿＿＿＿＿

本次监测日期时间:					上次监测日期时间:			天气:		
仪器名称:					仪器编号:			检定日期:		
测点编号	本次内力值/kPa	变化量/kPa			测点编号	本次内力值/kPa	变化量/kPa			
		上次变量	本次变量	累计变量			上次变量	本次变量	累计变量	
监测数据分析图	最近一周的监测数据									
工况说明及结论:（测点布设示意图另附）										
注: - 为收缩、+ 为扩张										

监测员:　　　　计算:　　　　复核:　　　　监测项目负责人:　　　年　月　日

爆破振动监测表可参照附表 C-18 执行。

承包单位 _____
监测单位 _____

监理单位 _____
编　号 _____

附表 C-18　爆破振动监测表

测量时间	爆破里程桩号	测量地点	爆破中心至测点距离/m	爆破参数		振动速度及主频频率						允许爆破振速/cm·s⁻¹
				起爆药量/kg	单段最大药量/kg	最大垂直分量		最大径向分量		最大切向分量		
						V_1/cm·s⁻¹	f_1/Hz	V_2/cm·s⁻¹	f_2/Hz	V_3/cm·s⁻¹	f_3/Hz	

监测员：　　　　　计算：　　　　　复核：　　　　　监测项目负责人：

年　　　月　　　日

监测周报格式

　　周报需反映工程进展情况、本周监测数据的变化情况、报警及消警情况。若为第三方监测，还需反映施工监测数据与第三方监测数据的对比情况、数据分析情况、现场巡视情况及下周工作安排。具体可参照以下大纲进行编写。

1　工程进展情况

　　工程进展情况包括车站、区间施工工况、周边环境情况以及重要气象简述。

2　本周监测工作情况

　　2.1 车站监测工作（含报警及消警）

　　2.2 区间监测工作（含报警及消警）

　　2.3 监测工作综合分析

　　（1）数据对比分析（第三方监测单位）。

　　（2）异常数据分析（第三方监测单位）。

　　（3）结论。

3　监测管理工作情况

　　3.1 现场管理工作

　　3.2 监测管理工作

4　现场巡视情况

　　4.1 工程自身巡视情况（问题描述及图片）

　　4.2 周边环境巡视情况（问题描述及图片）

5 安全性评价及建议

安全性评价及建议包括根据监测数据及现场巡视对该项目本周的安全性进行评价，工程自身及周边环境是否安全可控，重点应关注哪些风险，提出合理化建议。

6 下周工作安排及工作重点

监测月报格式

　　月报需反映工程进展情况、本月监测数据的变化情况、报警及消警情况。若为第三方监测，还需反映施工监测方数据与第三方监测数据的对比情况、数据分析情况、现场巡视情况及下月工作计划。具体可参照以下大纲进行编写。

1　工程进展情况

　　工程进展情况包括车站、区间等施工工况、周边环境情况以及重要气象简述。

2　本月监测工作情况

　　2.1 车站监测工作（含报警及消警）

　　2.2 区间监测工作（含报警及消警）

　　2.3 监测工作综合分析

　　（1）数据对比分析（第三方监测单位）。

　　（2）异常数据分析（第三方监测单位）。

　　（3）结论。

3　监测管理工作情况

　　3.1 现场管理工作

　　3.2 监测管理工作

4　现场巡视情况

　　4.1 工程自身巡视情况（问题描述及图片）

　　4.2 周边环境巡视情况（问题描述及图片）

5 安全性评价及建议

安全性评价及建议包括根据监测数据及现场巡视对该项目本月的安全性进行评价，工程自身及周边环境是否安全可控，重点应关注哪些风险，提出合理化建议。

6 下月工作计划及工作重点

监测总结报告格式

监测总结报告需反映工程概况、周边地质情况、作业依据、监测内容与范围、监测方法及测点布设情况、工作量统计、数据分析、监测结果评语等。以车站为例，具体可参照以下大纲进行编写。

1 概况

1.1 工程概况

1.2 工程地质及水文地质条件

1.3 结构设计形式及施工工法

1.4 风险工程情况

1.5 施工进度统计

1.6 工程监测等级

2 监测目的及意义

3 技术规范及作业依据

4 监测内容

4.1 监测范围

4.2 现场监测及巡视对象和项目

4.3 监测频率及周期

5 监测方法及监测点布设

5.1 现场监测作业方法

5.2 现场监测点布设

5.3 现场安全巡视方法

6　监测控制指标及信息反馈

7　监测及巡视工作量

8　主体基坑监测成果统计分析

9　附属基坑监测成果统计分析

10　监测工作质量管理

11　监测结论

12　附件

12.1 监测部点平面图

12.2 监测成果汇总表

监测项目代号和图例

明挖法和盖挖法的基坑支护结构监测项目代号和图例参照附表 G-1 执行。

附表 G-1　明挖法和盖挖法的基坑支护结构监测项目代号和图例

监测项目	项目代号	图例
支护桩（墙）、边坡顶部水平位移	ZQS	
支护桩（墙）、边坡顶部竖向位移	ZQC	
支护桩（墙）体水平位移	ZQT	
支护桩（墙）结构应力	ZQL	
立柱结构竖向位移	LZC	
立柱结构水平位移	LZS	
立柱结构应力	LZL	
支撑轴力	ZCL	
顶板应力	DBL	
锚杆拉力	MGL	
土钉拉力	TDL	
竖井井壁支护结构净空收敛	SJJ	

盾构法（TBM）隧道监测项目代号和图例参照附表 G-2 执行。

附表 G-2　盾构法（TBM）隧道监测项目代号和图例

监测项目	项目代号	图例
管片结构竖向位移	GGC	↓
管片结构水平位移	GGS	⊕
管片结构净空收敛	GGJ	▷- - -◁
管片结构应力、管片连接螺栓应力	GGL	□

矿山法监测项目代号和图例参照附表 G-3 执行。

附表 G-3　矿山法监测项目代号和图例

监测项目	项目代号	图例
初期支护结构拱顶沉降	GDC	↓
初期支护结构底板竖向位移	DBS	↑
初期支护结构净空收敛、隧道拱脚竖向位移	JKJ	▷- - -◁
中柱结构竖向位移、倾斜	ZZC	⊘
中柱结构应力	ZNL	□
初期支护结构、二次衬砌应力	ZHL	▬

周围岩土体项目代号和图例参照附表 G-4 执行。

附表 G-4　周围岩土体项目代号和图例

监测项目	项目代号	图例
地表沉降	DBS	▼
土体深层水平位移	TST	⊕
土体分层竖向位移	TCC	◓
坑底隆起（回弹）	KDC	↑

（续表）

监测项目	项目代号	图例
支护桩（墙）侧向土压力、管片围岩压力、围岩压力	WTL	
地下水位	DSW	
孔隙水压力	KSL	

周边环境项目代号和图例参照附表 G-5 执行。

附表 G-5　周边环境项目代号和图例

监测项目	项目代号	图例
建（构）筑物、桥梁墩台、挡墙竖向位移	JGC	
建（构）筑物、地下管线、桥梁墩台差异沉降	JGY	
隧道结构竖向位移、轨道结构（道床）竖向位移	SGC	
建（构）筑物、隧道结构水平位移	JGS	
隧道结构变形缝差异沉降	JGK	
轨道静态几何形位（轨距、轨向、高低、水平）	GDX	
建（构）筑物倾斜	JGQ	
桥梁墩台倾斜、挡墙倾斜	QGQ	
建（构）筑物裂缝	JGF	
桥梁裂缝	QGF	
隧道、轨道结构裂缝	SGF	
地下管线竖向位移	GXC	
地下管线水平位移	GXS	
路面竖向位移	LMC	
路基竖向位移	LJC	
桥梁梁板应力	LBL	
爆破振动	BPZ	

参考文献

［1］北京交通大学.地铁工程监测测量管理与技术［M］.北京：中国建筑工业出版社，2013.

［2］蔡乾广，贺磊.双液微扰动注浆在治理盾构错缝管片收敛中的应用［J］.城市勘测，2019（1）：193-195.

［3］崔旭升，潘国荣，李法礼.双联系三角形法在竖井联系测量中的应用［J］.大地测量与地球动力学，2010（2）：156-159.

［4］陈园.城市轨道交通限界设计要点分析［J］.科技交流，2010（1）：79-82.

［5］程效军，鲍峰.无定向导线的布设及精度分析［J］.同济大学学报（自然科学版），2002，30（7）：886-889.

［6］杜胜品，陆键，马永锋.基于车辆限界的高速公路交织区交通安全许价研究［J］.交通信息与安全，2011（2）：69-72.

［7］方门福.地铁控制测量检测技术方法探讨［J］.城市勘测，2014（4）：123-126.

［8］国家测绘局人事司.工程测量：技师版［M］.北京：测绘出版社，2009.

［9］国家铁路局.铁路工程测量规范：TB 10101-2018［S］.北京：中国铁道出版社，2019.

［10］郭文章，储征伟.地铁基坑开挖桩体与钢支撑变形与受力的数值模拟［J］.城市测勘，2014（6）：160-164.

［11］郭文章，钟金宁.盾构法隧道地面沉降槽宽度系数研究［S］.兰州交通大学学报第七届全国交通工程测量学术研讨会论文集，2015（34）：170-174.

［12］郭文章，钟金宁，石平府.盾构法隧道地面沉降槽宽度系数及影响分区的研究［S］.第十九届华东六省一市测绘学会学术交流会论文集，2017：17-22.

［13］韩宝明，陈佳豪，杨运节，等.2019年世界城市轨道交通运营统计与分析综述［J］.都市快轨交通，2020，33（1）：4-8.

［14］贺磊，郭文章，段伟，张利凯.明挖浅埋湖底地铁隧道上方大面积加卸载下的变形监测研究［J］.城市勘测，2017（6）：114-117.

［15］贺磊，韩旭，陆晓勇.地铁盾构隧道断面测量数据的处理研究［J］.测绘通报，2015（6）：79-81.

［16］贺磊，许诚权，陆晓勇，袁清龙.测量机器人自动化测量在地铁结构变形监测中

的应用［J］.城市勘测，2015（1）：137-139.

［17］黄金林，苏相利，王贵杰.盾构法隧道施工的横向沉降槽分析［J］.铁道建筑，2008（2）：3-38.

［18］胡荣明.城市地铁测量安全技术［M］.北京：中国矿业大学出版社，2013.

［19］何肖，顾保南.我国大陆各城市轨道交通线路旅行速度统计分析——基于中国城市轨道交通协会数据分析的研究报告之七［J］.城市轨道交通研究，2020（1）：1-5.

［20］韩煊，李宁.地铁隧道施工引起地层位移规律的探讨［J］.岩土力学，2007（3）：609-613.

［21］金淮，张建全，吴锋波，等.城市轨道交通工程监测理论与技术实践［M］.北京：中国建筑工业出版社，2014.

［22］交通运输部.公路桥梁承载能力检测评定规程：JTG/T J21-2011［S］.北京：人民交通出版社，2011.

［23］建设部.国家质量监督检验检疫总局.工程测量规范：GB 50026-2007［S］.北京：中国计划出版社，2008.

［24］姜忻良，赵志民.隧道开挖引起土层沉降槽曲线形态的分析与计算［J］.岩土力学，2004（10）：1542-1544.

［25］建筑施工手册（5版）［M］.北京：中国建筑工业出版社，2013.

［26］李昌涛.城市轨道交通行业发展现状与趋势［J］.交通世界，2019（19）：8-9.

［27］李栋敏，陆瑞明.盾构法施工地表沉降槽宽度系数 i 的探讨［J］.山西建筑，2008（23）：29-31.

［28］李强.城市地铁施工测量控制因素及精度分析［J］.铁道勘察，2009（2）：1-4.

［29］罗海风，詹显军，陈博.轨道交通监测信息化管理系统研发与运用［J］.轨道交通信息技术，2018（252）：58-62.

［30］刘强，毛远芳，李雪，等.工程变形监测［M］.北京：高等教育出版社，2019.

［31］刘永中.地铁隧道测量机器人自动化变形监测研究与应用［J］.铁道勘察，2008（4）：1-3.

［32］马海志，马全明，王书林，等.地铁既有铁路工程测量技术与应用［M］.北京：中国劳动社会保障出版社，2013.

［33］秦长利.城市轨道交通工程测量［M］.北京：中国建筑工业出版社，2008.

［34］全国地理信息标准化技术委员会.全球定位系统（GPS）测量规范：GB/T 18314-2009［S］.北京：中国标准出版社，2009.

［35］全国地理信息标准化技术委员会.国家一、二等水准测量规范：GB/T 12897-2006［S］.北京：中国标准出版社，2006.

［36］齐震明，李鹏飞.地铁区间浅埋暗挖隧道地表沉降的控制标准［J］.北京交通大

学学报，2010（3）：117-121.

［37］宋超，熊琦智.三角高程测量在地下轨道交通工程联系测量中的应用［J］.城市勘测，2012（1）：120-121.

［38］田正华，叶满珠，刘军峰.双联系三角形法在中长距离隧道联系测量中的应用［J］.河南科技，2020，700（2）：118-120.

［39］王安明，孙铁斌，蓝树猛，等.深基坑变形监测方法与工程实践［M］.郑州：黄河水利出版社，2015.

［40］王丹，王双龙，林鸿，等.建筑变形测量规范：JGJ 8-2016实施指南［M］.北京：中国建筑工业出版社，2017.

［41］汪鸣.中国轨道交通未来发展趋势［J］.现代城市轨道交通，2019（7）：1-4.

［42］王梦恕.地下工程浅埋暗挖技术通论［M］.安徽：安徽教育出版社，2004.

［43］王玉福，李鹏，梁爽，等.城市轨道交通工程测量技术与应用［M］.北京：中国工信出版集团，2017.

［44］魏刚.盾构法隧道施工引起的土体变形预测［J］.岩石力学与工程学报，2006（2）：418-421.

［45］魏刚.盾构隧道施工引起的土体损失率取值及分布研究［J］.岩土工程学报，2010（9）：1354-1357.

［46］许诚权，贺磊，段伟，王鸣霄.复杂地层地铁隧道的大范围保护区变形监测研究［J］.工程建设与设计，2015（S1）：122-126.

［47］徐中华，王卫东.深基坑变形控制指标研究［J］.地下空间与工程学报，2010，6（3）：619-626.

［48］叶芹禄，城市轨道交通车辆司机室加长后车辆限界的计算［J］.铁道勘察，2011（2）：99-101.

［49］曾嘉.全站仪竖直传高法在水电站金结安装施工测量中的应用［J］.中国科技博览，2014（45）：240-240.

［50］注册测绘师资格考试教材编审委员会.测绘综合能力［M］.北京：测绘出版社，2009.

［51］住房和城乡建设部.城市轨道交通工程监测技术规范：GB 50911-2013［S］.北京：中国建筑工业出版社，2013.

［52］住房和城乡建设部.城市轨道交通技术规范：GB 50490-2009［S］.北京：中国建筑工业出版社，2009.

［53］住房和城乡建设部.混凝土结构工程施工质量验收规范：GB 50204-2015［S］.北京：中国建筑工业出版社，2015.

［54］住房和城乡建设部.盾构法隧道工程施工与验收规范：GB 50446-2017［S］.北京：中国建筑工业出版社，2017.

［55］住房和城乡建设部.建筑基坑工程监测技术标准：GB 50497－2019［S］.北京：中国计划出版社，2019.

［56］住房和城乡建设部.城市轨道交通工程测量规范：GB/T 50308－2017［S］.北京：中国建筑工业出版社，2017.

［57］住房和城乡建设部.建筑结构检测技术标准：GB/T 50344－2019［S］.北京：中国建筑工业出版社，2020.

［58］住房和城乡建设部.建筑变形测量规范：JGJ 8－2016［S］.北京：中国建筑工业出版社，2016.

［59］住房和城乡建设部.卫星定位城市测量技术标准：CJJ/T 73－2019［S］.北京：中国建筑工业出版社，2019.

［60］住房和城乡建设部.城市轨道交通结构安全保护技术规范：CJJ/T 202－2013［S］.北京：中国建筑工业出版社，2013.

［61］住房和城乡建设部.混凝土中钢筋检测技术标准：JGJ－T 152－2019［S］.北京：中国建筑工业出版社，2019.

［62］住房和城乡建设部.回弹法检测混凝土抗压强度技术规程：JGJ/T23－2011［S］.北京：中国建筑工业出版社，2011.

［63］住房和城乡建设部.城市桥梁检测与评定技术规范：CJJ/T 233－2015［S］.北京：中国建筑工业出版社，2016.

［64］住房和城乡建设部.城市轨道交通隧道结构养护技术标准：CJJ/T 289－2018［S］.北京：中国建筑工业出版社，2019.

［65］中国城市轨道交通年度报告课题组.中国城市轨道交通年度报告 2011［R］北京：北京交通大学出版社，2011.

［66］中国工程建设标准化协会.超声法检测混凝土缺陷技术规程：CECS21－2024［S］.北京：中国建筑工业出版社，2024.

［67］中华人民共和国国家质量监督检验检疫总局.水准仪检定装置：JJG 960－2012［S］.北京：中国计量出版社，2012.

［68］张慧慧.导线直传法在地铁盾构隧道定向测量中的应用研究［J］.长春工程学院学报（自然科学版），2013，14（4）：89－91.

［69］张建全.地下工程施工对地铁既有线变形影响的分析与研究［J］.矿山测量，2008（5）：60－63.

［70］张先锋.地铁工程测量技术指南［M］.北京：人民交通出版社，2013.

［71］张占彪.基坑变形监测及预警技术探究［J］.地质勘测，2013（3）：235－237.

［72］朱合华，骆晓，彭芳乐，等.我国城市地下空间规划发展战略研究［J］.中国工程科学，2017（6）：12－17.

［73］周晓军.地下工程监测和检测理论与技术［M］.北京：科学出版社，2014.

［74］赵小文. 我国中低运量城市轨道交通发展的几点思考［J］. 城市轨道交通研究，2019（10）：1-5.

［75］Feng Y F. The New Development of the Research on the Earth Surface Safety Monitoring System of Vehicle Operation Estate［J］. China Railway Science, 2002（3）：138-142.

［76］Guan J H. Research of Integrated Supervisory Control System［J］. Railway Communication Signal, 2004, 40（8）：1.

［77］Liu G W. Research and application on security and Risk Management Information System for Guang Zhou Metro Project Construction［J］. Railway Computer Application, 2012, 21（5）：29-33.

［78］Luo F R, Cao W F. Safety Risk Management System of Beijing Rail Transit Project［M］. Beijing: China Railway Publishing House, 2013.